U0032682

「身體的身體」
歐洲近代早期服飾觀念史

林美香
著

獻給天上的父親、地上的母親，

謝謝你們給我的第一件衣裳。

自序

中研院史語所的王汎森院士，在某次演講的場合，曾鼓勵研究生要懂得「Learn how to learn，不只是學習而已，而是學習如何學習。不再是去買一件很漂亮的衣服，而是要學習拿起那一根針，學會繡出一件漂亮的衣服。」謝謝他用衣服做比喻，道出了研究工作與單純接受知識之間的不同。雖然我不再是研究生，但我也是那個學著拿起針、執起剪刀，開始自己做衣服的人，而且做的是跟衣服有關的衣服。

本書封面，是由義大利畫家莫拉尼（Giovanni Battista Moroni, c. 1520-1579）所繪的「裁縫師」（*Il Tagliapanni*, c. 1570），這十年來我像這位裁縫師一樣，常用思索的雙眼望著未來，也望著要穿上這件衣服的人。初始之時，我不知道我做的衣服究竟會長什麼樣子？漂亮還是醜怪？合身還是扭捏？因為歐洲近代早期服飾文化的研究，與我原先研究的領域有不小的差距，我也不清楚它能有多大的發展性，可以投入多長的時間？然而，當我開始拿起針之後，隨著一針一線游移、一絲一縷加添，才發現這是個多麼有趣而可長久經營的題目，它帶領我去探索穿著與思維之間的關係，也帶著我穿越政治、宗教、性別、禮儀等議題，於是我做的衣服不只有一個顏色，也不僅有一種圖案，還用了多款不同的布料。眼前做好的這件衣服，雖稱不上光彩奪目，但以心血巧織，應該可以上市販售了。

在過去數年中，有時候我像荷馬（Homer）筆下的潘妮洛普（Penelope）一樣，每晚將織好的布剪掉，似乎永遠都織不完一塊布，遑論拿來裁剪做衣裳。但幸運的是，我不需要等待那十年才會返鄉的奧底修斯（Odysseus），而且總有許多人給我慷慨的協助，有的為我提供針線、布料、花樣；有的為我試穿、搭配、修整。若沒有他們，我的布永遠織不完；我的衣裳也終年難成。首先，衷心感謝政大歷史系每一位同仁，尤其是「身體與文明研究中心」的成員們，給我一個時時關注身體的論學環境，也要特別向系上三位助教張曉寧、張嘉玲、張真榮致謝，她們常常和我一起買衣服、討論穿著，讓我親身體會服飾與人之間的緊密關係。

其次，要感謝多位世界史領域的師長、朋友們，尤其是楊肅獻、夏伯嘉、王文霞三位先進，以及李若庸、李尚仁、陳秀鳳、陳正國、張谷銘、戴麗娟等六位，他們是從中研院史語所於2001年舉辦「世界史經典研習營」以來，和我一起努力推動世界史研究的好夥伴。這些師長、朋友們的指導與鼓勵，有如衣服上的鈕扣和拉鍊，能將分離的布片，連結為合身的衣裳。此外，也誠摯感謝楊彥彬與葉嘉華，前者為我讀遍全書初稿，否則我無法有信心讓此書問世；後者為我介紹許多服飾史研究的前輩與新血，並給我諸多寶貴的意見。

在我身邊，還有多位辛苦的織工們，任勞任怨，協助我度過織布裁衣的每一天，他們是我在教學和研究上的助理：馮奕達、詹子嫻、胡捷、尤智威、賴芷儀、盧省言、曾雨涵；還有程奕嘉、侯家榆兩位，在最後完成的階段，給予無限的幫助，我必須向他們的辛勞獻上最誠摯的感謝。當然，若沒有聯經出版公司的梅心怡，我所做的這件衣裳，只能束之高閣，蒙灰染塵，幸好有她專業的編輯能力和追求完美的態度，才能讓此衣公開展售。

在學界與學校以外，許多親人、好友毫不吝惜地給予各樣生活與精神上的支持：謝謝母親無止盡的擔憂和等候；也謝謝兄姐們的鼓勵、楊師母（邱兆玲）的傾聽，以及沈元斐、李佳穎、周淑芬、翁靜育、馬玉菁、廖慧真、鄭卓文、賴昭華、謝惠如、蘇芳如……等眾多好友的陪伴與關懷。沒有他們，我所做成的衣裳就只有單調冰冷的樣式，不會有綴花、亮片和流蘇。

能做好一件衣服，或寫成一本書，還要感謝曾經擔任匿名審查人的每一位學者，他們的批評與指正，讓這項作品得以減少許多疏漏。但這件上市的衣裳若還有任何瑕疵，我都要負全責。

最後，要感謝我的兩個孩子詹頤、詹頎，以及摯友祥光，他們與家人及朋友們，讓我真正明白，人生最需要的不是華麗的衣服，而是愛與被愛。

Life is to be fortified by many friendships.

To love and to be loved is the greatest happiness of existence.

Sydney Smith (1771-1845)

目次

自序 …… 5

第一章 服裝、身體與思維 …… 13

一、第一件衣裳 …… 14
二、記號與記憶 …… 20
三、時尚是新的魔鬼 …… 29
四、服飾的思考 …… 41

第二章 文雅 …… 59

一、換衣 …… 60
二、「文雅」…… 67
三、表象與內在 …… 81
四、眼見為憑？ …… 94
五、結語 …… 113

第三章 中性之事 …… 117

一、「新」教會與「舊」祭衣 …… 118
二、英格蘭教會的祭衣 …… 126
三、「中性之事」…… 145
四、「中性之事」與英格蘭祭衣之爭 …… 160
五、國家與教會 …… 172
六、祭衣與教會的形象 …… 182
七、結語 …… 199

第四章　秩序……203
一、穿錯衣服……204
二、都鐸服飾法頒布的原因……213
三、服飾與秩序……224
四、服飾與社會區隔……240
五、服飾法的成效與意義……252
六、結語……263

第五章　國族……269
一、裸體的英格蘭人……270
二、服飾與國族區隔……280
三、裸露的國體……294
四、混雜的國體……306
五、文雅的國體……319
六、結語……333

第六章　時代變遷下的服飾思維……339

參考書目……365

本書接受補助案及已發表章節出處一覽……405

「身體的身體」

歐洲近代早期服飾觀念史

第一章

服裝、身體與思維

一、第一件衣裳

人類從什麼時候開始穿衣服？就考古學來說，可以推到距今約四萬年前的舊石器時代晚期，如在法國南部的「奧瑞納文化」（Aurignacian culture）遺址中，挖掘到骨針，顯示當時的人類已懂得縫製獸皮為衣。但就信仰來說，歐洲基督教社會依據《舊約聖經》〈創世記〉的記載，人類邁向墮落的那一刻，就是人類穿上第一件衣服的時候。亞當和夏娃生活在伊甸園中，原本無憂無慮、吃喝飽足；他們不用穿衣，身體的皮膚就是天然的衣裳，但當夏娃受到蛇（撒旦）的引誘，與亞當一同吃下禁果之後，「他們的眼睛就明亮了（opened），才知道自己是赤身露體，便拿無花果的葉子為自己編做裙子。」（〈創世記〉，3:7）[1]不久，上帝發現他們違背了禁令，詛咒他們，並將他們趕出伊甸園。但在離開樂土之前，「耶和華神為亞當和他妻子用皮子（coats of skins）做衣服給他們穿。」（〈創世記〉，3:21）

這兩段經文標誌著人類視覺的開啟以及穿衣習俗的建立。所謂視覺的開啟，並不是說亞當與夏娃在伊甸園中全然眼盲，而是沒有社會性的視覺，未曾顧慮到他人（或神）的觀看。但因他們「眼睛明亮了」，遂將裸體視為羞恥，以樹葉自製衣裳。不過上帝取回了這項權柄，由祂賜予亞當與夏娃以獸皮所做的衣裳，做為人類墮落的標記。人類將如被取下獸皮的動物

---

1 本書《聖經》中譯文如未特別說明，皆採「英皇欽定本／新標點和合本」（King James Version/Chinese Union Version）（台北：台灣聖經公會，1961）。

一樣，必須面對死亡與罪。馬丁・路德（Martin Luther, 1483-1546）解釋這段經文時，便說：「上帝本人給亞當與夏娃衣裳，以提醒他們〔所犯〕可悲的墮落。……上帝給他們被殺戮而死的動物之皮為衣，是要提醒他們：他們是會死的，並且恆常活在死亡的危險中；他們也被提醒他們的罪，現在的與將來的，以及由罪所帶來的苦難。」[2]

不過，「罪」固然是人類服飾的起源，但衣裳的出現也被視為上帝的憐憫和保護，如十六世紀英格蘭作家史塔普（Philip Stubbes, c. 1555-c. 1610）就指出，上帝體恤亞當與夏娃在伊甸園之外將遭遇風霜雨雪，以獸皮為他們提供保護，所以史塔普指出，服飾最基本的兩個功能在於「防寒」與「遮羞」。他又進一步強調，上帝是人類衣裳的「作者」、「給予者」，也是定義者；祂用衣裳來提醒人類的悲哀、脆弱與不完美，也用衣裳來操練人的謙卑、懺悔與感恩之心，並以此「歸榮耀與神，讓我們的身體與靈魂得益處。」[3]因此，服裝不僅是原罪的記號，也是人類可得救贖的象徵。

從〈創世記〉中人類第一件衣裳出現之後，整部《聖經》即充滿著以「穿衣」（clothing）所表達的救贖寓意。《舊約聖經》中，雅各（Jacob）與上帝立約之前，要求他的家族與所有同行的人「要自潔，更換衣裳」（〈創世記〉，35:2）。摩西（Moses）在西奈山上，上帝告訴他叫所有的以色列人「自潔，

2　Martin Luther, *Luther's Commentary on Genesis*, trans. J. Theodore Mueller (Grand Rapids, Michigan: Zondervan, 1968), pp. 85-86.

3　Philip Stubbes, *The Anatomie of Abuses*, ed. Margaret Jane Kidnie (Arizona: Arizona Center for Medieval and Renaissance Studies, 2002), pp. 73-74.

又叫他們洗衣服」，於是人們就潔淨自己並「洗衣服」，準備敬拜（〈出埃及記〉，19:10-14）。先知撒迦利亞（Zechariah）在異象中見到約書亞（Joshua），「穿著污穢的衣服」，於是天使命約書亞的侍從把他的髒衣服脫下，並對約書亞說：「我使你脫除罪孽，要給你穿上華美的衣服。」（〈撒迦利亞〉，3:1-5）在這些經文中，人類的衣服不再是罪與死亡的象徵，而是神的子民與神連結的要件，穿上乾淨的衣服意味著內在邪惡經歷洗滌，以聖潔的心與外表站立在上帝面前。服裝轉為贖罪的物質性表徵，也是與上帝重歸於好的外在記號。

《新約聖經》〈啟示錄〉延續了這樣的寓意，不斷以聖潔的白衣表彰內心的純潔與行為的良善。在使徒約翰（John the Apostle, c. 6-c. 100）寫給撒狄教會（the church in Sardis）的信中說：「還有幾名是未曾污穢自己的衣服的，他們要穿白衣與我同行，因為他們是配得過的。凡得勝的必這樣穿白衣……。」（3:4-5）服飾與內在信仰的連結在此已不言而喻。約翰寫給老底嘉教會（the church of the Laodiceans）的信中又說：自以為富足的人，「卻不知道你是那樣困苦、可憐、貧窮、瞎眼、赤身的。我勸你……買白衣穿上，叫你赤身的羞恥不露出來；又買眼藥擦你的眼睛，使你能看見。」（3:17-18）這裡呼應著亞當與夏娃曾經歷的困頓，但夏娃與亞當之後的人類，所要努力的並不是回復最初裸體又不感羞恥的狀態，而是要洗淨衣服、緊裹白衣（表徵純潔的心靈與行為），獲得與神同行的機會，因此「那警醒、看守衣服、免得赤身而行、叫人見他羞恥的有福了。」（16:15）「那些洗淨自己衣服的有福了！可得權柄能到生命樹那裡。」（22:12）這些有福的人，「就蒙恩得穿光明潔白的細麻衣，這細麻衣就是聖徒所行的義。」（19:8）至此，《聖經》已明白地揭示，洗衣服、換衣服、穿上白淨衣裳，這一系列的行為都是救贖的準備，個人穿著的狀態成為顯現信仰與道德的標竿。

衣服在《聖經》中除了界定人必死的命運，或成為與上帝合好的記號，某些時候也用來彰顯神在人身上的計畫。如雅各晚年所得的兒子約瑟（Joseph），其曲折的生命在每一階段都以服裝之改換，體現上帝的心意。起初，他是雅各最疼愛的幼子，「他給約瑟做了一件彩衣」（〈創世記〉，37:3）。當約瑟被兄長們陷害，他的彩衣被剝下，人則被賣到遙遠的埃及，約瑟自此換上奴隸的衣服。行事穩當、相貌秀雅約瑟，在埃及逐漸受到主人的賞識，但也得到主人之妻的愛慕，屢次勾引他。某天，女主人在屋裡拉住他的衣裳，於是「約瑟把衣裳丟在婦人手裡」（〈創世記〉，39:12），這丟下的衣裳反而成為女主人指控他調情的證據，約瑟於是被關進監牢，換上囚衣。過了兩年多，約瑟有機會為埃及法老解夢，他立即「剃頭、刮臉、換衣裳，進到法老面前」（〈創世記〉，41:14）。約瑟因受神的指示，給了法老王滿意的答案，法老就給約瑟戴上戒指、「穿上細麻衣」，又把金鍊戴在他的頸項上，遣他管理埃及全地（〈創世記〉，41:42-43）。最後，因著這樣的際遇，約瑟拯救了在荒年中難以度日的父親與所有兄長。約瑟的一生高潮迭起，從受寵的幼子、被賣的奴隸、受陷害的囚犯，到治理全國的宰相，服飾標誌著他每一次生命歷程的轉換。

「穿衣」的寓意在耶穌之後，即在《新約聖經》中，有另一層更深刻的轉折，特別是在早期敘利亞基督教傳統（Early

Syriac Christianity）中，以厄弗冷（Ephrem, 306-373）為代表的敘利亞教父，將整個人類救贖的歷史以「穿衣的意象」（clothing imagery）表達。從亞當脫下（putting off）那不可見的「榮袍」（robe of glory）開始，至耶穌「穿上身體」（put on the body），即「道成肉身」（the incarnation）成為第二個亞當，洗除了全人類的罪，最終使每一個基督徒在洗禮中「穿上基督」（put on Christ）。例如，〈加拉太書〉（3:27）中保羅（Paul the Apostle, c. 5-c. 67）說：「你們受洗歸入基督的都是披戴（put on）基督了。」[4]「穿上」（或披戴）是保羅書信中最有力量的語句之一，他在〈羅馬書〉（13:14）中說：「總要披戴主耶穌基督，不要為肉體安排，去放縱私慾。」在〈以弗所書〉（4:22-24）中他勸勉各人：「就要脫去（put off）你們從前行為上的舊人，……又要將你們的心志改換一新，並且穿上新人（put on the new man）；這新人是照著神的形象造的，有真理的仁義和聖潔。」相近的話語也出現在〈歌羅西書〉（3:9-10）：「你們已經脫去舊人和舊人的行為，穿上了新人。這新人在知識上漸漸更新，正如造他主的形象。」

---

4 Sebastian P. Brock, "The Clothing Metaphor," in Margot Schmidt and Carl-Friedrich Geyer eds., *Typus, Symbol, Allegoriebeit den oestlichen Vaetern un ihren Parallelenim Mittelalter*（Regensburg: Friedrich Puster, 1982）, pp. 11-16; Hannah Hunt, "'Clothed in the Body' as a Metaphor of Incarnation," in *Clothed in the Body: Asceticism, the Body and the Spiritual in Late Antique Era*（Farnham: Ashgate, 2012）, pp. 137-157. Sebastian P. Brock將此論述稱為「穿衣神學」（theology of clothing），並指出在傳統猶太教中已蘊含其根源。有關早期敘利亞基督教傳統，也可參見崔國瑜，〈第四世紀敘利亞基督宗教的獨身修行〉，《新史學》，26:1（2015），頁157-200。

在保羅的書信中，穿衣不僅做為物質性的意象，也成為行動力的表達，在「脫下」與「穿上」之間，基督徒漸漸遠離了第一個亞當，更加靠近第二個亞當，恢復神造人原本的形象。「穿上」也意味著新的身分，成為基督的戰士，要「穿戴神所賜的全副軍裝……以真理當作帶子束腰，用公義當作護心鏡遮胸，又用平安的福音當作預備走路的鞋穿在腳上。」（〈以弗所書〉，6:11-16）。穿上也意味著取回亞當所失去的榮袍，「倘若穿上，被遇見的時候就不至於赤身了。」（〈哥林多後書〉，5:3）

《聖經》中寓含這麼多穿衣的意象並非偶然。在語言上，孕育猶太—基督宗教的古代近東地區，「穿衣」（clothe）一詞在多個古代語文中，都可轉用於受某種力量「壓制」（overpower）或「覆蓋」（overwhelm）之意。人可穿上的不僅是衣服，也可穿上羞恥、邪惡、權勢、光明或公義，如〈約伯記〉（29:14）中所說：「我以公義為衣服，以公平為外袍和冠冕。」或〈詩篇〉（104:1-2）中所頌：「耶和華——我的神啊，你為至大！你以尊榮威嚴為衣服，披上亮光，如披外袍……」，都是此種用法的表現。[5]在這樣的語境中，衣服早已脫離原始保暖、遮蔽的功能性意義，而成為在語言上可指涉政治、信仰與道德狀態的符號。另一方面，一旦穿衣成為社會的習俗，衣服很自然成為早期社會區隔性別與身分的外在標記，《舊約聖經》中即規範：「婦女不可穿戴男子所穿戴的，男子也不可穿婦女的衣服，因為這樣行都是耶和華——你神所憎惡的。（〈申命記〉，

5　Cratz College, "The Imagery of Clothing, Covering, and Overpowering," *Journal of the Ancient Near Eastern Society*, 19 (1989), pp. 161-170.

22:5）。古希伯來社會又依據身分差異，給予祭司階級特殊的服裝規定，亞倫（Aaron）及其後代因得祭司的職分，可穿榮耀而華美的聖衣，「要拿金線和藍色、紫色、朱紅色線，並撚的細麻，用巧匠的手工做以弗得（ephod）。」還要「用巧匠的手工做一個決斷的胸牌（breastplate of judgment）」，胸牌上要鑲著各式精貴的寶石：「第一行是紅寶石、紅璧璽、紅玉；第二行是綠寶石、藍寶石、金鋼石……。」（〈出埃及記〉，28:6, 15-18, 41）[6]這些精巧華麗的裝束，加上膏油禮，可使祭司「分別為聖」，與他人有明確的區隔。以上這些古老的區隔功能，使得服裝具有強烈的社會性意義，更與個人的角色、地位、品格有密不可分的關係。

整體來說，《聖經》植基於古代近東文化的傳統中，既將衣服轉為具備象徵力、想像力的物件，也將原本極具象徵意義的重生與救贖，以及不可見的神聖性，實體化（或「物質化」〔materializing〕）為可見的服裝。此雙面的寓意延續到日後的歐洲基督教社會，從中古至近代早期，基本上多不脫離《聖經》為服飾所界定的文化意義。

二、記號與記憶

延續著《聖經》所揭示的服飾意義，歐洲中古時期，身分的轉變往往就在改換服裝的那一刻達成，例如選擇獨身的男女，獲准進入修道院（monasteries）或修會（mendicant orders）

6 〈利未記〉8:1-36也有相似的記載。

時，便脫下在俗世所穿戴的衣服，換上以黑白兩色為主的修院袍或會服（Habit），自此「穿上獨身」，終身歸屬上帝。[7]入世的神職人員在中古早期則上溯古代猶太祭司的傳統，發展出專用的祭衣（vestments），在他們的授職儀式（investiture）中，披戴祭衣即「穿上聖職」，開始擔起為基督看守羊群的責任。[8]

以神職人員的授職為代表，事實上整個中古時期的上層社會，都在以「授衣」為核心的授職體系中：君王在加冕禮中披上王袍、戴上王冠，開啟合法統治的名號與形象；貴族在封建制度下，透過效忠禮（homage）得到領主所賜的衣袍和武器，由此「穿上忠誠」，為領主作戰；隸屬王室的騎士團、中央與地方政府的官吏、市長、議員、法官等，也都在授職禮中得到特屬的外袍、金鍊或徽章。戈登（Stewart Gordon）曾為「授職」一詞定義，他說：「在其最普遍的情況下，授職包含在特定場合下、在觀眾面前，為一個人（person）重新穿

---

7 Giles Constable, "The Ceremonies and Symbolism of Entering the Religious Life and Taking the Monastic Habit, from the Fourth to the Twelfth Century," *Segni e riti nella chiesa altomedievale occidentale*, vol. 2（1987）, pp. 771-834. 這些修院袍或會服，也往往被各修會賦予強烈的救贖寓意。參見Cordelia Warr, *Dressing for Heaven: Religious Clothing in Italy, 1215-1545*（Manchester: Manchester University Press, 2010）.

8 中古早期出現的祭衣，其實是延續古代羅馬元老所使用的巴理姆袍（*pallium*），但中古教會刻意忽略祭衣的羅馬傳統，直接認定祭衣有更古老的來源，即古代猶太君主與祭司所穿戴的服飾。見Michael Moore, "The King's New Clothes: Royal and Episcopal Regalia in the Frankish Empire," in Stewart Gordon ed., *Robes and Honor: The Medieval World of Investiture*（New York: Palgrave, 2001）, pp. 102-103.

衣（re-clothing），以認可並慶賀這個新的且合宜的人物角色（persona）。」[9]在此過程中，個人因衣服的改換而獲得新的身分、榮耀或權威，同時授衣者和穿衣者建立了彼此依附或從屬的關係，猶如人類與上帝之間，因上帝在伊甸園授與亞當和夏娃的衣裳，而建立了信仰上的忠誠關係。此種以服裝及授職儀式建立的連結關係，其實也廣泛存在於中古時期的伊斯蘭世界及亞洲地區，而非歐洲獨特的社會現象。[10]

「授職」體系下所牽涉的人口多為上層階級，但歐洲中下階級也同樣藉由衣服，納入彼此相屬的社會網絡中。如工匠與商人階級所組的基爾特（guilds）中，有專屬的制服（livery），[11]其成員以相同的服飾象徵職業的歸屬和認同，並表彰他們在城市中的自由身分，以及參與市政的權利。如喬叟（Geoffrey Chaucer, c. 1343-1400）在《坎特伯理故事集》（*The Canterbury Tales*, c. 1400）的〈總引〉（General Prologue）中，介紹了幾位基爾特的成員，有針線商、染工、木匠、織工、織毯工，全都穿著一致的「制服」，打扮得光鮮體面，也有令人羨慕的資產

9 Stewart Gordon, "A World of Investiture," in Stewart Gordon ed., *Robes and Honor,* p. 1.

10 Stewart Gordon, "A World of Investiture," in Stewart Gordon ed., *Robes and Honor,* pp. 1-16.

11 Livery與十九世紀以後常見的制服（uniform）意義不同，雖然後者可溯源至前者。Livery的基礎是私人性、家族性的社會關係，但uniform是現代社會的產物，最早出現於歐洲軍隊中，代表中央政府力量的興起與管制能力，且透過制服將公共權威賦予穿著者，使他們成為「公眾的僕人」（servants of the public）。Elizabeth Wilson, *Adorned in Dreams: Fashion and Modernity*（London: I. B. Tauris, 2003）, pp. 35-36.

和收益，可擔任市府參事（alderman）。[12]更真實而顯明的例子是倫敦的同業公會（Livery companies），按字面之意也可譯為「制服公會」，其由倫敦多個獨立的基爾特於十四世紀末葉合併組成，他們不但沿襲中古以來的服裝傳統，而且即以「制服」為團體的名稱，拉帕波特（Steve Rappaport）認為：「在許多方面，穿上〔倫敦同業公會〕制服的人就是公會；當他們披上他們的斗篷和連衣帽（cloaks and hoods）時，即在向全世界展示他們的集團認同（corporate identity）。」[13]

這些基爾特的成員通常自行購置制服，並以此表現自由民的身分，已與中古社會原指稱的「制服」有所不同，它原是指由主人付給家中侍從、僕人或學徒的非貨幣薪資，可包括燃油、食物、糧草、衣物、住屋等，但逐漸專指由主人所贈與的

---

12 Geoffrey Chaucer, *The Canterbury Tales*, trans. David Wright (Oxford: Oxford University Press, 1985), p. 10. 原文為：

"A haberdasher and a carpenter,
A weaver, dyer, tapestry-maker—
And they were in the uniform livery
Of a dignified and rich fraternity,
A parish-guild: their gear all rim and fresh
……
Each was, in knowledge and ability,
Eligible to be an alderman;
For they'd income enough and property."

13 Steve Rappaport, *Worlds within Worlds: Structures of Life in Sixteenth-Century London* (Cambridge: Cambridge University Press, 1989), pp. 184, 228. 另參見 William Herbert, *The History of the Twelve Great Livery Companies of London*, vol. 2 (Newton Abbot: David & Charles, 1968), p. 60.

服裝，通常有特定的顏色，並配戴特定的家族徽章，以標示穿制服者歸屬的家族。在此含意下的制服，從中古時期至十八世紀初，仍廣泛存在於王室或貴族家宅內，可稱為「家宅制服」（household livery），以與商人或工匠的制服有所區別。[14]但不論是基爾特制服或家宅制服，制服都不單單是服裝，而是「被標記的服裝」（marked clothing），[15]用一致的顏色和徽章，將侍從與學徒納入主人所建立的社會中，成為歸屬與順服此社會的人。

王室或貴族家宅的僕從、基爾特等團體中的學徒，透過制服在身體上標記了他們的認同與從屬性的社會地位，在這些社會關係中，制服如同前文所談的「授職」中所授與的衣服，成為一種記號，並且具備把個別的身體連結在一起的力量。這樣的力量也表現在丈夫與妻子之間。以中古以來的義大利婚俗為例，女方必須準備以金錢為主的嫁妝（dowry），而男方則負責裝修新房，並預備嫁妝回禮（counter-dowry）。男方的回禮主要是新娘穿戴的衣物與飾品，並且要為新娘從家中帶來的金錢和物品，製作精緻的木櫃（*cassoni*），在婚禮遊行隊伍中展示。這些回禮必須在婚禮舉行之前準備好，而且新婚一年之

14 王室與貴族的「家宅制服」，參見Maria Hayward, *Rich Apparel: Clothing and the Law in Henry VIII's England*（Farnham: Ashgate, 2009）, pp. 141-147.

15 Ann Rosalind Jones and Peter Stallybrass, *Renaissance Clothing and the Materials of Memory*（Cambridge: Cambridge University Press, 2000）, p. 17. 另參見Peter Stallybrass, "Worn Worlds: Clothes and Identity on the Renaissance Stage," in Margreta De Grazia, Maureen Quilligan and Peter Stallybrass eds., *Subject and Object in Renaissance Culture*（Cambridge: Cambridge University Press, 1996）, pp. 289-290.

內，仍由丈夫為妻子提供衣飾。[16]在這些禮俗中，新郎擔負著裝扮新娘的任務，他必須與裁縫、布商、工匠商討服裝、木櫃乃至新房的設計。在這幾樣工作中，男性的角色皆在「覆蓋」女性：他讓新娘穿上他的衣服、戴上他的珠寶，同時也在空間上住進他所準備的房間內。新娘的身體完全由男方的衣物與住屋所包裹，而且這些衣物與住屋的所有權仍屬於丈夫（新娘的身體也是如此）。這是男方在婚禮中的責任，也是一種權力，建立了授衣者（丈夫）與穿衣者（妻子）之間的上下尊卑。

義大利婚俗中丈夫與妻子、授衣與穿衣的關係，在1350年代被薄伽丘（Giovanni Boccaccio, 1313-1375）生動地編織在《十日談》（*Decameron*）的一則故事中。這是關於葛麗絲達（Griselda）的婚姻與人生際遇，出現在《十日談》第十天的第十個故事。葛麗絲達是出身貧寒的農家少女，被侯爵蓋立特里（Gualtieri, Marquis of Saluzzo）看上，娶回侯爵府中，並為他生了一女一子，但蓋立特里為了測試葛麗絲達的忠心與堅毅，假託人民對葛麗絲達出身不滿，先是殺死女兒，再奪去兒子的性命。而後，他要求葛麗絲達下堂離去、回到娘家，他打算另娶嬌妻。這個故事最後真相大白，葛麗絲達的子女並未真的被殺，而是在另一個地方受到良好的照顧與教養；侯爵也非真的要再娶，而是迎接親生子女回鄉。侯爵因葛麗絲達始終忍耐堅毅，從不違逆他的心意，而恢復了葛麗絲達的身分，全家

16 Christiane Klapisch-Zuber, *Women, Family and Ritual in Renaissance Italy*（Chicago: Chicago University Press, 1985）, pp. 220-225; Catherine Kovesi Killerby, *Sumptury Law in Italy, 1200-1500*（Oxford: Clarendon Press, 2002）, pp. 54-60.

團圓、皆大歡喜。[17]

葛麗絲達的故事中，她曾面對三次身分的轉換，而這三次都以服裝的改換揭開身分的轉換。第一次是侯爵在鄉間迎娶她之時。他領著葛麗絲達在她家門前，在眾人圍觀之下，褪去所有衣物，再將他為葛麗絲達特別準備的衣服、鞋子、冠冕送上。葛麗絲達穿戴就緒之後，就舉行婚禮。薄伽丘寫道：

> 穿著她的新衣，這位年輕的新娘看起來正在開啟生命的新頁，而且她好像是個完全不同的女人了。……她現在有了自信、優雅又合宜的舉止，看起來是某個大貴族的女兒，而不再是牧羊人傑奴寇里（Giannùcole）的女兒。因此，每一個在她結婚前就認識她的人，無不大感詫異。[18]

侯爵的華服與冠冕讓葛麗絲達從女孩變成了妻子，也為她的外貌帶來顯著的變化，舉止行為全然不同。

第二次身分的轉換出現在侯爵要與她離婚的時候。侯爵要求葛麗絲達歸還一切他所贈送的禮物，所以她取下戒指，也準備脫下所有衣物，但她說：

> 我並沒有忘記，我赤裸裸地被你娶來，猶如我出生的那一天。如果你認為這個為你生兒育女的軀體，可以被所有

17 Giovanni Boccaccio, *The Decameron*, trans. G. H. McWilliam（London: Penguin Books, 1995）, pp. 783-795.

18 Giovanni Boccaccio, *The Decameron*, p. 787.

人觀看，我就這樣赤裸裸地走。但我所獻給你的童貞，你已無法歸還，為了補償，我請你至少……給我一件內衫（shift）穿著。[19]

侯爵答應了這項請求，於是葛麗絲達罩著一件內衫，光著腳丫，「像個窮人」似的走了，回到她原來居住的地方，也回到她原來的身分——牧羊人的女兒。葛麗絲達第三次轉換身分是在真相大白之後，她在侯爵府的房間中、在侍女簇擁之下，脫下她襤褸衣衫，換上侯爵夫人的服裝，從此夫妻過著圓滿幸福的生活。不過，在這個故事的結尾，薄伽丘另加了一段評論，也與服裝有關。他說：這世上找不到另一個像葛麗絲達一樣的女人，蒙受如此殘酷的冤屈而不垂淚，如果侯爵娶的若是其他女子，只穿著內衫就被逐出家門，「她會找到另一個愛慕她的男人，為自己贏得一件精美的新袍子。」[20]

這整個故事的結構與劇情，都呼應著這個時代人們普遍擁有的思維：「服裝創造了人」（the clothes make the man）。[21] 也就

19 Giovanni Boccaccio, *The Decameron*, pp. 790-791.

20 Giovanni Boccaccio, *The Decameron*, p. 795.

21 引自Ann Rosalind Jones and Peter Stallybrass, *Renaissance Clothing and the Materials of Memory*, p. 2. 與薄伽丘同時代的人文學者佩托拉克（Francesco Petrarch, 1304-1374），在讀到葛麗絲達的故事之後深受吸引，而單獨將這個故事譯為拉丁文。他在1373年寫給薄伽丘的信件中表示，他讓這個故事「換件衣服來美化它」。這句話顯示，佩托拉克也掌握到服裝在這個故事中所具備之轉換力。參見Ann Rosalind and Jones Peter Stallybrass,"(In) alienable Possessions: Griselda, Clothing, and the Exchange of Women," in *Renaissance Clothing and the Materials of Memory*, pp. 221-222.

是說，服裝能夠賦予人身分、角色、歸屬，甚至是行為舉止和言談方式。當葛麗絲達接受了侯爵的衣物，就成為他的妻子，有了侯爵夫人的身分和儀態；若褪去侯爵所給的衣物，也就脫離侯爵夫人的角色。而另一個女人若接受其他男人的新衣，就成為那個男人的妻子。葛麗絲達的際遇，呼應著前文曾提到的約瑟（〈創世記〉，39-45），他的生命轉折與身分變換，每次都透過衣裳的轉換所彰顯。這個故事也可對應到《聖經》中的約伯，[22]他曾對上帝說：「我赤身出於母胎，也必赤身歸回；賞賜的是耶和華，收取的也是耶和華。」（〈約伯記〉，1:21）葛麗絲達亦如此對她的丈夫表示：她赤身而來也該赤身而去，暗示著她的丈夫是那擁有賞賜與收取之權柄的人。她的丈夫猶如創造約伯的上帝，「你以皮和肉為衣給我穿上，用骨與筋把我全體聯絡」（〈約伯記〉，10:11）；「你的手創造（made）我，造就（fashioned）我的四肢百體，你還要毀滅我。」（〈約伯記〉，10:8）只是，侯爵所「衣」的是由布匹、珠寶、針線所做；用以造就葛麗絲達的是衣裳。

廣義而言，歐洲中古社會的授職與制服體系，透過服裝連結所有重要的社會關係：君與臣、領主與附庸、主人與僕從、師傅與學徒、丈夫與妻子、父親與子女，以及共事的同儕和友伴。服裝既是一種禮物，建立交換者彼此之間的情感和忠誠；也同時是一個記號，標記彼此各應擔負的責任與角色，所以瓊

22 佩托拉克即已注意到，葛麗絲達所遇到的試煉，可與約伯的遭遇相比擬。Cristelle L. Baskins, "Griselda, or the Renaissance Bride Stripped Bare by Her Bachelor in Tuscan *Cassone Painting*," *Stanford Italian Review*, 10:2（1991）, p. 166.

斯與史達利布拉斯（Ann Rosalind Jones and Peter Stallybrass）認為，在這樣的體系下，服裝是一種「物質性的助記符號」（a material mnemonic），讓「記憶與社會關係被真實地具象化，也讓「社會關係的世界被穿在（put upon）穿衣者的身體上。」[23]於是，服裝好像是人體的延伸，是「身體的身體」，[24]它讓自然的肉體有了社會性的意義，而且像是可拆卸卻不可捨棄的「義肢」（prostheses），[25]連結個人其他的肢體，以共同建構個人社會身分及自我認同；也透過這個義肢（而非原本自然的肉體），個體能與社會中其他個體連結，「成為一身」。[26]

三、時尚是新的魔鬼

在授職與制服所建構的歐洲傳統服飾文化下，服裝彰顯了

---

23 Ann Rosalind Jones and Peter Stallybrass, *Renaissance Clothing and the Materials of Memory*, pp. 3, 20.

24 語出十六世紀人文學者伊拉斯摩斯（Desiderius Erasmus, 1466-1536）之語，但伊拉斯摩斯有其個人的詮釋，詳見第二章。以服裝做為人與人之間身體的連結，此概念亦見於現代學者對服裝的討論中，如Quentin Bell, *On Human Finery*（2nd edn., London: Hogarth Press, 1976), p. 19; Cordelia Warr, *Dressing for Heaven*, pp. 153, 164.

25 費雪（Will Fisher）即以「義肢」的概念討論服裝與身體的毛髮，見Will Fisher, *Materializing Gender in Early Modern English Literature and Culture*, pp. 26-27, 178（n. 82）.

26 語出《聖經》，〈羅馬書〉，12:4-5：「正如我們一個身子上有好多肢體，肢體也不都是一樣的用處。我們這許多人，在基督裡成為一身，互相聯絡做肢體。」基督教社會因共有的信仰而成為一體，但某些極具象徵性的物件，實質的建立了這樣的連結，如聖餐禮中的餅和酒，以及本書所強調的服裝。

兩種相應的力量，一方面它讓個人與其應歸屬的社群合為一體；另一方面它轉換個人的身分，使其擁有新的角色。然而，服裝本身原是不具備任何力量的，它的力量來自於權威者的賦予，通常是君王、主教、修道院長、家長與丈夫，決定了哪些衣服可以讓穿者被「納為一體」和「轉換」身分。也就是說，服裝的力量來自權力的實踐，我們與其說「服裝創造了人」，不如說「服裝昭告了人」（apparel proclaims the man），[27]即透過實體的物件向社會昭告某人的新身分與角色，也昭告了君王、家長或丈夫等人的權力。服裝在昭告權力的同時，其實也昭告了「秩序」：在教會，從教宗、樞機主教、主教、牧師到執事，各有不同職級的穿著；在國家，從君王、貴族、官吏、議員、市民到農民，各按其身分穿著。在這兩個領域，華麗與莊嚴的衣飾歸於上層階級，儉樸與單調的穿著歸於中下階級。前者通常以金銀絲線、綾羅綢緞，以及珠寶實構而成，讓昂貴精美的物件，對應於身分的榮耀與才德的尊貴；後者多以當地所產的毛布、麻線所製，訴求簡單平實，對應於平民階級的謙卑與服從。[28]在這樣的社會中，每個人不逾越其社會地位、身分、

---

27 David Kuchta, *The Three-piece Suit and Modern Masculinity: England, 1550-1850*（Berkeley: University of California Press, 2002）, p. 23.

28 此呼應了傅柯（Michel Foucalt, 1926-1984）所說「類比的階序」（hierarchy of analogies），物質世界中織品與裝飾品的價格高低，決定了衣飾種類的尊貴階序，而此階序可以對應世俗世界中社會地位的高低，用以彰顯人的身分階序。此種衣飾與社會階級相應的關係，是十七世紀以前西方文化的特色，也是佩羅（Philippe Perrot）和庫其塔（David Kuchta）所謂「舊服飾體制」（the old sartorial regime）下的主流思維。見Michel Foucault, *The Order of Things: An Archaeology of Human Sciences*（New York: Vintage

性別、年齡，穿上合適的衣服，讓社會秩序透過外在服飾而被「看得見」，服裝也因此具備社會識別功能，可以由衣服判斷個人的身分地位；每個人也以自己應穿著的服裝各安其位、各盡其分。

然而，此種和諧又平靜的畫面，終究不是長存的實景。現實社會中，「時尚」好像是新的魔鬼，潛入人的欲求和想像中，並提供給個人實踐選擇權、表現獨特性的機會。時尚的歷史如同人類的歷史一樣古老，但時尚在十四世紀之後的歐洲，才逐漸發展出它的現代定義：精緻的剪裁與組合、風格上持續而快速的變化。[29]十四世紀從地中海的義大利到大西洋岸的英格蘭，歐洲人服裝上最激烈的變化表現在「縫合式」（the sewn）服裝取代了「垂掛式」（the draped）的服裝。[30]後者以羅馬人所穿的「袞尼克衫」（tunic）為基本形式，以單片布匹簡單裁剪，由頭部套下，中束腰帶，線條柔和圓融，身形寬鬆。垂掛式服裝從羅馬時期延續至十四世紀，一直都是歐洲服裝主要的形式，男女衣著並沒有太大的差別，只是女性的裙身較長，達

Books, 1970), p. 55; Philippe Perrot, *Fashioning the Bourgeoisie: A History of Clothing in the Nineteenth Century*, trans. Richard Bienvenu (New Jersey: Princeton University Press, 1994), p. 15; David Kuchta, *The Three-piece Suit and Modern Masculinity*, pp. 18-21.

29 Christopher Breward, *The Culture of Fashion: A New History of Fashionable Dress* (Manchester: Manchester University Press, 1995), p. 8; Elizabeth Wilson, *Adorned in Dreams*, p. 3; Aileen Ribeiro, *Dress and Morality* (Oxford: Berg, 2003), p. 42.

30 Ulinka Rublack, *Dressing Up: Cultural Identity in Renaissance Europe* (Oxford: Oxford University Press, 2010), pp. 16-17.

至腳踝，男性的多只及膝蓋，但十四世紀開始，縫合式的服裝以精巧的多片剪裁與組合方式，製作出緊貼身體、突出曲線的衣服。

此時流行的男性緊身短上衣（*pourpoints*），或稱「大布列夾衣」（doublet），袖窄、腰部緊縮，又在前胸與肩部內縫襯墊，刻意凸顯出寬大厚實的胸膛和肩膀。此種形式可清楚見於1360年代布列塔尼公爵查理（Charles of Blois, Duke of Brittany, 1345-1364）所留存的上衣（圖1.1）。[31]這件衣服以32片金線織花的絲錦緞縫組，前胸中線用32顆鈕扣連結，在兩袖側邊也有一整排扣子做為裝飾；整件衣服內縫棉布，襯出緊實直豎的服裝。在這樣的服裝底下，身體受到更大的約束，也同時在塑造直挺的身形，這正是歐洲十四世紀以後新身體美感的展現。[32]此時，男子下半身則發展出緊身短褲（breeches），接上

---

31 Odile Blanc, "From Battlefield to Court: the Invention of Fashion in the Fourteenth Century," in Désirée G. Koslin and Janet Snyder eds., *Encountering Medieval Textiles* (New York and Basingstoke: Palgrave Macmillan, 2002), p. 165.

32 服裝形式表現了一個社會對身形與姿勢的理想，服裝本身也是塑造身形的工具。從十四到十六世紀，所謂的文藝復興時代，各類行為手冊莫不強調身體的約束，並將挺立的姿態視為文雅與教養的表徵，參見Peter Burke, "The Language of Gesture in Early Modern Italy," in *Varieties of Culture History* (Ithaca: Cornell University Press, 1997), pp. 60-76; Dilwyn Knox, "Ideas on Gesture and Universal Language c. 1550-1650," in John Henry and Sarah Hutton eds., *New Perspectives on Renaissance Thought: Essay in the History of Science, Education and Philosophy in Memory of Charles B. Schmitt* (London: Gerald Duckworth, 1990), pp. 101-136; Dilwyn Knox, "Gesture and Comportment: Diversity and Uniformity," in Herman Roodenburg ed., *Cultural Exchange in Early Modern Europe*, vol. 4: *Forging European Identities* (Cambridge:

長襪，整個下半身有如現代女性所穿的褲襪般，讓修長強壯的腿部線條表露無遺；若再加上新流行的尖頭鞋（pikes），又進一步在視覺上延長男性雙腿的長度。整體來說，新服裝時尚使男性身形呈現上寬下窄的倒三角形結構。[33]十四世紀的女性服飾也跟隨男性潮流，發展出上身所穿的緊身馬甲（bodices），但領口拉低，凸顯胸部，加上繁複而高聳的頭式，拉長了上半身的線條。女性的下身則以多層布料撐出寬大的裙形，強化臀部寬廣的形貌，與男性下半身時尚的發展恰成對比，也因此使女性整體身形有如男性的倒反，呈現上窄下寬的正三角形。[34]

上述發展可追溯到十二世紀的法國宮廷，最初的發揚者也以貴族階層為主，隨著時間的進展，男性的上衣更往「緊」和「短」的方向發展，十四世紀時英格蘭編年史家約翰（John Reading, d. 1346）便提到：新的服裝「短、窄、束縛，全身剪裁，用細繩將各部分連結，與過去全然不同。」同時代《大法蘭西編年史》（*Grandes Chroniques de France*）的作者，也批評

Cambridge University Press, 2007), pp. 289-308.

33 Stella Mary Newton, *Fashion in the Age of the Black Prince: A Study of the Years 1340-1365* (Woodbridge: The Boydell Press, 1980), pp. 2-3; Phillis Cunnington, *Your Book of Mediaeval & Tudor* Costume (London: Faber and Faber, 1968), pp. 20-32; Odile Blanc, "From Battlefield to Court," pp. 157-172.

34 Odile Blanc, "From Battlefield to Court," pp. 169-170. 這種男女服裝典範的對反，在十六世紀達到高峰，而且一直延續到二十世紀，參見Isablee Paresys, "The Dressed Body: The Moudling of Identities in Sixteenth-Century France," in Herman Roodenburg ed., *Cultural Exchange in Early Modern Europe*, vol. 4: *Forging European Identities* (Cambridge: Cambridge University Press, 2007), pp. 230-232.

年輕貴族因為上衣太短，一彎腰就露出臀部。[35]在十四世紀，這股服飾變化的趨勢，已產生兩項重要的文化意義：第一，十四世紀以後男女兩性服裝在外型上有明顯的區隔，服裝成為定義「男性特質」（masculinity）與「女性特質」（femininity）重要的物件。第二，當「縫合式」服裝取代「垂掛式」服裝之後，人的身體好像一組一組的布片，被切割、分隔成各個部位來看，而且各部位也經過精細的測量、剪裁和裝飾（圖1.2、1.3）。人的身體、外型、外貌，在此過程中更受注目，「個體性」（individuality）的追求也更加明顯，此後蔚為歐洲文化發展的動力之一，其亦表現於文藝復興時代各類自傳、肖像畫與詩文之中。

就時尚所表現的個體性而言，時尚好似在傳統權力織成的布匹上剪了一個缺口，讓人擁有某種程度的自由表現獨特性。特別是對中上階層而言，他們更加具備選擇意識與選擇空間，思考如何借用、調整或完全追隨新流行的服裝風格，又或者拒絕時尚潮流，表現個人品味，這些都使得個人可在群體關係中伸張個體特質。[36]於是，服裝不再只是昭告君主、主教和家長的權力，也可以昭告個人的選擇權、個人特有的品味和地位。它表達了這個時代個體對自身形貌的注目，以及獲得他人關注的渴望，但這股背離傳統的力量，也招致文人嚴厲的批判。上文

35 引自 Stella Mary Newton, *Fashion in the Age of the Black*, pp. 9-10.

36 Gilles Lipovetsky, *The Empire of Fashion: Dressing Modern Democracy*, trans. Catherine Porter（Princeton N. J.: Princeton University Press, 1994）, pp. 29-32, 46-47; Elizabeth Wilson, *Adorned in Dreams*, p. 6.

提到的英格蘭編年史家約翰指出：「過往美好的時光中，〔人們〕穿著長而寬大的優雅服裝」，現在卻被短而緊的衣裳所取代，這種衣裳使人看起來「更像施虐者，或者真實的說，更像惡魔（demons），而不像人。」《大法蘭西編年史》的作者則認為，法國貴族與騎士在服飾上被「貪婪而不雅」的浪潮所席捲，犯了「驕傲之罪」，才會在1346年英王愛德華三世（Edward III, r. 1327-1377）入侵法國的克海西戰役（Battle of Crécy）中慘敗，上帝正是藉著英格蘭人之手來懲罰法國貴族。同時期佛羅倫斯編年史家維拉尼（Giovanni Villani, 1276-1348）也論到時尚現象，乃來自法國與西班牙服飾的影響，滲入佛羅倫斯年輕男女的生活中，但這類「異國服飾，既不美麗也不優雅」，甚至是「怪異」。[37]以上這些文人來自不同的區域，但都見證了時尚的變化，並對這股新潮流在美感與道德上的問題，給予強烈的指責。

時尚也在傳統社會階序關係上劃下一道裂縫。服裝時尚原是貴族階層享有的特權，亦是表現階級屬性，以與平民社會區隔的方式，一如伊理亞斯（Norbert Elias, 1897-1990）所談的禮儀舉止（courtesy），是中古宮廷社會與貴族階層自我意識的表彰。[38]事實上，服裝時尚與禮儀舉止同為一體，都是貴族在外貌上彰顯自身價值的手段；然而，時尚亦如同禮儀舉止，可被其他階級所仿效和借用。時尚所提供的個體選擇權，隨著

---

37 引自 Stella Mary Newton, *Fashion in the Age of the Black Prince*, pp. 6-7, 9-10.

38 Norbert Elias, *The Civilizing Process, vol. 1: The History of Manners,* trans. Edmund Jephcott (New York: Pantheon Books, 1978), pp. 62-63.

十四世紀以後城市的興起、貿易的發達，逐漸跨越傳統階層界線，被商人所模仿。商人階層也企圖藉著這樣的方式，抬升社會地位與形象，進而攪亂了服飾與社會地位兩相對應的關係。為了抑制新富階級在外貌上的僭越，從十四世紀開始，歐洲各國、各城市所頒布的禁奢法（sumptuary laws）中，針對服裝所設的禁令日益增加，以藉此穩固原有的社會秩序。[39]不過，禁奢法本身也同時成為催化時尚變化的力量。一者，在心理上，誠如十六世紀法國人文學者蒙田（Michel de Montaigne, 1533-1592）所說，當禁奢法限制只有君王、貴族「可以用天鵝絨、金穗（gold braid），而不准一般人用，這樣只會抬升這些物品的尊榮，而且促使每一個人更想得到這些東西。」[40]再者，在法律上，為了規避禁奢法對特定服裝布料或樣式的限制，時尚追求者總能變化出新的方式，運用不同的服裝材質搭配或設計來滿足欲望，所以十八世紀的伏爾泰（Voltaire, 1694-1778）說：「歷史已經證明，到處都有禁奢法，但經過一段短暫的時間後，它們或被廢除，或被規避，又或被忽視。虛榮（vanity）

39 禁奢法在歐洲多數地區從十二世紀末葉開始，延續至十八世紀，但十二、十三世紀時期，禁奢法的數量甚少，至1300年開始明顯增加，此趨勢延續至十六、十七世紀達到高峰，之後逐漸消失。在十四至十七世紀這段高峰期內，歐洲禁奢法的規範項目以服裝為大宗，且越來越重視透過服裝保持階級區隔的外貌，參見Alan Hunt, *Governance of the Consuming Passion: A History of Sumptuary Law*（London: Macmillan, 1996）, pp. 28-33.

40 Michel de Montaigne, "Of Sumptuary Laws," in *Essays, in The Complete Works of Montaigne*, trans. Donald M. Frame（London: Everyman's Library, 2003）, p. 238.

總是能在法律限制之外，發明各種方式來凸顯自己。」[41]

十四世紀以後禁奢法的數量，隨著時尚潮流的蔓延與變化更形增加。同時，階級內及階級之間的競爭和模仿、國際貿易的興起，紡織產業與裁縫技術的提升、城市生活及商品經濟的發達，使更多人捲入了時尚的追求中。[42]從十五至十七世紀，歐

41 引自 Diane Owen Hughes, "Sumptuary Law and Social Relations in Renaissance Italy," p. 69.

42 時尚變化的原因，在二十世紀上半葉的研究中，多跟隨范伯倫（Thorstein Veblen, 1857-1929）及齊梅爾（Georg Simmel, 1858-1918）的理論，主張時尚的出現，來自下層階級對上層階級的模仿，上層階級為了阻擋下層階級的模仿，創造新時尚以進一步區隔彼此的社會差異，也以「奢侈性消費」（conspicuous consumption）標誌自身有錢有閒的階級屬性。在「模仿」與「區隔」之間，服飾風潮得以不斷變換。見 Thorstein Veblen, *The Theory of the Leisure Class: An Economic Study of Institutions*（New York: MacMillan, 1899）; Georg Simmel, "Fashion," *International Quarterly*, 10（1904）, pp. 130-155. 齊梅爾與范伯倫的主張，被稱為「向下滴漏理論」（the trickle-down theory），但在二十世紀中葉以後受到越來越多挑戰。許多學者主張，除了下對上的模仿之外，也有下對上的影響（trickle-up theory），包括近代早期各類布商、飾品工匠與裁縫，他們可成為時尚的中間人，向上或向下傳遞新的服飾風格；近代的商品經濟與大量生產，更使時尚本身具備自主性，呈現「集體品味」（collective taste），而非特定階級的品味。時尚也未必是一階級對另一階級的模仿，而是對另一階級的反抗，並以新時尚或樸素的「非奢侈消費」（inconspicuous consumption），形塑新階級屬性。此外，也有學者主張，時尚的研究不應限在社會階級的框架內，它也是人類社會對美感與精緻的追求。見 Evelyn Welch, "Art on the Edge: Hair and Hands in Renaissance Italy," *Renaissance Studies*, 23:3（2009）, pp. 241-268; Herbert Blumer, "Fashion: From Class Differentiation to Collective Selection," *Sociological Quarterly*, 10（1969）, p. 282; Quentin Bell, *On Human Finery*, p. 30; David Kuchta, *The Three-piece Suit and Modern Masculinity*, p. 5; Gilles

洲商人階層與上層貴族的服裝形式日益大膽、線條突出，性別的特質也被更強烈地表現出來。例如，女性的裙身越來越廣，十五世紀時甚至發展出「環裙」（farthingales），即以木條、鐵絲或鯨魚骨製作環狀裙架，穿在襯裙內，撐出寬大的裙形（圖1.4）。這股時尚原從西班牙開始，後來也傳入法、英等地，一直流行到十六世紀末，而且日益龐大，有如輪圈圍繞在女性臀部。男子的下身在十五世紀出現了「陰囊袋」（codpiece），既可包裹私處又同時凸顯陽具之壯碩，但陰囊袋只流行到十六世紀中葉就已被時尚淘汰（圖1.5）。男子的短褲則從十四世紀緊縛臀部，演變到十六世紀下半葉流行的「燈籠型短褲」（trunk hoses）（圖1.6）。除了上身與下身的區隔之外，十六世紀中葉男女流行在頸部配戴挺立的「皺褶領」（ruffs），在視覺上產生分隔頭部和軀體的效果。皺褶領由上衣的領子演變而來，多以精緻的麻織成，上漿打褶後或呈扇狀，或呈輪狀排列，連結在衣領上，這項特殊的裝扮流行到十七世紀初，又被其他款式的領件所取代（圖1.7）。[43]

除了上述所列的服裝風尚之外，珠寶、帽子、頭飾、手套、手帕、鞋子等各類配件，從十四至十七世紀也有繁多的變化，而且時尚的節奏似乎越來越快。[44]蒙田提到法國宮廷在悼念

Lipovetsky, *The Empire of Fashion*, pp. 43-43.

43 十五、十六世紀時尚的變化，可參考Francis M. Kelly and Randolph Schwabe, *European Costume and Fashion 1490-1790*（Mineola, New York: Dover Publications, 2002）, pp. 29-119; Jane Ashelford, *The Art of Dress: The Clothes and Society, 1500-1914*（London: National Trust, 1996）, pp. 16-85.

44 可參考Bella Mirabella ed., *Ornamentalism: the Art of Renaissance Accessories*

過世的亨利二世（Henry II, r. 1547-1559）之時，貴族們脫下原本喜穿的絲綢之衣，換上寬幅細毛布（broadcloth）所做的衣裳，「還不到一年，……絲綢在每個人眼中已被看為極低，如果你看到任何一個人穿著它們〔絲綢之衣〕，你會立刻把他拉低到市民階級（bourgeois）。它們〔絲綢之衣〕已被配給醫生和動手術之人穿的。」蒙田也感嘆：「骯髒的羚羊皮和麻布所做的大布列夾衣，多麼快速地在軍隊中擁有尊榮的地位；高貴與華麗的衣裳又多麼快速地被貶抑與輕視。」[45]蒙田的記載，見證時尚的追逐已從貴族階級感染到市民、醫生、士兵等中下階級，而貴族為了維護自身做為品味最高階的表現者與裁決者，不斷移動時尚的標準，若絲綢已被中下階級取用，便將絲綢打為不入流的時尚品。這類變動將使時尚持續推陳出新，也使追逐者無法停歇地消費新品。

時尚快速的變化，也讓那些希冀保存傳統、記錄時代變化的人，感到焦慮不已。義大利的韋切利奧（Cesare Vecellio, c. 1530-c. 1601）在撰寫他的《古今各地服飾》（*Degli habiti antichi, et moderni di diverse parti del mondo*, 1590）之時，一方面皓首窮經、費力蒐羅古今各地服裝的樣式與變化，但另一方面他又知道，在這場與時尚競速的比賽中，他終將徒勞，因為「服飾這件事沒有絕對的確定性，服裝的樣式因穿衣者的奇想與反覆

（Ann Arbor: University of Michigan, 2011）一書，及Evelyn Welch, "Art on the Edge: Hair and Hands in Renaissance Italy," pp. 241-268.

45 Michel de Montaigne, "Of Sumptuary Laws," pp. 238-239. 蒙田討論時尚快速的變化，亦可見於Michel de Montaigne, "Of Ancient Customs," in *Essays, in The Complete Works of Montaigne*, p. 262.

無常的怪念頭，持續地改變。」特別是女性的服裝，變來變去有如「月亮陰晴圓缺」，他無法在有限的文字敘述中，呈現服飾無止盡的改變，只怕「這一刻我在此描述某種樣式，女人們已改變到另一種，我根本不可能掌握所有的〔變化〕。」[46]

蒙田與韋切利奧的觀察，揭示了十六世紀歐洲「時尚社會」(society of fashion) 的到來，也就在這個時候，歐洲多個重要語言中出現了「時尚」一詞，如義大利文、西班牙文與葡萄牙文的*moda*、法文與德文的*mode*，以及英文的fashion。*Moda*或*mode*皆源自拉丁文的*modus*，原意是指「形式」(style) 或「方式」(way of doing something)，但隨著時尚變化成為顯著的時代現象後，這些字用來表達「變化」(change) 與「新潮」(newness)，指稱時下流行的服裝樣式和打扮。[47]英文的fashion一詞，取自古法文*façon*，但實源於拉丁文的動詞*facere*，意為「製作」或「造就」，轉為名詞則指事物的製作或形貌 (the make or shape of a thing)，但此詞在十六世紀中葉

46 Cesare Vecellio, *The Clothing of the Renaissance World: Europe, Asia, Africa, the Americas: Cesare Vecellio's Habiti Antichi et Moderni*, eds. and trans. Margaret F. Rosenthal and Ann Rosalind Jones (London: Thames & Hudson, 2008), pp. 52, 193.

47 Eugenia Paulicelli, *Writing Fashion in Early Modern Italy: From Sprezzatura to Satire* (Farnham: Ashgate, 2014), p. 5; Ulinka Rublack, *Dressing Up*, pp. 14-15. 同時期中國的明朝也出現了「時樣」一詞，用以表達服裝時尚之日新月異，文人陳堯寫道：「長裾闊領；寬腰細褶，倏忽變異，號為時樣。」見卜正民 (Timothy Brook) 著，方駿、王秀麗、羅天佑合譯，《縱樂的困惑：明朝的商業與文化》(*Confusions of Pleasure: Commerce and Culture in Ming China*)(台北：聯經出版公司，2004)，頁299。

以後越來越常用於指時下流行服飾。[48]無論字源有何不同，「時尚」一詞在十六、十七世紀的歐洲語文中，並不具備現代創新或新潮的正面意涵，反而意味著對傳統秩序的破壞，以及良善風俗的流失。更甚者，它寓含表象的假造（counterfeit），以及對真實事物的扭曲（pervert）。[49]

四、服飾的思考

當*moda*、*mode*或fashion等詞越來常用以指稱時尚變化之時，這些詞語在十六、十七世紀依然保有其舊有的意涵，指社會長期形成的行為模式、生活方式、禮儀、習俗。[50]這些長時期陶鑄而成的特質顯現於外，就可以判斷出個人的社會層級、居住區域，或國族歸屬，這正是中古以來授職或制服文化的延續。[51]換句話說，*moda*、*mode*或fashion等詞，一方面可指短

48《牛津英文字典》（*Oxford English Dictionary*）對fashion的解釋："the mode of dress, etiquette, furniture, style of speech etc. adopted in society for the time being."此義最早於1569年已開始使用。http://www.oed.com/view/Entry/68389?rskey=PEtuFd&result=1&isAdvanced=false#eid[10], accessed 26 July, 2016.

49 Ann Rosalind Jones and Peter Stallybrass, *Renaissance Clothing and the Material of Memory*, p. 1.

50 在此意義上，*moda*、*mode*、fashion等詞類同habit一詞，它既可指穿著於外的服裝，也指社會慣常存在的生活方式與習俗。參見Eugenia Paulicelli, *Writing Fashion in Early Modern Italy*, pp. 6-7; Ann Rosalind Jones and Peter Stallybrass, *Renaissance Clothing and the Material of Memory*, pp. 1-2, 6.

51 此文化至十八世紀已明顯受到挑戰，見Beverly Lemire, *The Business of Everyday Life: Gender, Practice and Social Politics in England, c. 1600-1900* (Manchester: Manchester University Press), pp. 123-126; Beverly Lemire,

暫且變換不定的服裝形式，個人隨其財富能力選擇，創造或模仿出高尚的「表象」。另一方面，這些詞又可指社會長久而固定存在的衣著模式，服裝因而具備深入「內裡」的力量，塑造個人階層或職業屬性，以及身分認同。新奇與傳統、變動與慣常、表象與內裡，兩種矛盾的意涵同時存在於這些詞語中，而近代早期正是這兩種矛盾意涵交錯的年代。

這交錯的年代正是本書所欲探討的時期。在這段時期，文藝復興人文主義（Renaissance Humanism）、宗教改革（Reformation）、國際貿易與航路的開通，為歐洲宗教、政治、思想與文化帶來震盪，個人與社群（包含國家、教會與社會）的關係也處於重新定義的局面，而連結了個人身體與社群的重要物件——服飾，自然被帶入了各類政治、宗教、文化議題的辯論中，成為被思考的對象。首先，從義大利人文學者開始，他們在古代希臘、羅馬知識遺產影響下，也因處在義大利商業與城市文化中，對世俗生活中個人與他人互動時所應具備的教養、品味、言語和舉止禮儀，投與更大的關注。從阿伯提（Leon Battista Alberti, 1404-1472）、帕爾米耶里（Matteo Palmieri, 1406-1475）、卡斯提理翁（Baldassare Castiglione, 1478-1529）、卡薩（Giovanni della Casa, 1505-1556），到栝索（Stefano Guazzo, 1530-1593）等，人文學者出版了多部與教育及禮儀規範相關的作品，試圖在貴族血統之外，界定優雅與尊貴的新標準。在這些作品中，服飾被視為外在舉止行為的一部

Dress, Culture and Commerce: The English Clothing Trade before the Factory, 1660-1800（Basingstoke: Macmillan, 1997), pp. 7-8.

分，而舉止行為不但能反映內在心靈的狀態，也能由外向內形塑個人的品格與特質。當「自我造就」（self-fashioning）成為文藝復興時代人文學者重要的課題，[52]服飾也成為個人建立自我形象不可或缺的工具；欲向上爬升的受教育階層，必須時時思索自己該穿什麼樣的衣服，才能在日益競爭的世俗世界贏得尊敬與榮耀。

其次，在「基督教人文主義」（Christian Humanism）推波助瀾之下，路德．茲文利（Ulrich Zwingli, 1484-1531）與克爾文（John Calvin, 1509-1564）等人，以回歸《聖經》原典為主要訴求，打破了羅馬教會一統的堡壘。宗教改革在歐洲各地的發展，見證了物質與精神世界密切的聯繫，宗教改革者一方面拋棄代表華麗與迷信的舊物件和舊儀式；另一方面以反映「初代教會」素樸與虔誠的新物件、新儀規，建立改革派教會正統形象。天主教教會則反其道而行，以更華麗的建築、衣飾、典禮，重建信仰最高權威。在物件與儀式的爭議中，要不要保留神職人員舊有的「祭衣」成為焦點之一，這個問題牽涉到信仰實踐與表達的方式、神職人員在教會中的角色，以及他們與其他平信徒的關係，也牽涉到國家政治力能否干預宗教儀規。此時處於新舊交替之間的教會，必須面對各類質疑與訴求，思索服飾在信仰上的意義。

宗教改革時期，不分新舊教地區，帝國、王國或城市統治者為了有效管控宗教事務，莫不介入教會儀式與祭衣的規範，

52 Stephen Greenblatt, *Renaissance Self-Fashioning: From More to Shakespeare*（Chicago: The University of Chicago Press, 1980）, p. 2.

藉著外在宗教禮儀的管理達成信仰上的統一，也藉此考驗被統治者的政治忠誠。與此相呼應的是，統治者也在此時期擴大對一般俗人服裝的管理，藉著禁奢法中越來越多有關外表裝扮的限制，企圖維持傳統階級秩序與道德風化。雖然禁奢法未必能徹底執行或達到良效，但數量日益增加的禁奢法，意味著此時期國家對人民日常生活管理範圍的擴大，國家權力日漸介入社會關係、經濟活動，甚至是家庭生活中。[53]而且，隨著跨國貿易的發達，異國奢侈品流通在各個國家的市場，其中的服飾已不僅牽涉到道德風尚的問題，也成為政府控管本土產業、勞工、外貿與社會安全的標的物。這些多元的關懷或憂慮共同交織在此時期各政府的禁奢法論述中。

十六、十七世紀歐洲社會更大幅度的人口與商品流動，其實也使各地的服飾風尚相互交流。一方面，它帶動區域性時尚的變化，如瑞士及日耳曼地區喜愛在衣服上開切縫（slashing）、西班牙服飾流行用「襯墊」（bombast）、法國婦女繁複的頭飾與男性的長捲髮（long locks），甚至波斯（或東方）的長背心

53 Alan Hunt, *Governance of the Consuming Passions*, p. 186. 尤其是在日耳曼新教地區，相關研究顯示有關社會規範與道德規訓的法條，日益增加，參見Lorna Abray, *The People's Reformation: Magistrates, Clergy and Commons in Strasbourg, 1500-1598*（New York: Cornell University Press, 1985）; Merry Weisner, "Paternalism in Practice: The Control of Servants and Prostitutes in Early Modern German Cities," in Phillip N. Bebb and Sherrin Marshall eds., *The Process of Change in Early Modem Europe: Essays in Honor of Miriam Usher Chrisman*（Athens: Ohio University Press, 1988）, pp. 179-200; Ronnie Po-Chia Hsia, *Social Discipline in the Reformation: Central Europe, 1550-1750*（London and New York: Routledge, 1992）.

（vest），[54]都傳布到歐洲不同地區，成為風行的設計或裝扮。另一方面，時尚的傳布、交雜，以及異國織品的流入，使許多地區本土的衣著特色漸漸流失，服飾原本所具備的國族辨識功能日益模糊。這些現象是近代早期跨國文化交流的一環，也表現在語言、禮儀和生活用品的交雜上，然而這段時期也正是歐洲各地區國族意識高漲的時代，宗教、法律、詩歌、文學、地圖、衣著等，都成為建立國族認同的對象，而交雜異國特質的物品與風尚，則成為國族認同的敵人與撻伐的目標。這也就使得本書所聚焦的服飾，成為思索國族特性的重要物件。

上述從人文學者的著作到國族論述、從個體的修養到國家的形象，服飾一再成為被思索的對象、辯論的主題，擁有豐富的「論述生命」（discursive life）。[55]論述（discourse）的基底在於「語言」（language），而本書所牽涉的服飾語言包含了兩種：一種是服飾本身所傳達的象徵性語言，如本書第二章人文學者欲藉樸實之服所傳達的優雅，又如第三章宗教改革者藉著黑袍所呈現的虔誠、戒律、潔淨等概念。另一種是人們用於描述和評論服飾的語言，如本書第四章的政府法令，或第五章的大眾作品中，都評判當時流行的服飾。在這兩種語言之間，當然也有彼此相互影響的關係，而且共同構成了本書所談的服飾論述。

54 Francis M. Kelly and Randolph Schwabe, *European Costume and Fashion 1490-1790*, pp. 29, 54, 121; David Kuchta, *The Three-Piece Suit and Modern Masculinity*, pp. 80-83.

55 Discursive life一詞，取自Susan Vincent, *Dressing the Elite: Clothes in Early Modern England*（New York: Berg, 2003）, p. 5.

從上個世紀以來，服飾本身就時常被研究者視為一種「語言」，做為人與人之間溝通的工具和符號，開啟物質文化研究的法國年鑑學派史家布勞岱（Fernand Braudel, 1902-1985）就主張，我們必須把服飾這類「物質性事物」（material things）的研究，帶入「物件與話語（things and words）的世界」，而他所謂的話語，是指更廣義的「語言」（*languages*），是「人賦予或透過它們〔物件〕所暗示」的各種意涵。[56]法國哲學家、符號學者巴特（Roland Barthes, 1915-1980）繼續把服飾視為語言的主張，發揮得淋漓盡致。他認為服飾做為「溝通的模式」（a form of communication），可以被理解為一種語言、一種文法，他稱為「服飾符碼」（the clothes code）。他指出，每當我們穿上一件衣服，就給予這件衣服一個意義，使它成為一個符碼，穿衣即在執行賦予意義的行為（a signifying activity）。所以，人不是光為了抵擋嚴寒、遮羞或裝飾自己而穿上衣服，也為了傳達意義，這使得服飾一直都是「符碼化的對象」（object of codification）。[57]但要研究服飾的語言，巴特認為必須仰賴人類言說的語言，因為服飾本身原無生命也無意義，它們的意義來自人們對服飾的言說與敘述（他稱之為書寫的服飾〔written clothing〕）。因此，在了解真實的服裝（real clothing）之前，應當先了解「時尚的論述」（the discourse of Fashion），「無

---

56 Fernand Braudel, *Civilization and Capitalism 15th-18th Century*, vol. 1: *The Structures of Everyday Life: The Limits of the Possible*, trans. Siân Reynold (New York: Harper & Row, 1981), p. 333.

57 Roland Barthes, *Roland Barthes: The Language of Fashion*, trans. Andy Stafford, eds. Andy Stafford and Michael Carter (Oxford: Berg, 2006), pp. 26, 96-97.

論述即無完整的時尚」。巴特在1967年出版的《時尚體系》（*Systeme de la Mode*），即在此概念下透過服裝雜誌中描述時裝的語句，建構時尚的語言。[58]

史學界許多後繼的學者，深受巴特影響，均主張服飾是一套語言，研究者必須去解讀其傳達的訊息與象徵意義，甚至是情緒和感受（moods, feelings）。[59]如前所言，本書亦延續著將服飾視為語言的看法，並支持巴特對論述的重視；然而，本書更強調服飾做為觀念的載體，在特定時空中被辯論與表述的歷程。它所關心的不僅僅是服飾如何被描述（巴特稱為described dress），更在乎它們是在何種思維架構下被理解與談論，又如何在特定時代中與當時重要的政治、宗教、經濟或文化議題相聯繫，如此才可能彰顯服飾在各個時代的歷史意義，以及服飾與整體社會互動的關係。因此，本書除了是一部與物質文化

---

58 Roland Barthes, *The Fashion System*, trans. Matthew Ward and Richard Howard (Berkeley: University of California Press, 1990), pp. xi, 3-5. 巴特將服裝分為三種：(1)「圖像的服裝」(image-clothing)，如服裝雜誌上為服裝拍攝的相片；(2)「書寫的服裝」，如服裝雜誌上為介紹或推廣某類服裝而書寫的文字敘述；(3)「真實的服裝」，以針線、布匹製作的衣服。他認為這三者本質不同、形態不同，理解它們的方式也不同。他的作品以研究書寫的服裝為主。

59 Alison Lurie, *The Language of Clothes* (New York: Vintage Books, 1983), pp. 3-12; Mary Roach and Joanne Eichler, "The Language of Personal Adornment," in Justine Cordwell and Ronald Schwarz eds., *The Fabrics of Culture: The Anthropology of Clothing and Adornment* (The Hague: Mouton, 1979), pp. 7-21; Christopher Breward, *The Culture of Fashion*, pp. 63-65; Arthur Asa Berger, *Reading Matter: Multidisciplinary Perspectives on Material Culture* (New Jersey: New Brunswick, 2003), pp. 103-104.

史密切相關的專著，也是一部「觀念史」（history of ideas）或「概念史」（history of concepts）的作品。

觀念史源自美國學者洛夫喬依（Arthur O. Lovejoy, 1873-1962）的推展，讓史學家在一般思想史（intellectual history）所關注的思想體系、意識形態或特定「主義」（-isms）之外，注意到社會各階層普遍共享的「觀念單元」（unit-ideas），包括了人們共通的經驗、分類的方式、習以為常的假定、有意識或無意識的思維習慣（mental habits）等等。洛夫喬依在1936年出版的《存在巨鍊：一個觀念史的研究》，即為此做了最佳的說明和展示。[60]受到觀念史的影響，二十世紀中葉以後，德國學界也發展出一門新的研究領域，稱為概念史（德文為*Begriffsgeschichte*）。[61]較諸於美國學派發展出來的觀念史，概念

---

60 Arthur. O. Lovejoy, *The Great Chain of Being: A Study of the History of an Idea* (Cambridge, Mass.: Harvard University Press, 1970). 此書再版多次，此外，洛夫喬依對觀念史的說明，也見於Arthur O. Lovejoy, "Reflections on the History of Ideas," *Journal of the History of Ideas*, 1 (1940), pp. 3-23.

61 德國概念史的成形，與一系列出版品密切相關，包括1955年《概念史期刊》（*Archiv für Begriffsgeschichte*）的創立，以及1967年以後陸續出版的三套大型辭典與手冊，包括《歷史原理哲學辭典》（*Historisches Wörterbuch der Philosophie*）、《歷史基本概念：德國政治與社會語言歷史原理辭典》（*Geschichtliche Grundbegriffe. Historisches Lexikon zur Politisch-sozialen Sprache in Deutschland*）、《法國基本政治社會概念手冊》（*Handbuch politisch-sozialer Grundbegriffe in Frankreich*）等。相關介紹見Melvin Richter, "Conceptual History (*Begriffsgeschichte*) and Political History," *Political Theory*, 14:4 (1986), pp. 604-637; Melvin Richter, "*Begriffsgeschichte* and the History of Ideas," *Journal of the History of Ideas*, 48:2 (1987), pp. 247-263.

史更重視語言（language）、言說（speech）、語意（semantics），以及特定概念之長時性與共時性的變化。更重要的是，概念史也受到法國年鑑學派的影響，強調思想研究與社會史的密切連結，從政治、社會、經濟結構的變化，分析思想與概念的歷史變遷。但不論是觀念史或概念史，他們都比傳統思想史，更加願意使用非經典性的作品，或非菁英階層的資料；資料來源也更加多元，可以包含論冊（pamphlets）、報紙、雜記、國會紀錄或政府法令，讓思想史可以涵蓋與一般人生活較為相關的更多面向。本書所關注的服飾，即是一般人社會生活中不可忽略的面向，它如何被言說與思考，皆可在觀念史或概念史的研究方法下，重新得到理解。

在物質文化史、觀念史與概念史的多重關懷下，本書以歐洲近代早期為主要研究年代，並以文藝復興、宗教改革與國際貿易所帶來的思想變動為背景，提出四個影響服飾論述重要的觀念（或概念）：

第一，文雅（civility）。這是十六世紀人文學者在古代希臘、羅馬文化影響下，為現實社會生活中的個人，所提出的禮儀行為標準，也寓含一套新的文化理想。此詞在十六、十七世紀的流行，歸功於荷蘭人文學者伊拉斯摩斯（Desiderius Erasmus, 1466-1536）的作品《論男孩的文雅》（*De civilitate morum puerilium*, 1530），因此本書第二章將以他為主角，討論他與其他重要人文學者，如何透過禮儀書、散文、諷刺文、信件等各類作品，思考個人穿衣的原則和品味；又如何思考表象與內在真實之間的對應關係。我們將會發現，人文學者一方面認為個人穿著應當彰顯內在品格和涵養，但另一方面他們也對服飾所能承載的內在真實充滿懷疑。他們的態度體現了此時代在「眼見為憑」與「眼見不可為憑」之間的掙扎和矛盾。

第二，中性之事（*adiaphora*, or things indifferent）。此概念也源自於古代希臘、羅馬，十六世紀人文學者已經常提到服飾是「中性之事」，即其為道德中立、無好壞之別的事物，唯賴使用者的動機與目的決定這類事物的價值。不過此概念的興盛乃是在宗教改革運動中開啟，尤以日耳曼地區的路德派及英格蘭教會談論最多。在宗教改革的脈絡中，*adiaphora*可譯為「無關救贖之事」，是指《聖經》中未明文要求也未禁止的事物，可包含各項宗教儀式、圖像、音樂、食物，以及神職人員的祭衣。其中祭衣問題引發英格蘭教會嚴重的分裂，英格蘭教會也是宗教改革期間唯一曾四度修改祭衣規範的教會。本書第三章即以英格蘭在1560年代發生的「祭衣之爭」（vestments controversy）為主題，利用爭辯雙方的信件與相關著作，討論祭衣問題所引發的宗教與政治衝突，以及視覺辯論。

第三，秩序（order）。從中古到近代早期，「秩序」是指從天體的大宇宙到個人身體的小宇宙，相互對應且上下階層井然有序的狀態。它可涵蓋政治、經濟、社會、家庭、性別各層面的秩序，也是個人與社群的各類關係，尤其是垂直的上下階序關係（hierarchy）：在上者負有保護在下者的責任，在下者負有服從在上者的義務。秩序也是一種立基於傳統道德、個人按其身分生活的理想狀態，任何對這種狀態的破壞，都被視為「失序」（disorder）。不論是「秩序」還是「失序」，服飾在這兩個相對的觀念中都成為主要的物質表徵，具備「社會識別」的功能，即從衣著可判斷個人的身分地位與職業，也可由衣著的狀況判斷政治、經濟、社會秩序之良窳。因此，近代早期許多政府將對秩序之追求，放在對人民服裝的管理上，限制人民按其社會等級穿著、按其身分適當地展現華麗，以建立社會區隔與和諧秩序。服飾也就成為政府統治的工具、人民服從的表徵。本書第四章即以英格蘭的服飾法（clothing laws）為主題，討論英格蘭政府如何在歷次的服飾法案與詔令中，建立秩序的論述。

第四，國族（nationhood）。服飾的社會識別功能中，也包含國族的區隔，即從衣著判斷民族、信仰、政治或語言的歸屬。近代早期的「國族」觀念並不單從血統或種族定義，而多採文化性的判決標準，指分享共同語言、宗教、歷史及生活方式的一群人，而且服飾在國族的定義上扮演越來越重要的角色。在此時期出版的遊記與服飾書中，都可以發現服飾成為認識它民族的窗口，藉由服飾的記載可闡述各民族道德特質、社會關係與生活特色。同樣的，服飾也成為建構國族認同重要的工具，藉由對本國服飾的觀察和反省，追尋本國固有特質與良善風俗；進而建立本土文化的優越性，以與外國「野蠻」的文化相互區隔。本書第五章亦以英格蘭為例，討論十六、十七世紀英格蘭人如何透過服飾及其與身體的連結，建立國族想像和國族認同。

上述四個觀念的研究，也是本書由第二章至第五章處理的議題，多以英格蘭地區為例，但本書時時將它們置於整個歐洲近代早期的時代脈絡之下，使物件（服飾）連結於更大的思考架構與時代議題。然而本書也強調，物件並非全然受觀念或議題的主宰，它們本身的物質性與視覺作用，其實也主導觀念推展的方向，讓這些觀念時時定錨在與「外象」、「形象」有關的思索上，而且服飾問題本身即彰顯了這個時代文人與統治者共同的焦慮：如何重建內與外、精神世界與日常生活、個人與社群的連結關係。

本書企圖使服飾研究也能進入思想史或觀念史的領域，這樣的企圖則在回應近三十年來服飾文化史的發展。上個世紀中葉，布勞岱在《十五至十八世紀物質文明、經濟與資本主義》（*Civilisation matérielle, economie et capitalisme, XVe-XVIIIe siècle*, 1967）中，已提倡物質生活（material life）與服飾的研究，他認為服飾牽涉到與文明有關的每一個議題，如「原料、生產過程、製造成本、文化穩定性、時尚及社會階層」等；同時他也主張服飾研究應與政治、社會、經濟史結合，從文化脈絡中理解服飾與時尚的意義。[62]不過，之後的十年，多數有關服飾的研究仍然以藝術史家，或博物館中織品與服裝研究的工作者為主，他們與社會經濟史家或文化史家的對話甚少。至1980年代，服飾文化史的專著與研究者才明顯增加，其中最重要的是法國年鑑學派第三代史家羅許（Daniel Roche），他於1989年出版《外表的文化：十七、十八世紀服飾的歷史》（*La Culture des apparences: une histoire du vêtement, XVIIe-XVIIIe siècle*），此書以巴黎地區為主，研究舊政權時代（*Ancien Régime*）服飾的消費與其展現的價值體系。[63]

62 Fernand Braudel, *Civilization and Capitalism 15th-18th Century*, vol. 1, p. 311.

63 英譯本為 *The Culture of Clothing: Dress and Fashion in the "Ancien Régime,"* trans. Jean Birrell (Cambridge: Cambridge University Press, 1994). 羅許有關服飾的研究，也可見於他在1997年出版之《日常事物的歷史：十七至十九世

布勞岱與羅許的作品，對史學界有相當大的影響，且開啟此後諸多從「物質文化」和「消費」的角度研究服飾的著作，其中有關近代早期的部分數量最多，且可依其主要研究取向，再細分為幾類：一，物件的研究，以布料、剪裁、配件（如手套、頭紗、鞋子等）等物件的討論為主。[64]二，時尚的研究，

紀消費的誕生》（*Historie des choses banales: naissance de la consommation dans les sociétés traditionnelles, XVII*ᵉ*-XIX*ᵉ *siècle*［Paris: Fayard, 1997］；英譯本為*A History of Everyday Things: The Birth of Consumption in France, 1600-1800*, trans. Brian Pearce［Cambridge: Cambridge University Press, 2000］）。在羅許出版《外表的文化》之前，也有其他幾位重要法國學者，致力於服飾文化的研究，如佩羅的《布爾喬亞的內外衣：十九世紀服飾史》（Philippe Perrot, *Les Dessus et les Dessous de la bourgeoisie: Une histoire du vêtement au XIX*ᵉ *siècle*［Paris: Librairie Arthème Fayard, 1981］；本文使用英譯本為*Fashioning the Bourgeoisie: A History of Clothing in the Nineteenth Century*），以及李普維斯基的《曇花一現的帝國：近代社會中的流行時尚及其命運》（Gilles Lipovetsky, *L'Empire de l'éphémère: La mode et son destin dans les sociétés modernes*［Paris: Editions Callimard, 1987］；本文使用英譯本為*The Empire of Fashion: Dressing Modern* Democracy）。

64 此類著作見Bella Mirabella ed., *Ornamentalism*; Giorgio Riello, *Cotton: The Fabric that Made the Modern World*（Cambridge: Cambridge University Press, 2015）; Giorgio Riello and Peter McNeil eds., *Shoes: A History from Sandals to Sneakers*（London: Berg Publishers, 2011）; Evelyn Welch, "New, Old and Second-Hand Culture: The Case of the Renaissance Sleeve;" in Gabriele Neher and Rupert Shepherd eds., *Revaluing Renaissance Art*（Aldershot: Ashgate Press, 2000）, pp. 101-120; Evelyn Welch, "Scented Buttons and Perfumed Gloves: Smelling Things in Renaissance Italy," in Bella Mirabella ed., *Ornamentalism*, pp. 13-39. 其他亦可參見Ninya Mikhaila and Jane Malcolm-Davies, *The Tudor Tailor: Reconstructing Sixteenth-Century Dress*（London: Batsford, 2006）; Lisa Monnas, *Merchants, Princes, and Painters: Silk Fabrics*

討論政治、經濟及社會發展，與服裝時尚變化之間的關係。[65] 三，生產與消費的研究，主要談布料、服裝與配件的生產、消費、分布及其歷史意義。[66] 四，文化象徵與文化意義的研究，此類範圍最廣，包含服裝或配件的顏色及其象徵意義、服飾與身分認同的關係、服飾與道德概念及價值觀的連結等。[67] 以上的分類，並非絕對性的劃分，許多作品其實涵蓋了前述四種類別的研究。

從以上各類作品來看，過去三十年服飾文化研究經歷了

---

in Italian and Northern Paintings, 1300-1500（New Haven: Yale University Press, 2009）.

65 此類著作見Carole Collier Frick, *Dressing Renaissance Florence: Families, Fortunes, & Fine Clothing*（Baltimore & London: The Johns Hopkins University Press, 2002）; David Kuchta, *The Three-Piece Suit and Modern Masculinity*; Maria Hayward ed., *Dress at the Court of King Henry VIII*（Leeds: Maney, 2007）; Maria Hayward, *Rich Apparel*. 亦可參考Christopher Breward and Caroline Evans eds., *Fashion and Modernity*（Oxford: Berg, 2005）.

66 此類著作見Beverly Lemire, *Fashion's Favourite: The Cotton Trade and the Consumer in Britain, 1600-1800*（Oxford: Pasold Research Fund in association with Oxford University Press, 1991）; Beverly Lemire, *Dress, Culture and Commerce*; Giorgio Riello, *A Foot in the Past: Consumers, Producers and Footwear in the Long Eighteenth Century*（Oxford: Oxford University Press, 2006）; Patricia Allerston, "Clothing and Early Modern Venetian Society," *Continuity and Change*, 15:3（2000）, pp. 367-390.

67 此類著作見John Harvey, *Men in Black*（London: Reaktion Books, 1995）; Bruce R. Smith, *The Key of Green: Passion and Perception in Renaissance Culture*（Chicago: University of Chicago Press, 2009）; Ulinka Rublack, *Dressing Up*; Ann Rosalind Jones and Peter Stallybrass, *Renaissance Clothing and the Materials of Memory*; Aileen Riello, *Dress and Morality*.

蓬勃的發展，而且逐漸邁向全球化的視野。[68]1997年，此領域專業期刊《時尚理論》(*Fashion Theory: The Journal of Dress, Body and Culture*)的出現，可視為飛躍的起點，而且出版此期刊的伯格出版社(Berg publishers)，也從同年開始出版系列叢書——「服裝、身體與文化」(*Dress, Body and Culture*)，[69]使服飾研究日漸成為學術界嚴肅對待的學門。服飾與時尚近年也時常成為學術會議的主題，例如已有84年歷史的「英美歷史學者會議」(Anglo-American Conference of Historians)，在2015年夏天舉辦的年會即以「時尚」為主題，廣集各領域的研究者，包含藝術史家、經濟社會史家、政治史家、物質文化與文學研究者。[70]此現象亦凸顯服飾文化研究已邁入跨學科的合作，而且研究者運用非常多元的材料，從常見的繪畫、雕刻、圖章、財產清冊、法條，到宗教與道德作品、醫書、詩集、慶典、戲劇、傳記等，甚至使用庭園、地圖、音樂等素材。[71]

---

68 關注全球化視野的作品，如Beverly Lemire, *The Force of Fashion in Politics and Society: Global Perspectives from Early Modern to Contemporary Times* (Farnham: Ashgate, 2010); Eugenia Paulicelli and Hazel Clark eds., *The Fabric of Cultures: Fashion, Identity and Globalization* (London: Routledge: 2009).

69 讀者可參考此出版社所設立的線上圖書館：http://www.bergfashionlibrary.com/, accessed 6 July, 2006。除了《時尚理論》之外，也有其他期刊出版服飾文化史相關專號，見*Textile History*, 22:2 (1991); *Textile History*, 24:1 (1993); *Textile History*, 28:1 (1997); *Textile History*, 33:1 (2002); *Continuity and Change*, 15:3 (2000); *Gender & History*, 14:3 (2002).

70 此會議由倫敦大學歷史研究所、維多利亞與艾伯特博物館(Victoria and Albert Museum)合辦，議程可見http://anglo-american.history.ac.uk/files/2015/06/AACH15-Conference-Programme-web.pdf, accessed 6 July, 2006。

71 Christopher Breward, "Cultures, Identities, Histories: Fashioning A Cultural

西方學術界服飾文化史的發展，也影響了中文世界的相關研究，從1990年代以後，有關服飾的歷史研究，不再只有一般通論性的「中國服飾史」或「台灣服裝史」這類作品，[72]也增加了許多從身體、裝扮、殖民、現代性及文化交流等角度，討論中國或台灣服飾發展的論文與專書，如黎志剛、黃金麟、張競瓊、洪郁如、吳昊、吳奇浩、張小虹等人的作品。[73]但上述這些作品多以近現代研究為主，有關十六、十七世紀的研究並不多，這方面以林麗月和巫仁恕的作品最為重要，他們都從消費

Approach to Dress," *Fashion Theory*, 2:4 (1998), pp. 301-313; Christopher Breward, "Between the Museum and the Academy: Fashion Research and Its Constituencies," *Fashion Theory*, 12:1 (2008), pp. 83-93. 有關服飾研究可採取的研究路徑與材料，參見Lou Taylor, *The Study of Dress History* (Manchester: Manchester University Press, 2002).

72 這類作品如：王宇清，《國服史學鉤沉》，兩冊（台北：輔仁大學出版社，2000）；葉立誠，《台灣服裝史》（台北：商鼎文化，2001）；葉立誠，《中西服裝史》（台北：商鼎文化，2000）；華梅，《中國服飾》（台北：國家，2007）。

73 黎志剛，〈想像與營造國族：近代中國的髮型問題〉，《思與言》，36:1（1998），頁98-118；黃金麟，〈醜怪的裝扮：新生活運動的政略分析〉，《台灣社會研究季刊》，30（1998），頁163-230；張競瓊，《西「服」東漸：20世紀中外服飾交流史》（合肥：安徽美術出版社，2001）；洪郁如，〈旗袍．洋裝．モンペ（燈籠褲）：戰爭時期台灣女性的服裝〉，《近代中國婦女史研究》，17（2009），頁31-64；吳昊，《中國婦女服飾與身體革命（1911-1935）》（上海：東方出版中心，2008）；吳奇浩，〈喜新戀舊——從日記材料看日治前期臺灣仕紳之服裝文化〉，《臺灣史研究》，19:3（2012），頁201-231；吳奇浩，〈洋服、和服、台灣服——日治時期台灣多元的服裝文化〉，《新史學》，26:3（2015），頁77-144；張小虹，《時尚現代性》（台北：聯經出版公司，2016）。

與社會風尚的角度，討論明代服飾文化。[74]

本書承續這數十年來中西兩方學界對服飾文化史的關注，也運用多種材料，包含官方檔案、法律文書、文集、論冊、信件、戲劇、服飾書、遊記，以及肖像畫、銅板或木刻圖像、文集中的插圖、地圖等視覺資料，探尋服飾的政治、宗教與文化意義，以及服飾論述中所展現的「思維方式」（way of thinking）及「觀看方式」（way of seeing）。但本書最核心的提問是：服飾如何被思考？由此再延伸出另外兩個問題：誰在思考？如何思考？這兩個問題意圖把物的研究拉回人本身，也將服飾的研究拉進思想與論述的世界，探究服飾在歐洲近代早期如何被言說、被討論，又如何承載言說者的價值觀與文化理想。藉由這條研究路徑，本書希望能修正過去相關研究中的兩項缺失：一是過度瑣碎的物質文化史研究，使研究者將過多的專注放在物件上，而忽略了從更大的思想文化脈絡理解物件的意涵。第二，過去多將物質文化與思想文化的研究，視為兩個分隔的領域，似乎前者是常民生活文化中的一環，後者是知識菁英獨享的領域。事實上，由於服飾在生活中的普遍性及必要性，服飾成為各階層共同關心的事物。本書提到的許多文人或改革者，如伊拉斯摩斯、路德、史塔普等人，並非只談形而上的觀念，

74 林麗月，〈衣裳與風教：晚明的服飾風尚與服妖議論〉，《新史學》，10:3（1999），頁111-157；林麗月，〈大雅將還：從「蘇樣」服飾看晚明的消費文化〉，《明史研究論叢》，6（2004），頁194-208；巫仁恕，《奢侈的女人：明清時期江南婦女的消費文化》（台北：三民，2005）；巫仁恕，〈流行時尚的形成——以服飾文化為例〉，收於《品味奢華：晚明的消費社會與士大夫》（台北：聯經出版公司，2007），頁119-176。

或僅以抽象的方式討論信仰、正義、法律、秩序等問題，而是透過對實質物件的討論，表達其知識與理念，或藉由服飾規範達成抽象觀念的實踐。因此，看似一葉之微的穿衣小事，其實是思想文化上的重要枝幹，也能讓我們看見歐洲文化史的另一面。

第二章

文雅

一、換衣

1500年代，出身荷蘭，且被譽為「人文學者之王」（the prince of humanists）的伊拉斯摩斯，[1]正苦惱著該不該換下奧斯丁修會的會服（the Augustinian habit）。根據他自己對個人生平的回顧，1488年時他因兄長與監護人惡意的欺騙，被迫進入位於荷蘭史汀（Steyn）的奧斯丁修會，在那裡度過5年他終生視為悲慘的歲月。至1493年，他因獲得坎伯雷主教（Hendrik van Bergen, the Bishop of Cambrai, 1449-1502）的賞識，離開修會擔任主教的拉丁文秘書，後來又在主教的贊助之下，進入巴黎大學研讀。之後數年，他遊歷英格蘭、荷蘭、瑞士、日耳曼、義大利等地，逐漸成為全歐知名的學者與作家，且與各地的王公貴族、文人知識分子都有往來。

不過，從他離開修院開始，他時常感到修士的身分與會服帶來許多不便，阻礙他的生涯發展。其中一項是他必須接受史汀修院院長的管轄，而當時的院長一直要求他回到修院居住，

---

1 有關伊拉斯摩斯生平可參考Johan Huizinga, *Erasmus and the Age of Reformation with a Selection of Letters of Erasmus*（London: Phoenix, 2002）; Preserved Smith, *Erasmus: A Study of His Life, Ideals and Place in History*（New York: Dover, 1962）; Cornelis Augustijn, *Erasmus: His Life, Works and Influence*（Toronto: University of Toronto Press, 1991）; Richard J. Schoeck, *Erasmus of Europe: The Making of a Humanist 1467-1500*（Edinburgh: Edinburgh University Press, 1990）; Richard J. Schoeck, *Erasmus of Europe: The Prince of Humanists 1501-1536*（Edinburgh: Edinburgh University Press, 1993）; Lisa Jardine, *Erasmus, Man of Letters: The Construction of Charisma in Print*（Princeton: Princeton University Press, 1993）.

可是他所期盼的舞台已是整個歐洲知識界。其二，他每走訪一個地方，都發現應配合當地習慣調整衣著，以免讓人感到突兀。例如，他原來所穿的會服大概是白色麻製教袍（cassock），再搭上黑色袍服（robe）或黑色斗篷（cloak），最外層則是黑色連帽斗篷（cowl）。[2]但1502年他到魯汶（Louvain）之後，發現當地所流行的「巴黎風格」與他所穿的不同，他在取得當地主教同意之後，改穿黑色麻製教袍，不再穿斗篷，改用無袖的黑色麻製肩衣（scapular）。[3]又如他1506年到達義大利之後，改穿義大利各地常用的修士服，內穿黑色教袍，外加白色肩衣。[4]

1506年初當伊拉斯摩斯走訪波隆納（Bologna）之時，正好遇上瘟疫蔓延，當地醫治病患的醫生戴上白色披巾（white linen scarf），以提醒未染病者保持距離，以免傳染。這些醫生若要外出，通常也選擇人煙稀少的小徑，避免散布病原，否則易被群眾攻擊。此時伊拉斯摩斯的白色肩衣極易與醫生的白色

2 在各項史料中，伊拉斯摩斯並未清楚描述他原來所穿的會服是什麼樣子，但根據幾封信件中的資料推測，很可能如正文所述。一般而言，各修會的服裝樣式簡單，顏色不外黑白，極易混淆；材質有些為麻製，有些因氣候寒冷採羊毛製，服裝史家也很難指出各地通行的樣式為何。參見Janet Mayo, *A History of Ecclesiastical Dress*（London: B. T. Batsford, 1984）, p. 38.

3 「肩衣」主要為修士勞動方便而設計，無袖的設計可使雙臂更自由活動，且可保護內著之教袍，以免髒污。肩衣有時連帽，可在修士勞動時保護頭部不受風寒，腰部則以皮帶束緊。參見Janet Mayo, *A History of Ecclesiastical Dress*, pp. 170-171.

4 "Erasmus' Letter to Servatius Rogerus, 8 July 1514," in *The Correspondence of Erasmus*, *Collected Works of Erasmus*（以下簡稱*CWE*）, vol. 2, trans. R. A. B. Maynors and D. F. S. Thomason（Toronto: University of Toronto Press, 1975）, Ep 296:181-188.

披巾相混淆，曾有兩次他為訪友而走在人來人往的大街上，因被誤認為醫生而遭群眾以刀劍和棍棒威脅，若非有人即時指出他的身分，幾乎性命不保。有鑑於此，他在1506年向教宗朱利安二世（Julius II, r. 1443-1513）取得特許令，可自由選擇穿或不穿會服，或穿上入世教士（secular priest）的服裝。[5]後來他停留在義大利的期間，都穿上簡單的教士服，大概是內著黑色麻製教袍，外搭白色麻製罩衫（surplice）。[6]至1509年他訪問英格蘭時，又換回修士的會服。根據他個人信件所述，他的英格蘭友人中，有一位知識淵博、德高望重者，認為這樣的服裝可被多數人接受，但同時其他更多朋友認為這類服裝不能見容於當地，建議他最好遮掩不要外露，最後他只好把會服藏在櫃子裡，又改穿教士服。[7]

---

5 "Erasmus' Letter to Servatius Rogerus, 8 July 1514," *CWE*, vol. 2, Ep 296:188-202. 有關他在波隆納所遭受的威脅，亦可見 *The Correspondence of Erasmus*, *CWE*, vol. 4（Toronto: University of Toronto Press, 1977）, Ep 447:515-545. 朱利安二世的特許令是以信件的方式傳布，時間在1506年1月4日，見 *The Correspondence of Erasmus*, *CWE*, vol. 2, Ep 187A.

6 在各項史料中，伊拉斯摩斯也未清楚描述他所穿的教士服是什麼樣子，文中所提的教袍和罩衫是最簡單樸素的教士服，而且是各品級的教士皆可穿戴的服裝，也適用於行旅在外的教士所穿。參見 Pauline Johnstone, *High Fashion in the Church: The Place of Church Vestments in the History of Art form the Ninth to the Nineteenth Century*（Leeds: Maney, 2002）, pp. 8-10, 18-19.

7 *The Correspondence of Erasmus*, *CWE*, vol. 2, Ep 296:202-210. 他信中所提知識淵博、德高望重者，可能是湯瑪斯．摩爾（Sir Thomas More, 1478-1535）或約翰．費雪（John Fisher, Bishop of Rochester, c. 1469-1535），其他友人是誰則難以確認，他們為何認為伊拉斯摩斯的會服在英格蘭不受歡迎，更不得其解。此時亨利八世（Henry VIII, r. 1509-1547）甫即位，宗教改革尚

從1506年到1514年，伊拉斯摩斯靠著朱利安二世的特許令，得以自由改換衣著，也宣示著他逐漸脫離修會的道路，成為在世間自食其力的文人。但史汀修院與其他保守人士的攻訐也隨之而來，甚至稱他為「叛教者」（apostasy），使他不得不在1516年透過友人向當時的教宗李奧十世（Leo X, r. 1513-1521），申請特許令。他在寫給友人的信件中，以故事性的方式，重述自己離開修院後的服裝經歷，以及他的難處：

> ……工作的需要使他必須一再地從一地移到另外一地，且要像章魚變換顏色一樣改換他的衣著，因為在某地能贏得敬重的服裝，在另一地可能被視為妖怪。……他做為訪客，每天都與名人要員往來，這些人在服裝上非常挑剔。所以，最後他最忠誠的朋友們建議他，只要他的良心純淨，應當善用教宗所賜的特許令，放下所有良心的不安，重拾他的自由。因為，如此頻繁的脫下又穿回會服，恐怕招致那些惡意的口舌更大的誹謗。[8]

未開始，也許是伊拉斯摩斯的會服樣式不合當地慣例，他為避免麻煩，又改穿教士服。

8 *The Correspondence of Erasmus*, *CWE*, vol. 4, Ep 447:591-599. 此信件以故事的方式陳述兩兄弟佛羅提烏斯（Florentius）與安東尼烏斯（Antonius）的遭遇，故事中的佛羅提烏斯即伊拉斯摩斯。正文中提到的友人可能是渥斯特主教吉格利（Sylvester Gigli, Bishop of Worcester, d. 1521），當時教宗李奧十世正想透過吉格利結識在歐洲文壇聲名大噪的伊拉斯摩斯，參見Preserved Smith, *Erasmus*, pp. 75-76.

伊拉斯摩斯豐富的遊歷經驗，使他對歐洲各地服裝風俗的差異有明顯的感受，他主張服裝要因地制宜，而非墨守成規。在他看來，那些批評他的人，把修士的會服高舉至神聖的地位，是把服裝當作信仰核心的「傻子」，忘卻了修士的責任是要以其生活方式取悅神，而不是以衣著取悅神。他也認為：「基督居住在每一個地方，不是在這裡，也不是在另一個地方。只要你有忠誠的精神，不論你穿的衣服是什麼顏色，都可以在信仰上得到成就。」[9]

伊拉斯摩斯在1517年1月終於獲得教宗李奧十世的特許令，免除他因違反奧斯丁修會會規所帶來的責罰，並給予他居住於修院之外的特權，以及穿著入世教士服的自由。[10]此後至1536年他過世之時，他一直都選擇穿著簡單的教士服。1517年之前那段不甚愉快的經驗，與他年輕時在修院中的痛苦回憶合為一體，使伊拉斯摩斯成為宗教改革前，反對修院制度最力的人文學者。他與後來的路德一樣，質疑修院的入會誓約沒有任何《聖經》的基礎；修院內的生活是真「奴役」而沒有真信仰，因為它們把「信仰整體放在外在的事物上，每天為了儀式的緣故，把男孩鞭笞致死」。他形容自己在修院時的生活有如「落在田野的魚、掉在大海的牛」，真是無奈極了！[11]

其實，選擇教士服並沒有真正解決他的服裝問題，既不能

---

9 *The Correspondence of Erasmus*, *CWE*, vol. 4, Ep 447:546-546, 453-455.

10 此特許令的內容見“From Leo X to Andrea Ammonio, 26 January 1517,” *The Correspondence of Erasmus*, *CWE*, vol. 4, Ep 517.

11 “From Leo X to Andrea Ammonio, 26 January 1517,” *The Correspondence of Erasmus*, *CWE*, vol. 4, Ep 447:610-629, 446-447.

取悅他所往來的達官貴人，也不能帶來因地制宜的效果。教士服或許只是他脫離修道院、卸下會服後，較不引起紛爭與批判的服裝；而且當時他也具備接受聖職的資格，穿著教士服並不完全背離他的社會身分。伊拉斯摩斯離開修院後之所以積極擺脫會服的約束，應該與他一直想脫離修士的身分，有更密切的關係，而且他始終不願承認自己入修院的誓約有效。[12]正如本書第一章所提到的，從中古以來至十六世紀，服裝界定了人的身分和角色，每一個修會的會服，包括他曾提及的方濟會（the Franciscans）、道明會（the Dominicans）、嘉都西會（the Carthusians）等，都是人們判定修士身分最主要的指標，或許伊拉斯摩斯必須從脫下會服開始，才能與修士的生活保持距離。從這個角度看，他的主要策略是否定會服所具有的信仰代表性，但另一方面又仍然使用代表宗教身分的教士服。這是個矛盾的策略，但也許也是最便利的選擇。

伊拉斯摩斯將是本章的主角，他因個人曲折而複雜的會服事件，以及他在歐洲各地訪問與觀察的經驗，為這個時代留下許多直接記錄及談論穿著的文字。我們可從他的書寫，以及同

12 伊拉斯摩斯認為自己「從來都不是一名修士」，因為他的誓約是在脅迫之下完成，不應具有效力。而且，進入修院之後他一直不願意換上會服，是修院內的人以精神脅迫的方式，逼使他換上會服。他在1525年的信件中說：「在我的心裡面，我從來都不接受這樣的生活方式，只是出於怕受誹謗的恐懼而忍受。」既然從未自願接受這樣的生活，他認為即使他卸下會服，也不該被視為「叛教者」。"Erasmus' Letter to X, spring 1525," in *The Correspondence of Erasmus*, *CWE*, vol. 10（Toronto: University of Toronto Press, 1992）, Ep 1436:20-97, 108-110, 130-132.

時代其他人文學者的作品中，了解人文學者如何思索服飾的功能與意義，又是在何種脈絡下思考服飾的問題。[13]過去，有關人文學者的研究，多集中在他們對古代典籍的挖掘與應用，以及人文學者的政治、宗教、教育思想，並未關注人文學者如何思考和討論服飾，[14]事實上，人文學者以伊拉斯摩斯為代表，開啟了文藝復興時代服飾的新思維與新語言。

---

13 由於篇幅所限，本章不擬探討「人文主義」（humanism）或「人文主義學者」（humanists）的定義問題。早期經典性的作品，都傾向將人文學者看成一個狹小而單純的團體，其所關注者以古代文字學、修辭學為核心，如 Paul O. Kristeller, *Renaissance Thought: The Classic, Scholastic, and Humanist Strains*（New York: Harper & Bros., 1961）; Hans Baron, *The Crisis of the Early Italian Renaissance: Civic Humanism and Republican Liberty in an Age of Classicism and Tyranny*（2nd edn., Princeton: Princeton University Press, 1966）. 但近年來研究的發展，逐漸使我們認識到人文主義沒有單一的定義，人文學者也不是具有高度同質性的團體。近年來的研究可參見 Anthony Goodman and Angus Mackay eds., *The Impact of Humanism on Western Europe*（London: Longman, 1990）; Lucille Kekewich ed., *The Renaissance in Europe: A Cultural Enquiry, the Impact of Humanism*（New Haven: Yale University Press, 2000）; Charles G. Nauert, *Humanism and the Culture of Renaissance Europe*（2nd edn., Cambridge: Cambridge University Press, 2006）. 本章的主角伊拉斯摩斯被認為是人文學者並無疑義，而且他也被視為北方「基督教人文主義」的代表人物，有關他的貢獻與影響力，可參見 M. E. H. N. Mout, H. Smolinsky and J. Trapman eds., *Erasmianism: Idea and Reality*（Amsterdam: Koninklijke Nederlandse Akademie van Wetenschappen, 1997）.

14 近年來蓬勃的服飾文化研究中，很少觸及人文學者的影響，少數的例外可見 Elizabeth Currie, "Prescribing Fashion: Dress, Politics and Gender in Sixteenth-Century Conduct Literature," *Fashion Theory*, 4:2（2000）, pp. 157-178.

二、「文雅」

在人文學者的作品中，服裝議題多出現在禮儀書（courtesy books）中，而禮儀書是他們關懷人文教育的一環。在他們的教育理念中，古代知識的涵養雖然重要，但內在品格的陶冶、外在禮儀行為的教導，也不可忽略。人文學者的禮儀書通常涵蓋宴飲、談話、行走、坐臥、穿著等與日常生活相關的行為規範，這些準則透過書籍流通、家庭教育與學校教育，在十六世紀逐漸成為中上層階級舉止行為的權威。

然而，在目前有關禮儀書的研究中，服飾問題都明顯的被忽略，似乎外在的裝扮不是禮儀書作家或人文學者所關切的項目。[15]事實上，在十六世紀最具代表性的兩本禮儀書中，都提到穿著的重要性。其一是義大利人文學者卡斯提理翁所寫的《廷臣之書》（*Il libro del Cortegiano*, 1528）。[16]此書由連續四夜在宮

15 有關近代早期禮儀書的研究，可參見Norbert Elias, *The Civilizing Process*, vol. 1: *The History of Manners*, trans. Edmund Jephcott (New York: Pantheon Books, 1978); Marvin B. Becker, *Civility and Society in Western Europe, 1300-1600* (Bloomington: Indiana University Press, 1988); Anna Bryson, *From Courtesy to Civility: Changing Codes of Conduct in Early Modern England* (Oxford: Clarendon Press, 1998); Jennifer Richards, *Rhetoric and Courtliness in Early Modern Literature* (Cambridge: Cambridge University, 2003). 這些作品的重點多在生理行為、餐桌禮節、儀式文化、言談等，幾乎不談衣著。

16《廷臣之書》以義大利文寫成，有關此書在十六世紀及其後出版的情形與影響力，參見Robert W. Hanning and David Rosand eds., *Castiglione: The Ideal and the Real in Renaissance Culture* (New Haven: Yale University Press, 1983); Peter Burke, *The Fortunes of the Courtier: the European Reception of Castiglione's Cortegiano* (Pennsylvania: The Pennsylvania State University Press, 1995).

廷中的會談所組成，其中第二夜會談的主題之一，就是合宜的穿著。書中主要談話者之一費德里哥（Messer Federico）說：

> 他〔廷臣〕想要自己看起來是什麼樣子、要人家如何對待他，他就得照著怎麼穿。他要知道，即使那些未曾聽過他說話，或未曾見過他做任何事的人，也會以他所穿的衣服來認識他。[17]

透過這些話，卡斯提理翁提醒讀者：廷臣們所在意的「第一印象」，是由服裝所造就的。另一部影響更廣的禮儀書是伊拉斯摩斯所寫的《論男孩的文雅》。[18]這本書分為七個子題，第

---

17 Baldesar Castiglione, *The Book of the Courtier: A Norton Critical Edition*, trans. Charles S. Singleton, ed. Daniel Javitch（New York: Norton, 2002）, p. 90.

18 這本書的影響力更勝於《廷臣之書》。它於1530年在巴塞爾（Basel）付梓後，得到熱烈的迴響，其拉丁文本在伊拉斯摩斯過世之前再版至少39次，之後至1600年又再版約60次、至1800年再版13次。這本小書也很快被翻譯為德文、法文、英文、荷蘭文等各種文字版本印行，被轉載或改編者更難計其數。此外，這本書出版後也成為許多文法學校（grammar schools）或拉丁文學校（Latin schools）的教材，尤其是在新教地區。參見Dilwyn Knox, "*Disciplina*: The Monastic and Clerical Origins of European Civility," in John Monfasani and Ronald G. Musto eds., *Renaissance Society and Culture: Essays in Honor of Eugene F. Rice, Jr.*（New York: Italica Press, 1991）, pp. 109, 126-127; Franz Bierlaire, "Erasmus at School: The *De civilitate morum puerilium libellus*," in Richard. L. DeMolen ed., *Essays on the Works of Erasmus*（New Haven: Yale University Press, 1978）, pp. 239-251; Dilwyn Knox, "Erasmus' *De Civilitate* and the Religious Origins of Civility in Protestant Europe," *Archiv für Reformations geschichte*, 86（1995）, pp. 11-12.

二個子題專談穿著（*De dultu*），伊拉斯摩斯在此處說：「某種程度上，服裝是身體的身體（*corporis corpus*），也從這裡一個人可以推斷另一個人品格的狀態。」[19]這句話表達了服裝與個人之間的親近性，它緊貼著人的身體，身體又緊貼著個人的內心與靈魂，內外相映。

以上這兩部作品顯示，人文學者並未輕看服飾對界定個人身分或內在品格的重要性，也注意到服飾如何影響他人的觀感。然而，要了解伊拉斯摩斯或其他人文學者的服飾觀，並不能狹隘地僅從他們談及服飾的地方著手，而必須放在整個觀念或思想的脈絡中去理解。《論男孩的文雅》一書中，最重要的概念是此書標題所用的「文雅」（*civilitate*），而且隨著此書的暢銷，它成為十八世紀中葉以前一切良好舉止言行的統稱。[20]伊理亞斯在《文明的歷程》第一冊《禮儀史》（*The Civilizing Process: the History of Manners*）中就指出，十六世紀是歐洲禮儀觀念變化的轉折點，新的「文雅觀」（concept of *civilité*）取

---

19 Desiderius Erasmus, *On Good Manners for Boys*, *CWE*, vol. 25, trans. Brian McGregor（Toronto: University of Toronto Press, 1985）, p. 278.《論男孩的文雅》一書之拉丁文、英文對照本可見*De civilitate morum puerilium. A Lytell Booke of Good Maners for Chyldren*, trans. Robert Whittington（London, 1532）.

20 Civility一詞至十七世紀時才成為指稱「合宜之社會行為」的主要用詞，但其他的詞語也同時存在。從十五世紀至十八世紀，英語中的用詞包括courtesy, nurture, virtue, honour, politeness, decency等。參見Anna Bryson, *From Courtesy to Civility*, pp. 47-49; Peter Burke, "A Civil Tongue: Language and Politeness in Early Modern Europe," in Peter Burke, Brian Harrison and Paul Slack eds., *Civil Histories: Essays Presented to Sir Keith Thomas*（Oxford: Oxford University Press, 2000）, pp. 35-39.

代中古的禮儀觀（*courtoisie*），而「其起始點可準確地定在」伊拉斯摩斯於1530年出版的《論男孩的文雅》。伊理亞斯繼續指出，這本書正好迎合當時社會的需要，受到廣泛的歡迎，因此許多禮儀書作者模仿伊拉斯摩斯之作，也以*civilitate*為標題，進而使各地文字中出現相應的字詞，如法文的*civilité*、英文的civility、義大利的*civiltà*，它們取代了中古的*courtoisie*一詞。[21]研究近代早期英格蘭禮儀行為的布萊森（Anna Bryson），雖然不完全認同伊理亞斯的看法，但也指出：在十六世紀英格蘭，與禮儀行為相關的出版品中，最具影響力的是伊拉斯摩斯的《論男孩的文雅》。[22]法國史家夏提爾（Roger Chartier）則指出，這本書「為歐洲知識界提供了一致的行為規則」。[23]

如果「文雅」是這一致的行為規則的統稱，我們就必須從文雅的觀念了解伊拉斯摩斯的服飾觀。伊拉斯摩斯並未直接解釋何謂「文雅」，但我們可以從文雅適用的對象以及實踐的場域，了解它的特性，以及它與中古時代「禮儀」（courtesy）概念的不同之處。就適用對象而言，《論男孩的文雅》一書提供了兩種不同的訊息。一方面伊拉斯摩斯將此書獻給一位11

21 Norbert Elias, *The Civilizing Process*, vol. 1, pp. 53, 54, 55.

22 布萊森認為伊拉斯摩斯所帶來的改變並非如此絕對而明確；Civility一詞的普及也不代表某種新觀念突然取代舊的，而是源自古代的城邦政治與市民組織的相關概念，逐步滲入中古禮儀傳統的結果。Anna Bryson, *From Courtesy to Civility*, pp. 47-49.

23 Roger Chartier, "From Texts to Manners, a Concept and Its Books: *Civilité* between Aristocratic Distinction and Popular Appropriation," in *The Cultural Uses of Print in Early Modern France*, trans. Lydia G. Cochrane (Princeton: Princeton University Press, 1987), p. 77.

歲的貴族子弟——勃根地的亨利（Henry of Burgundy, 1519-c. 1530），代表它所適用的對象是在宮廷中生活與學習的年輕貴族；另一方面伊拉斯摩斯在此書中說：這本小書不單為這位優秀的王子而寫，而是要「鼓勵所有的男孩更有意願學習這些規則，因為它是獻給一位有大好前途的男孩。」[24]在本書最後也提到，那些出身良好的子弟應當要遵循合宜的規矩，而那些出身平凡，甚至低下的人，「更要竭盡所能以舉止之高貴，彌補命運對他們的惡意。沒有一個人可以選擇自己的父母或國家，但每一個人都可以形塑自己的才能和品格。」[25]由此看來，他所提倡的行為規矩不僅可適用於貴族子弟在家宅內的學習，也可用於一般平民子弟在學校的教育；[26]既可為宮廷儀節的一部分，也可為學校生活或社會生活中的規範。

若與中古的禮儀書相較，伊拉斯摩斯的「文雅」觀所觸及的對象與場域都比較廣，而不像中古禮儀書多將禮儀實踐的場

---

24 Desiderius Erasmus, *On Good Manners for Boys*, p. 273.

25 Desiderius Erasmus, *On Good Manners for Boys*, p. 289.

26 此時在人文學者推動下，在教會或城市出現多所以教授人文學科（*studia humanitais*）為主的學校，而人文學者（*humanista*）的本義，就是教授人文學科的教師。伊拉斯摩斯本人曾親自協助英格蘭人文學者科列特（John Colet, 1467-1519），於1505年在倫敦聖保羅大教堂建立一所開放給所有平民子弟的人文學校，他也為這所學校編纂了各類教科書。《論男孩的文雅》一書很可能是此平民教育理念的延續，並可用於學校教育中的禮儀教導。有關聖保羅大教堂的人文學校，參見William Harrison Woodward, *Studies in Education during the Age of the Renaissance*（New York, Russell & Russell, 1965）, p. 109; Peter G. Bietenholz, ed., *Contemporaries of Erasmus: A Biographical Register of the Renaissance and Reformation*, vol. 1（Toronto: the University of Toronto Press, 1985-1987）, pp. 326-327.

域設定在貴族家宅之內。[27]除了適用的人口不同之外，《論男孩的文雅》一書使用「文雅」做為標題，與中古禮儀書常以「禮儀」做為標題不同。[28]禮儀一詞源於「宮廷」（court），「文雅」一詞則取自拉丁文*civilitas*，它指稱古代城市生活的理想面貌，其義涵蓋市民的生活（*vita civile*）與城邦的管理。從古羅馬到十六世紀歐洲，此詞的使用均以政治意涵為主，做為討論政治組織與政治責任的用詞，[29]但伊拉斯摩斯借用這個字來指稱個人合宜的行為規矩，淡化了此詞原有的政治意涵，並將它帶入更廣的社會與文化領域，同時也使這套行為規矩被界定在世俗社會，尤其是各類人口混雜的城市生活中。因此，在此時代源於拉丁文「城市」（*urbs*）一詞的「雅致」（*urbanitas* or urbanity），也可以當作「文雅」的同義詞。[30]它們的實踐場域既可涵蓋宮

27 在《論男孩的文雅》出版之前，伊拉斯摩斯也寫過兩篇與禮儀訓練相關的對話錄，同在1522年出版。雖然以文體來看，他使用當時人文學者最新流行的對話形式書寫，但內容與中古禮儀書差異不大。這兩篇分別是《主人的命令》（*Herilia*, 1522）及《儀節教導》（*Monitoria paedagogica*, 1522），見Desiderius Erasmus, "The Master's Bidding," "A Lesson in Manners," in *Colloquies*, *CWE*, vol. 39, trans. Craig R. Thompson（Toronto: University of Toronto Press, 1997）, pp. 64-69, 70-73. 這兩篇作品都以主人與侍從間的對話闡明合宜的行為，所談者都是侍從在家宅內的責任與言行。所以1530年《論男孩的文雅》一書，也是伊拉斯摩斯本人在禮儀書寫歷程中新的突破，超越了貴族家宅的生活，為更廣大的人口提供行為指引。

28 J. W. Nicholls, *The Matter of Courtesy: A Study of Medieval Courtesy Books and the Gawain Poet*（Woodbridge: D. S. Brewer, 1985）, p. 12.

29 Anna Bryson, *From Courtesy to Civility*, p. 49.

30 John Hale, "Civility," in *The Civilization of Europe in the Renaissance*（New York: Touchstone, 1993）, p. 364.

廷，卻又比宮廷更廣大，同時又與鄉村生活清楚區隔。[31]

上文解決了「文雅」一詞實踐的人與場域，接下來要釐清的問題是「文雅」的功能或目的何在？伊拉斯摩斯認為，《論男孩的文雅》一書可以幫助年輕子弟「形塑自己的才能和品格」，這句話告訴我們，他所提出的「文雅」是教育的一部分，也是「自我造就」（self-fashioning）的工具。[32]在此書出版之前，伊拉斯摩斯已寫了一系列關於人文教育的作品，如《論學習的方法》（*De ratione studii ac legendi*, 1511）、《作文方要》（*Conficiendarum epistolarum formula*, 1520）、《希臘文與拉丁文的正確說法》（*Dialogus de recta latini garecique sermonis*, 1528）、《論孩童的教育》（*De pueris statim ac liberaliter instituendis*, 1529）等等。[33]這些作品引領歐洲年輕人走出中古騎士教育的框架，加強古典文學與說寫能力的訓練，而《論男孩的文雅》一書是這一系列作品的結尾，教導合宜的舉止與應對能力。伊拉斯摩斯於1530年之前所寫的教育作品，可說是在教導學童如何「涵於內」，而《論男孩的文雅》則在教導他們如何「形於外」，它們都是人文教育中不可或缺的部分。

31《論男孩的文雅》一書中常將粗鄙的行為與鄉村農民連結在一起。例如，伊拉斯摩斯認為取鹽時要用小刀，「用三根指頭伸到鹽皿的，是鄉下人的表徵」。Erasmus, *On Good Manners for Boys*, p. 284.

32 有關「自我造就」的概念，可見Stephen Greenblatt, *Renaissance Self-Fashioning: From More to Shakespeare*（Chicago: The University of Chicago Press, 1980）.

33 見Desiderius Erasmus, *CWE*, vols. 23-26（Toronto: University of Toronto Press, 1974）.

在整個人文教育的過程中，伊拉斯摩斯對禮儀行為的教導，也有清楚的次序和定位。他說：

> 年輕人的陶塑（*formatura*）是由許多部分所組成的，首先最重要的，在於將敬虔的種子深植在他們柔軟的心房中；其次要灌輸他們對博雅知識的熱愛及對其完整的了解；第三，要教導他們人生應擔負的責任；第四，要從幼年起給予禮儀的訓練。

最後這一部分也就是《論男孩的文雅》一書所要關注的主題。伊拉斯摩斯不否認外在舉止行為是「哲學中十分粗淺的部分」（*crassissima philosophiae pars*），可是他也注意到：「在現今的輿論中，合宜的舉止有助於贏得他人的好感，也可以讓人們看見知識分子卓越的天賦。」[34]對他而言，上述人文教育的四環是不可分割的，透過信仰、知識，以及對生命責任的認知，伊拉斯摩斯將「基督哲學」（*philosophia Christi*）灌輸給世俗世界的年輕學子，[35]而禮儀教導的目的就是在日常生活中實踐基

---

34 Desiderius Erasmus, *On Good Manners for Boys*, p. 273.

35 伊拉斯摩斯的「基督哲學」並不是真正的哲學，他強調的是一種將信仰與道德融入日常行為的生活方式（a way of life），避免使信仰僅與儀式、教規結合。其具體的建議發表於《基督尖兵手冊》（*Enchiridioni militis christiani*, 1503），也體現於《論男孩的文雅》這部作品中。有關此詞的出處見Cornelis Augustijn, *Erasmus: His Life, Works and Influence*（Toronto: University of Toronto Press, 1991）, pp. 75-76. 更多討論可參見James D. Tracy, *Erasmus of the Low Countries*（Berkeley: University of California Press, 1996）, part II.

督哲學，從而體現以基督教信仰為中心的理想生活。

整體看來，伊拉斯摩斯的文雅觀，一方面企圖將古代市民生活與教育的理想，帶入他自己所生存的年代；另一方面，他將原本存在於修道院內的宗教訓練與身體規訓（*disciplina corporis*），[36]帶入世俗世界，一如其「基督哲學」結合了古代的「理智」與基督教的「虔誠」。因此，實踐文雅的意義絕對不只是在表面的儀節，也不只是為了「贏得他人的好感」，而是由內到外、由靈魂到身體，「全人」的表現。伊拉斯摩斯強調，外在的舉止形貌乃是內在的延伸，「身體外在的儀節」必須出自「良善有序的心靈」。也就是說，一個完善的人是在「心靈、身體、姿態、服飾」各方面都井然有序的人。[37]伊拉斯摩斯把這樣的文雅觀，安放在他所規範的各項行為上，因此我們也必須以此為基礎來了解他的穿衣之道。

在穿著的規矩上，他首先說明：沒有一套固定的標準可適用於所有人，因為每一個人貧富不同、位階不同，看法不同；每一個國家認可的合宜服飾不同、每一個時代受歡迎的服飾也不同。所以衣著的標準無法嚴格的界定，但「聰明的人」應該要懂得因時、因地、因風俗而制宜。[38]伊拉斯摩斯這裡的說法，符合他的文雅觀適用於各階層的原則，也呼應他自己曾在各地生活過的經驗。不過他在書中也說：儘管有如此多的差異，「天生的好品味或壞品味的確存在」。[39]這裡的「品味」就

---

36 參見Dilwyn Knox, "*Disciplina*," pp. 109-114.

37 Desiderius Erasmus, *On Good Manners for Boys*, p. 273.

38 Desiderius Erasmus, *On Good Manners for Boys*, pp. 278-279.

39 Desiderius Erasmus, *On Good Manners for Boys*, p. 279.

是「文雅」的體現，是伊拉斯摩斯為這個時代所提出的新行為標準。他的理想是人們不再由血統或職業來區分身分的高低，而是以跟隨或違反文雅的原則，或是否有「品味」，來決定個人的尊貴性。但「天生」的好品味如何可得？[40]既然血統不再能決定身分高低，也不該來決定品味的優劣，伊拉斯摩斯主張品味必須經過學習和指點，而他的禮儀書就在教導人們如何區隔品味高低。

伊拉斯摩斯對個人穿著的主張從負面的表現開始談起。[41]首先，他指出服裝上有任何多餘無用的東西，都是「品味差」的表現。例如衣裳後端長而拖曳的下襬，穿在女人身上會顯得「愚頑可笑」；穿在男人身上則是「可鄙可恨」。其次，他認為透明的衣裳，無論對男或女而言都不適當，因為衣服的「第二個功能」，[42]就是遮蔽那些「讓人看了感到冒犯的部分」。至

---

40 有關品味的研究可見Pierre Bourdieu, *Distinction: A Social Critique of the Judgement of Taste*, trans. Richard Nice（Cambridge, Mass.: Harvard University Press, 1984）. 布迪厄在此書中指出，品味的養成是文化資本（cultural capital）累積的成果，資產階級因對藝術長期的浸淫，而培養出看似天生的鑑賞力與美感。

41 布迪厄對品味的研究中指出：品味是對「不可避免的差異進行實質的確認」（the practical affirmation of an inevitable difference），人們往往以負面的方式，貶抑其他類型的品味，達成正統品味的確認。伊拉斯摩斯也是如此，在他所建議的穿衣品味中，多數都以否定的方式，排除不佳的品味，進而凸顯正確的原則。Pierre Bourdieu, *Distinction*, p. 56.

42 伊拉斯摩斯在另一部對話式的作品《士兵與嘉都西會修士》（*Militis et Cartusiani*, 1523）中，提到衣服有兩種功能：一是禦寒，二是遮蔽令我們感到羞恥的部位。見"The Soldier and the Carthusian," *CWE*, vol. 39, p. 332.

於太短的衣服，短到一彎身就暴露應遮蔽的部位，也不合宜。以上這三點，皆就服裝的功能來看，伊拉斯摩斯接著再從服裝的剪裁與設計來談，他認為開切縫（slashed）的服裝是給「傻子」穿的；刺繡與多花色的衣裳是給「笨蛋和猴子」穿的。[43]這些人似乎既無理性，也無法思考，難以追隨優雅的品味。

接著他轉向正面的方式，為年輕子弟提供幾項建議。第一，個人的服裝風格要與身分地位相稱，不能衣衫襤褸，也不能過於奢華，更不要顯現出放蕩或無知的樣子。第二，個人所選擇的服裝不但要有品味、剪裁規矩，也要合於身體的曲線。第三，他認為只要不過於邋遢，年輕人顯現出一點對服裝不太在意的樣子是必要的。如果父母贈與華麗的衣裳，也不可過於招搖，最好是一方面讓人欣賞景仰，一方面「看起來好像未察覺自己穿得漂亮的樣子」。[44]

伊拉斯摩斯的服裝規範中，除了「品味」的訴求之外，還有兩個相聯繫的原則，即「節制」（*modestia*）與「合宜」（*decorus*）。[45]節制是自我約制的表現，但自我約制也必須合

---

43 Desiderius Erasmus, *On Good Manners for Boys*, p. 279.

44 Desiderius Erasmus, *On Good Manners for Boys*, p. 279.

45 這兩個概念皆源自於古代，特別是受到羅馬哲學家西塞羅（Marcus Tullius Cicero, 106-43 B. C.）的影響，參見Dilwyn Knox, "Civility, Courtesy and Women in the Italian Renaissance," in Letizia Panizza ed., *Women in Italian Renaissance Culture and Society*（London: Modern Humanities Research Association and Maney Publishing, 2000), pp. 2-17; Dilwyn Knox, "Gesture and Comportment: Diversity and Uniformity," in Robert Muchembled ed., *Cultural Exchange in Early Modern Europe*, vol. 4: *Forging European Identities*, 1400-1700（Cambridge: Cambridge University Press, 2007), pp. 289-307.

宜，即合於身分和地位，才不致「引人注目」。[46]他在1522年所寫兩篇有關禮儀教導的對話作品中，也以「節制」做為主軸，[47]他提到「你的衣服必須要乾淨整齊，使你全身的服裝、動作、姿勢、體態，都能顯示出真誠的節制與可敬的特質。」[48]所以，「節制」除了是選擇服飾時應秉持的原則，也是透過服裝而展現於外的美德。

在另一部十六世紀重要的禮儀書——卡斯提理翁的《廷臣之書》中，也有一套穿著的規矩，書中主要代言人物是上文曾提到的費德里哥，他的意見和伊拉斯摩斯有許多相通之處。首先，他主張服裝要因時、因地制宜，跟隨社會「大多數人的風俗習慣」。服裝也要因場合而調整，在節慶、競賽、化裝舞會等場合，可選擇華麗、明亮又時髦的服飾；在平常的時候，則應選擇沉穩、莊重的打扮，所以他建議黑色服裝是最佳的選擇，若不是黑色，也要盡量使用暗沉的顏色，呈現莊重冷靜的樣貌，避免花稍。不過當時的義大利人喜好外國風尚，對法國式、西班牙式、日耳曼式，甚至土耳其風格的服裝，趨之若鶩。在如此多樣的選擇中，費德里哥認為法國式的服裝過於繁複，日耳曼式的又過於單調，只有西班牙式的服裝最能符合莊重沉穩的訴求。[49]其次，費德里哥和伊拉斯摩斯一樣，主張廷

46 Desiderius Erasmus, *On Good Manners for Boys*, p. 286.

47 Desiderius Erasmus, "The Usefulness of the Colloquies," in *Colloquies*, *CWE*, vol. 40, trans. Craig R. Thompson (Toronto: University of Toronto Press, 1997), p. 1100.

48 Desiderius Erasmus, "A Lesson in Manners," in *Colloquies*, *CWE*, vol. 39, p. 71.

49 Baldesar Castiglione, *The Book of the Courtier*, pp. 88-89.

臣對穿著要表現出不太在意的樣子。他希望廷臣的服裝能夠乾淨、精緻，表現出「適切的優雅」，卻不流於女性化或過度裝扮。[50]最後，費德里哥也強調「外在之事能見證內在之事」，若有仕紳穿五顏六色的衣裳走在大街上，或在他的弓箭上綴以各色線繩與彩帶，人們就會把他當作「笨蛋或小丑」。費德里哥並不認為服裝是判斷個人內在品格唯一的指標，也不認為藉由服裝可做出絕對的判斷，但服裝和個人的言語或行為一樣，都是個人內在特質的判準，這些外在的事物都能顯明內在所存的狀態。[51]

由以上這幾點看來，《廷臣之書》與《論男孩的文雅》有十分相近的服飾規範，但這兩本禮儀書其實有完全不同的出發點與訴求的對象。《廷臣之書》約寫於1506年至1518年之間，記敘1517年左右在烏爾比諾（Urbino）宮廷連續四個晚上的會談，它的內容以宮廷生活為樣本，教導讀者在宮廷政治場中生存的技巧，而它訴求的對象是上層的貴族，或欲打進宮廷生活圈的人。所以書中所談的舉止規範，不見得能適用於各階層的人，甚至主張只有出身貴族的人才能展現真正的優雅。[52]再者，《廷臣之書》中主導的觀念不是涵於內、形於外的「文雅」，而是外表看來悠然自若、毫不在意得失的「淡然」（*sprezzatura*）。[53]

---

50 Baldesar Castiglione, *The Book of the Courtier*, p. 90.

51 Baldesar Castiglione, *The Book of the Courtier*, pp. 89-90.

52《廷臣之書》中有一段有關貴族血統是否重要的討論，見Baldesar Castiglione, *The Book of the Courtier*, pp. 21-24.

53 *Sprezzatura*並無完全相應的英文可用，最接近其義的是nonchalance，要譯為中文更加困難，此處暫譯為「淡然」。在此概念下「看起來不像藝術的

「淡然」是卡斯提理翁在寫《廷臣之書》時新創的義大利語詞，它期許廷臣在一切行為或技藝的表現上，呈現出渾然天成、無憂無慮又毫不費力的樣貌，這樣才能不著痕跡地展現出看似天生的「優雅」（*grazia*），使人想像「他能如此輕巧地表現得這麼好，必定擁有比眼前所見更大的技能；他若在所行的事上投以更多關注和努力，會表現得優異。」[54]所以廷臣最忌諱的是矯揉造作（*affettazioine*），或對一件事情過度在乎的樣子。其實，「淡然」並不是真的不在乎，也非真的渾然天成，而是努力學習並刻意展現出來的優雅外貌，同時它也是一種偽裝、操弄與欺瞞的技巧，以贏得君王與其他廷臣的欣賞。它並不強調個人內在是否真具有某種特質，而在乎個人所顯於外的形象。

總結而言，伊拉斯摩斯和卡斯提理翁的禮儀書，都各由其核心概念——「文雅」與「淡然」，發展出各自的穿衣之道。前者關切個人內在的涵養如何透過外在合宜的服飾彰顯；後者

乃是真藝術」（“Therefore we may call that art true art which does not seem to be art”），見Baldesar Castiglione, *The Book of the Courtier*, p. 32. 有關此詞的討論可參見Eduardo Saccone, “*Grazia*, *Sprezzatura*, *Affettazione* in the *Courtier*,” in Robert W. Hanning and Dvaid Rosand eds., *Castiglione*, pp. 45-67; Harry Berger, “Sprezzatura and the Absence of Grace,” in *The Absence of Grace: Sprezzatura and Suspicion in Two Renaissance Courtesy Books*（Stanford: Stanford University Press, 2000）, pp. 9-25; Eugenia Palicelli, “The Book of the *Courtier* and the Discourse on Fashion: *Sprezzatura,* Gender and ‘National Identity,’” in *Writing Fashion in Early Modern Italy, From Sprezzatura to Satire*（Farnham: Ashgate, 2014）, pp. 51-86.

54 Baldesar Castiglione, *The Book of the Courtier*, p. 34.

雖然也主張外在之物能顯明內在的狀態，但更在乎的是個人所穿的服裝，能否展現美好的外在形象。雖有這樣的差異，他們的觀點都顯示，在人文學者對服飾的思考中，內在與表象兩者間的關係是不可忽略的議題。

三、表象與內在

《論男孩的文雅》這本書，除了穿著之外，還有另外六個主題：面容與姿態（*De corpore*）、教堂內的舉止（*De moribus in templo*）、宴飲中的餐桌禮儀（*De conviviis*）、待人接物之禮（*De congressibus*）、遊戲之禮（*De lusu*），以及臥房內的規矩（*De cubiculo*）。在這七個主題中，有一共同的概念貫穿，即表象與內在的相應；可見的行為彰顯了不可見的內心。例如，伊拉斯摩斯認為一個人眼睛若時常眨個不停，表示此人「善變無常」；若斜眼視人或眼球不停溜轉，反映此人「精神錯亂」。除了眼神之外，一個人的鼻息也可反映內心是否平穩沉靜，還是狂暴易怒。論到姿態，他主張坐著時膝蓋和雙腿要併攏，若大剌剌的張開雙腿代表此人善於「自誇」；兩腿交叉則代表「不安」。而站立時雙腿應當稍微分開一點，若兩腳交叉站著，則顯示此人「愚蠢」。[55]談到服飾時也是如此，伊拉斯摩斯直接指出，外在的穿著，可以表露一個人內在的「品格」；缺乏品味的穿著，反映一個人癡愚的內在。[56]

55 Desiderius Erasmus, *On Good Manners for Boys*, pp. 274, 275, 278.

56 Desiderius Erasmus, *On Good Manners for Boys*, p. 278.

伊理亞斯、布萊森等研究禮儀史的學者，都注意到伊拉斯摩斯此種內外相應的思維，[57]但他們並未繼續追問此思維的來源。研究伊拉斯摩斯「文雅觀」之起源的諾克斯（Dilwyn Knox），則略提到中古與文藝復興時代的基督教傳統，如聖安博（St. Ambrose, c. 337-397）與阿奎那（Thomas Aquinas, 1225-1274）的作品中透露類似的想法，而他們的想法又奠基於《舊約聖經》的〈德訓篇〉（*Ecclesiasticus*）。[58]不過諾克斯並未繼續討論這個問題，他的文章主要在處理禮儀書與禮儀觀念的宗教根源，而非內外相應的問題。伊拉斯摩斯內外相應的思維，其實可從三個思想背景來看。第一，如諾克斯所說，來自〈德訓篇〉，亦稱〈息辣書〉（Book of Sirach），屬《舊約》智慧書之一。雖然此篇被列為《偽經》（*Apocrypha*）而非正典，但從初代教會至伊拉斯摩斯的時代，其內容廣為宗教作家所熟知。〈德訓篇〉的經文中有多處提及外在形貌與內在品格的相應，例如第13章中說：「人向善或向惡的心，都能改變自己的面容。喜悅的心使面容愉悅。愉悅的面容是心靈豐盛的憑據⋯⋯。」[59]第19章中說：「由外表，可以認識人；從面貌上，

---

57 Norbert Elias, *The History of Manner*, pp. 78-79; Roger Chartier, "From Texts to Manners," p. 79; Ann Bryson, *From Courtesy to Civility*, p. 112.

58 Dilwyn Knox, Dilwyn Knox, "*Disciplina*," pp. 109-110.

59 *Ecclesiasticus*, 12:24-25. 見Donald Senior ed., *The Catholic Study Bible* (Oxford: Oxford University Press, 1990), p. 835. 英譯文為："The heart of a man changes his countenance, either for good or for evil. The sign of a good heart is a cheerful countenance; withdrawn and perplexed is the laborious schemer." 中譯文部分參考《思高聖經》，〈德訓篇〉，13:31。

可以看出他是否明智。人的服裝、喜笑和步伐，都表示他的為人。」[60]第25章中也說：「婦人的邪惡，使自己的面容改變，陰沉有如母熊的臉」」[61]

以上這幾段經句都指向同一個概念：面容是心靈的徵兆。這個概念正是伊拉斯摩斯詮釋行為舉止的依據，而且在他看來，粗魯的行為不但顯示內在的邪惡，也代表靈魂的失序。例如他認為在舉行彌撒時，若有人不脫帽、不下跪，這個人「不僅會被視為不文雅的人，也會被視為完全瘋癲的人」。又如在餐宴中，若有人無法安然自若，不時要抓頭、剔牙、咳嗽或吐痰，這些習慣都顯現出內在精神錯亂的樣子。[62]然而，如果外在形貌只是被動地反映內在心靈的變化，學子只需要陶冶內心，不需要外在儀節的輔助，那麼禮儀的教導也無太大的意義。但伊拉斯摩斯在《論男孩的文雅》一書中，也諭示外在舉止的形塑可回饋於內在的轉變，例如在彌撒儀式中，他特別強調當聖體被高舉時，「你的臉要朝向祭壇，你的心靈才會面對上帝」；也必須雙膝跪下，屈身禮敬，安靜默想，「使你身體的每一個部分都致力朝向敬畏的狀態」。[63]因此，不僅內在靈魂的虔誠能

60 *Ecclesiasticus*, 19:25-26. 見Donald Senior ed., *The Catholic Study Bible*, p. 841. 英譯文為："One can tell a man by his appearance; a wise man is known as such when first met. A man's attire, his hearty laughter and his gait, proclaim him for what he is."本句中譯文採用《思高聖經》，〈德訓篇〉，19:26-27。

61 *Ecclesiasticus*, 25:16. 見Donald Senior ed., *The Catholic Study Bible*, p. 847. 英譯文為："Wickedness changes a woman's looks, and makes her sullen as a female bear."中譯文見《思高聖經》，〈德訓篇〉，25:24，但本章未採用。

62 Desiderius Erasmus, *On Good Manners for Boys*, pp. 280, 284.

63 Desiderius Erasmus, *On Good Manners for Boys*, p. 280.

反映在舉止行為上；外在身體的敬虔也能有效提升個人的信仰。「身體」與「靈魂」其實是雙向連動、彼此節制的關係。

第二，伊拉斯摩斯對「表象」與「內在」，或「身體」與「靈魂」彼此相應的看法，除了受到《聖經》的影響之外，也與「新柏拉圖主義」（Neo-platonism）有密切的關係。[64]新柏拉圖主義本身是基督宗教與柏拉圖思想融會的結果，伊拉斯摩斯將之應用於他所提倡的「基督哲學」上，並在《基督尖兵手冊》（*Enchiridioni militis christiani*, 1503）一書中加以闡釋。[65]他

---

64 十五世紀下半葉，多位佛羅倫斯的人文學者受到拜占庭學者的影響，開始學習希臘文，並閱讀柏拉圖以及新柏拉圖主義代表人物普羅提納斯（Plotinus, 204-270）的作品。而後在麥迪奇家族的贊助之下，費契諾設立了「柏拉圖學院」（Platonic Academy），聚集多位學者討論並翻譯柏拉圖的作品，闡述新柏拉圖主義的哲學思想，也將柏拉圖的思想與其他哲學及宗教思想，甚至玄密學（Hermeticism），共熔於一爐。在費契諾及其弟子努力之下，古希臘語文與哲學成為文藝復興人文主義運動中，與拉丁文並立的另一個傳統。可參考Deno J. Geanakoplos, "Italian Humanism and the Byzantine Émigré Scholars," in Albert Rabil ed., *Renaissance Humanism: Foundation, Forms, and Legacy*, vol. 1（Philadelphia: University of Pennsylvania Press, 1991）, pp. 350-381; Paul Oskar Kristeller, "Renaissance Platonism," in *Philisophy of Marsilio Ficino*, trans. Virginia Conant（Gloucester, Mass.: Peter Smith, 1964）; Frances Yates, *Giordano Bruno and the Hermetic Tradition*（London: Routledge, 1999）.

65 伊拉斯摩斯對新柏拉圖主義的興趣，主要是受到英格蘭友人的影響，尤其是克拉辛（William Crocyn, 1449-1519）、林奈克（Thomas Linacre, 1460-1520）、科列特等人，他們在1488年至1496年之間，前往佛羅倫斯學習希臘文，返國後便在大學中推動學習希臘文的風氣，並將新柏拉圖主義的思潮，帶回英格蘭學界。伊拉斯摩斯在1499年第一次訪英時，正值此高潮，他也開始學習希臘文，並曾聆聽科列特講授新柏拉圖主義。

承襲柏拉圖，將宇宙區分出兩個不同的世界，一者是智識的世界；一者是可見的世界。前者也可稱為「天國的」世界，上帝與眾天使居住於其間；而後者則由星體及一切受造物所組成。在可見的世界，地位最高的星體是太陽；在不可見的世界，則由神的心靈掌管一切，伊拉斯摩斯把這個力量稱之為「靈」（*spiritus*）。在柏拉圖的價值體系中，智識的世界與可見的世界有清楚的高低之分，人在物質世界所見的一切不過是幻影，稍縱即逝，不值得留戀；而在智識世界所理解的，乃是永存的真理、終極的追求。但在如此清楚區隔的兩個世界之間，伊拉斯摩斯追隨費契諾（Marsilio Ficino, 1433-1499）、皮科（Giovanni Pico della Mirandola, 1463-1494）等人文學者的步伐，放入了第三個世界——「人」，使人處於這個階序的中間地帶。

伊拉斯摩斯指出，人的特殊性在於他同時參與了另外兩個世界，一方面是透過「身體」（*corpus*）參與了可見的世界；另一方面透過「魂」（*anima*）進入不可見的世界。[66]他又將人

相關資料參見Peter G. Bietenholz, ed. *Contemporaries of Erasmus*, vol. 2, p. 136; Lucille Kekewich, *The Impact of Humanism*（New Haven: Yale University Press, 2000）, pp. 173-174; Jane Sears, *John Colet and Marsilio Ficino*（Oxford: Oxford University Press, 1963）. 有關伊拉斯摩斯對新柏拉圖主義的闡釋，相關討論並不多，可參見David Marsh, "Erasmus on the Antithesis of Body and Soul," *Journal of the History of Ideas*, 37（1976）, pp. 673-688; Carlos M. N. Eire, "Erasmus as Critic of Late Medieval Piety," in *War against the Idols: The Reformation of Worship from Erasmus to Calvin*（Cambridge: Cambridge University Press, 1986）, pp. 28-53.

66 Desiderius Erasmus, *The Handbook of the Christian Soldier*, *CWE*, vol. 66, trans. Charles Fantazzi（Toronto: University of Toronto Press, 1988）, pp. 65-66.

分為三個部分：「靈」、「魂」、「體」，這三者之間同樣有高低階序之分，有如前面三個世界的反照。他指出「身體引發我們低層次的行動，它一旦被擊潰，就與魔鬼同行」，但「靈使我們重現神聖的形貌」，使人連結於神、與神合一。而神在造人的時候，又在「靈」與「體」之間創造了第三個東西——「魂」，它使人可以感知自然與神靈。然而，人的魂是飄移不定的，它既可趨向靈的世界（不可見的世界），也可以趨向身體的世界（可見的世界）。所以，伊拉斯摩斯說：

> 靈使我們為神，肉體使我們為獸，魂則使我們為人；靈使我們信仰虔誠，肉體使我們反宗教，魂則既非此也非彼。靈追求屬天的事，肉體追求享樂；魂則找尋需要之物。靈提升我們至天界，肉體將我們拉下地獄，魂則與此無涉。[67]

總之，在至惡與至善之間，魂是中立的地帶，如果它放縱於肉體的淫慾，就往下移入身體的層次；如果它接受神心靈的影響，便能上移到靈的世界。因此，伊拉斯摩斯勸勉所有基督的信徒，試著將一切由魂而得來的感知（*sensus*）與屬天的靈連結，不斷地努力讓自己從可見的世界，向上爬升到不可見的世界，這才是「完美的虔誠」。[68]順著這樣的道理，伊拉斯摩斯在《基督尖兵手冊》中主張，心靈重於外在物質，真正的虔誠在於「靈」，而不在於「服裝或食物的選擇」。他借用聖奧古

67 Desiderius Erasmus, *The Handbook of the Christian Soldier*, p. 52.

68 Desiderius Erasmus, *The Handbook of the Christian Soldier*, p. 65.

斯丁（St. Augustine, 354-430）之語說：「要用品格而非服飾」來贏得他人的尊重。[69]他也主張，沒有內在的虔誠，空有受洗或領聖餐的儀式，不能使一個人成為基督徒；唯有「你內在已與基督一同埋葬、已與他同行走向新的生命」，才是真正的基督徒。[70]

從表面看來，伊拉斯摩斯接受了新柏拉圖主義的宇宙階序觀（hierarchy of the universe），不可見的精神世界與可見的物質世界，有高低之分，而且站在價值對立的兩面。但是，他在這兩者之間又另有一條中庸的道路。他並不完全認為外在的事物，如服裝、食物、儀式，因與身體有關，就當棄如敝屣。[71]他將信仰的發展視為生命的歷程，一步步成長進而歸向上帝。信仰未堅定的人猶如嬰孩，必須給予特別的扶助，所以他們可以在教會權威指引下，以外在可見之物（如儀式）敬拜上帝，只要這些可見之物不取代信仰本身，或使人停留於此即可。[72]

---

69 Desiderius Erasmus, *The Handbook of the Christian Soldier*, p. 16. 伊拉斯摩斯此處主要在批評方濟會及本篤修會修士（the Franciscans and Benedictines），以自己特有的服裝或飲食規範為傲，而批評或輕視其他不跟隨這些規則的人。伊拉斯摩斯認為這些人是「以物高抬自己，自以為義。把由人所創設的小規矩拿來當作輕看別人的理由。」

70 Desiderius Erasmus, *The Handbook of the Christian Soldier*, p. 71. 艾爾（Carlos M. N. Eire）指出《基督尖兵手冊》一書所建立的信仰是一「內省性的宗教」（religion of inwardness），強調個人靈魂與上帝須建立更親密的關係，見Carlos M. N. Eire, "Erasmus as Critic of Late Medieval Piety," pp. 32-33.

71 本章不贊成馬須（David Marsh）的主張，他認為《基督尖兵手冊》一書顯現了伊拉斯摩斯對靈魂與肉體絕對的二分，見David Marsh, "Erasmus on the Antithesis of Body and Soul," p. 673.

72 Desiderius Erasmus, *The Handbook of the Christian Soldier*, pp. 15, 73-74.

所以，這諸般外在之物雖然層級較低，亦具有引導個人攀向高階世界的功能。此外，肉眼凡胎也必須藉由感官經驗，才能理會與想像不可見的事物，所以伊拉斯摩斯邀請讀者想像：俊美的外表多麼吸引眼目，靈魂的美善就會有多美麗；畸形的臉多麼礙眼，受邪惡侵擾的心靈就有多麼令人厭惡。[73]若完全去除這些感官經驗，一般人難以真正乘著「因愛的熱能而張開的翅膀」，向上飛騰。[74]

再者，文藝復興時代以費契諾等人為代表的新柏拉圖主義，在高低階序之外，也同時強調對應觀（correspondence）。不可見的世界、人的世界及可見的世界，像三環鎖鍊一般，由上而下緊扣在一起，「靈」、「魂」、「體」三者也是如此。在對應的關係中，力量流動的方向由上而下，以至高的神／靈為中心，一環一環向下發散至所有的受造物，亦至人身所有的部分。而在下者，則因「愛」，即回歸本源的欲望，以及此本源中所存在的「美」，而致力回應此種力量，依附而上以臻於至善，或與神合一。[75]但我們如何感知另一個人有志於此呢？靈、魂、體既然相應對，靈魂的意念與力量就會透過身體表現出來。所以，伊拉斯摩斯在《論美德之追尋》（*Oratio de virtute amplectenda*, 1503）這篇短文中，借用柏拉圖與亞理斯多德（Aristotle, 384-322 B.C.）的主張，指出「心靈的品質可以從面

73 Desiderius Erasmus, *The Handbook of the Christian Soldier*, p. 66.

74 伊拉斯摩斯借用柏拉圖之語，見Desiderius Erasmus, *The Handbook of the Christian Soldier*, p. 84.

75 Marsilio Ficino, *Commentary on Plato's Symposium on Love*, trans. Sears Jayne (2nd revised edn., Dalla, Tex.: Spring Publications, 1985), pp. 46-51.

貌與身體推斷」；「美麗的身體顯示〔一個人〕擁有美麗的心靈，或至少能幫助他得到〔後者〕。」而且，

> 身體與魂是如此緊密連結，後者會回應前者的狀態，心靈的美善則反映在美麗的外貌上。同時，在另一方面，身體的狀態與深藏在我們體內的神聖氣息〔指魂〕，有彼此相互影響的效應，與其連結，並環繞在它的四周，有如生蠔的殼。[76]

伊拉斯摩斯在《新母親》（*Puerpera*, 1526）這篇對話錄中，又更進一步闡述外對內、身體對魂的影響。他指出：「你不單只是一個魂，而是一個帶著身體的魂。」如果人的魂進入雞、豬、駱駝等動物的體內，牠們也不可能變成人。而我們身體的感官如果遭受損害，心靈（*animus*）的感知能力就會下降，「心靈是透過眼睛和耳朵來認識與傾聽，所以它能理解、記憶、愛戀、妒恨、生氣以及沉靜。」因此，「身體是心靈的工具」。[77]在這篇作品中，伊拉斯摩斯又以「服裝」來比喻，他

76 Desiderius Erasmus, *Oration on the Pursuit of Virtue*, *CWE*, vol. 29, trans. Brad Inwood, eds. Elaine Fantham and Erika Rummer（Toronto: University of Toronto Press, 1989）, pp. 5-6.

77 Desiderius Erasmus, "The New Mother," in *Colloquies*, *CWE*, vol. 39, pp. 596-598. 這篇對話中主要發言者是Eutrapelus，與他對話的是剛當上母親的Fabulia。在此篇作品中，伊拉斯摩斯多用*animus*指「心靈」，即英文的mind；用*anima*指「魂」，即英文的soul，不過這兩詞在拉丁文中，與在英文中一樣，皆可換用。

寫道：「身體是魂的衣裳」，因為心靈的運作會受到身體的節制，「身體與心靈的關係，猶如衣服與身體的關係」；「服裝的類型決定我們的身體靈活與否，身體的樣貌也會使我們的魂有所不同」。雖然魂不能像身體一樣，每天替換不同的衣服，但「要讓魂穿得多麼舒適則決定在我們」。[78]這句話表示，人的魂可以（也必須）決定他的身體，及其姿態、眼神、動作該如何表現，「魂既能影響身體，又受身體的影響。」[79]

第三，除了《聖經》與新柏拉圖主義的影響之外，伊拉斯摩斯對表象和內在的看法，與近代早期所流行的相面術（physiognomy）也有共鳴之處。相面術基本上是一門透過觀察人的外表來詮釋其內在的技藝；人的面容、身軀、聲音與行走的姿態，都可以視為「靈魂的明鏡」（mirror of the soul）。歐洲從十一世紀開始，因受到阿拉伯與埃及玄密學傳統的影響，相面術不但流行於俗民文化之中，也被知識分子所接受與研究，至十五、十六世紀，相面術已是一門融合古代醫學、哲學、基督教與玄密學的學問。[80]相面術中最常用的一句諺語：「眼睛為靈魂之窗」，廣為知識分子所引用，伊拉斯摩斯在《論男孩的文雅》中也引此句。[81]此外，他在《古諺集》（*Adagiorum*

---

78 Desiderius Erasmus, "The New Mother," pp. 599-600.

79 Desiderius Erasmus, "The New Mother," p. 604.

80 Martin Porter, *Windows of the Soul: The Art of Physiognomy in European Culture 1470-1780*（Oxford: Oxford University Press, 2005）, pp. 1-20. 相面術在知識分子間的流行與費契諾等人所提倡的新柏拉圖主義，也有密切的關係，見pp. 41-45。

81 Desiderius Erasmus, *On Good Manners for Boys*, p. 274.

chiliads, 1500）及《箴言集》（*Apophthegmata*, 1531）兩部作品中，都提到了相面術。

在《古諺集》中，他指出「知面知人」（*ex fronte perspicere*）是相面師常用的一句話，若追溯其古代的源頭，可在西塞羅（Marcus Tullius Cicero, 106-43 B.C.）的作品中找到。西塞羅主張人可以從他人的面貌、眼神看出內在的情感；面容、外貌是通往「心靈的門路」（the doorway of the mind），這與相面師主張「相由心生」是一致的。[82]在《箴言集》中，伊拉斯摩斯解釋相面師是以觀察人面貌、身體特徵為業的人，通常能「準確無誤的指出並判斷任何人內在的天性」。[83]伊拉斯摩斯講了一段有關蘇格拉底（Socrates, c. 469-399 B.C.）的趣事。據說曾有一位相面師看過蘇格拉底的面相之後，直截了當地指出蘇格拉底是個粗魯愚頑之人，而且性好酒色，對女人與男童皆有強烈的欲求。蘇格拉底身邊的朋友聽了之後，怒不可抑，作勢欲驅趕這位相面師，但蘇格拉底制止了他們，並解釋道：這位相面師說得準確，因為在未受哲學洗禮之前，他的確是如此，直到他持守哲學之道才扭轉了本性。[84]透過這個故事，伊拉斯摩斯一方面肯定了相面師的能力，因他能見到常人所未見的本色；但另一

82 Desiderius Erasmus, *Adages*（II iii 51), in *CWE*, vol. 33, trans. R. A. B. Mynors（Toronton: University of Toronto Press, 1991), p. 191. 有關伊拉斯摩斯使用諺語之研究，可參見Ari Wesseling, "Dutch Proverbs and Ancient Sources in Erasmus's *Praise of Folly*," *Renaissance Quarterly*, 47:2（1994), pp. 351-378.

83 Desiderius Erasmus, *Apophthegmata*, trans. Nicolas Udall（London, 1542), fol. 32v.

84 Desiderius Erasmus, *Apophthegmata*, fols. 32v-33r.

方面，這位相面師的能力也有限，他未能察覺到蘇格拉底內在已有的變化。或許，這個例子也促使伊拉斯摩斯反省，一位有德之士若無優雅的外貌，如何能立即贏得他人的尊重與了解？

從《論男孩的文雅》一書來看，伊拉斯摩斯某種程度上是相面術的信徒，也是此門知識的傳承者。[85]在書中，他好像用一雙凝神觀看的眼睛，解開每一個動作、眼神，或穿著所蘊藏的內在密碼，同時他也間接地教導讀者一套觀人之術。這套觀人之術既可用來了解別人，也可了解自己，進而改造自己。或許他期望讀者能超越蘇格拉底，不但從內在藉由知識的洗禮改變自己，也從外在體態與樣貌的調整，回應靈魂中美、善的力量，並把握這股力量使自己重生。這也是禮儀教育不可或缺的原因。

綜合以上的討論，我們可以回頭重看伊拉斯摩斯的穿衣之道。在他的思想中，靈魂的重要性遠高於身體或外在的事物，但同時他也採取身心互相馴化的立場。在他討論「靈」、「魂」、「體」三者的關聯時，他引入服裝來幫助讀者了解彼此間的關係，他認為衣服是「身體的身體」，身體是「魂的衣裳」，魂則承受靈的光照。因此，我們可以在他所界定的靈、魂、體三環世界之外，再加上第四環——「衣」，進而形成「靈」—「魂」—「體」—「衣」四重的對應與聯繫。這四環由內

85 印刷術在歐洲出現之後，相面的知識隨著「相面書」（boos on physiognomy）的出版而流通更廣，其出版與閱讀可參見Martin Porter, "The Bookish Face of Physiognomy in Early Modern Europe," in *Windows of the Soul*, pp. 79-119. 本章認為《論男孩的文雅》既是禮儀書，也可算是相面書的一種。

往外、由高至低、由不可見至可見之物。這正是伊拉斯摩斯的穿衣之道與其整體「人論」（philosophy of man）的聯繫。[86]

藉著這四環，我們也可為伊拉斯摩斯的「文雅」下個更精確的注解。伊理亞斯在《文明的歷程》中主張，伊拉斯摩斯文雅觀的出現，代表著歐洲人在心理上對舉止行為更嚴格的自我控制，也標誌著歐洲社會「羞恥與難堪界線」（the thresholds of embarrassment and shame）顯著的上升。[87]這樣的理解偏離了伊拉斯摩斯思想原本的脈絡，只是迎合了伊理亞斯所主張之「文明化」的趨勢。其實，我們唯有在伊拉斯摩斯的教育理論及人論中，才能找到「文雅」的真義。真正的文雅是內外諧和，靈、魂、體、衣相映之美。一個人沒有美善的靈魂，難以有優雅的舉止和穿著，當然不能稱為「文雅」；但他若有美好的靈魂，卻無合宜的舉止，也不能視為文雅。因此伊拉斯摩斯才會擔憂那些正直又有智慧的人，因為缺乏適當的教導，未能具備社會禮節，稱不上文雅之士。[88]而他最希望的形式是身體與靈魂有相襯之美，就如他在《論美德之追尋》中借用蘇格拉底之語說：一頭高大強健的馬（比喻身體），要由一位英姿勃發的馬夫（比喻靈魂）執轡，才能相得益彰。[89]

---

86 有關文藝復興時代的「人論」，可參考Ernst Cassirer, Paul Oskar Kristeller and John Herman Randall, Jr. eds., *The Renaissance Philosophy of Man*（Chicago: the University of Chicago Press, 1971）; Stevie Davies, *Renaissance Views of Man*（New York: Barnes & Noble Books, 1979）.

87 Norbert Elias, *The Civilizing Process*, vol. 1, p. 70.

88 Desiderius Erasmus, *On Good Manners for Boys*, p. 273.

89 Desiderius Erasmus, *Oration on the Pursuit of Virtue*, p. 6.

如果要從心理層面來分析，與其說伊拉斯摩斯的作品代表「羞恥與難堪界線」的上升，不如說這一代的人文學者企圖在表面形象與內在真實之間，建立更直接而清楚的對應關係，讓外在符號能夠顯示內在真理，才不至於在變動劇烈的十六世紀社會中，失去辨別誰為尊貴、誰為低下的能力。或者說，《論男孩的文雅》這類作品，是在幫助受教育階層、有德之士，將內在不可見卻真實的美善，轉為外顯可見的高雅形象，以與他們可取得的政治地位相輔相成。這兩個目的也是近代早期禮儀書所展示的兩面性：禮儀書的書寫、閱讀與實踐，一方面可做為貴族階級區隔中下階層的方式；另一方面也可做為中間受教育階層或商人階層，進入統治階層的工具。[90]然而，伊拉斯摩斯或其他人文學者真能如此毫無疑惑的接受「眼見為憑」（seeing is believing）嗎？服裝的差異真能如實反映人的高低良莠嗎？

四、眼見為憑？

伊拉斯摩斯的觀人之術，在《論男孩的文雅》這部作品中是非常直觀的，沒有太曲折的思考，也未討論人的外表或人的服裝可能帶有的欺瞞性。他僅在此書末尾提到：禮儀的要旨在寬恕別人行為上的缺失，即使一個人舉止比較粗魯，也不代表他無法成為一個好人。[91]這句話鼓勵讀者改造自己或委婉地修正

90 Frank Whigham, *Ambition and Privilege: The Social Tropes of Elizabethan Courtesy Theory* (Berkeley: University of California Press, 1984).

91 Desiderius Erasmus, *On Good Manners for Boys*, p. 289.

他人的言行，但也帶來另一個問題：有良好外在行為的人，是否就是個好人？或者，穿著合宜的人，是否就是內在尊貴而美好的人？

伊理亞斯在《文明的歷程》中指出，伊拉斯摩斯的文雅觀與「觀看方式」（manner of seeing）密切連結在一起，歐洲人從此在「心理上」更加要求自己懂得察言觀色，注意自己及他人的反應和行動，這顯示歐洲人越來越刻意地形塑自己的行為。[92]這項觀察得到葛林布萊（Stephen Greenblatt）的認同，他在《文藝復興時代的自我造就》（*Renaissance Self-Fashioning*, 1980）一書中，也認為十六世紀的人比過去更清楚地意識到，個人的形塑「是一個可被操作且人為的過程」。當時數量日增的禮儀書回應了人們新的認知，也滿足了新的社會需求。[93]不過，葛林布萊指出了伊理亞斯未注意的問題：十六世紀的禮儀書中其實也充滿了教導「偽裝與做假」（dissimulation and feigning）的內容。[94]

92 Norbert Elias, *The Civilizing Process*, vol. 1, pp. 78-79.

93 Stephen Greenblatt, *Renaissance Self-Fashioning*, pp. 2, 162. 布萊森也有類似的觀察，見Anna Bryson, *From Courtesy to Civility*, p. 108.

94 Stephen Greenblatt, *Renaissance Self-Fashioning*, p. 163. 從十六世紀到十七世紀末，善意的偽裝與欺瞞已被禮儀書作家視為社會生活的一環，卡薩的《卡拉提歐》（*Galateo*, 1558）、栝索的《文雅的交談》（*La Civil Conversatione*, 1574）、古丹（Antonie de Courtin）的《文雅的新規則》（*Nouveau Traité de la civilité qui se pratique en France parmi les honnêtes homes*, 1670）等作品，都主張為了維持團體的和諧，也為了個人良好的名聲，適度而無害的偽裝，遠勝於表露內在真實的感受。相關討論見John Martin, "Inventing Sincerity, Refashioning Prudence: The Discovery of the Individual in Renaissance

最明顯的例子是卡斯提理翁的《廷臣之書》，主要的發言者如費德里哥，非常清楚地意識到，良好形貌的塑造建立在「觀看」與「被觀看」之上，他所頌揚的「淡然」就是一種欺瞞的技巧，讓觀看者以為行動者擁有比外表所見更強大的能力。費德里哥建議廷臣，在表演跳馬、摔角等各項技藝時，必須審慎挑選他演出的場地與觀眾，盡量避開一般群眾，也不要與低階的人為伍。觀看他的人要越少越好，最好是在貴族和其他重要人士面前，又最好「是在他所服侍的國王或君侯眼前」，使所有努力達到最大的效果。費德里哥甚至明言：「為了要滿足觀看者的眼睛」，廷臣要仔細關照每一個細節，為他的馬盛裝披掛，自己也要「穿著得體」，準備好各種彰顯家族榮耀的徽章，「才能吸引觀眾的眼睛猶如磁石吸住鐵一樣。」[95] 這一切無非是為了要在君王或貴族面前留下美好的印象，但費德里哥同時也知道：「論到一個人的品格，外表所見只是最微小的一部分。」[96] 當費德里哥在談服裝能顯現個人內在時，另一位廷臣加斯帕爾（Pallavicino Gaspare）則提出質疑：若從服裝判斷一個人的品格，恐怕「很多人會受騙上當」。[97] 他們所

Europe," *American Historical Review*, 102:5（1997）, pp. 1309-1342; Anna Bryson, *From Courtesy to Civility*, pp. 221-222; Markku Peltonen, "'Civilized with Death': Civility, Duelling and Honour in Elizabethan England," in Jennifer Richards ed., *Early Modern Civil Discourses*（Basingstoke: Palgrave Macmillan, 2003）, pp. 55-57.

95 Baldesar Castiglione, *The Book of the Courier*, pp. 72, 73, 76.

96 Baldesar Castiglione, *The Book of the Courier*, p. 95.

97 Baldesar Castiglione, *The Book of the Courier*, p. 90.

言顯現了一個充滿不安的宮廷世界，既要有欺瞞他人的技巧，又擔心自己被欺瞞。將此現實情境說得更為露骨的是馬基維利（Niccolò Machiavelli, 1469-1527）。

在人文學者之中，馬基維利被視為教導偽裝的翹楚，他在《君王論》（*The Prince*, 1532）中建議君主：有一件不可不做的事，就是「要掩飾本性，做一個偉大的偽裝者和假冒者」，因為「人們是如此的單純且順服於眼前的需要，所以想欺騙別人的人，總是能找到會上當受騙的人。」[98]事實上，馬基維利也利用這些話語揭開了偽裝者的面具，嚴肅地省思「觀看」所產生的扭曲，例如他在討論君主該不該守信的問題時，直接指出：人的眼睛往往成為欺騙自己的工具。他說：

> 一位君主沒有必要具備上述所有的品格〔慷慨、仁慈、守信、虔誠、人道等〕，但卻非常必要顯得具有這些品格。……因此，一位君主應當注意從他的口中不要說出一言半語不是充滿著上述五種品格的；也要注意在那些能看見他、聽見他的人面前，表現出全然慈悲、守信、人道、虔誠的樣子……。一般人在進行判斷時多依靠眼睛更甚於靠手，因為每一個人都看得到你，卻很少人能夠接觸到你；每一個人都可以看到你的外表，卻很少人能夠摸透你是如何。而且這少數人不敢反對多數人的意見，因為後者受到國家最高權威的保護。

98 Niccolò Machiavelli, *The Prince*, trans. Harvey C. Mansfield（Chicago: University of Chicago Press, 1998）, p. 70.

接著，馬基維利指出，這世界多是由一群無知而盲從的人所組成，他們總是受「外表與事物的結果所牽引」，那極少數具有真知灼見的人在社會中毫無立足之地。[99]

雖然馬基維利在《君王論》中所提到的偽裝，主要是指行為與言詞，並未專門討論君主的穿著，但觀看問題其實與服飾問題密不可分，文藝復興時代君王的「輝煌壯麗與威嚴」（magnificence and majesty），有一大部分是被君主的服飾所決定的。[100]這個部分在伊拉斯摩斯所寫的《基督君主的教育》（*Institutio principis christiani*, 1516）中，有不少闡釋。這本書也是伊拉斯摩斯非常暢銷的作品，在他過世前即已出版十次，也翻譯為多國語文。1516年的首版獻給哈布斯堡家族的查理，即未來神聖羅馬帝國的皇帝查理五世（Charles V, r. 1519-1556）。1518年修訂後獻給查理的弟弟斐迪南，即未來的皇帝斐迪南一世（Ferdinand, r. 1558-1564）。這部作品主要為統治階級而寫，與《論男孩的文雅》所設定的讀者對象不同，但兩者的性質非常類似，都屬行為教導。

伊拉斯摩斯在《基督君主的教育》中對服飾的討論有兩個重點：一是君主之服飾所應具備的「區隔」功能；一是君主的

---

99 Niccolò Machiavelli, *The Prince*, pp. 70-71.

100 文藝復興時代寫給君主的「鑑書」（mirror-for-princes）中，「輝煌壯麗與威嚴」被認為是君主應特別追求的才德（virtues）。見Quentin Skinner, *The Foundations of Modern Political Thought*, vol. 1: *The Renaissance* (Cambridge: Cambridge University Press, 1978), p. 127. 有關服飾對君主的重要性，可參見Maria Hayward, *Dress at the Court of King Henry VIII* (Leeds: Maney, 2007), chapter 2.

服飾（包含王冠與權杖等）應當如何被觀看與詮釋。首先，伊拉斯摩斯提醒君主，他的生活是被「公開觀看的」，君主的所作所為通常會被放大檢視。[101]因此，對一般人民來說合宜的事，在君主身上卻未必適合；一般人的小錯誤若同樣發生在君主身上，就變成一樁大罪。君主的身分既然如此獨特，伊拉斯摩斯建議他應該避免低階人民的「穿著與生活方式」，而且「有一件事，君主必須視其為低下、粗俗且不妥，那就是他想要的和一般人民要的一樣，〔因為〕這些人永遠不會被最好的事物所吸引。」人民所喜好的是奢華，君主就要反其道而行，即使他有最精緻的珠寶、黃金，最高貴的紫袍和各項裝飾品，他仍可選擇節儉地使用他無限的資源，以素樸的衣裳展現內在「節制」的美德。那麼，君王就可以教導他的人民另一種恆久綿長的喜樂，其不在於外表華麗的排場，而在內有的「智慧、正直與正確的行為」。[102]

伊拉斯摩斯反對君主用精美的服飾與一般人民區隔，而要以儉樸的外表和內在的品格與教養低落的人民相區隔，因為華麗的衣服並不能代表內在的高貴。但如果君主無法單單藉由自身的才德來彰顯尊貴，而必須借助外在的裝飾，君主本人及觀看他的人民該如何詮釋這些華麗的物件呢？伊拉斯摩斯認為，君主應當記住：這些外在裝飾都是「用來提醒他的職責」，因為：

---

101 Desiderius Erasmus, *The Education of a Christian Prince*, *CWE*, vol. 27, trans. Neil M. Cheshire and Michael J. Heath, ed. A. H. T. Levi (Toronto: University of Toronto Press, 1986), pp. 218-219.

102 Desiderius Erasmus, *The Education of a Christian Prince*, pp. 213, 214.

> 除了超凡的智慧之外，黃金還能顯示什麼？除了與眾不同的優異才德，晶瑩閃爍的珠寶還能代表什麼？若不是對國家的至愛，溫暖而華麗的紫袍有什麼意義？還有，為什麼要有權杖，除了它是秉持正義、不偏不倚的精神象徵之外？如果某位〔君王〕明顯地缺乏這些特質，那麼對他而言，這些象徵不是裝飾，而是對其缺失的指責。如果創造君主的是金鍊、權杖、紫袍，及一列隨從，那麼誰能夠阻止戲裡的演員，在舞台上穿戴著全副王室尊榮，而不被視為真正的君王？[103]

君主與演員有何分別呢？這是文藝復興時代一個饒富深意的問題。葛林布萊與柏克（Peter Burke）都指出十六世紀是一個「劇場社會」（theatrical society），[104]政治人物在公眾面前猶如演員。而莎士比亞（William Shakespeare, 1564-1616）在《亨利四世下篇》（*Henry IV Part 2*）中，不但安排初登基的亨利五世換上王袍，也為他寫道：「王權，這件華麗的新衣！」[105]文藝復興時代的戲台與真實人生的舞台，似乎沒有那麼清楚的界線，戲台上的演員藉著服裝改換扮演不同的角色，在現實生活中，服裝也界定了人的角色（如貴族家宅的制服）。但伊拉

103 Desiderius Erasmus, *The Education of a Christian Prince*, p. 215.

104 Peter Burke, *The Historical Anthropology of Early Modern Italy: Essays on Perception and Communication* (Cambridge: Cambridge University Press, 1987), p. 10; Stephen Greenblatt, *Renaissance Self-Fashioning*, p. 162.

105 William Shakespeare, *King Henry IV Part II. The Arden Shakespeare*, ed. A. R. Humphreys (London: Methuen, 1966), Act 5, Scene 2, 44. 原文為："this new and gorgeous garment, majesty! Sits not so easy on me as you think."

斯摩斯希望能區隔出兩者的差異，他主張：是內在的精神使君王得以成為君王，而不是外表的服飾。「王冠、權杖、王袍、金鍊及劍帶，全都是良君美好特質的標記與象徵；但在昏君身上，它們全是罪惡的污漬。」[106]所以，服飾可以成為善的標記，也可以成為惡的符號。

在此，伊拉斯摩斯不像他在《論男孩的文雅》中那般，帶著篤定的語氣，堅信有良善的心靈就有美麗的外表。他看見物件背後象徵意義的浮動性與不確定性。他提醒讀者，在觀看表象的事物時，要能穿透物本身，看見物真正所代表的內在為何。同時，讀者也要知悉每一項服飾物件所應象徵的內涵為何，並以此為標準，不斷去檢視穿戴者是否真正具備這些內涵。這種意識在他諷刺性的作品中表達得更為深刻，如《愚人頌》（*Encomium moriae*, 1511）一書，以戲謔的筆調尖銳地點出表象的可疑性。在此書中伊拉斯摩斯藉愚人之口，批判君王、廷臣、教宗、樞機主教等王公貴族的服飾（圖2.1.1、2.1.2），而且仔細界定每一項服飾物件所代表的意義。例如，神職人員所穿的雪亮白袍，要體現的是他們純潔無瑕的生活；教宗及高階教士頭上所戴的主教冠（mitre），前後有兩個高立的帽頂，象徵他們對《舊約》及《新約》完整的認識。又如他們所戴的手套，代表他們不沾染世俗的事務；他們的牧仗（crosier）是虔心牧養會眾的符號，手中所持的十字架則是他們戰勝人類一切欲望的標記（圖2.1.3、2.1.4）。[107]

106 Desiderius Erasmus, *The Education of a Christian Prince*, p. 215.

107 Desiderius Erasmus, *Praise of Folly*, in *CWE*, vol. 27, trans. Betty Radice, ed. A. H. T. Levi, p. 137.

然而，愚人問：「這些人之中，是否有任何人反省過這些事或其他類似的事？」樞機主教是否問過自己：「純白的罩杉代表的若不是完全聖潔的生活，還會是什麼？罩杉下的紫袍，若不是對上帝熾熱的愛，還會是什麼？最上層的祭披……象徵的不是對所服事的每一個人無盡的慈愛嗎？……」[108]尖酸刻薄的愚人，代替伊拉斯摩斯說出對這個時代的懷疑：外在穿戴之物，不能如實呈現個人內在是否承載了物所指涉的意涵。許多時候眼見不能為憑，不僅君王貴族們華麗的衣裳與珠寶是如此，教宗與高階教士精緻的祭衣與主教冠也是如此。甚至，托缽修士簡單粗製的衣裳，也一樣可能誤導人的眼睛（圖2.1.5）。

《愚人頌》雖然是諷刺且具社會批判性的作品，內容卻與《基督君主的教育》有許多相似之處，論其本質，也與《基督君主的教育》一樣，都以教育為目的，也都與人格養成有關。[109]它雖然不是以平鋪直敘的方式書寫，其意旨仍顯明可探，能使我們進一步掌握伊拉斯摩斯對「眼見為憑」的質疑。

---

108 Desiderius Erasmus, *Praise of Folly*, pp. 137-138.

109《愚人頌》一書在討論君主角色的特性時，與《基督君主的教育》一書有類似的意見；此書對君主穿戴之物的詮釋，也幾乎和《基督君主的教育》中所說的一樣。見Desiderius Erasmus, *Praise of Folly*, pp. 135-136. 伊拉斯摩斯曾在1523年的信件中為自己的作品歸類，他把《愚人頌》及《基督君主的教育》都放入「有助品格養成的作品」（works which contribute to the building of character），並且認為前者是一本「充滿幽默但教訓深刻的小書，所以在這一類〔作品〕中發現它無需驚訝。」Desiderius Erasmus, *The Correspondence of Erasmus*, *CWE*, vol. 9, trans. R. A. B. Maynors and D. F. S. Thomason（Toronto: University of Toronto Press, 1989）, Ep. 1341A: 1552-1553, 1560-1561.

類似的書寫方式，也出現在《對話集》（*Familiaria colloquia*, 1518-1533）中，[110]其中幾篇對社會、教會及修院的批判，也能幫助我們了解他對服裝的看法，例如《女議會》（*Senatulus, sive Γυναικοσυνέδριον*, 1529）一篇，凸顯服裝做為判斷個人身分高低的困難。文中主持會議的科娜利亞（Cornelia）憂慮地表示：「我們首要關心的議題是我們的社會地位，而這點通常決定於我們的穿著，但今日此問題深受忽視，我們已無法辨別貴族婦女與一般平民婦女，也無法區隔已婚的婦人和未婚的女子或寡婦、良家婦女與娼妓。各階層的婦女隨意穿上她們想穿的，『合宜』（*decorus*）早已不復見。」[111]

眼見若難以為憑，服裝的區隔功能還能存在嗎？服飾究竟

---

110 上文曾提及對話錄作品，如《儀節教導》、《新母親》等，都蒐集在1518年至1533年之間出版的《對話集》中。此對話作品之合集最初在1518年出版，出版之後即廣受歡迎，至1522年已再版30次。從1522年至1533年完整版刊行之間，陸續又增補了多篇作品；1533年的完整版從十六世紀至十八世紀仍繼續刊行。伊拉斯摩斯曾提到此書受歡迎的程度，幾乎是「人手一本」。參見，Craig R. Thompson, "Introduction," in *Colloquies*, *CWE*, vol. 39, pp. xx-xxxii.《對話集》中的作品主要為學齡中的男童而寫，也為一般識字的成年讀者而寫，其內容談及教育、禮儀、婚姻、餐宴、信仰、修院生活、戰爭與和平……，包羅萬象，既有文字（拉丁文）及倫理教育的目的，也深具娛樂功能。其中有幾篇如同《愚人頌》採諷刺的筆法，對當時的宗教儀式、羅馬教會與修院制度頗多批判，在1520年代即引發教會與修院人士的不滿，後來在1554年、1559年及1596年的「禁書目錄」（Index of Prohibited Books）中，《對話集》均被列入其中。不過伊拉斯摩斯認為這部書內容並無不妥，且將它歸類在「有關文學與教育」的書籍，見*CWE*, vol. 9, Ep. 1341A: 1507-1536.

111 Desiderius Erasmus, "The Lower House, or the Council of Women," in *Colloquies*, *CWE*, vol. 40, p. 909.

能界定什麼？伊拉斯摩斯探討這些問題最具代表性的作品是對話錄《富有的乞丐》（*Ptochoploúsioi*, 1529）。這篇作品中主要對話的兩人，分別是方濟會修士康拉德（Conrad）和客棧主人，他們的談話圍繞著方濟會修士為什麼要穿著獨特的黑色袍服而展開。這個主題頗能呼應伊拉斯摩斯個人的遭遇，他也藉此表達此時代對修士與其會服所存的疑惑。在文中，小氣又好論斷的客棧主人認為：方濟會會袍底下遮蓋的盡是些「野狼、狐狸、和猴子」。但康拉德指出：「相同的衣服也穿在許多好人身上。服飾不會使一個人變得更好，也不會使一個人更糟糕，所以由服飾判斷一個人是錯誤的。」[112]康拉德後來又指出：若有人因為另一個人穿著會服，就認定他是聖潔之人，這是錯誤的；但若有人因此認定另一個人是惡棍，這也是錯誤的。

在這篇對話中客棧主人繼續問：既然服飾不能判斷一個人，「服裝上這麼多的分別要做什麼用呢？」從這個問題開始，伊拉斯摩斯藉由康拉德之口，論述服裝的功能與意義，並指出各式服裝存在的原因有三：「必要性」、「功能性」及「合宜」。「必要性」在於服裝可幫助人體禦寒；「功能性」在於服裝有各種不同的剪裁和設計，以便於在不同的季節工作、行走，或騎馬。而「合宜」，則牽涉到人類社會中藉由服裝所做的角色區隔，如男女之分、老少之別、聖俗之隔、官民之異，都應當在服裝上有所不同，才合乎禮俗風尚。此外，康拉德又提到個人內在的貴賤之分，賢愚之別，也應當在服裝上表現出

112 Desiderius Erasmus, "The Well-to-do Beggars," in *Colloquies*, *CWE*, vol. 39, p. 472.

來。[113]但當服裝不僅用為社會角色的區隔，也用來做為個人內在精神的區隔時，就可能產生無法對應的窘境。康拉德已說過「由服飾判斷一個人是錯誤的」，客棧主人也提出更多的懷疑，他說：「我知道有許多戴著下垂大耳與鈴鐺的小丑，比那些戴著毛氈帽、頭巾與各樣代表學問之衣飾的人，更加聰明。」他又認為穿著方濟會會服的人，「不見得比我們神聖，除非他過著更聖潔的生活」。[114]那麼，方濟會的修士究竟為什麼要與其他的神職人員穿著不同？又為何要與一般俗人穿著不同？人們判斷合宜或不合宜的標準是怎麼建立的？

客棧主人舉出新近發現的美洲地區為例，當地的住民過著「文雅」的生活，但習慣裸露，並且視「遮蔽身體為無禮之最」，只有通姦犯必須終生遮住私處。康拉德與客棧主人於是都同意：是社會長久的「慣例與習俗」決定了「合宜」的標準。康拉德說：

> 不可違逆的習俗阻在中間，深植人心的事物，乃因長久普遍的使用而確立。而且，向來如此，它變成〔我們的〕第二天性，在沒有對人類平靜的生活造成巨大危機之前，它不可能一下子被剷除，而只能逐步地移除……。
>
> 所以，當你看到現在這套服裝時，你看到的是漫長過往的遺跡。[115]

---

113 Desiderius Erasmus, “The Well-to-do Beggars,” pp. 476-478.

114 Desiderius Erasmus, “The Well-to-do Beggars,” pp. 478, 482.

115 Desiderius Erasmus, “The Well-to-do Beggars,” pp. 479, 480-481.

康拉德在此為社會上服裝的差異，提供了一個人類學式的解釋，而且這樣的解釋也正符合拉丁文*Habitus*的原意，它既可指服裝，也可指習俗。或更正確的說，每一個人所穿著的服裝，都體現了某地人們習以為常、約定俗成的行為模式。[116]

在多部十六世紀的禮儀書中，包括伊拉斯摩斯的《論男孩的文雅》、卡斯提理翁的《廷臣之書》、卡薩的《卡拉提歐》（*Galateo*, 1558），都主張穿著必須符合各地的「習俗」。[117]但在這類作品中，作者並未對習俗有任何反省，只是提供讀者準確、安全的行為原則。此時代的文人開始對既有的慣例產生懷疑，多與美洲及異文化的發現有關，如〈富有的乞丐〉一文就是在此脈絡下討論習俗，其他十六世紀人文學者也由此反省：習俗並不具有絕對性，它是人定的，而不是神定的。如伊拉斯摩斯的好友英格蘭人文學者摩爾（Thomas More, 1478-1535），在他的《烏托邦》（*Utopia*, 1516）中，為當地人設立了完全不同於歐洲社會的穿著慣例，去除階級差異，男與女各著一致而

116 此時代各地語文中借用拉丁文*habitus*一詞者，也含有兩義，如義大利文的*habito*，既可指服裝，也可指傳統習俗、習慣。十六世紀切薩雷・韋切利奧編寫他的「服飾書」（costume books）時，即使用此字來談各地傳統服飾及現代服裝樣式，也用以談各地風俗習慣。見Cesare Vecellio, *The Clothing of the Renaissance World: Europe, Asia, Africa, the Americas: Cesare Vecellio's Habiti Antichi et Moderni*, eds. and trans. Margaret F. Rosenthal and Ann Rosalind Jones (London: Thames & Hudson, 2008), p. 48. 英文的habit也源自同樣的拉丁文，也可同時指服裝與習慣。

117 Desiderius Erasmus, *On Good Manners for Boys*, pp. 278-279; Baldesar Castiglione, *The Book of the Courtier*, p. 88; Giovanni Della Casa, *Galateo or the Book of Manners*, trans. R. S. Pine-Coffin (London: Peguin Books, 1958), p. 33.

簡單的衣服，只有奴隸與罪犯穿金戴銀。[118]多年之後，法國人文學者蒙田在他的《隨筆》（*Les Essais*, 1580）中也感嘆：在許多無關緊要的事物上（indifferent things）上，「習俗」往往快速而輕易獲得掌控權，但美洲人民的例子讓他知道，法國社會多樣而華麗的服裝，都只是人為的矯飾，非出於自然，也非必要。[119]

既然是習俗與慣例決定了人們的服裝，服裝本身應當是「價值中立」的事物，不應與個人內在的優劣產生直接的聯繫，所以在《富有的乞丐》中康拉德主張：「不要由外貌來評斷任何人。」[120]當客棧主人關心自己能不能上天堂，並問他：「你的服裝並不具有更多神聖性嗎？」他回答：「一點也不！」[121]任何服飾都與得救與否無關。伊拉斯摩斯也曾以自己的經驗說過：「對一位修士來說，最不重要的事就是他的衣著」，服裝並不能造就一位修士。[122]

---

118 但已婚和未婚的人服裝仍略有差異。Thomas More, *Utopia*, trans. Paul Turner (London: Penguin Books, 1965), pp. 75, 86-87.

119 Michel de Montainge, "Of the Custom of Wearing Clothes," and "Of Sumptuary Laws," in *Essays, in The Complete Works of Montaigne*, trans. Donald M. Frame (London: Everyman's Library, 2003), pp. 201-204, 238-240.

120 相同的意見，見另一篇對話作品《克利普斯》（*Cyclops, sive Evangeliophorus*）："Cyclops, or the Gospel-bearer," in *Colloquies*, *CWE*, vol. 40, p. 865. 此文中伊拉斯摩斯引用〈約翰福音〉7:24之語：「不可按外貌斷定是非，總要按公平斷定是非（Judge not according to the appearance, but judge righteous judgment）。」

121 Desiderius Erasmus, "The Well-to-do Beggars," pp. 480, 481.

122 Desiderius Erasmus, "Erasmus to X, Basel, spring 1525," in *The Correspondence of Erasmus*, *CWE*, vol. 10, Ep 1436:15.「服裝不能造就一位

看穿了這一點，那麼方濟會修士，或其他團體的修士，還要繼續穿著他們特有的會服嗎？伊拉斯摩斯自己在1506年以後選擇放棄，但他在另一篇對話作品《士兵與嘉都西會修士》（*Militis et Cartusiani*, 1523）中，對這個問題有不同的回答。作品中剃了頭、穿著白袍的嘉都西會修士認為，他的信仰並不依附在衣著、食物、祈禱等小事上，而是「在純潔的心和基督裡」，但他仍然堅守修會的服飾，是為了「要與弟兄諧和，避免成為任何人在任何方面的絆腳石」。在他看來，「不論我們穿什麼，我們都是人，但即使在最細微的事上，我們的服從或違逆，都會提升或摧毀了和諧。」所以，雖然剃不剃頭、穿不穿白袍與救贖無關，他為了修會全體的健壯，仍不願留髮或換上士兵的衣著。[123]這位修士和上文的康拉德，帶出了服裝乃「價值中立之事」，或「無關救贖之事」的觀念（即本書下一章所談的「中性之事」），[124]在這個觀念下，穿不穿會服是個人的選擇，無關神聖與否，文中的修士可以為了弟兄之愛，在穿著上服從於修會的規範；伊拉斯摩斯自己也可因現實的需要，改換衣著。

修士」（拉丁文*Habitus non fecit monachum*［habit does not make the monk］或*cucullus non facit monachum*［cowl does not make the monk］），是中古晚期以後流行的俗諺，參見*The Oxford Dictionary of English Proverbs*（3rd edn., Oxford: Clarendon Press, 1984), p. 152. 這句話亦出現於卡斯提理翁的《廷臣之書》，見Baldesar Castiglione, *The Book of the Courtier*, p. 90.

123 Desiderius Erasmus, “The Soldier and the Carthusian,” p. 333.

124 此觀念參見Bernard J. Verkamp, *The Indifferent Mean: Adiaphorism in the English Reformation to 1554*（Ohio: Ohio University Press, 1977).

在上述的思考脈絡下，「眼見不可為憑」已取代了本章第四節所談的「眼見為憑」，服裝的「無區隔性」凌駕了服裝的「區隔性」。不過，這兩種不同的服飾思維，並不是在伊拉斯摩斯不同時期的作品中出現，《富有的乞丐》與《論男孩的文雅》兩篇文章出版的時間僅相差一年，而他的立場卻有如此明顯的差異。此差異產生的原因可能有二：首先，也許是由於個人的經驗，伊拉斯摩斯凡談及宗教性的穿著，就充滿了懷疑；但在為俗人禮儀所寫的《論男孩的文雅》中，卻直接肯定服飾能反映個人的內在。其次，也可能是因為論述方式的不同，在《論男孩的文雅》中，他談的是一般性的原則，並將穿著與服裝視為外在舉止的一部分，而在《基督君主的教育》、《愚人頌》和《富有的乞丐》等幾篇對話作品中，他針對的是特定的「物件」。他明顯地反對將神聖性或尊貴性依附於任何特定的物件上，一旦他從物件的角度來談服裝，服裝就與內在的精神失去了聯繫。但無論如何，這兩種不同的立場仍代表伊拉斯摩斯服飾論述中的矛盾，也使我們必須追問：對他而言，表象與內在之間合理的關係該是什麼？是相映的兩種真實，還是幻影與實體之別？要回答這些問題，一方面我們可以透過他本人的文字探知；另一方面，他個人所留下的圖像也將是重要的線索。

就文字資料來看，他在《物與名》（*De rebus ac vocabulis*, 1527）這篇對話作品中，十分簡潔地回答了他的立場，他指出許多人穿著精緻的衣裳，住在華麗的房屋，他們的靈魂卻乾枯而敗壞；他慨嘆：「人是有理性的動物，但在那些因命運的鞭索所賜與或奪走的具體利益……和外在事物上，我們寧願要實體勝過於要名；而在心靈真實的美善上，〔我們〕想要有其名勝過於有其實，〔這是〕多麼極端不理性的事。」他主張有其名者，應當有其實：擁有君王稱號的，便應當維持法律與正義，謀求人民的幸福；不願有暴君之名的，就應當致力免除惡行。[125]所以，在「眼見為憑」與「眼見不可為憑」兩種立場之間，他最終的理想仍是名實相副，這也是上節所強調的「文雅」，其真義在於內外互映之美。

就圖像來看，在所有文藝復興時代的人文學者中，伊拉斯摩斯所留下的畫像數量最多且流傳最廣。他將個人形象以油畫、紀念章、版刻等各種形式，做為餽贈好友及贊助者的禮物，也將肖像放入印刷出版的書籍中，廣泛流傳與複製，他可說是人文學者中最懂得利用畫像鞏固情誼，也是最能掌握畫像之宣傳價值的一位。他與當時傑出的畫家霍爾拜因（Hans Holbein the Younger, c. 1497-1543）、杜勒（Albrecht Dürer, 1471-1528）、麥西斯（Quentin Massys, c. 1466-1530）三人合作，並曾親自拜訪他們討論畫作的內容。[126]這三位畫家所繪的伊拉斯摩斯，也決定了他流傳於後世的形貌。

這些畫像多在1517年之後所繪，也就是伊拉斯摩斯放棄奧斯丁修會會服，改著教士服的時期。但在這些畫像中，他都

---

125 Desiderius Erasmus, "Things and Names," in *Colloquies*, *CWE*, vol. 40, p. 811.

126 Matthias Winner, "The Terminus as a Rebus in Holbein's Portraits of Erasmus," in Christian Müller ed., *Hans Holbein the Younger: The Basel Years, 1515-1532* (Munich: Prestel, 2006), p. 98; Stephen Kemperdick, "Portrait of Erasmus of Rotterdam," in Christian Müller ed., *Hans Holbein the Younger*, p. 418; Giulia Bartrum, *Albrecht Dürer and His Legacy: The Graphic Work of a Renaissance Artist* (Princeton: Princeton University Press, 2002), p. 295.

不是以教士的服裝與形象出現，而是穿著一般大學出身的文人服裝，包括剪裁簡單的深色袍服、斗篷和黑色軟帽（black cap），呈現學者和書寫者的形象（圖2.2、2.3）。[127]在這些畫像中，伊拉斯摩斯若不是專注地持筆書寫，就是眼神篤定地拿著自己的作品，四周也多環繞著他的著作，顯現他在書寫上所獲致的成就。在1523年霍爾拜因為伊拉斯摩斯所繪的三幅畫像中（圖2.4、2.5、2.6），這種成就感也以服裝呈現出來。在圖2.4中，他穿著暗棕色看似絲製的袍服，袖口有相當窄的淡灰色毛皮（fur）收邊，袍服外罩著絨質、黑色翻領的藍灰色斗篷，再加上天鵝絨的披肩。圖2.5與前圖的構圖非常相似，穿著也類似，但以黑色為主調。圖2.6中伊拉斯摩斯的穿著與霍爾拜因於1530年所繪的畫像幾乎相同（圖2.7），黑色絨質的袍服綴以亮棕色的毛皮。[128]整體來說，他的服裝以暗沉色調表

---

127 Lisa Jardine, "'A better portrait of Erasmus will his writings show': Fashioning the Figure," in *Erasmus, Man of Letters*, p. 45; Ariane von Suchtelen, Quentin Buvelot and Peter van der Ploeg, "Catalogue," in Stephanie Buck and Sander Jochen eds., *Hans Holbein the Younger: Painters at the Court of Henry VIII* (London: Thames and Hudson, 2004), p. 52. 伊拉斯摩斯最早以學者和書寫者的形象出現，可能是1515年霍爾拜因為《愚人頌》所繪插圖中的「學者」一圖（圖2.1.6），插圖上方寫著Erasmvs。不過此圖並未事先得到伊拉斯摩斯許可，據說伊拉斯摩斯看到此圖時說：「噢！如果伊拉斯摩斯看起來還是像這樣，他很可能會娶個老婆。」引自Christian Müller ed., *Hans Holbein the Younger*, p. 154.

128 有關這幾幅畫像的分析，可見Matthias Winner, "Holbein's Portrait of Erasmus with a Renaissance Pilaster," in Mark Roskill and John Oliver Hand eds., *Hans Holbein: Paintings, Prints, and Reception* (New Haven: Yale University Press, 2001), pp. 155-171; Jochen Sander, "Erasmus of Rotterdam

現莊重沉穩的樣貌，剪裁雖然簡單，卻帶有上層階級高貴的元素（如毛皮、天鵝絨等布料），頗有「低調奢華」的味道。與他本人在《論男孩的文雅》中所推崇的服裝風格——簡約、合宜又不失身分，相當契合。

更重要的是，畫像不僅傳遞了伊拉斯摩斯的外在形體（身體與服裝），它們也藉由書寫的場景、引人注目的書籍，帶領我們觀想伊拉斯摩斯的內在思維與靈魂。圖2.6中他的手放在一本看似剛闔上的書籍，書的側邊寫著*Herakleioi Ponoi Erasmi Rotero*（the Herculean Labors of Erasmus of Rotterdam），即以希臘神話英雄赫丘力士（Hercules）的功績，比喻伊拉斯摩斯在思想及書寫上的貢獻。在此圖中，伊拉斯摩斯的黑色外袍繫上明顯的十字結，也極具象徵意義，表達了他對信仰的投入，亦呼應著他當時正在編纂的《聖傑若姆書信集》（*St. Jerome's Letters*），[129]此表明他不僅是一個學者，也是個虔誠的基督徒。1526年杜瑞為伊拉斯摩斯所刻的畫像（圖2.3）中，除了人物之外，後方中間還有兩行字：*THN KEPITTΩ TA ΣYΓΓPAMMATA*

Writing," in Christian Müller ed., *Hans Holbein the Younger*, pp. 292-294; Mathias Winner, "The Terminus as a Rebus in Holbein's Portrait of Erasmus," pp. 97-109.

129 此畫像是伊拉斯摩斯送給他的贊助人坎特伯理大主教渥罕（William Warham, Archbishop of Canterbury, c. 1450-1532）的禮物。根據他在1524年9月4日寫給渥罕的信件，渥罕已收到此畫像，而他正請人送上他所編纂的《聖傑若姆書信集》，所以畫中的書籍極可能就是指《聖傑若姆書信集》。"Erasmus to William Warham," *The Correspondence of Erasmus*, *CWE*, vol. 10, Ep 1488:3-5, 45-46. 此外，霍爾拜因在1527年也為渥罕畫像，與1523年伊拉斯摩斯的畫像相對應。

$\Delta^{E}I\Xi EI$（The Better Image Will My Writing Show），邀請觀者在見到伊拉斯摩斯的身影之外，也要閱讀他由心靈傳達出來的文字。畫的左邊還有一個花瓶，它是靈魂謙卑、潔淨的象徵，比喻伊拉斯摩斯美善的靈魂持續推動著他的書寫。[130]

透過圖像，伊拉斯摩斯為自己塑造了完整的學者形象，畫中的種種意象使他的「全人」由外到內（從衣、體到靈、魂）清楚呈現，亦使觀者看見內外的對應，體現了專屬於他的「文雅」，也與《物與名》中所主張的立場相呼應。更值得注意的是，雖然現實中的他依舊穿著教士服，但他透過畫像實踐了服裝的可選擇性，也實踐了「生活形態」的可選擇性。這使得服裝一方面仍與社會角色或身分相扣，另一方面又可以被個人用來定義新的角色或身分。對伊拉斯摩斯來說，圖像中的他，比穿著修士袍或教士服的他更為真實，因為它們體現了他內心所欲、一生致力追求的形貌與身分。

五、結語

文藝復興時代的人文學者，是歐洲中古時期以來首批將古代城邦生活理念，轉用於現實生活的知識分子，他們關注社

130 Erwin Panofsky, *The Life and Art of Albrecht Dürer*（Princeton: Princeton University Press, 1995）, pp. 239-240; Mathias Winner, "The Terminus as a Rebus in Holbein's Portrait of Erasmus," pp. 99, 104. 杜瑞在此畫中乃以聖傑若姆的形象描繪伊拉斯摩斯，見 David Hotchkiss Price, *Albrecht Dürer's Renaissance: Humanism, Reformation, and the Art of Faith*（Ann Arbor: The University of Michigan Press, 2003）, pp. 222-224.

會行為與人際交往的原則，試圖在各類書寫中為十五、十六世紀的社會，訂立「優雅」、「合宜」的標準，並藉由這套標準重新定義何謂「尊貴」（nobility）。在思想上，他們承襲柏拉圖、西塞羅等人的哲學，亦融會中古修道院修身的規訓，以及貴族宮廷的禮節，為修院和教會以外的世俗世界，特別是城市生活中的俗人，建立新的行為標準。他們的舉動反駁了以家族、血統定義尊貴的舊傳統，同時也在回應新的社會現象：許多人因商業貿易，或因受教育而向上爬升。新興階層以及原本的貴族，該如何學習並領會真實的尊貴？如何在舉止行為上具體展現高雅的「品味」，以與粗鄙之人區隔？這些問題縈繞在撰寫禮儀書的人文學者心中。

本章的主角伊拉斯摩斯，是文藝復興時代禮儀書作家中，影響最為廣泛而深刻的人物，而且他的《論男孩的文雅》一書，為當時「歐洲知識界提供了一致的行為規則」。[131] 事實上，他本人就體現了一位出生平凡的人，如何在新時代中藉由教育、著述與文人形象，為自己建立不凡的名聲。他脫離了修道院，將自我實現的舞台擺在世俗世界；他脫下修會會服的過程，亦見證了服裝在個人身分、認同與形象上扮演至關重要的角色。他的經歷讓我們看到一位知識分子如何與穿衣這等瑣事發生關聯，又如何思考服飾的功能與意義。

由本章以上各節所談，可發現伊拉斯摩斯等人文學者思考服飾的脈絡，主要有二：第一，是將穿著視為外在禮儀舉止的一部分，與個人形象的塑造密切連結；第二，是在表象與內在

131 Roger Chartier, “From Texts to Manners,” p. 77.

的關聯性中，思考服飾的意涵。在第一個脈絡中，伊拉斯摩斯提出「文雅」的觀念，做為學習與展現禮儀行為的指導原則，服裝在此觀念中被視為內在靈魂的映照、身體的延伸。此種觀點巧妙地與新柏拉圖主義的階序觀或對應觀相呼應，進而將服飾的思考帶入了第二個脈絡。在伊拉斯摩斯各類作品的闡釋下，衣一體一靈一魂構成人由外至內的四層結構，彼此連結、內外互映。換句話說，完整的人不是裸體的，在不可見的靈魂之外，還有兩層軀殼包裹著他，一是身體、一是服飾，這兩層也必須被滋養與照護，因為它們都是內在的顯現。

然而，表象與內在的聯繫、服裝與個人品格的關聯，在人文學者的作品中，甚至是伊拉斯摩斯個人的著作中，並未有一致的看法，有時他們對服飾物件所能表彰的內在意義，充滿了懷疑，人恐怕無法以他人的外貌或穿著來斷定另一個人的品格。從伊拉斯摩斯的論述來看，他之所以形成這兩種不同的立場，在於他以兩種不同的方式來談論服飾：一是用服飾來談行為舉止，也就是「穿著」（clothing）；一是用服飾來談物件的意義與價值，也就是「衣物」（clothes）。對他來說，舉止可以反映內在，眼見可以為憑；但物件的意義是浮動的，也是價值中立的，必須由穿戴者的內在狀態來決定此物是否「名如其實」，所以眼見不能為憑。雖然徘徊在這兩種不同立場之間，伊拉斯摩斯不同於義大利人文學者如卡斯提理翁及卡薩等人，仍然明確且堅定地主張，外在尊貴或高潔的表象，必須要有內在實體的應對，反之亦是。如此才是他所謂的「文雅」，也是他教育理念的本質：既不偏廢靈魂的耕耘，也不輕忽外貌的形塑。

透過伊拉斯摩斯，我們看到這一代人文學者所關切的服裝價值與理念。這些理念透過書籍廣泛傳布，也透過學校教育延續，成為近代早期受教育階層中重要的價值觀。更為可貴的是，伊拉斯摩斯除了發表許多有關服飾的文字之外，也留下以肖像為主的視覺資料，讓我們看到他如何實踐自己所主張的穿衣之道。畫像中他簡單素樸的暗色服裝，傳達了節制的美德，學者般的穿戴表現了文人合宜的形貌；環繞的書籍與執筆寫作的姿態，則訴說了他的生活形態與內在涵養。他的文字與畫像成為這個時代體現服裝意義最生動的話語。

不過，伊拉斯摩斯的話語並未單單停駐在「文雅」的框架中，他對修會會服的批判，對各修會在食物、衣著、儀式上的矯飾與虛偽，以及對教會各級神職人員衣飾的反思，在在指向了另一個將在宗教改革時期風起雲湧的爭議：神職人員的祭衣是否具有特殊的神聖性？祭衣是否如同凡人所穿的衣服，皆屬「中性之事」？

第三章

中性之事

一、「新」教會與「舊」祭衣

始於十六世紀上半葉的宗教改革，不但衝擊羅馬教會原有的正統教義，也牽連了一連串宗教儀式與行為的改換，並賦予這些行為新的詮釋，否則由馬丁．路德所開啟的「新」宗教，僅會限於狹小知識圈的神學論辯，而難以影響數以百萬計的信徒大眾，更難以重塑他們的信仰生活與經驗。因此，研究歐洲近代早期儀式史的謬爾（Edward Muir）也將宗教改革視為一場「儀式理論的革命」（a revolution in ritual theory），此革命以理論為基礎，規範了歐洲人民的宗教行為。[1]學界對這場儀式革命多聚焦在「聖禮」（sacraments）的討論上，尤其是「聖餐禮」與「洗禮」的問題，此外也有不少史家著重宗教圖像與教堂裝飾的變化，以及其宗教意義的變遷。[2]然而，很少史家注意

1 Edward Muir, *Ritual in Early Modern Europe*（Cambridge: Cambridge University Press, 1997）; "The Reformation as a revolution in ritual theory"為第七章章名。

2 聖餐禮的問題可參考Lee Palmer Wandel, *The Eucharist in the Reformation: Incarnation and Liturgy*（Cambridge: Cambridge University Press, 2006）; Amy Nelson Burnett, *Karlstadt and the Origins of the Eucharistic Controversy: A Study in the Circulation of Ideas*（Oxford: Oxford University Press, 2011）. 圖像與裝飾可參考：Carlos M. N. Eire, *War Against the Idols: the Reformation of Worship from Erasmus to Calvin*（Cambridge: Cambridge University Press, 1986）; Lee Parmer Wandel, *Voracious Idols and Violent Hands: Iconoclasm in Reformation Zurich, Strasbourg, and Basel*（Cambridge: Cambridge University Press, 1994）; J. L. Koerner, *The Reformation of the Image*（London: Reaktion Books, 2004）. 國內學者有花亦芬寫過：〈宗教圖像爭議與路德教派文化政策——以紐倫堡接受宗教改革過程為中心的考察〉，《臺大文史哲學報》，

到宗教改革後教會服飾的變革，而且這項變革與其他外在儀式的改變，如領聖餐的方式、祈禱的語言、教堂圖像與器具的配置等，共同為宗教改革地人民塑造了新的宗教經驗，同時也是一場新的「觀看」經驗。

1521年，路德的支持者卡爾斯達（Andreas Bodenstein von Karlstadt, c. 1480-1541），在威騰堡城堡教堂（Castle Church, Wittenberg）聖誕節禮拜中，舉行了一場令當地人民「耳目一新」的崇拜儀式。當天約有2000名威騰堡居民參加，卡爾斯達並未依羅馬教會慣例，先行齋戒禮或懺悔禮，也未穿上象徵神聖的「祭衣」，而是穿著日常在學院內所著的黑袍走上祭壇。[3]在禮拜中，他使用簡化後的拉丁文祭文，且全程以德語講道。此外，在聖餐儀式中他並未按舊規高舉聖體（the host），也未以手撥餅放入信眾的口中，而是讓所有參加禮拜的信徒以自己的雙手取餅，領受聖體（即餅），也領受聖血（即葡萄酒），此即「兼領聖體和聖血」（communion in both kinds）。[4]

此次禮拜，讓日耳曼境內的基督徒，首次在公開的教會儀

70（2009），頁179-229。

3　卡爾斯達也是威騰堡大學（University of Wittenberg）的神學教授，他在禮拜中所穿的黑袍，即學院教授一般日常所著的服裝。日後此種服飾亦有「日內瓦長袍」（Geneva gown）的別稱。

4　依羅馬天主教會慣例，一般信徒可領「聖體」，即祝聖後的餅；神職人員則在聖體之外，可領「聖血」，即祝聖後的葡萄酒。此外，依舊有規範，聖餐應由神父撥餅，送到信徒口中，而非由神父交到信徒手中，再由信徒放入口中。卡爾斯達於1521年所舉行的崇拜，可參見Ronal J. Sider ed., *Karlstadt's Battle with Luther: Documents in A Liberal-Radical Debate*（Philadelphia: Fortress Press, 1978）, pp. 2-6.

式中，聽到以自己的母語進行崇拜，也是第一次一般的信徒可兼領兩種聖餐。然而，卡爾斯達的舉動令現場許多信徒驚愕不已，據說有兩位信徒因此讓手中的聖體掉到地上，引起滿室驚駭。[5]天主教會一方聽聞此事，立即向官方舉報，而當時避居瓦特堡（Wartburg）的路德，也因卡爾斯達在儀式上的改變過於激進，表達強烈的不滿。對於卡爾斯達捨棄傳統祭衣一事，路德則批評為沽名釣譽、捨本逐末，是把服裝這類「外在之事」（the external things）看得太重。[6]此事件之後，路德與卡爾斯達漸行漸遠，1522年3月路德回到威騰堡重掌路德派領導權之後，取消了大部分卡爾斯達在儀式上的變革，回復高舉聖體的禮儀，主祭的牧師也依舊穿上祭衣。[7]

路德與卡爾斯達立場的歧異，揭開了路德派內部保守與激進兩路線的分歧。在聖餐禮的理論與實踐上，路德所做的改變幅度非常小，他所主張的「真實臨在論」（real presence）與天主教主張的「化體論」（transubstantiation）差距不大，[8]對於齋

---

5 Amy Nelson Burnett, *Karlstadt and the Origins of the Eucharistic Controversy*, p. 28.

6 路德的回應可見Martin Luther, *Against the Heavenly Prophets in the Matter of Images and Sacraments*, in *Church and Ministry II, Luther's Works*, vol. 40, ed. Conrad Bergendoff（Philadelphia: Fortress Press, 1958）, pp. 83-84, 147-150, 162; "Luther's Sermon, March 9, 1522," in *Karlstadt's Battle with Luther*, pp. 18-19; Roland Bainton, *Here I Stand, Martin Luther*（Oxford: Lion Publishing, 1978）, pp. 207, 259-260.

7 Roland Bainton, *Here I Stand, Martin Luther*, p. 340.

8 有關「真實臨在論」與「化體論」的內涵與差異，參見Edward Muir, *Ritual in Early Modern Europe*, pp. 171-172. Amy Nelson Burnett則主張不要使用「真

戒、祭壇、圖像、祭衣、聖樂也都採保留的態度。但卡爾斯達卻日趨激進，不但嚴厲批判路德所主張的「真實臨在論」，也主張拆毀圖像、禁用祭衣、革除私人彌撒（private mass）等傳統中古宗教儀式。1523年之後，他將路德所領導的改革運動貼上菁英的標籤，自己轉趨認同中下階級，為此他放棄稱呼與服裝上的區隔，希望人們不再稱他為博士，改稱「安德利亞弟兄」（Brother Andreas）；也不再穿著學院的黑袍，改穿農民的衣裳。他認為服裝不該再成為區隔人尊貴或低下的標準，也不該做為宗教儀式中區隔祭司與平民的符號，所以他像一般農民一樣頭戴著毛氈帽、穿著粗布灰衣在土地上耕作，也穿著同樣的服裝講道與崇拜，[9]實際體現了路德派所主張的「人人皆祭司」（priesthood of all believers）。

卡爾斯達的作為，在當時看來更接近茲文利與克爾文所進行的宗教改革運動。雖然此三者對聖餐禮的解釋不盡相同，[10]但皆主張回歸初代教會時期簡單而純淨的宗教外貌，剷除祭壇、管風琴、蠟燭、圖像等各類教堂裝飾；也不讓主持儀式和講道的牧師穿上祭衣，改著常服（多是簡單的黑袍）。在這類外在事物上，蘇黎世（Zurich）與日內瓦（Geneva）的教會內部並未有太多分歧，他們的理念也影響了1530年代因不滿亨利八

實臨在」一詞，改用「肉體臨在」（corporeal presence）稱呼路德的聖餐理論，並以「精神臨在」（spiritual presence）稱茲文利派的主張，見Amy Nelson Burnett, *Karlstadt and the Origins of the Eucharistic Controversy*, p. 9.

9 Ronal J. Sider ed., *Karlstadt's Battle with Luther*, pp. 151, 134-135.

10 三者對聖餐禮解釋的差異，可參見Edward Muir, *Ritual in Early Modern Europe*, pp. 173-176.

世（Henry VIII, r. 1509-1547）過於保守的宗教改革，而流亡到此兩地的英格蘭新教徒。這些英格蘭新教徒中，有不少人在愛德華六世（Edward VI, r. 1547-1553）登基之後回到英格蘭，為更加傾向新教路線的政府服務。然而，祭衣問題卻也在此時的英格蘭教會引發軒然大波。

事件的導火線是約翰．霍普（John Hooper, c. 1495-1555），1545年時他因擔憂宗教迫害而離開英格蘭，1547年3月定居在蘇黎世，並與茲文利的繼承者布林格（Henry Bullinger, 1504-1575）建立了深厚的友誼。[11]1549年初，他決定返回故國，並於同年5月抵達倫敦。不久，他便受到國王的賞識，參與新政府的宗教改革，又於1550年2月受聘在四旬齋（Lent）期間每週到宮廷講道一次。講道結束之後，愛德華六世授與霍普格洛斯特主教（Bishop of Gloucester）之職，然而霍普卻因不願在授職典禮中遵從政府規範的方式宣誓，並穿上官方所規定的祭衣，拒絕了主教一職。[12]此事引發倫敦主教萊德利（Nicholas

11 布林格與霍普的友誼，以及蘇黎世教會對英格蘭新教改革的影響，可參見Carrie Euler, *Couriers of the Gospel: England and the Zurich, 1531-1558*（Zurich: Theologischer Verlag Zürich, 2006）, esp. pp. 78-80.

12 "Biographical Notice of Bishop Hooper," in *Later Writings of Bishop Hooper*, ed. Charles Nevinson for the Parker Society（Cambridge: Printed at the University Press, 1852）, pp. vii-xiii. 有關霍普的生平亦可見E. W. Hunt, *The Life and Times of John Hooper*（*c. 1500-1555*）*Bishop of Gloucester*（Lampeter: the Edwin Mellen Press, 1992）; John R. Franke, *The Religious Thought of John Hooper*（Ph.D. Thesis, Oxford University, 1996）; D. G. Newcombe, *John Hooper: Tudor Bishop and Martyr*（*c 1495-1555*）（Oxford: the Davenant Press, 2009）; Carl R. Trueman, *Luther's Legacy: Salvation and the English Reformers*

Ridley, c. 1500-1555）及坎特伯理大主教克蘭默（Thomas Cranmer, 1489-1556）的不滿，也開啟了愛德華六世時代的「祭衣之爭」，此爭延續到伊莉莎白一世（Elizabeth I, r. 1558-1603）時代，嚴重分化了英格蘭教會，產生激進與保守的兩股勢力，即所謂的「不服從國教者」（non-conformists）與「服從國教者」（conformists）；前者亦帶起日後的「清教主義」（Puritanism）運動。

1566年在伊莉莎白女王統治下擔任倫敦主教的格瑞道爾（Edmund Grindal, c. 1519-1583），曾回顧霍普的事件說：「一件無關緊要之事（things of no importance）所引發的爭論，竟然這樣攪擾了我們的教會，真令人不敢置信。而且，很大程度上，如今還是這樣。」[13]祭衣真的是「無關緊要之事」嗎？若真是如此，又何以引發內部的辯論與分裂？從路德派的爭議到英格蘭教會的爭議，事實上都顯示祭衣問題是宗教改革運動中不該忽略的議題，但學界過去對此議題的探討甚少，且都從教派與政治權威的問題切入。[14]這樣的角度並無錯誤，卻有明顯的

1525-1556（Oxford: Clarendon, 1994), pp. 22-27.

13 "Bishop Grindal to Henry Bullinger, Dated at London, Aug. 27, 1566," in *The Zurich Letters: The Correspondence of Several English Bishops and Others*, vol. 1, ed. and trans. H. Robinson for the Parker Society（Cambridge: The University Press, 1842-1845), p. 168.

14 英語學界有關祭衣之爭的討論，最重要的作品是John Henry Primus, *The Vestments Controversy: An Historical Study of the Earliest Tensions within the Church of England in the Reigns of Edward VI and Elizabeth*（Kampen: J. H. Kok, 1960). 與此同時期的作品還有Patrick Collinson, "That Comical Dress," "The People and the Pope's Attire," in *The Elizabethan Puritan Movement*

偏頗，因為它忽略了此爭辯的主體——「祭衣」，為什麼是祭衣，而不是別的物品成為衝突與辯論的焦點？近年來新興的服飾史，已使學界注意到服飾是認同與記憶的符號，也是「視覺文化」（visual culture）的一環，[15]如果將服飾史的關懷納入祭衣之爭的研究中，我們將可提出過去研究者很少關注的問題，例如：祭衣所承載的意義與認同為何？祭衣在視覺上的重要性是什麼？使用祭衣的教會及教士如何被信眾所觀看、如何顯現其與傳統的連結或割裂？

然而，對以上這些問題的關注，卻不意味著我們必須將過去對教派與政治權威的討論隔離於外，因為服飾的意義也在宗教與政治多重的論述下被建立。基於以上這些考慮，本章選擇從服飾思想與視覺論述的角度出發，重新討論十六世紀英格蘭的祭衣之爭，其主要關懷有二：一，祭衣之爭中服飾是在何種思想脈絡下被討論，又被賦予何種宗教意義？如此我們才更能了解祭衣在當時爭辯中的屬性。二，祭衣做為一類特殊的服

（Oxford: Clarendon Press, 1967）, pp. 71-83, 92-97. 他們的作品都從清教運動的出現來討論祭衣之爭。其他有關英格蘭宗教改革的研究中，也略提祭衣之爭的過程，參見M. M. Knappen, *Tudor Puritanism: A Chapter in the History of Idealism*（Chicago: The University of Chicago Press, 1965, c. 1939）, pp. 72-102, 187-216; Leo F. Solt, *Church and State in Early Modern England, 1509-1640*（Oxford: Oxford University Press, 1990）, pp. 52-53, 81-85; Alec Ryrie, *The Age of Reformation: The Tudor and Stewart Realms 1485-1603*（Harlow: Longman, 2009）, pp. 265-278.

15 Ulinka Rublack, *Dressing Up: Cultural Identity in Renaissance Europe*（Oxford: Oxford University Press, 2010）; Ann Rosalind Jones and Peter Stallybrass, *Renaissance Clothing and the Materials of Memory*（Cambridge: Cambridge University Press, 2000）.

飾，它在視覺上傳遞的訊息，以及它所引發的焦慮是什麼？如此我們才能知悉祭衣在當時的宗教文化中所扮演的角色；也能更清楚掌握，祭衣何以在十六世紀宗教改革歷程中成為分裂新教教會的利刃。

本章以下將先介紹英格蘭教會於1550年代及1560年代所發生的兩次祭衣之爭，接著討論當時與祭衣最為相關的宗教思想與論述，即「中性之事」，或可譯為「無關救贖之事」。[16]「中性之事」的討論在宗教改革時期，以日耳曼地區的路德派（Lutherans）最為興盛，瑞士地區的茲文利派（Zwinglians）與克爾文派（Calvinists）也間或談及，因此本章第二節的內容將以路德派對中性之事的討論為主，第三節及其後討論到英格蘭祭衣之爭中的辯論時，則會提及茲文利派或克爾文派的意見，如此讀者既可了解此概念在當時歐洲的重要性，也可看見英格蘭宗教問題與歐陸各教派之間的連結關係。第三節至第五節，則以愛德華時期的祭衣之爭為主，並以「祭衣」為主體，從三個不同的脈絡了解祭衣之爭的性質：一，宗教思想的脈絡，其關心的問題在於祭衣是否可視為中性之事、中性之事又如何界定？二，政治權威的脈絡，其主題是中性之事由誰管理與規

16「中性之事」原文為*adiaphora*，源自古希臘，就其在宗教改革時代的意義來看，可譯為「中間之事」、「中立之事」、「中性之事」，或較冗長但意義明確的「無關救贖之事」。本章採用「中性之事」一詞的原因，一則是出於簡便的考慮，一則是字義上的考慮。所謂「中性」，意即「不偏於任何一方的性質」，或「非此亦非彼」（neither the one nor the other），因此也有「居中」之意，即在兩個對立項之間，沒有特定的性質與位置。宗教改革時代所談的*adiaphora*，就帶有這樣的意涵，指「非必須做也非必須不做」（neither commanded nor forbidden）的事。

範？祭衣若是中性之事，誰可決定穿戴與否？三，視覺文化的脈絡，由中古至宗教改革時期對「視覺」（vision）問題的思考出發，討論祭衣所引發的視覺焦慮，以及它在視覺上所造成的形象區隔。

二、英格蘭教會的祭衣

英格蘭的宗教改革從亨利八世開始，雖然曾有大規模解散修院、逮捕及審訊異議人士、禁止朝聖與偶像崇拜等舉動，但對一般參與基督教會儀式的信徒來說，亨利八世的宗教改革並未帶來太多不同的宗教經驗，在視覺上也沒有太明顯的衝擊。彌撒（the Mass）與悔罪禮（the Penance）依舊舉行，「化體論」仍用以詮釋聖餐的意義。舊有的禮拜儀式（liturgy）、拉丁文為主的禱文（litany）、教堂的音樂與祭衣，皆仍保留過去天主教會的樣貌，這一切看起來就像是個「沒有教宗的天主教」（Catholicism without the pope）。[17]此情況延續至1547年愛德華六世繼位，才有所改變。愛德華統治時期，在掌政的護國公希墨爾（Edward Seymour, Duke of Somerset, Lord Protector of England, c. 1500-1552）及坎特伯理大主教克蘭默帶領之下，快

---

17 Alec Ryrie, *The Age of Reformation*, p. 132. 亨利八世的教會也仍接受傳統天主教「信仰」與「事功」（faith and works）並重的立場，排斥路德派「因信稱義」之說。有關亨利八世的宗教改革亦可參見G. W. Bernard, *The King's Reformation: Henry VIII and the Remaking of the English Church*（New Heaven: Yale University Press, 2005）; Richard Rex, *Henry VIII and the English Reformation*（Basingstoke: Palgrave Macmillan, 2006）.

速地將英格蘭教會帶向福音派的革新（evangelical reform）之路，建立更接近歐陸新教改革路線的教會。[18]

在教義上，愛德華六世的教會接受了路德派「因信稱義」（justification by faith alone）之說；在儀式上，它讓所有信徒兼領聖體和聖血，並改用英文禱文與講道文（homilies）。當時許多變革也呈現在外在可見的事物上，如教會內為亡者祈禱的小禮拜堂（chantries）、祭壇、圖像等，都被拆毀，教堂內的景貌已不同於往昔，這一切使英格蘭教會看起來近似克爾文派或茲文利派。然而，愛德華時期的教會也仍保留多項天主教舊有儀式與祭衣，使得英格蘭教會有如新舊拼湊的組合體，「既不像羅馬，也不像日內瓦」（neither Rome nor Geneva）。[19] 此外，它也樹立了羅馬或日內瓦教會未曾建立的典範：以成文立法（written enactment）的方式明訂教會禮儀規範，此即1549年所出版的《公禱書》（*Common Prayer Book*）。[20]

---

18 有關愛德華六世時期的宗教改革，參見Diarmaid MacCulloch, *The Later Reformation, 1547-1603*（Hampshire: MacMillan Education, 1990）; Diarmaid MacCulloch, *Tudor Church Militant: Edward VI and the Protestant Reformation*（London: Allen Lane, the Penguin Press, 1999）. 希墨爾與克蘭默在此時期的表現，則可參見Ethan Shagan, "Protector Somerset and the 1549 Rebellions: New Sources and New Perspectives," *English Historical Review*, 114（1999）, pp. 34-63; Diarmaid MacCulloch, *Thomas Cranmer: A Life*（New Haven: Yale University Press, 1996）.

19 此語引自：Luc Racaut and Alec Ryrie eds., *Moderate Voices in the European Reformation*（Aldershot: Ashgate, 2005）, p. 5.

20 T. M. Parker, "The Problem of Uniformity, 1559-1604," in *The English Prayer Book 1549-1662*（London: SPCK, 1963）, pp. 38-39.《公禱書》全名為*The Book of Common Prayer and Administration of the Sacraments, and Other Rites*

1549年的《公禱書》，總結了克蘭默自亨利八世時代以來改革教會禮儀所做的努力。《公禱書》最主要的目的在統一英格蘭境內各教會崇拜的形式，以建立「良善的秩序」（a decent order）、「合宜的規範」（seemly and due order）。它在禮儀問題上持「中道」（*via media*）而行，[21]既不主張堅守所有傳統，也不贊成廢除一切舊禮；而保留或廢除的標準，則在於這些儀式是否對信仰有「造就」（edification）之功。[22]在此原則下，傳統天主教的七大聖禮（seven sacraments）多被保留，只是簡化了儀文；以英語禱文取代拉丁文，並以更接近《聖經》本原的

---

and Ceremonies of the Church, After the Use of the Church of England. 1549年的《公禱書》也是英格蘭教會歷史上第一本《公禱書》，其合法性建立在1549年6月國會所通過的「宗教統一法」（Act of Uniformity, 1549），限定全英格蘭境內所有教會禮儀皆須遵循《公禱書》的規範，否則即違反國家法律，可處以罰金或監禁，嚴重者革除教職。"The Act of Uniformity, 1549 (2 and 3 Edward VI, c. 1)," in *Documents of the English Reformation*, ed. Gerald Bray (Minneapolis: Fortress Press, 1994), pp. 266-271.

21 *Via media*一詞在當時英格蘭尚未普遍，要到了十六世紀晚期至十七世紀，英格蘭教會才標舉「中道」為其核心特質，但「中道」的概念其實早存於宗教改革開啟後的歐洲，而且各主要改革教派多自認走在「中道」之上，參見Roland Bainton, "Luther and the Via Media at the Marburg Colloquy," in *Studies on the Reformation* (London: Hodder and Stoughton, 1964), pp. 46-50; Ethan Shagan, "Beyond Good and Evil: Thinking with Moderates in Early Modern England," *Journal of British Studies*, 49:3 (2010), pp. 488-513; Luc Racaut and Alec Ryrie eds., *Moderate Voices*; Ethan H. Shagan, *The Rule of Moderation: Violence, Religion and the Politics of Restraint in Early Modern England* (Cambridge: Cambridge University Press, 2011).

22 Joseph Ketley ed., *The Two Liturgies, A.D. 1549 and A.D. 1552* (Cambridge: Cambridge University Press, 1864), pp. 155-157.

詮釋，賦予各項禮儀宗教上的意義。《公禱書》也試圖包容新舊兩派不同的崇拜方式，不使一方太受「冒犯」（offended）。以聖餐禮為例，《公禱書》採納了三種不同的名稱：「主的晚餐」（the supper of the Lord）、「與主共融」（Holy Communion）及彌撒。前兩者為歐陸新教教會所喜用，強調對耶穌受難的紀念，或信徒在身心上與耶穌的合一。最後一個名稱則是天主教會所通用，強調耶穌把自己獻給上帝、做為「犧牲」（sacrifice），所以聖餐禮也是一場獻祭。再者，《公禱書》採納路德派的「真實臨在」之說，也依循歐陸新教教會的做法，讓信徒兼領聖體與聖血，但又同時依照天主教會舊有的規矩，主祭的教士須在酒、餅上畫十字，接著高舉聖體、聖杯，然後撥餅放入信徒的口中，而非由信徒以自己的雙手領取聖餐。領聖餐時，信徒仍舊屈膝（kneeling）領受，而不是像新教教會那樣，信徒或站或坐領受聖餐。[23]

除了聖餐禮之外，英格蘭教會襲守舊禮的部分還包括私人受洗、私人彌撒、擺放蠟燭，以及最受當時公眾矚目的祭衣。依據1549年《公禱書》的規定，主持聖餐禮時，主祭的牧師須「穿上素淨白色聖禮袍，加上祭衣或大圓披」（a white Albe plain, with a vestment or Cope）；其他襄祭的牧師或執事則須穿

23 依1549年《公禱書》的規範，教士將聖體放入信徒口中時須說："The body of our Lord Jesus Christ, which was given for thee, preserve thy body into everlasting life."將聖杯遞到信徒口中時須說："The blood of our Lord Jesus Christ, which was shed for thee, preserve thy soul to everlasting life."此即彰顯路德所主張的「真實臨在」或「肉體臨在」的教義。Joseph Ketley ed., *The Two Liturgies*, pp. 7-8.

「聖禮袍加上襄禮袍」（Albes with tunicles）。此外，在週三及週五不領聖餐，但有誦讀或吟唱禱文之時，牧師必須穿上「素淨聖禮袍或白罩衫，加上大圓披」（a plain Albe or surplice, with a cope）[24]但如果是由「主教」執行聖餐禮或其他各項「公開儀式」，主教須穿上「主教袍」（rochette），也必須「〔穿上〕聖禮袍或白罩衫，加上大圓披或祭衣，同時手持主教牧杖。」（圖3.1、3.2）[25]

1549年《公禱書》對祭衣的規範，與天主教傳統相較，較為簡單。一般而言，天主教會舉行彌撒時，主祭者或襄祭者須先穿上黑色教袍，加上白色護領（amice），再套上白色聖禮袍（alb），並繫上腰繩（girdle）。接著，在左腕上掛上腕帶（maniple）、在身上披上聖帶（stole），最後再套上帶有各類色彩與圖案的祭披（chasuble），或襄祭披（dalmatic）及襄禮袍（tunicle）。在更隆重的大彌撒（High Mass）時，則會披上華麗的大圓披（cope）。此外，高階教士如樞機主教及主教者，在儀式中還搭配了主教冠或四方帽（biretta），以及權杖（crozier）（圖3.3）。[26]上述所提的各類服裝中，黑色教袍及白色

24 Joseph Ketley ed., *The Two Liturgies*, pp. 76, 97.

25 這部分的規範，列於《公禱書》最末的"Certayne Notes for the more playne explicacion and decent ministracion of things, conteined in thys booke," in *The Book of Common Prayer: The Texts of 1549, 1559, 1662*, ed. Brian Cummings (Oxford: Oxford University Press, 2011), p. 98.

26 Pauline Johnstone, *High Fashion in the Church: The Place of Church Vestments in the History of Art from the Ninth to the Nineteenth Century* (Leeds: Maney, 2002), p. 6. 有關祭衣之歷史，也可參考Janet Mayo, *A History of Ecclesiastical Dress* (London: B. T. Batsford, 1984).

聖禮袍是各級教士最普通的穿著，不過在北方地區，由於天氣較寒冷，為了在原本合身剪裁的聖禮袍之內，多加件較厚的衣服或毛皮衣，又發展出比聖禮袍寬大的白罩衫，它在十二、十三世紀的北方地區取代了聖禮袍，或交互使用。高階教士的穿著，從中古後期開始又發展出精緻布料所做的白色主教袍，穿在教袍之外，不過主教袍多不用於彌撒儀式上。[27]

回頭來看愛德華時期祭衣的規範，主祭者與襄祭者也是先穿上黑色教袍，再穿上聖禮袍或白罩衫，接著搭上大圓披或襄禮袍，但其他舊有的配件或裝飾，《公禱書》並未提及。更明顯的差異是，《公禱書》要求「聖禮袍或白罩衫」必須是素淨的，而舊有天主教儀式中教士所穿的聖禮袍或白罩衫，通常縫有彩色緞帶組成的綴邊（apparels）。再者，《公禱書》讓主教袍可用於彌撒儀式上，又讓教士可選用「祭衣」或「大圓披」。大圓披是及膝的斗篷，中古早期原是修士出外時為禦寒而罩在修士袍之外的服裝，多採黑色毛料而製，簡單而樸素，但後來也用於修士參與節慶及遊行活動，它的色彩與布料因此有更多變化，同時也被教會內的各級教士所採用，甚至一般俗人也用。在傳統天主教會彌撒儀式中並不常用大圓披，而是用「祭披」，而且從十一世紀開始，祭披已成為舉行彌撒的特定服裝，可等同於彌撒禮中整套的「祭衣」，也因此在歐陸宗教改革者眼中，祭披就是天主教會彌撒的符號。[28]愛德華的教會在這

27 Pauline Johnstone, *High Fashion in the Church*, p. 19; Cryil E. Pocknee, *Liturgical Vesture, Its Origins and Development* (London: A.R. Mowbray, 1960), pp. 25-26, 40-42.

28 Cryil E. Pocknee, *Liturgical Vesture, Its Origins and Development*, p. 28; Pauline

敏感的問題上，寬容了天主教舊有的祭衣形式，又給改革派一些空間，選擇新教教會較不排斥的大圓披。

上述從天主教會祭衣到英格蘭教會祭衣的變化，其實也是教士階級角色與身分的變化。中古以來，羅馬教會教士的穿著與配件，繁複而多樣，外層的祭披或大圓披通常採用高級絲綢精製，且色彩斑斕，傳達出富麗堂皇、氣宇軒昂的神聖樣貌。[29]祭衣的華麗意味著宗教上的高貴與神聖，塑造教士做為人神中介與祭司的崇高地位，自成一特殊階級，如同世俗社會中華麗的服裝伴隨著君王、貴族的身分。然而宗教改革之後，教士的角色與地位隨之改變，他不再擁有神聖的中介角色，也不再與一般俗人隔絕自成一特殊階級，而是傳講義理、匡正信仰與道德生活的導師。於是，知識、節制與虔誠，成為新教教士最主要的形象訴求，反映在服裝上，新教教會捨棄華麗的衣著，並將華麗等同腐化與不信神，改以簡單、合宜做為新的服飾語言。

在此種潮流下，英格蘭的祭衣倒顯得繁複，因為不論是路德派、茲文利派或克爾文派，幾乎都取消了天主教的祭衣。此三派中，路德派的立場較為緩和，部分地區保留了過去的黑色教袍與白罩衫。路德本人對祭衣並沒有明確的規範，但主張神職人員的服裝應與一般俗人有所區隔，他自己偏好以紅袍外搭黑色長袍，彰顯個人先知性的宗教角色，以及豐富的神學知

Johnstone, *High Fashion in the Church*, pp. 10-11. 整套祭衣包括黑色禮袍、白色聖禮袍，以及相同花色與圖案的祭披、祭禮袍、襄祭披、腕帶與聖帶。亦可參見本章圖3.4。

29 Pauline Johnstone, *High Fashion in the Church*, pp. 1-2.

識。[30]克爾文派則選擇以長袖黑長袍（full-sleeved back gowns）做為教士的主要穿著，彰顯其知識與傳道的專業能力，以及嚴格自制的生活規律。相對於路德派與克爾文派，茲文利派則更強調泯除教士與一般俗人的分隔，不主張神職人員使用任何特殊的服裝。[31]以各主流新教陣營來看，英格蘭教會教士的服裝與蘇黎世教會教士的穿著，差距最大，前者沿襲部分天主教祭衣，且以國會立法規範，後者取消一切舊有祭衣，且不區別教士與一般俗人的穿著。此項明顯的差距，為愛德華六世的新教會帶來了第一個挑戰，挑起糾紛的人即是從蘇黎世返國的霍普。

1550年4月，當霍普被授與格洛斯特主教之職時，他面臨了聖職與良心的糾結。若能獲得主教之職，他可以將蘇黎世教會的典範帶入英格蘭，牧養更多剛進入新信仰的人民，但是在正式成為主教前，他必須接受官方所規範的「按立禮」（ordination）。在此儀式中，有兩項他在信仰上無法接受的規定：一，在典禮中他必須宣示服從「國王至尊權」（the oath of the King's Supremacy），但這項宣誓最末的語句：「上帝、諸聖人與聖福音作者佑我」（so help me GOD, all saints and the holy Evangelist），[32]違背了他對真信仰的認知，因為在他看來，除上帝之外，無其他聖人可握有恩典的權柄，更不可對聖人起誓。

30 Ulinka Rublack, *Dressing Up*, pp. 97-101.

31 Graema Murdock, "Dressed to Repress?: Protestant Clerical Dress and the Regulation of Morality in Early Modern Europe," *Fashion Theory*, 4:2 (2000), pp. 179-200.

32 Joseph Ketley ed., *The Two Liturgies*, p. 169.

二，在按立儀式中，主教候選人必須穿上「白罩衫及大圓披」（a surplice and a cope），並由兩位也穿著「白罩衫及大圓披」，且「手持牧杖」的主教，帶領至主持授職儀式的主教或大主教面前。[33]深受蘇黎世教會影響的霍普，對祭衣的規範不以為然，早在第一次宮廷講道時（1550年2月19日）便督促官方取消祭衣；[34]第三次講道時（1550年3月5日）更直接批評《公禱書》中對祭衣的規定，非出自任何《聖經》的語句，也從不見於「最初最完美的教會」（the primitive and best church）。他認為官方所定的「白色祭衣」是「亞倫與外邦人的衣服與祭袍，而不是基督教牧師的服裝」。[35]霍普在此以「亞倫」指稱羅馬天主教會的神父，他認為保留著舊有的祭衣，即意味著羅馬天主教

---

33 Joseph Ketley ed., *The Two Liturgies*, p. 182. 主教以下的牧師與執事受職時，也須在「按立禮」中穿上官方規定的祭衣，但比較簡單，只是一件「聖禮袍」（a plain Albe），見Joseph Ketley ed., *The Two Liturgies*, p. 162. 霍普曾向蘇黎世教會領導人布林格陳述拒絕主教之職的兩個理由，見"Henry Hooper to Henry Bullinger, London, June 29, 1550," in *Original Letters Relative to the English Reformation*, vol. 1, ed. H. Robinson for the Parker Society（Cambridge: The University Press, 1846）, p. 87.

34 John Hooper, *Early Writings of Bishop Hooper*, ed. Charles Nervinson for the Parker Society（Cambridge: The University Press, 1843）, p. 440.

35 John Hooper, *Early Writings of Bishop Hooper*, p. 479. 亞倫為摩西的兄長，上帝授與他及其歷代子孫祭司之聖職，故「亞倫」一詞為猶太人祭司的代稱，宗教改革者也時常使用此詞，以帶有貶抑的方式稱呼天主教教士。關於亞倫的聖職可參見《舊約聖經》，〈出埃及記〉28章及29章，經文中對祭司全套的「聖衣」，包括內袍、外袍、背心、胸牌、腰帶、冠冕等都有清楚的規範，藉著聖衣使祭司「分別為聖」。霍普所謂「非出自上帝的話語」（"they have not in the word of God"），應是指《新約聖經》而言。

的延續。[36]

為了上述兩點，霍普在1550年7月收到正式授職書之後不久，就拒絕了格洛斯特主教一職，此舉使國王與國王議會（the King's Council）都相當困擾。但不久之後，愛德華六世接受了霍普的意見，授與特許，讓霍普可以免除「良心上的不安」，以他所能接受的方式就任主教之職。國王議會對國王的決定，在宣誓詞的部分並沒有太多意見，但在祭衣問題上，卻由於坎特伯理大主教克蘭默持保留的態度，負責授職儀式的倫敦主教萊德利又明顯反對，而迭生風波。[37]從1550年7月到10月之間，萊德利與霍普在教會內外各種場合，表達對祭衣不同的意見，雙方僵持不下，但由於霍普日漸激進的立場，國王議會的態度漸傾向萊德利一方。10月時議會決定仍以1549年的「宗教統一法」（Act of Uniformity）為依據，要求霍普遵守《公禱書》對祭衣的規範。此時，霍普為了說服國王議會，寫了一封信向議會說明他反對祭衣的理由，議會收到霍普的信件後轉交給萊德利，由他為文回覆霍普的意見。[38]霍普寫信給議會之後約

36 霍普在第六次及第七次講道中，繼續批評英格蘭教會保留祭衣之舉，而且更明白地指出：「這類祭衣或服裝的使用，模糊了基督教會的牧養，再現了舊律法之下亞倫祭司職位的形式與樣態，其早已因基督而廢除與終止。」John Hooper, *Early Writings of Bishop Hooper*, p. 554.

37 "Martin Micronius to Henry Bullinger, London, Aug. 28, 1550," in *Original Letters*, vol. 2, pp. 566-567.

38 霍普的信以拉丁文寫成，完成於1550年10月3日，標題為*contra usum vestium*。此文件如今僅存部分內容，收藏於牛津大學包德連圖書館（Bodleian Library）：MS. New College 343, fols. 16-17$_v$. 此文尚未有英譯，曾重印於"Bishop Hooper's 'Notes' to the King's Council, 3 October 1550," *The*

兩週，又寫信詢問當時遷居英格蘭的兩位歐陸新教意見領袖：布瑟（Martin Bucer, 1491-1551）及馬泰爾（Peter Martyr, 1499-1562）。此時，流亡到英格蘭的波蘭貴族拉司考（John à Lasco, 1499-1560），也因支持霍普而寫信請布瑟與馬泰爾表示他們的立場。[39]不久之後，對祭衣問題一直猶豫不決的克蘭默，也就祭

Journal of Theological Studies, XLIV（1943）, pp. 194-199. 其他已散失的內容必須由萊德利反駁的文章去推測。國王議會邀請萊德利為文反駁的時間是1550年10月6日，見*Acts of the Privy Council of England, New Series,* vol. 3, ed. John Roche Dasent（London: Printed for Her Majesty's Stationary Office, 1891）, p. 136. 萊德利的文章現存於*MSS. Privy Council Books of Edward VI*；亦收於Btirish Library, Addit. MSS. 14.026，其英譯見"Reply of BP Ridley to BP Hooper on the Vestment Controversy, 1550," in *John Bradford, Writings*, vol. 2, ed. Aubrey Townsend for the Parker Society（Cambridge: The University Press, 1848）, pp. 373-395.

39 1547年神聖羅馬帝國皇帝查理五世擊潰路德派勢力所組成的「須馬卡第聯盟」（Schmalkaldic League）之後，歐陸地區的新教改革者面臨較嚴峻的情勢，其中不少人在坎特伯理大主教克蘭默邀請下，避居英格蘭，或在大學任教，或建立外國人所屬的教會，使歐陸各派宗教改革思想匯聚於英格蘭。這些人當中，最受克蘭默敬重的是來自史特拉斯堡（Strasbourg）的布瑟及馬泰爾，他們兩人都不屬於路德派的體系，而與茲文利教會較為靠近，但皆曾致力於協調路德派與茲文利之間的宗教歧異。在移居英格蘭之前，克蘭默已與他們有許多書信往來；抵英後克蘭默安排布瑟任教於劍橋大學、馬泰爾任教於牛津大學，成為克蘭默推動宗教改革重要的諮詢對象，也因此對英格蘭教會的變革有相當多影響。參見Diarmaid MacCulloch, *The Later Reformation in England*, pp. 69-70; Diarmaid MacCulloch, *Reformation*, pp. 256-258, 272-274; Carrie Euler, *Couriers of the Gospel*, p. 80. 拉司考來自波蘭，因其貴族出身，受到國王特別的禮遇，自1550年7月起，擔任設在倫敦的外國人教會之主任牧師（superintendent of the foreigners' congregation in London）。此教會收留許多來自歐陸的新教徒，其中以荷蘭

衣問題請教布瑟以及蘇黎世教會的領導者布林格。於是，祭衣問題不但成為愛德華六世時期英格蘭教會最重要的辯論議題，也將歐陸重要的宗教改革領導者牽連其中。

這場有關祭衣的爭辯從1550年10月延續到隔年，期間由於霍普立場強硬，曾被國王議會下令軟禁在家，1551年1月又被送進監獄，最後在布瑟、馬泰爾、布林格及克爾文等多位歐陸宗教意見領袖勸說之下，無奈地選擇退讓，向克蘭默表達臣服之意，並同意穿著祭衣接受按立禮。[40]霍普的按立禮於1551年3月8日舉行，當天他穿上了「白罩衫」與「大圓披」。[41]另依據福克斯（John Foxe, 1516-1587）的記載，當天霍普就像是「一個新演員，走上陌生的舞台」，「穿著一件長達足部的鮮紅色主教無袖袍（scarlet chimere），其內穿著遮住整個肩膀的白色亞麻製主教袍（white linen rochet）」；他的頭上則帶著「幾

人最多，見John Strype, *Ecclesiastical Memorials Relating Chiefly to Religion, and the Reformation of It, and the Emergencies of the Church of England, under King Henry VIII, King Edward VI and Queen Mary I*, vol. 2, part 1（Oxford: Clarendon Press, 1822）, pp. 375-376.

40 霍普最後的退讓，應是受布林格及克爾文之勸說，相關資料見"John Burcher to Henry Bullinger, Strasburgh, Jan. 21, 1551," *Original Letters*, vol. 2, p. 676; "Calvin to Bullinger, April 10, 1551," in *Gleanings of A Few Scattered Ears, during the Period of the Reformation in England*, ed. George Cornelius Gorham（London: Bell and Daldy, 1857）, p. 244. 霍普於1551年2月寫信向克蘭默表達順從官方規範，此信見"Hooper, Bishop elect of Gloucester, to Cranmer, London, Feb. 15, 1551," in George Cornelius Gorham, *Gleanings of A Few Scattered Ears*, pp. 233-235.

41 John Strype, *Memorials of Thomas Cranmer*, vol. 1（Oxford: Clarendon Press, 1812）, pp. 363-364.

何形的四方帽（four-squared cap）」。這些穿戴就是霍普一年前誓死反抗的「天主教服裝」（popish attire），似乎也因為這樣，福克斯指出霍普整個人所顯現的「怪異感」，及由此而帶來的「羞恥感」，是現場人人都可以感受到的，但福克斯也明白霍普正為了「公共的和諧與教會的造就」，而默默忍受一切。[42]

霍普的忍受最終得到了補償。由於1550年至1551年祭衣所引發的紛爭，也由於茲文利教派的理念逐漸滲入英格蘭教會，[43]《公禱書》於1552年重新修訂，不但改變了聖餐禮的儀式，也大幅修改祭衣相關規範。依新的規定：「牧者在聖餐禮及其他各種時候，不使用聖禮袍、祭衣或大圓披。但大主教或主教者，須穿著主教袍；牧師及執事者，只需穿白罩衫。」[44]然而，新的《公禱書》未使用許久，瑪麗女王（Mary I, r. 1553-1558）於1553年登基，即刻撤銷了過去各項宗教改革，英格蘭教會的祭衣再度變更，回到羅馬天主教的體系。曾經針鋒相對的霍普與萊德利兩人，在瑪麗女王統治之下，同受審訊，皆於1554年下獄，兩人在獄中曾通信和解，泯除過往恩仇，兩

42 John Foxe, *The Acts and Monuments of John Foxe: A New and Complete Edition*, vol. 6, ed. Stephen Reed Cattley (London: R. B. Seeley and W. Brunside, 1838), p. 641.

43 英格蘭教會在1550年代，已漸由亨利八世時代偏路德派的路線，轉向茲文利派的路線，霍普對國王的影響力也逐漸提升，參見C. W. Dugmore, "The First Ten Years, 1549-59," in *The English Prayer Book*, pp. 6-30; Diarmaid MacCulloch, *Reformation*, pp. 256-258.

44 Joseph Ketley ed., *The Two Liturgies*, p. 217. 1552年的《公禱書》在儀式上更接近蘇黎世教會，聖餐禮已不再稱為「彌撒」，也不再主張路德派的「真實臨在論」，而從「感恩」與「紀念」的角度詮釋聖餐禮。

人也同於1555年殉道。[45]值得一提的是，依福克斯記載，萊德利在審訊期間曾被強迫穿上天主教的祭衣，但他強烈反抗，且不斷咒罵「羅馬主教」以及他所有「愚蠢的服飾」（foolish apparel），[46]這說明萊德利並非親天主教的保守分子，他與霍普之間的對立也非新舊教之爭，而是新教陣營內部的路線之爭，出於彼此對祭衣不同的詮釋，但天主教信仰以及在其教義下所使用的祭壇、圖像、祭衣等，卻是他們共同的敵人。

瑪麗女王過世後，傾向新教的伊莉莎白女王登基，英格蘭的宗教情勢進入更複雜的狀態，除了原有的天主教勢力、英格蘭本土的新教力量之外，還有瑪麗女王統治時期流亡歐陸歸回的新教徒，他們也帶回歐陸各新教教派的宗教經驗。在此複雜的局面下，1559年由國會通過的「宗教統一法」、「至尊法」（Act of Supremacy）及《公禱書》，可說是各派交互角力下的結果，也是女王試圖在混亂中建立統一之宗教秩序的宣告。在新頒訂的《公禱書》中，明訂各項教會祭儀及裝飾（Ornaments）以1549年愛德華六世所頒布的《公禱書》為準，[47]於是祭衣的

45 John Foxe, *The Acts and Monuments*, vol. 6, pp. 642-643.

46 John Foxe, *The Acts and Monuments*, vol. 6, pp. 543-544.

47 Brian Cummings ed., *The Book of Common Prayer,* p. 102. 1559年的「宗教統一法」與《公禱書》沿用至1640年，英格蘭內戰爆發為止。在內容上，它是1549年與1552年版本的綜合體，兼容了立場較保守的1549年版本，及改革立場更激進的1552年版本，故從改革的程度而言，1559年的版本介於1549年及1552年的版本之間。也因此，伊莉莎白時代的英格蘭教會自認為走在「日內瓦」與「羅馬」之間的「中道」，參見“The Act of Uniformity, 1559, 1 Elizabeth I, c. 2,” in *Documents of the English Reformation*, ed. Berald Bray（Minneapolis: Fortress Press, 1994）, pp. 329-334.

規範又重回1549年的狀態，以聖禮袍、白罩衫、大圓披為教士執行儀式時的基本穿著。上述的規定同樣見於「宗教統一法」，且此法賦予女王未來在官員輔佐之下，「為了促進上帝的榮耀、其教會的造就，以及對基督神蹟、聖禮的崇敬，可更進一步規範與昭告〔各項〕儀式與禮俗」。[48]

依此，女王於同年頒布了〈宗教法令〉（Injunctions），要求各級教士在「所有場合及集會中、在教會內或教會外」，都必須穿上愛德華六世時期所規定的服裝（即1549年的規範），以讓各級教士擁有「外在的尊崇」（outward reverence）。如此，神職人員必須穿著祭衣的範圍更廣，且同一法令還明訂：不遵守相關法令者，可處以革除教職、沒收俸祿、停職或逐出教會等。[49]這些規定都顯示，伊莉莎白統治時期，教會對祭衣的要求比愛德華時期的教會更加堅持。然而，一方面愛德華時代祭衣之爭的記憶猶存；另一方面，此時由歐陸歸回的新教徒人數更多，祭衣的規範從伊莉莎白統治第一年開始便受到質疑。許多新教徒像當年的霍普一樣，將1559年《公禱書》中的規範，視如舊宗教的餘孽、「反基督的記號」（a note of Antichrist）。[50]這些人在流亡期間，不論是在史特拉斯堡（Strasbourg）、法蘭

48 "The Act of Uniformity, 1559, 1 Elizabeth I, c. 2," in *Documents of the English Reformation*, p. 334.

49 "The Elizabethan Injunctions, 1559," in *Documents of the English Reformation*, p. 343, 348.

50 John Strype, *Annals of the Reformation and Establishment of Religion and Other Various Occurrences in the Church of England, during Queen Elizabeth's Happy Reign*, vol. 1, part 2 (Oxford: Clarendon Press, 1824), p. 125.

克福（Frankurt）、蘇黎世或日內瓦，這些或被視為保守、或被視為激進的新教改革地區，都已完全不使用祭衣。[51]他們在海外接觸的宗教經驗，基本上已超越在英格蘭被視為較激進的1552年改革。1559年各項祭衣的規範公布後，這些人也同樣面對霍普曾有的兩難：應當放棄聖職，還是勉強接受祭衣以支持新建立的新教政府？

從1559年至1565年之間，許多從海外歸回的英格蘭新教徒，尤其是從蘇黎世和日內瓦回來的，對祭衣問題感到相當掙扎，他們時常寫信詢問歐陸宗教領袖的意見，例如被任命為諾威治主教（Bishop of Norwich）的參普生（Thomas Sampson, c. 1517-1589），在1559年8月寫信詢問當時在蘇黎世的馬泰爾，有關祭衣的使用；又如被任命為牛津大學欽定神學教授的漢弗瑞（Laurence Humphrey, c. 1527-1590），在1563年8月請教布林格相似的問題。這些信件顯示，祭衣問題是當時宗教改革者關切的核心議題。[52]不過，1565年之前，國教會與較傾向茲文

---

51 例如，在法蘭克福的寇克斯（Richard Cox, c. 1500-1581），於1555年寫給克爾文的信件中指出，雖然當地統治者允許他們使用本國（即英格蘭）的宗教儀式，但他們選擇不再使用祭衣——「麻製的白罩衫」（linen surplices）。"Richard Cox and Others to John Calvin, Frankfort, April 5, 1555," in *Original Letters*, vol. 2, p. 754.

52 John Strype, *Annals of the Reformation*, vol. 1, part 1, pp. 256-258. 相關信件見"Peter Martyr to [Thomas Sampson], Zurich, Nov. 4, 1559," in *The Zurich Letters*, vol. 2, pp. 32-33; "Laurence Humphre to Henry Bullinger, Oxford, Aug. 16, 1563," in *The Zurich Letters*, vol. 1, p. 134. 另一個例子是霍恩主教（Robert Horne, Bishop of Winchester, c. 1510-1579）致信蘇黎世教會領導人郭爾特（Rodolph Gualter, 1519-1586），詢問新教徒在聖職與祭衣的規範

利派或克爾文派的新教徒之間，並未產生激烈的衝突，一方面多數新教徒選擇了暫時服從政府與國教會，以免「狼和反基督者」（wolves and antichrists），也就是「天主教徒」或守舊的「路德派」，占據了牧養的職位；同時也期待藉著持續宣講祭衣之惡，將來祭衣能像「祭壇和圖像一樣」，都被拆除。[53]另一方面，英格蘭教會在1565年之前，並未強力貫徹《公禱書》所規範之各項要點，各地教士多依自己的傾向選擇穿著祭衣或不穿。

然而，約莫自1564年底、1565年初起，官方欲整頓各地宗教儀式的態度越來越明顯。首先，女王於1565年1月寫信給坎特伯理大主教帕爾克（Matthew Parker, 1504-1575），要求他管束各地儀式紛亂不一的現象，「在我們整個領土與轄地內，帶來統一的一致形式」，「沒有歧異與爭辯」。[54]接著帕爾克以女王信件為據發布詔令，要求倫敦主教配合清查各區有違《公禱書》的亂象，同年3月完成《信條書》（*Book of Articles*），要求所有神職人員簽署，以此表態服從1559年的《公禱書》與〈宗教法令〉。[55]同年底，帕爾克又鎖定劍橋大學，推動宗教順

間，該如何取捨，見"Bishop Horn to Rodolph Gualter, Farnham Castle, July 17, 1565," in *The Zurich Letters*, vol. 1, pp. 142-143.

53 "Peter Martyr to [Thomas Sampson], Zurich, Nov. 4, 1559," in *The Zurich Letters,* vol. 2, p. 32; "Peter Martyr to [Thomas Sampson], Zurich, Feb. 1, 1560," in *The Zurich Letters*, vol. 2, p. 38.

54 "Queen Elizabeth to Archbishop Parker, 25th Jan., 1564-5," in *Correspondence of Matthew Parker: Comprising Letters Written by and to Him,* ed. John Bruce for the Parker Society (Cambridge: The University Press, 1853), pp. 225, 226.

55 "Archbishop Parker to Bishop Grindal of London, 30th Jan., 1564-5," in

服（conformity）。在這一波波的行動中，祭衣是主要訴求，且帕爾克將是否願意穿上「白罩衫」和「大圓披」，視為是否接受女王統治、是否順服上帝的表徵。這些行動引發不少新教徒，包括參普生、漢弗瑞與劍橋大學教師，強烈的不安與抗議。[56]到了1566年3月，帕爾克在坎特伯理大主教官邸蘭伯斯宮（Lambeth Palace），召集倫敦地區各級神職人員，簽署順服《信條書》的宣言，當時同意者計61名、不同意者37名，後者被處以暫停聖職與聖俸，並給予三個月的時間緩衝，不悔改者即革除教職。[57]從1565年至1566年間，帕爾克成為官方推動宗教統一主要的代言人，透過革除教職、禁止宣道等手段，強迫新教徒接受官方規定的祭衣。此種局面使帕爾克成為反抗

Correspondence of Matthew Parker, pp. 227-229; John Strype, *The Life and Acts of Matthew Parker*, vol. 1 (Oxford: the Clarendon Press, 1821), pp. 309-310. 《信條書》以1559年的《公禱書》與〈宗教法令〉為依據，增強各項宗教儀式與外在規範的訂立，其第四部分專門處理祭衣（"Articles for outward apparel of persons ecclesiastical"）。此書於1566年正式出版，書名為：*Advertisments partly for due order in the publique administration of common prayers and usinge the holy Sacramentes, and partly for the apparrell of all persons ecclesidasticall, by vertue of the Queenes maiesties letters commaunding the same …* (London, 1566).

56 依據John Strype所述，僅劍橋大學聖約翰學院（St. John's College）一地，反祭衣者有300人，見John Strype, *Annals of the Reformation*, vol. 1, part 2, pp. 153-154.

57 不同意的人當中，多數後來仍堅持不穿祭衣而離開了聖職。"Archbishop Parker to Sir William Cecil, 26th March, 1566," in *Correspondence of Matthew Parker*, pp. 269-270; "George Withers and John Barthelot to Henry Bullinger and Rodolph Gualter, August, 1567," in *The Zurich Letters*, vol. 2, p. 148; John Strype, *The Life and Acts of Matthew Parker*, vol. 1, pp. 428-429, 431-434.

力量主要攻擊的對象，也使祭衣成為雙方論辯的焦點。1566年克羅理（Robert Crowley, c. 1517-1588）首先以文字發難，出版《反天主教會外在衣著與聖職服飾之簡論》（*A Brief Discourse against the Outwarde Apparel and Ministering Garments of the Popishe Church*），掀起了贊成與反對祭衣兩方的文宣戰，[58] 也形成十六世紀英格蘭教會的第二次「祭衣之爭」，此爭割裂了新教陣營，亦開啟伊莉莎白時代的清教徒分離運動（Puritan Separatism）。[59]

由上文所述可發現，英格蘭教會從1549年至1559年，短短十年間便經歷四次祭衣規範的變更，也在這幾波的變更中，發生兩次較激烈的「祭衣之爭」，分別是1550年至1551年之間，及1565年至1566年之間。本節以下，將從三個面向來了解英格蘭教會的祭衣問題，分別是宗教、政治權威與視覺形象。不過相關討論將以第一次的祭衣之爭為主，輔以第二次祭

58 John Strype, *Annals of the Reformation*, vol. 1, part 2, pp. 163-175, 213-217; John Strype, *The Life and Acts of Matthew Parker*, vol. 1, pp. 437-443. 有關祭衣的文字論戰，其出版品集中於1566年，但1570年代仍有特別針對祭衣問題所寫的作品，其出版時間則晚至1581年及1593年，見Peter Milward, *Religious Controversies of the Elizabethan Age: A Survey of Printed Sources* (London: University of Nebraska Press, 1977), pp. 25-29.

59 1565-1566年的祭衣之爭一直延續到1570年代，而且反對者也從對祭衣的批判，擴展到其他更多宗教面向的改革，進而挑戰國教會的權威，形成了1570年代清教徒的分離主義。參見John Strype, *Annals of the Reformation*, vol. 1, part 2, pp. 372-373. 另依據John Strype記載，1567年時便有不接受國教會聖職及《公禱書》規範者，獨立聚會，採日內瓦教會的模式進行崇拜，見其*The Life and Acts of Matthew Parker*, vol. 1, pp. 479-480.

衣之爭中的論述，因為這兩次祭衣之爭問題相近、性質雷同，也有多位歐陸宗教領袖加入討論，但第一次祭衣之爭中，祭衣是辯論的主體，而第二次祭衣之爭衍生出許多其他複雜的議題，非本章篇幅所能處理。再者，第一次祭衣之爭是第二次的借鏡與養分，後者在論述上借用前者之處甚多；以第一次祭衣之爭為主，即可綜觀英格蘭十六世紀祭衣之爭的本貌。[60]

三、「中性之事」

「祭衣之爭」將服飾問題帶入了宗教領域之中，我們對此爭議的理解自然必須先從宗教思想的脈絡著手，而此脈絡中最重要的概念即「中性之事」。愛德華六世時代，霍普與萊德利的爭辯，可說從一開始便緊扣著宗教上「中性之事」的概念而展開，一如萊德利所說：

> 我們所有的爭辯都在此：由英格蘭教會的權威所指定的祭

60 例如，歐陸宗教意見領袖在愛德華六世時期所寫的信件，到了1566年時，被英格蘭教會編輯出版，用以支持官方祭衣的規定，此類出版品如*A Brief Examination for the Time, of a Certain Declaration, Lately Put in Print in the Name and Defence of Certain Ministers in London* …（London, 1566）; *Whether It Be Mortall Sinne to Transgresse Civil Laws, Which Be the Commaundementes of Civill Magistrates* …（London, 1566）. 這些信件同樣也可見於反對祭衣一方的出版品，如*The Fortresse of Fathers, Ernestlie Defending the Puritie of Religion, and Ceremonies* …（London, 1566）; *The Resolution of D. Martin Bucer, and of D. Peter Martyr, on the Apparel of Ministers and Other Indifferent Things*（London, 1566）.

衣是否可合法使用，或在不違反上帝律法下被使用。也就是說，它們本身是否是中性之事，且未被上帝神聖的話語視為罪而禁止。[61]

伊莉莎白時代，漢弗瑞就祭衣問題詢問蘇黎世教會的布林格時，所提出的第一個問題即與「中性之事」有關，他問：「對您而言，已如此長久與迷信連結，且以其華麗迷惑單純的心靈、又被賦予宗教與神聖觀點的〔祭衣〕，是否是中性之事？」[62]因此，本節將先解釋何謂中性之事，它與宗教改革的連結為何，下一節再深入討論英格蘭祭衣之爭與「中性之事」概念的糾葛。

十六世紀「中性之事」的概念源自希臘文*adiaphora*，出自古代希臘犬儒學派（Cynicism）與斯多葛學派（Stoicism）的哲學，用以指稱那些在道德上價值中立的事物，如金錢、飲食、穿著、娛樂等，其本質並無好壞之分，端看使用者的出發點與目的。中古時期的基督教神學家，對這個概念並不陌生，但真正將這個概念帶入宗教領域的是十六世紀的人文學者伊拉斯摩斯，以及後續的路德、梅蘭赫通（Philipp Melanchthon, 1497-1560）、茲文利、克爾文等宗教改革者。他們皆主張以《聖經》做為信仰唯一的根本（*sola Scriptura*），將羅馬教廷在歷史中所發展出各項繁複的儀節與規範，如聖禮、聖日、齋

61 Nicholas Ridley, "Reply of BP Ridley to BP Hooper on the Vestment Controversy, 1550," p. 375.

62 "Laurence Humphre to Henry Bullinger, Oxford, Aug. 16, 1563," *The Zurich Letters*, vol. 1, p. 134.

戒日、朝聖與聖人崇拜、食物與衣著的規定等，皆視為人的「創發」（invention），而非上帝的本意；而且這些浮濫的虛華（superfluity）與儀節（ceremonies），已使信徒忘卻信仰的核心在於內在精神的提升。

為了使基督徒從各樣以信仰之名而套上的枷鎖中解脫，他們把這類與信仰本質無關的事物歸為「中性之事」，或「外在之事」（external things），基督徒可做可不做，因為它們均為「無關救贖之事」（not necessary to salvation）。[63]再者，由於伊拉斯摩斯及宗教改革者主張單以《聖經》為權威，必得面對由此而來的一個難題：《聖經》中的「沉默」，即《聖經》未明確規範的事物該如何處理？例如，《聖經》中確實有「基督最後的晚餐」做為聖餐禮的基礎，但《聖經》中並未詳細規定聖餐禮應該何時、何地、何種方式進行，聖餐用的餅是該發酵的或無酵的？酒是紅酒還是白酒？聖餐是下午三點吃，還是五點吃？是坐著吃、跪著吃，還是站著吃？其他眾多關乎基督徒日常生活的規範，也不可能在《聖經》中找到清楚的指引。因此，他們借用「中性之事」一詞，指稱《聖經》未明確要求也未禁止的事（neither commanded nor forbidden by Scripture），並以此概念為基礎，討論教會面對這類事物時應採取的態度。這項借用使得原屬哲學用詞的*adiaphora*，在十六世紀的宗教論述中成為常見的用語，不僅有拉丁文的*res indifferentio*，也出現在德語中為mitteldingen，在英文中為things indifferent。

---

63 Bernard J. Verkamp, *The Indifferent Mean: Adiaphorism in the English Reformation to 1554*（Ohio: Ohio University Press, 1977), pp. 1-15, 38.

「中性之事」既然是介於上帝所明確要求和明確禁止的事之間，當時也稱為「中間之事」（middles things），它處在兩個極端之間，其實是一個寬廣而又模糊的領域，沒有人能清楚說明這個領域應該包含哪些事物。伊拉斯摩斯在《基督尖兵手冊》一書中，較明白地界定為「中間與中性」（in-between and indifferent）之事者，是人的「魂」（soul），它介於「靈」（spirit）與「肉體」（body）之間，即介於絕對的美善與絕對的低賤之間。靈讓人與上帝連結，成為信仰虔誠的人，肉體則使人與魔鬼合契，成為不信之人，魂則「既非此，也非彼」（neither the one nor the other）。[64]如此，「魂」提供給人一個自由的空間，由人自身的感知（sensations）與天性（natural propensities）決定他該做的事，但做與不做這些事，伊拉斯摩斯認為都無關乎「美德」（virtue）或「靈」，亦即無關乎信仰上與神的連結，因為這些事皆出於魂所做，皆屬「中性之事」。[65]

在世俗生活的事物上，伊拉斯摩斯提到由魂所做的事，包括因自然天性而尊敬父母、友愛兄弟、疼惜子女等，也包括對食物、衣著的需要和選擇；論到宗教的事物，伊拉斯摩斯強調一個人若不是從內在信仰的精神而發，無論他做了多少禁食、禱告、吟唱聖詩、參與教會儀式的事，他只是依自己喜好而做，斷不可以此自高，更不可以此論斷未做這些事的人。同樣

---

64 Desiderius Erasmus, *The Handbook of the Christian Soldier*, in *Collected Works of Erasmus*, vol. 66, trans. Charles Fantazzi (Toronto: University of Toronto Press, 1988), pp. 51-52.

65 Desiderius Erasmus, *The Handbook of the Christian Soldier*, pp. 52-53.

的，伊拉斯摩斯批評那些把食物或衣著與信仰連結在一起的修會（如方濟會或本篤會），他們標舉只吃魚、蔬菜或蛋，只穿黑色或白色的會服，並把這類「僅是由人創發的瑣事」（trifles invented by mere men）做為標準，批評或輕視未這麼做的人；他們忘記了基督徒的完善建立在精神上，而不是在「衣著和食物的選擇」上。[66]

依此看來，伊拉斯摩斯將多種宗教儀式，以及宗教上的服裝與飲食，都放入中性之事的領域中，[67]祭衣自然也就列在此範疇中。在這類事物上，伊拉斯摩斯認為，基督或他的使徒都未給予清楚的指示或高低之分，因此人可依其自由裁決，掌權的教會或政府斷不可將人們在這類事上的依順，當作理所當然，否則就是將不必要的中性之事轉為「暴政」（tyranny）與「迷信」（superstition）。[68]然而，對於基督徒的自由，伊拉斯摩斯也主張以使徒保羅為典範，保羅說：「凡事都可行，但不都有

66 Desiderius Erasmus, *The Handbook of the Christian Soldier*, pp. 16-19.

67 除了《基督尖兵手冊》一書外，伊拉斯摩斯在《愚人頌》及多篇對話作品如“Rash Vows, 1522”、“The Shipwreck, 1523”、“An Examination Concerning the Faith, 1524”、“A Pilgrimage for the Sake of Religion, 1526”之中，也不斷諷刺或批評基督教信仰中的迷信與物質主義，即把朝聖、崇拜聖人遺骸與宗教圖像等外在行為，視為救贖的必要條件，但這些事物本身其實並沒有任何價值（即價值中立）。以上作品見Desiderius Erasmus, *Praise of Folly*, in *Collected Works of Erasmus*, vol. 27, trans. Neil M. Cheshire and Michael J. Heath（Toronto: University of Toronto Press, 1986）; *Colloquies*, in *Collected Works of Erasmus*, vols. 39-40, trans. Craig R. Thompson（Toronto: University of Toronto Press, 1997）.

68 Desiderius Erasmus, *The Handbook of the Christian Soldier*, pp. 20, 64.

益處。凡事都可行，但不都造就人」（〈哥林多前書〉10:23）；他也曾說：「不可將你們的自由當作放縱情慾的機會，總要用愛心互相服事。」（〈加拉太書〉5:13）[69]伊拉斯摩斯藉著引述保羅所言，將「造就」與「愛心」做為協調「自由」的兩根轡繩，成熟的基督徒不但要明白這些外在行為於救贖無益，在抉擇做與不做時，也必須以愛心考慮對他人所產生的影響。尤其是對那些心靈仍軟弱的弟兄，他們猶如信仰上的嬰孩，仍需要借助外在的儀式或行為，即「不完美或中性」（imperfect or indifferent）的「可見之物」（visible things），提升到完美而不可見的心靈世界。[70]

總結來說，伊拉斯摩斯對待中性之事，採取了「中立」的立場，不須強制信徒去做，也無須完全廢棄；一位基督徒對中性之事的依賴程度，僅決定了他信仰成熟的階段，卻不是聖潔或邪惡的二元區隔。伊拉斯摩斯對中性之事的主張與態度，影響了許多宗教改革者，如路德。他在《論基督的晚餐》（*Confession Concerning Christ's Supper*, 1528）中指出：「圖像、鐘、聖餐禮的祭衣、教堂裝飾、祭壇上的蠟燭這一類的〔事物〕」，皆可視為中性之事，若有人不想用就可不用。然而，一如伊拉斯摩斯顧念圖像、祈禱、禁食等事，對信仰尚未成熟的人仍有輔助與引導之功，路德對中性之事的取捨也持溫和立場，如圖像問題，他認為「聖像或取自《聖經》及歷史內容的圖片」對信仰有正面的幫助，且屬「中性而可選擇」

69 Desiderius Erasmus, *The Handbook of the Christian Soldier*, p. 20.

70 Desiderius Erasmus, *The Handbook of the Christian Soldier*, pp. 15, 65, 74.

（indifferent and optional）之事，不能以激烈的手段強迫各教堂拆除。[71]

路德在《論基督徒的自由》（*On the Freedom of a Christian*, 1520）中，也以保羅為典範，提及保羅為提摩太（Timothy, d. 97）行割禮之事（〈使徒行傳〉16:1-3），並不是因為割禮是必要的，而是保羅顧念那些信心軟弱、不能體會信心之自由的猶太人。但保羅也曾為了抵制那些頑固堅持割禮為必要的人，拒絕為提多（Titus, d. 107）行割禮（〈加拉太書〉2:3）。此外，論到飲食，保羅說：「吃的人不可輕看不吃的人，不吃的人不可論斷吃的人。」（〈羅馬書〉14:3）透過這些案例，路德稱讚保羅選擇了一條「中間的道路（a middle way），一方面暫時扶持那軟弱的，一方面卻拒絕那固執的，為的是要他們改信而歸於信心的自由。」路德也藉此批評兩種極端，一種是拘泥於形式及傳統禮儀者；一種是為了表現自己是自由的，而藐視一切儀式與傳統的人。他主張基督徒最當走的路是「中道」（a middle course），此與路德在整體宗教策略上的路線相一致。[72]

---

71 Martin Luther, *Confession Concerning Christ's Supper*, in *Word and Sacrament III*, *Luther's Works,* vol. 37, ed. Robert H. Fischer (Philadelphia: Fortress Press, 1961), p. 371. 相近的主張也可見Martin Luther, *Against the Heavenly Prophets in the Matter of Images and Sacraments* (1525), pp. 84-101, 108-109. 路德對圖像的態度與激進派的卡爾斯達相悖，參見花亦芬，〈宗教圖像爭議與路德教派文化政策——以紐倫堡接受宗教改革過程為中心的考察〉，頁179-229。

72 Martin Luther, *The Freedom of a Christian*, in *Career of the Reformer I*, *Luther's Works,* vol. 31, ed. Harold J. Grimm (Philadelphia: Fortress Press, 1957), pp. 368-369, 372.

「中性之事」的概念也為改革教派面對傳統宗教生活經驗時，提供緩衝的中介地帶，[73]藉著把某些宗教禮儀、習慣與傳統放入中性之事的領域，舊有的崇拜方式可與新的教義達成部分妥協。如梅蘭赫通在1530年的《奧古斯堡信仰告白》（*Augsburg Confession*, 1530）中主張：「〔過去〕教會所教導必須遵守的習俗，如特定聖日、節慶等，皆可無罪地繼續遵守，其有益於教會的平靜與良好的秩序。」但梅蘭赫通也同時強調，教會應當教導新教徒，遵守這些習俗本身無法得到神的恩典或赦免，對個人的救贖也並非必要，絕不能變成個人「良心上的負擔」，否則即違背「福音書及因信稱義的信條（the Gospel and the doctrine of faith）」。[74]

梅蘭赫通的立場，使他對1548年5月神聖羅馬帝國皇帝查理五世所提出的「奧古斯堡暫時協定」（Augsburg Interim），採取妥協的態度，並且不顧路德派陣營內部反彈的聲浪，在同年12月提出「萊比錫暫時協定」（Leipzig Interim），由薩克森選侯莫瑞茲（Moritz, Elector of Saxony, r. 1547-1553）與查理五世共同簽署。[75]此協定讓路德派守住「因信稱義」的信條，但接納

73 James Alan Waddell, *The Struggle to Reclaim the Liturgy in the Lutheran Church*（Lewiston: the Edwin Mellen Press, 2005）, p. 4.

74 "XV: Concerning Church Rites," *The Augsburg Confession*, in *The Book of Concord: The Confesions of the Evangelical Lutheran Church*, eds. Robert Kolb and Timothy J. Wengert, trans. Charles Arand, Eric Gritsch, Robert Kolb, William Russell, James Schaaf, Jane Strohl, Timothy J. Wengert（Minneapolis: Fortress Press, 2000）, p. 49.

75 當時反對梅蘭赫通最力的是伊理瑞庫斯（Mathias Flacius Illyricus, 1520-1575），他在1549年出版了《論真實與虛假的中性之事》（*Von wahren und*

了多項天主教傳統，視之為「非必要之事」（nonessentials），如教士的祭衣、圖像、禁食等。然而，在世俗政府及天主教會的脅迫下，宗教改革者所接受的中性之事還能視之為「中性之事」嗎？一旦它們變得「必要、不可缺，且是良心之事」，而不是「可選擇的、自願的，不必要的」，[76]它們還能算是「中性之事」嗎？這些都是當時的新教徒必須思考的問題。

從另一個角度看，「中性之事」的概念固然為改革派教會找到一條與傳統共存的道路，但也帶來宗教實踐上的矛盾與困境。新教教會一方面要顧念軟弱的信徒，也為了教會的平靜、秩序與禮節（order and decorum），必須保留傳統的習慣和部分儀式，但另一方面又得堅持這些保留的東西並非「崇拜行為」（acts of worship），也非必要，更不能強制，信徒乃在「自由」中遵守這些規範。[77]路德派在發展早期其實就面對「中性之事」的衝突，本章第一節提到的卡爾斯達，即反對將

---

falschen Mitteldingen; *On the True and False Adiaphora*）。參見Bernard J. Verkamp, "The Limits Upon Adiaphoristic Freedom: Luther and Melanchthon," *Theological Studies*, 36:1（1975）, pp. 66-68.

76 路德在《彌撒的誤用》（*The Misuse of the Mass*, 1521）一文中，提到：「我們不批判穿著祭披主持儀式的習慣，或其他各項儀式，但我們指責把它們視為必要、不可缺，且是良心之事的想法；一切凡上帝未設立的事，都是可選擇的、自願的、不必要的，所以也是無礙的。」Martin Luther, *The Misuse of the Mass*, in *Word and Sacrament II, Luther's Works*, vol. 36, ed. Abdel Ross Wentz（Philadelphia: Fortress Press, 1959）, p. 168.

77 Philip Melanchthon, "XV: Human Traditions in the Church," "XVIII: Free Will," *Apology of the Augsburg Confession*, in *The Book of Concord*, pp. 223-230, 233-235.

天主教會所使用的圖像或祭衣視為中性之事，日後雖然主流派的梅蘭赫通堅守路德寬容的路線，但路德派陣營內部仍不斷面對有關中性之事的激烈論戰，尤其是1548年天主教勢力提出「奧古斯堡暫時協定」之後，自視為「真路德派」（the Gnesio-Lutherans）者，對抗梅蘭赫通等「菲利普派」（the Philipists，取自梅蘭赫通之名，又稱「暫時協定派」the Intermists），他們的論戰一路延續到1577年所擬定的《協和信條》（*The Formula of Concord*），才告一段落。[78]其間的爭議包括：傳統儀式與習慣是否為信仰上必要之事？中性之事若在敵人脅迫下被規範，應當屈從還是反抗？各地及各教會是否要遵守共同的儀式與規範？

在「中性之事論戰」（adiaphoristic controversy）中，*adiaphora*及其德文詞mitteldingen正式進入路德派宗教語彙中，[79]論戰期間最重要的理論家是路德派第二代開姆尼滋（Martin Chemnitz, 1522-1586），他的意見也深深影響《協和信條》對中性之事的立場。他在《評判》（*Iudicium*, 1561）一書中，定義中性之事為：

上帝在祂的話語中未要求也未禁止的禮俗，並給予祂的教

78 參見Irene Dingel, "The Culture of Conflict in the Controversies Leading to the Formula of Concord (1548-1580)," in Robert Kolb ed., *Lutheran Ecclesiastical Culture, 1550-1675* (Leiden; Boston: Brill, 2008), pp. 15-64.

79 1520年代至1530年代之間，路德談中性之事多使用「外在儀節」或「外在之事」（external practices, external things）等詞語；梅蘭賀通則用「教會禮俗」（church rites）。

會自由，依其普遍的認知，〔選擇〕有益於禮節、秩序、規訓、造就或愛之事功（works of love）〔的禮俗〕。在教會內這些禮俗稱之為「中性之事」。[80]

依此定義，開姆尼滋又列出五項原則：(1) 凡有違於上帝話語及命令的人類傳統，皆不可視為中性之事；(2) 那些具備中性之事性質的傳統，若被賦予「崇拜」、「恩典」、「必要」等迷信的意見時，它們不再是屬神的禮俗，而是「魔鬼的教條」；(3) 凡無益於教會內的規訓、禮節或秩序的行為或儀式，不能被視作中性之事；(4) 易於滋養迷信的儀式，也不該列入中性之事；(5) 若因遵守某些禮俗而使真信仰的敵人得到鼓舞，或使軟弱者更加軟弱，這些禮俗就不再是中性之事。總結而言，開姆尼滋在廣大而模糊的中性之事領域中，清楚的指出，唯有那些具備「提升信仰」、「造就」、「規訓」、「秩序」

80 Martin Chemnitz, *Iudicium*（1561）英譯文見James Alan Waddell, *The Struggle to Reclaim the Liturgy*, appendix, p. 297. 此定義日後被《協和信條》所繼承，其第十條標題為"X. Concerning Ecclesiastical Practices That Are Called Adiaphora or Indifferent Things." 其開頭即指出："… over ceremonies and ecclesaistical practices that are neither commanded nor forbidden in God's Word but have been introduced into the Church with good intentions for the sake of good order and decorum or to maintain Christian discipline," 見 *The Solid Declaration of the Formula of Concord*, in *The Book of Concord*, p. 635. 開姆尼滋對《協和信條》的影響，見Matthew C. Harrison, "Martin Chemnitz and FC X," in Paul T. McCain and John R. Stephenson eds., *Mysteria Dei: Essays in Honor to Kurt Marquart*（Fort Wayne, Indiana: Concordia Theological Seminary Press, 1999）, pp. 55-65.

和「禮節」功能的中性之事，才是真正的中性之事。[81]

開姆尼滋在後來所寫的《特倫特會議之省思》（*Examen Concilii Tridentini*, Part I & II, 1565-1566）中，繼續探討中性之事的性質與原則，同時強調中性之事若不再具備上述的功能，隨時可「修正、更改或完全廢除」，因為些事乃是「自由地」遵守而不具任何必要性。然而，開姆尼滋並不贊成由個別信徒依其一己好惡，決定哪些中性之事該保留、哪些該去除，而應由教會全體，以「造就」為標準，依循使徒保羅的行事原則共同決定。但開姆尼滋並未將共同議決的原則放在所有教會上，而是允許地區性的教會建立自己的規則，如此「沒有教會會因為在這類禮俗上與其他教會不同，或依據保羅所立的典範行使自己的自由，以致忽略或更改了〔禮俗〕，而受到苛責。」[82]開姆尼滋的主張延續到《協和信條》，其主張各教會外在禮俗上的差異，並不影響信仰的統一，所以「每個地方」的教會在「各個時間」，可依據環境的需要，「修改、減少或增加」其所遵守的中性之事，以使各教會均能以其最佳的方式維護「良好的秩序」與「規訓」。[83]

---

81 Martin Chemnitz, *Iudicium* (1561), in *The Struggle to Reclaim the Liturgy*, appendix, pp. 297-298.

82 Martin Chemnitz, *Examination of the Council of Trent*, Part II, trans. Fred Kramer (St. Louis, MO.: Concordia Pub. House, 1971-86), p. 117.

83 "X. Concerning Ecclesiastical Practices That Are Called Adiaphora or Indifferent Things," *The Solid Declaration of the Formula of Concord*, in *The Book of Concord*, pp. 637, 640. 亦可見"X. Concerning Ecclesiastical Practices," *The Epitome of the Formula of Concord*, in *The Book of Concord*, pp. 515-516.

對開姆尼滋或其他《協和信條》的作者而言，在中性之事的問題上，與當時宗教情勢最有關聯的議題是：在敵人（天主教勢力）脅迫下，因遵從舊傳統而使真信仰無從被「告白」時，當如何處之？他們均主張一旦中性之事被敵人所規範與強制時，中性之事的本質已然轉變，不再是真正的中性之事，而成為敵人高舉其錯誤信仰、迷信及偶像崇拜的工具，成為壓抑真信仰與基督徒自由的打手。所以原與崇拜無關的中性之事，轉為「基督教信條」（article of our Christian faith）的問題，此時真正的基督徒便應當仿效保羅所說：「要站立得穩，不要再被奴僕的軛挾制」（〈加拉太書〉5:1），拒絕與敵人妥協。[84]

路德派的主張至此大抵定調，也可歸結出路德派自路德以降對中性之事的認識：中性之事乃《聖經》未明確要求或禁止的事物，亦與個人得救與否無關；它並非信仰上的必要之事，所以基督徒在這些事物上有充分選擇的自由。然而，基督徒在這類事物上也受到節制，此節制一方面來自個人內心對弟兄的愛、對軟弱者的顧念，另一方面來自教會以「造就」及「秩序」為目標而建立的共同規範。基督徒在這類事物上還得面對一項長久的挑戰，即分辨何為真正的中性之事？何為虛假的中性之事？在何種情況下原為中性之事者轉變為關乎信仰的問題？這些認識、思考或挑戰，也同時存於茲文利與克爾文所領導的教會中，雖然他們對此著墨較少，但他們與路德派中反對

84 “X. Concerning Ecclesiastical Practices That Are Called Adiaphora or Indifferent Things,” *The Solid Declaration of the Formula of Concord*, pp. 637-638. 亦可見 “X. Concerning Ecclesiastical Practices,” *The Epitome of the Formula of Concord*, p. 516.

與天主教勢力妥協的一派，有一共同的立場，即過去已被天主教誤用的中性之事，不能再視為中性之事，或已不適合在新的教會中繼續保留；他們同時也擔憂舊有的律法和傳統容易引導信徒走上迷信的道路，所以革除了多數舊有祭儀及禮俗。[85]

如果我們把此時代對中性之事的關注，放在更大的宗教文化脈絡下來看，「中性之事」的認定與處置，恰分隔了「中古教會」與「宗教改革教會」的特質。[86]前者將中性之事所包含的各項儀式、禮俗與事功（good works），都視為信仰的根基、救贖的途徑。但對十六世紀各改革教會而言，宗教改革的核心理念即在摒棄一切藉著儀式、禮俗、事功而可「稱義」（justification）的主張。對前者來說，中性之事是必要的；對後者來說，中性之事並非必要，甚至可能有害。更進一步來看，各宗教改革教派對待中性之事的態度，彰顯了它們對待「傳統」的態度，也決定了其改革政策的溫和或激進。在這些改革教派中，英格蘭教會屬於較為保守的一端，改革幅度最小，日內瓦與蘇黎世的教會較為激進，而路德派居中。整體來說，這些主流改革教派共同為基督教儀式與行為開啟一條更多元化且強調自由的道路，但此處所謂的自由，並不是不受拘束

85 Bernard J. Verkamp, "The Zwinglians and Adiaphorism," *Church History*, 42:4 (1973), pp. 486-504; Bernard J. Verkamp, "The Limits upon Adiaphoristic Freedom: Luther and Melanchthon," pp. 52-76; Thomas Watson Street, *John Calvin on Adiaphora: An Exposition and Appraisal of His Theory and Practice* (Ph.D. Thesis, Austin Presbyterian Seminary, Austin, Texas, 1955).

86 Irene Dingel, "The Culture of Conflict in the Controversies Leading to the Formula of Concord (1548-1580)," pp. 34-35.

的信仰自由或行為自由，而是將儀式與行為視之為與信仰無關的自由，因著這樣的自由，中性之事可被建立、更改或去除，各地也可以有不同的行為規範。

儘管中性之事的範疇非常廣泛，卻與服裝問題有特殊的連結性，在當時有關「中性之事」的討論中，服飾不僅列入其所含項目內，也時常用為範例說明其本質。如梅蘭赫通談到各教會是否要有一致的宗教儀節時，他指出：人類的「傳統」並不是在上帝面前「顯為義」（righteousness before God）而必須要有的「崇拜行為」，這就像「日耳曼的服裝形式，並不是在上帝面前顯為義而必要的敬拜行為（act of devotion to God），所以如果他們穿的不是日耳曼服裝，而是法國式的，仍可為義，且是上帝的孩子、基督的教會。」[87]以服裝為範例，梅蘭赫通不但說明衣服的規範並非必要之事（non-essential），且各路德派教會對這一類非必要之事，可有個別的規定，並不影響彼此信仰的統一。又如路德在《論新約，即聖彌撒》（*Treatise on the New Testament, That is, the Holy Mass*, 1520）一文中指出：「我們不能誇耀自己舉行彌撒的方式勝過俄羅斯人或希臘人，猶如一位穿著紅色祭披的教士，不能自以為勝過那穿著白色或黑色的，因為這些外在多餘或不同的東西，或許因其差異而產生派系和分裂，但永不能使彌撒禮更臻完美。」[88]路德並不主張革除

87 Philip Melanchthon, "Articles VII and VIII: The Church," *Apology of the Augsburg Confession*, p. 180.

88 Martin Luther, *Treatise on the New Testament, That is, the Holy Mass*, in *Word and Sacrament I*, *Luther's Works*, vol. 35, ed. E. Theodore Bachmann (Philadelphia: Fortress Press, 1959), p. 81.

這些外在附加的東西，但以祭衣為喻，提醒信徒勿因外在不屬信仰的東西而迷惑。在上述兩例中，祭衣均被視為外在非必要之事，但梅蘭赫通與路德對此議題的討論，也恰好顯示祭衣或其他中性之事「不是芝麻小事」（not a trifling matter）。[89]茲文利派與克爾文派在中性之事與服裝問題的關聯上，也表達了一些意見，我們將可從英格蘭的祭衣之爭中見其端倪。

四、「中性之事」與英格蘭祭衣之爭

英格蘭的祭衣之爭，可看作是1540年代以來有關中性之事爭議的一部分，同時也是戰場的擴大與集中。擴大的部分，是原接近路德主流派路線的英格蘭教會，開始受到茲文利與克爾文教會理念的影響或挑戰，使英格蘭成為歐陸宗教論戰交合的戰場。集中之處在於，英格蘭的中性之事爭議以祭衣為焦點，而且從1549年至1559年，祭衣的規範就有四次變革（1549、1552、1553、1559），這種現象在其他歐洲宗教改革地區始終未見，可說是英格蘭宗教改革的獨特性之一。

祭衣之爭一開始的糾結點，也是霍普與萊德利（或國王議會）無法達成共識的關鍵，即在於祭衣是否為「中性之事」？霍普在1550年10月寫信給國王議會之前，對祭衣是否為中性之事的態度，比較模糊，有時也同意祭衣為中性之事，但在寫

89 Philip Melanchthon, "Of Offence in Indifferent Things," in *Melanchthon on Christian Doctrine, Loci Communes*, ed. and trans. Clyde L. Manschreck（New York, Oxford: Oxford University Press, 1965）, p. 320.

給議會的書信中則開宗明義主張：上帝的話語從未明確支持教會使用祭衣，它也不是中性之事，所以英格蘭教會不應該要求教士穿著祭衣。

接著，他提出中性之事應具備的四項要件：(1)中性之事必須要以《聖經》為其本原與基礎（*originem et fundamentaum*）。換言之，中性之事的確認必須要有上帝話語的支持與認可，即使不是明確的言明（*verbis expressis*），也能從經文間參照而得知（*Scripturarum inter se collatione*）。(2)若真屬中性之事者，個人可有自由選擇做與不做，而且不成為良心上的負擔，所以這些事一旦成為「必要」，便不再屬於中性之事。(3)中性之事須對教會及信仰有明確的幫助方可使用；也就是須對信仰有「造就」（*aedificatioem*）之功，而不能對真理產生阻礙與破壞（*destructionem*）。(4)中性之事不應由教會或其他獨裁權威強制決定（*violenta quadam tyrannide*），否則也不再是中性之事。[90]基於以上四點，霍普主張祭衣的規定缺乏《聖經》基礎，且由國家強制要求成為必要之事，又對信仰無造就之功，不能視為中性之事。表面上看來，霍普所提的四個條件，與當時路德派陣營中反對與天主教勢力妥協的一派相去不遠，但霍普的針對性非常強，他並不是為了廣泛討論中性之事的性質與應用而寫，乃是以祭衣問題為單一訴求。

他所提出的四條件中，其實混雜了兩個議題：一，祭衣是否為信仰上的中性之事？二，祭衣若為中性之事，應由誰決定採用與否？是個人、教會，還是國家？前者是宗教問題，後

90 “Bishop Hooper’s ‘Notes’ to the King’s Council, 3 Octobcr 1550,” pp. 196-198.

者不僅是宗教問題，也是政治問題，牽涉到教會與國家的關係。本節將先討論第一個議題，第二個議題則在下節再詳細分析。從宗教上來看，霍普從兩個面向闡述祭衣並非中性之事。首先，他沿襲茲文利教派「人人皆教士」的主張，以及以初代教會為模範的理念（這也是路德派的主張與理念），指出《新約聖經》中，沒有任何地方提及神職人員與一般俗人應有服裝上的區隔，福音書作家也從未提及初代教會使用祭衣。其次，祭衣只有在《舊約》時代是合法的，是亞倫祭司職的一部分，並用以區隔祭司與一般猶太人，但在《新約》之後的世代，祭衣已被革除，甚至「耶穌裸體的被釘在十字架上」，都暗表耶穌禁止祭衣的使用。霍普也引述《新約》所說：「我素來所拆毀的，若重新建造，這就證明自己是犯罪的人」（〈加拉太書〉2:18），並藉此說明《新約》已廢除祭衣，它不屬中性之事，而是被禁止之事，若重新恢復，便是犯罪。[91]

霍普對中性之事的界定，較接近所謂的「《聖經》簡化主義」，[92]凡《聖經》中未給予明確同意的事物，即暗表否定，此

91 "Bishop Hooper's 'Notes' to the King's Council, 3 October 1550," pp. 198-199.

92 服爾坎（Bernard J. Verkamp）區分出兩類認定中性之事的標準：一，「《聖經》未明確禁止的，即是允許的」（"whatever is not forbidden is certainly permitted"）；二、「《聖經》未明確許可的，即是禁止的」（"whatever is not clearly permitted is forbidden"）。歐陸主流改革教會的立場較接近前者，但更正確的說，是「《聖經》中未明確要求也未禁止」才屬中性之事。再洗禮派及英格蘭的「羅拉派」（the Lollards）則傾向後者，服爾坎把後者的立場也稱為「《聖經》簡化主義」（biblical reductionism），因為他們對中性之事的認定，堅持要有《聖經》明確的證據支持，此與主流改革教會對中性之事的認定（「《聖經》中未明確要求也未禁止」）相矛盾，見Bernard J. Verkamp,

立場與當時被視為異端的再洗禮派（the Anabaptists）非常相近，因此他的對手萊德利給他冠上「再洗禮派」的大帽，批評這類人：

> 完全不考慮外在的基督政體在各個時期的不同，也不考慮基督徒在外在禮俗與儀式上真正的自由，在上帝的律法既未要求也未禁止的事情上……厚顏無恥地挑起許多可憎的錯誤。他們或把使徒（如保羅）本身曾做過，但視為可自由做或不做的事，看作必要且關乎救贖的；或把上帝未曾禁止的事情視為禁令與罪。如此他們邪惡的將基督徒的自由帶進枷鎖之中，並在上帝的話語上加入許多不屬上帝的。[93]

在萊德利看來，霍普犯了邏輯的錯誤，中性之事即《聖經》未予以清楚規範的事情，並不需要以《聖經》為其「本原與基礎」，否則即是與信仰有關的「信條」（article of faith）或「必要之事」。中性之事也是隨時可易之事，視情境（circumstances）而訂，但《聖經》並未鉅細靡遺地指示這些情境，世間的教會

The Indifferent Mean, pp. 69-70; "The Zwinglians and Adiaphorism," pp. 496-497. 霍普在早期的作品中，並沒有這樣的傾向，如他於1547年所寫的《論基督與其職分》（*A Treatise of Christ and His Office*），文中簡略談到「中性之事」，但指出這一類事「本身並無好壞」，也未主張中性之事須有《聖經》明確的證據支持，見John Hooper, *Early Writings of Bishop Hooper*, p. 32.

93 Nicholas Ridley, "Reply of BP Ridley to BP Hooper on the Vestment Controversy, 1550," p. 382.

必須自行選擇合於現實、合於秩序的規矩（如坐著或站著領聖餐、穿著衣服或不穿衣服），而不是繼續像最初的使徒一樣，沒有教會、沒有財產；只能在野外受洗，也只能在耶路撒冷、只能在晚餐的時間領聖餐，那麼現今一切的教會禮儀都無法實踐，也無法執行神命令信徒所做的事。[94]

萊德利的態度較接近路德及梅蘭賀通的立場，他認為許多上帝未言明可做的事，只要不違背上帝話語、不將其視為必要；只要對良善秩序有益，或有助於信仰的教導、促進「規訓」、「服從」及「人民的禮儀」（people's manners），皆可使用。[95]他更進一步批評霍普對《聖經》中有關祭衣部分的詮釋，指出雖然《新約》並未言明教士與一般信徒應有服裝上的區隔，又說：人人皆是「有尊君的祭司」（〈彼得前書〉2:9），但這並不代表所有基督徒都應該穿著相同的服裝，而是不能將教士的服裝視為必要之事，或與救贖有關之事。再者，有關耶穌裸體受死之事，萊德利點出霍普忽略了《新約．福音書》提到「兵丁用荊棘做成冠冕戴在他頭上，又給他穿上紫袍」（〈約翰福音〉19:2）；也提到兵丁把耶穌釘上十字架後，「就拿他的衣服分為四分，每兵一分；又拿他的裡衣……」（〈約翰福音〉19:23），這些經文都顯示耶穌並非刻意以裸體之身受死，更無

---

94 Nicholas Ridley, "Reply of BP Ridley to BP Hooper on the Vestment Controversy, 1550," pp. 377, 382, 390.

95 Nicholas Ridley, "Reply of BP Ridley to BP Hooper on the Vestment Controversy, 1550," pp. 385, 392. 萊德利在文章中略述了路德的主張，見Nicholas Ridley, "Reply of BP Ridley to BP Hooper on the Vestment Controversy, 1550," pp. 393-394.

法詮釋為耶穌已革除且禁止使用祭衣。[96]歸結而言，祭衣乃中性之事，透過英格蘭教會與國會的許可，可合法在英格蘭境內使用；但也正因它是中性之事，其他地區的基督徒可自由決定他們是否要設立祭衣的規範，而此並不阻礙「信仰的一致」（unity of faith）。[97]

然而，萊德利與霍普的爭議卻將英格蘭的「基督共和體」（Christian Commonwealth）帶向分裂，前者有國王議會中主教團的支持，在貴族與平民中的支持者也相當多，後者亦得到不少英格蘭新教徒的認同。[98]被牽連到此爭辯中的歐陸宗教意見領袖立場也分歧，當時最支持霍普的是拉司考，他同時間針對祭衣是否為中性之事的問題，發表了一篇短文。[99]拉司考在此文

---

96 Nicholas Ridley, "Reply of BP Ridley to BP Hooper on the Vestment Controversy, 1550," pp. 384-386.

97 Nicholas Ridley, "Reply of BP Ridley to BP Hooper on the Vestment Controversy, 1550," p. 389.

98 "John Burcher to Henry Bullinger, Strasburgh, Nov. 21, 1550," in *Original Letters*, vol. 2, p. 673; "Peter Martyr to Henry Bullinger, Oxford, Jan. 28, 1551," in *Original Letters*, vol. 2, p. 487. 不過霍普的支持者人數相對較少，見"John Burcher to Henry Bullinger, Strasburgh, Dec. 28, 1550," in *Original Letters*, vol. 2, p. 675.

99 這篇文章寫於1550-1551年祭衣之爭期間，當時並未出版，直到1566年因伊莉莎白時代的祭衣之爭，反對官方祭衣者採編反對祭衣的作品，編成*The Fortresse of Father, Ernestllie Definding the Puritie of Religion, and Ceremoniies*一書，其中收錄了拉司考的文章，其標題為："The iudgement of Maister Ihon Alasco of remouing the vse of singular apparell in the chirch ministerie wrytten the 20. Daye of September in the 5 yere of the raygne of Kynge Edward the sixth: which was as followeth."見*The Fortresse of Fathers*, sig. $C4_r$-$D2_r$.

中，如同過去討論中性之事常見的方式，將與教會相關的事物分為三類：(1) 在教會中必須持續遵守的事物，如先知與使徒所傳的道、依使徒所立之典範執行的洗禮與聖餐禮。(2) 中性而自由的事，即有利於聖言與聖禮（the worde and Sacramentes）之傳布、有《聖經》為其本原基礎，且未被《聖經》禁止，又不由任何權威「強制」的事物。例如在某一時間聚會、在某一時間舉行聖餐，或以某一種方式祈禱。(3) 應明確撤除與禁止的事物，此類事物又可分為兩種，一是明顯違背上帝話語的事，如圖像、彌撒、向聖人祈求、為死者助禱等；一是違反基督徒自由，只是表現合宜有益的樣貌，事實上為教會帶來的是驕傲與虛偽，如禁食、吟唱、管風琴演奏，以及聖禮中使用的「教會服飾」（church apparell）。拉司考與霍普一樣，不將祭衣列入中性之事，而是必須革除的惡俗。[100]

拉司考的文章在許多處與霍普寫給國王議會的信件相似，例如他們的文章都只將焦點放在祭衣問題，而不廣泛地討論各項中性之事；兩人所引用的權威與論證也雷同。拉司考的立場，使他成為霍普在祭衣之爭的過程中，最堅定的盟友。[101] 而向來被霍普視為精神導師的布林格，此時遠在蘇黎世，他雖然透過他人信件，清楚知曉英格蘭祭衣之爭發展的態勢，但並未積極而主動表達意見，也未受到大主教克蘭默的徵詢。[102] 不

---

100 *The Fortresse of Fathers*, sig. $C4_{r}$-$_{v}$.

101 在霍普個人主觀感受上，所有的外國宗教意見領袖中，獨有拉司考堅定支持他的立場，見“Bishop Hooper to Henry Bullinger, Gloucester, Aug. 1, 1551,” in *Original Letters*, vol. 2, p. 95.

102 克蘭默並不看重布林格的意見，在愛德華六世時期的宗教事務上，他較常

過，從布林格日後所留下的信件看來，他主張祭衣是「中性之事，僅與儀節及秩序有關，不包含在宗教崇拜之中。」[103]另外兩位被霍普與克蘭默徵詢的宗教意見領袖，即當時身在英格蘭的馬泰爾與布瑟，他們透過回應霍普、拉司考及克蘭默等人的信件，也加入這場有關祭衣是否為中性之事的辯論。他們的立場及論證與萊德利較接近，皆主張祭衣是中性之事，上帝並未禁止人們使用這些外在之物，且其本身並無污穢之處，也不因其原屬於亞倫的祭司職而被玷污，因為「在潔淨的人，凡物都潔淨；在污穢不信的人，甚麼都不潔淨」(〈提多書〉1:15)。[104]

馬泰爾甚至指出，即使祭衣源自《舊約》傳統，但在進入《新約》的初代教會時期就已使用，而非如霍普所言是由那些反基督的教宗所採用。例如最早的基督徒追隨耶穌時，都換掉羅馬男子素來使用的托加長袍（Toga），而換上長方形的巴理

諮詢的對象是布瑟與馬泰爾，但布瑟是蘇黎世教會的盟友，馬泰爾也與布林格有密切的關係，透過他們的影響，克蘭默對蘇黎世教會也有相當好感。Carrie Euler, *Couriers of the Gospel*, p. 80.

103 "Henry Bullinger to Laurence Humphrey and Thomas Sampson, Zurich, May 5, 1566," in *The Zurich Letters*, vol. 1, appendix, p. 349. 布林格也介入了伊莉莎白時代的祭衣之爭，由與他相關的各信件看來，他的立場在愛德華統治時期與伊莉莎白時期，並無太大的差異，我們可由1560年代的祭衣之爭中他所留下的信件觀察到他對祭衣的看法，如"Henry Bullinger to Bishop Horn, Zurich, Nov. 3, 1565," in *The Zurich Letters*, vol. 1, appendix, pp. 341-344.

104 "Bucer to A Lasco, Concerning the Controversy about Wearing the Habits [20 Oct., 1550]," in *Ecclesiastical Memorials*, vol. 2, part 2, pp. 444-447; "Bucer to Cranmer, Cambridge, Dec. 8, 1550," in *Gleanings of A Few Scattered Ears*, p. 218; "Martyr to Bishop Hooper, Oxford, Nov. 4, 1550," in *Gleanings of A Few Scattered Ears*, pp. 188-194.

姆袍（Pallium），罩在一般羅馬男子所穿裘尼克衫之上；使徒約翰在以弗所（Ephesus）傳道時，也穿著長方形大披肩，這就是日後教宗所穿的外袍（Pontifical Plate）。又根據記載，迦太基主教聖西彼廉（St. Cyprian, Bishop of Carthage, c. 200-258）殉道時，將身上所穿祭衣脫下；君士坦丁堡大主教屈梭多模（John Chrysostom, Archbishop of Constantinople, c. 347-407）也曾提到教士所著的白色祭衣。這一切都顯示，「早在教宗的暴政（papal tyranny）建立之前，教會就有祭衣的區隔。」[105]

布瑟則特別批判霍普對《聖經》明示準則的堅持，強調許多事物不能完全依照《聖經》所提供的模式進行，否則聖餐禮絕不能在上午舉行、不能在教會內舉行、不能屈膝或站立著領受聖餐、女人也不可分享聖餐，因為在耶穌最後的晚餐時，並不是這樣進行的。[106]可是，《聖經》並未反對這些因應現狀所做的調整，而且它們有利於基督信仰的鞏固與教會秩序的建立，所以：

> 在關乎地點、時間、服裝這一類的事情上，如職司或領取聖餐、准許女人參與聖餐禮、對主禱告與吟唱、穿著，以及其他有關外在禮節（outward comelines）的事情上，我

---

105 "Martyr to Bishop Hooper, Oxford, Nov. 4, 1550," p. 193. 布林格在1566年的信件中，引用了相同的論證，證明早在初代教會時就有特殊的服裝區隔出神職人員，見"Henry Bullinger to Laurence Humphrey and Thomas Sampson, Zurich, May 1, 1566," pp. 349-351.

106 "Bucer to A Lasco, Concerning the Controversy about Wearing the Habits [20 Oct., 1550]," p. 449.

> 毫不懷疑主給予祂的教會開放的自由（free liberty），去指定與設立這一類的事，……那麼如果有任何教會，依憑此基督的自由，要求他們的牧師在聖禮中，為造就基督羊群的目的，而穿上某種特別的服裝；沒有參雜迷信、輕狂，也未在弟兄間引發爭吵等種種弊病，我不認為有任何人可為這件事批評這樣的教會，認為它們犯罪或與反基督者共謀。[107]

因此，在布瑟看來，只要祭衣的使用不以迷信的方式進行，就不算背棄信仰了。

然而，布瑟與馬泰爾也有另一個共同的立場，主張改革後的教會以不使用祭衣為佳，一則為了表達對羅馬天主教的厭棄；一則為了以更儉樸單純的方式表現「基督徒的自由」，也就是以外在素樸的裝飾，彰顯新教會信仰的純粹性及精神性。[108] 有鑑於此，他們在歐陸牧養各教會時，都取消了祭衣。不過，同樣的措施是否也該立即在英格蘭實施？對於這個問題，他們的態度轉而含蓄又有些無奈，甚至是矛盾。如布瑟回覆霍普的

---

107 "Martin Bucer to John Hoper, in Answer to the Foregoing Letter [Nov., 1550]," in *Ecclesiastical Memorials*, vol. 2, part 2, pp. 461-462.

108 "Bucer to A Lasco, Concerning the Controversy about Wearing the Habits [20 Oct., 1550]," p. 445; "Martin Bucer to John Hoper, in Answer to the Foregoing Letter [Nov., 1550]," p. 456; "John Utenhovius to Henry Bullinger, Gloucester, Aug. 1, 1551," in *Original Letters*, vol. 2, p. 585; "Peter Martyr to Henry Bullinger, Oxford, Jan. 28, 1551," in *Original Letters*, vol. 2, pp. 487-488; John Strype, *Ecclesiastical Memorials*, vol. 2, part 1, pp. 350-351.

信件中曾表示，「樂意在肉體上受相當大的痛楚」，以使英格蘭的祭衣能被移除；他也說：「如果有任何教會願意聽從我的建議，必然不會保留這些天主教徒在他們迷信的儀式中所使用的服裝。」可是，話鋒一轉，他又指出英格蘭教會現階段最重要的問題不在祭衣，而在基層教士素質不良、人員不足；其次的問題是洗禮與聖餐禮不夠莊嚴肅穆，也未依正確的儀文進行，這些問題才是「反基督的主要成員，它的骨、肉與肌腱」。一旦這些問題解決了，祭衣及其他反基督的外在標記與象徵（marks and badges of Antichrists profession）也會一掃而空。反過來說，這些反基督的「本質與全體」（substance and whole body）未被消滅之前、屬基督王國的義理與規範未完全建立之前，只去消滅外在的祭衣或其他標記，乃是徒勞無功的。[109]

布瑟在回覆拉司考的信件中，也表達了類似的立場，英格蘭教會應當優先解決教會人事問題，盡速革除舊有天主教的神父，在各教區補入信仰真誠的神職人員。[110]布瑟的立場看來既反對使用祭衣，又贊成英格蘭教會繼續使用祭衣。他回覆克蘭默的信中態度亦是如此，一方面主張服從國王規範教會「外在禮俗」（external rites）的權力，讓神職人員穿著祭衣舉行聖禮、傳講福音；另一方面又建議取消祭衣，以免使人懷疑英格蘭教會與天主教會同路。[111]布瑟的矛盾，其實來自他對英格蘭

109 "Martin Bucer to John Hoper, in Answer to the Foregoing Letter [Nov., 1550]," pp. 456-459.

110 "Bucer to A Lasco, Concerning the Controversy about Wearing the Habits [20 Oct., 1550]," pp. 449-451.

111 "Bucer to Cranmer, Cambridge, Dec. 8, 1550," pp. 216-219.

宗教改革之時程與策略問題的思索，盱衡英格蘭的宗教現況，他極不認同霍普與拉司考以祭衣這等無關信仰本質的小事，引發內部激烈的爭辯與分裂。祭衣固然應該要取消，但這件事並不在改革的前端，而拔除過去錯誤的信條與儀式、在基層汰換不適任的牧師、補充信仰真誠的教士才是首要之務。[112]與布瑟站在同一陣線的馬泰爾，也作此想，他試圖說服霍普以緩慢的速度進行改革，因為此刻的英格蘭猶如重病之軀，下不得猛藥，否則將有更多人離開現在的教會。[113]

整體看來，布瑟和馬泰爾都認為，此刻英格蘭的新教徒應當放下歧見，與新政府合作。人在蘇黎世的布林格也持相近的看法，所以在1551年初寫信勸說霍普接受官方的規定，他與馬泰爾在伊莉莎白時期的祭衣之爭中，亦持同樣的主張，力勸反抗的新教徒暫時接受祭衣，勿挑戰女王的權威。[114]然而，這是否也意味著，他們承認政府在規範中性之事上的權力，高過個人選擇中性之事的自由？

---

112 "Bucer to Cranmer, Cambridge, Dec. 8, 1550," pp. 219-220; "Bucer to A Lasco, Concerning the Controversy about Wearing the Habits [20 Oct., 1550]," pp. 451-452.

113 "Martyr to Bishop Hooper, Oxford, Nov. 4, 1550," p. 190; "Martyr to Bucer, Oxford, Nov. 11, 1550," in *Gleanings of A Few Scattered Ears*, pp.196-199.

114 "Peter Martyr to [Thomas Sampson], Zurich, Nov. 4, 1559," in *The Zurich Letters*, vol. 2, pp. 32-33; "Henry Bullinger and Rodolph Gualter to Laurence Humphrey and Thomas Sampson, Zurich, Sept. 10, 1566," in *The Zurich Letters*, vol. 1, appendix, p. 361; "Henry Bullinger to Miles Coverdale, Zurich, Sept. 10, 1566," *The Zurich Letters*, vol. 2, p. 136.

五、國家與教會

上文曾提到，霍普所提出有關界定中性之事的四個條件中，混雜了兩個議題，一者是上節所談「祭衣是否為信仰上的中性之事」；一者是祭衣若為中性之事，應由誰來規範？與霍普對立的萊德利及其他主教們，也同樣在這兩點上，與霍普意見相左。在第一個問題上，他們認為祭衣為「中性之事」，教會可以使用；在第二個問題上，他們主張祭衣「是由國王陛下所規範，其有權撤除或指定教會的中性之事。」[115]在霍普與萊德利的爭辯中，政治性的問題，即誰為決定中性之事的權威，與宗教性的議題同樣重要，此可由克蘭默詢問布瑟時所提的問題看出，他的提問有二：「一，目前由統治者所規範、由英格蘭教會牧師所穿的祭衣，是否合法且不冒犯上帝？二，若有人主張它是不合法的，且拒絕穿著祭衣，是否冒犯了上帝，猶如有人認為上帝所聖化的（sanctified）是不潔淨的？是否冒犯了統治者，猶如有人反抗政治秩序？」[116]在第一個問題中，他特別提到祭衣規範乃由統治者所訂立；在第二個問題中，他關心不穿祭衣者是否同時冒犯了上帝及統治者。

至伊莉莎白時代的祭衣之爭，則可更明顯的看到，政治權威的問題，超越了由宗教上去討論祭衣是否為中性之事的

---

115 “Martin Micronius to Henry Bullinger, London, Oct. 3, 1550,” in *Original Letters*, vol. 2, p. 571.

116 此提問出現於克蘭默寫給布瑟的信件，日期是1550年12月2日，其內容可見布瑟的回信“Bucer to Cranmer, Cambridge, Dec. 8, 1550,” in *Gleanings of A Few Scattered Ears*, p. 216.

議題，如漢弗瑞在1563年寫信給布林格，請教他對祭衣的看法，信中同樣有兩個提問：一，已長久沾染迷信、以其華麗迷惑單純心靈，且被賦予種種宗教與神聖特質的祭衣，是否是中性之事？二，在教宗的權威已被剝奪之後，在君王的命令之下，為了秩序的考慮，而不是為了外表的裝飾，由虔誠的信徒穿戴的祭衣，是否合法且對良心沒有危害？這兩個問題雖然同時並存，但漢弗瑞用了更多字句來形容和解釋第二個問題。對他或同時期反抗祭衣的新教徒而言，最大的困境，莫過於這些天主教的祭衣「並非由教宗的非法專制」所訂，而是由「女王正義且合法的權威」所規範，[117]使他們在宗教、良心上的服從，與政治上的服從有所衝突。換言之，如果我們只從宗教脈絡，或從中性之事的界定，去認識祭衣之爭，則無從了解這個問題何以在英格蘭特別嚴重，又何以成為持續性的問題。

在英格蘭宗教改革開啟之後，最早有系統討論「中性之事」的作品，是史塔基（Thomas Starkey, 1495-1538）所寫《對人民統一與服從的勸告》（*An Exhortation to the People, instructynge theym to Unitie and Obedience*, 1540?）。這部作品是在克倫威爾（Thomas Cromwell, c. 1485-1540）授意下，為亨利八世建立「君主至尊權」而寫的政治宣傳，它最主要的意旨就是將宗教上無關救贖之事，完全交到世俗君主的手中，以維持一國之內信仰的和諧與一致。史塔基認為，人所面對的事可分為三類：「本質良善且有益之事」、「本質邪惡且受詛咒之

117 "Laurence Humphre to Henry Bullinger, Oxford, Aug. 16, 1563," in *The Zurich Letters*, vol. 1, p. 134.

事」、「非善也非惡之事」，即中性之事，也就是「上帝的言語未禁止或要求的事」。史塔基認為前兩類事牽涉到人的救贖，應交由宗教普世會議（the vniuersall counsel）掌管，但最後這一類事與靈魂無關，應交到世俗權威手中，由人間的君主裁決，而這一類事包括向聖人祈禱、朝聖、聖日的數量、教士獨身等，也還包括了「教宗的權威」。[118]他主張羅馬教宗的至高權，從一開始就只是便宜行事（a thinge of conueiency），是羅馬皇帝君士坦丁（Constantine the Great, r. 306-227）為維持基督教會的統一而授予，並非「必要之事」（a thing of necessitie）；此事如同其他所有中性之事，一旦被濫用或不再有益，就應當由世俗君主撤銷。如今，既然羅馬教宗權已因長久的腐敗，轉為迷信與專制，對基督信仰的統一「既非必要也不便利」（neyther necessarye nor yet conuenient），由亨利八世取代羅馬教宗成為英格蘭教會的首領，是最合理的安排，因為上帝明言要求基督徒在一切無關救贖之事上，服從人間的權柄，而耶穌在世時也遵守世俗權威所設立的規範。如此，相對於過去羅馬教會的腐化與迷信，英格蘭人民在以君王為首的教會內，將更能享有平靜的宗教生活與和諧。[119]

史塔基的論證為亨利八世的「君主至尊權」背書，同時也讓「中性之事」的設立或取消，與君王權威密不可分。這也是英格蘭宗教改革所造就的現實，君主成了教會的首領，也就

118 Thomas Starkey, *Thomas Starkey's An Exhortation to the People Instructing Them to Unity and Obedience: A Critical Edition*, ed. James M. Pictor (London: Garland Publishing, 1988), sig. $B2_r$-$_v$, $B4_v$-$C1_v$.

119 Thomas Starkey, *Thomas Starkey's An Exhortation*, sig. $R3_v$, $Z4_r$.

自然成為教會生活與禮儀事務最高的權威。愛德華六世的政府與教會可說延續相同的思維與現實，且更進一步以立法的方式確認這項權力，其成果即1549年的《公禱書》。換言之，只要「君主至尊權」成立，世俗權威對「中性之事」的管轄權就必定存在，它們彼此相隨的關係，也可見於1549年《公禱書》對各級神職人員按立禮的規範，其中既有服裝的規定，也明確要求接受聖職者宣誓遵從「君主至尊權」。雖然引發祭衣之爭的霍普，並未反對此項宣誓，但他對祭衣的拒絕，不但違反教會的禮儀規章，其實也挑戰了英格蘭新教政府的核心理念——君主至尊權。

在霍普看來，某項禮俗或祭儀若真屬中性之事，應當交由各人自由裁決，而不能由教會的權威介入，更不該由世俗政府的「專制暴政」（*violenta quadam Tyrannide*）規範這些事務，否則原屬為中性之事的，就不再是中性之事。他也設想到，某些中性之事若在信徒間引發爭論，如祭衣一事，那麼這項爭論應當回到《聖經》本身來尋找答案，或交由「宗教會議」裁決，而不能允許世俗權威的干涉。[120]霍普的意見與官方教會立基於完全不同的邏輯，幾乎可說無視於英格蘭宗教改革後「國家教會」（the state church）的現實。或更正確的說，霍普始終

120 "Bishop Hooper's 'Notes' to the King's Council, 3 October 1550," pp. 196-198. 不過，在祭衣之爭發生之前，霍普在愛德華六世的宮廷講道時，談到領聖餐的姿勢，他表示希望統治者能規範信徒領聖餐時應站立或坐著，又最好是坐著，因為最初使徒領受「主的晚餐」時是坐著的，這種姿勢也代表在主裡面的平安與休息，見John Hooper, *Early Writings of Bishop Hooper*, p. 536.

盼望英格蘭教會依循蘇黎世教會的模式，建立一個獨立於世俗權威的教會，[121]然而這樣的方向恰與英格蘭的核心理念對立，也漠視了英格蘭自亨利八世以來的改革傳統，即透過世俗的國會立法，達成宗教的變革，個人一旦違背某項宗教政策，其不服從的對象不僅是「教會」，更是「政府／君主」，因此霍普在祭衣上的不服從，也就成為對政治秩序的反抗。

霍普的立場讓祭衣問題陷入基督徒自由（或教會自由）與國家權力拉扯之間，也引發倫敦主教萊德利強烈的批評。萊德利認為，清楚可見的事實是：賢明的英格蘭國王與其議會，指派飽學之士與教會主教共同商議，在同心合意之下，為良善與神聖（good and godly）的理由，建立了祭衣的規範，並由國會全體通過。[122]這項事實，一方面彰顯了教會所接受的祭衣來自合法的政治權威，一方面顯現英格蘭聖俗合作的優良典範。更重要的是，萊德利並不認為中性之事在個人「自由」裁決的範疇內，而應在「秩序」與「法律」的管束下，所以世俗統治者規範教會的祭衣，以促進「良善的秩序」（good order），是

---

121 歐陸地區的改革教會並未以英格蘭「國家教會」的模式建立，各改革領導人也多主張教會與世俗政府形成兩個分隔的領域，政府不可介入宗教事務，但可彼此合作，尤其茲文利與克爾文對政教分立的立場更加堅持。然而，現實上，各改革教會都需要世俗政府的支持，路德擁抱了薩克森選侯的援助，梅蘭赫通對日耳曼地區君侯的介入，更持正面的態度；即使是蘇黎世教會和日內瓦教會，也都難以避免世俗權威的干涉。見Euan Cameron, *The European Reformation* (Oxford: Clarendon Press, 1991), pp. 151-155.

122 Nicholas Ridley, "Reply of BP Ridley to BP Hooper on the Vestment Controversy, 1550," pp. 386-387.

理所當然的事。[123]

在霍普與萊德利兩人的辯論中，他們都同意，中性之事的設立是為了良善的秩序及信仰的造就，但在這件事情上，教會與國家的關係應該是什麼？哪一方才是最後決定的權威？兩人就有明顯的歧見。這些問題即使撇去英格蘭宗教改革的傳統不說，宗教改革者也必須面對一個更現實問題：新興的英格蘭教會能否不倚賴世俗政府的權威，建立穩固的社會根基，進而使全英格蘭成為信仰新教的國度。對諸多歐陸宗教意見領袖來說，答案顯然是否定的。立場上與霍普較接近的拉司考，以外國人的身分得到國王的特許在倫敦牧養教會，似乎比霍普更能體會官方支持的重要性，也寄望愛德華六世的「虔誠、智慧與遠見」能夠重新思考祭衣對信仰所造成的傷害，從而將英格蘭教會帶往如使徒時代的教會那般「真誠與完美」。他並不反對統治者可以介入教會的事務，但統治者對教會所擁有的「權勢與權威」，乃要用於「造就，而不是摧毀」，要堅定「捍衛真理的一方，而不是壓制它」。[124]在此深切的期待下，拉司考直接寫信給愛德華六世，提醒他以及所有統治者，君王有如「教會的雙親」（parents of the church）或「育養教會的父親」（nursing fathers of his Church），有責任將教會帶離羅馬天主教的污染。[125]

---

123 Nicholas Ridley, "Reply of BP Ridley to BP Hooper on the Vestment Controversy, 1550," pp. 377-379.

124 *The Fortresse of Fathers*, sig. $D1_v$.

125 John A Lasco, "Joannes A Lasco, & c. to the renowned Edward the Sixth," in *Ecclesiastical Memorials*, vol. 2, part 2, p. 35.

拉司考並不想將教會與政府帶入對立的關係，也不否認統治者對教會事務的責任與權威，然而他迴避了在中性之事上哪一方擁有主要裁決權的問題。同樣也以外國人的身分在英格蘭大學執教的布瑟和馬泰爾，其實也沒有直接回答這個問題。布瑟在回覆拉司考的信件中表示，中性之事使用與否應交由教會決定，由「會眾的評斷與良心」自由選擇。他寫給霍普的信中也主張，在聖禮的時間、地點、次數等外在的規範上，上帝交由「教會」自由裁定。然而，布瑟在回覆克蘭默的信件中，卻認同國王有指定中性之事的權力、人民有服從官方規範的義務。[126]

馬泰爾的意見更加模糊，但他的行為卻顯示他與英格蘭官方站在同一陣線。1551年初當祭衣之爭陷入膠著時，馬泰爾強烈表達了對霍普的不滿，他在2月間曾親到坎特伯理大主教官邸蘭伯斯宮，與霍普見面三次，每次都力勸霍普放棄對抗、服從官方的規定，然而他都失望的發現霍普「更加頑固」。[127]在教會與國家權力的問題上，我們恐怕不能把布瑟和馬泰爾看作公正且真誠的第三方，他們在英格蘭的工作與生活，極賴克蘭默的善意以及官方的支持，他們並不想成為比英格蘭教會更高的法官，讓英格蘭新教徒做為上訴的對象，他們最想扮演的角色

126 "Bucer to A Lasco, Concerning the Controversy about Wearing the Habits [Oct. 20, 1550]," p. 447; "Bucer to Cranmer, Cambridge, Dec. 8, 1550," p. 216.

127 "Martyr to Bucer, Oxford, Jan. 10, 1551," in *Gleanings of A Few Scattered Ears*, p. 229; "Martyer to Bucer, Oxford, early Feb., 1551," in *Gleanings of A Few Scattered Ears*, pp. 232-233.

是官方教會的支持者及諮詢者。[128]

回到克蘭默最初的提問（見本節第一段），依照布瑟或馬泰爾在1550-1551年之間的信件與行為來看，他們會主張：霍普既冒犯了上帝，也冒犯了統治者，因為他把上帝所造良善而潔淨的事物，視為不潔的，同時又抗拒了人間正直公義的統治者所訂立的法律。其實他們都不全然反對霍普的理念，也寄望未來的英格蘭教會可以不再使用祭衣。然而那是對未來的期盼，而不是現實當下應該採取的宗教策略。由此也可看出，對布瑟和馬泰爾而言，中性之事的選取並沒有絕對的標準，必須視現實政治環境而妥協，甚至可以因對話對象的不同，而表達出不同的立場。

以馬泰爾為例，他寫給霍普的信傾向強調祭衣的無害，以及對信仰的造就，但在寫給布林格的信中卻承認祭衣的無用與危險。當他在1553年11月離開英格蘭，不再仰賴英格蘭統治者的保護後，他對祭衣的看法更為負面。如伊莉莎白統治初期，他與反抗祭衣規範的參普生通信，信中表示：雖然祭衣被許多人視為「無足輕重」的中性之事，但一旦穿上就代表你認同了祭衣原先所代表的信仰。他也認為祭衣如同祭壇及十字架，都是人的發明，而沒有神的允許，我們在思考是否接受這類事物時，必須謹慎小心，以免「我們因遵循世俗之事（civil things），而喪失了屬天之事（heavenly things）」。[129]然而，論

128 M. A. Overell, “Peter Martyr in England 1547-1553: An Alternative View,” *The Sixteenth Century Journal*, 15:1 (Spring, 1984), pp. 96-97.

129 “Peter Martyr to [Thomas Sampson], Zurich, July 15, 1559,” in *The Zurich Letters*, vol. 2, pp. 25-26.

到具體的行動，在被迫穿上祭衣與放棄聖職之間，也就是在政治壓力與宗教良心之間，馬泰爾仍建議參普生屈從政治權勢，暫時妥協以保有職位。如此，一方面可在講壇上傳講真正的義理與祭衣的危害；另一方面期待未來女王可下令取消祭衣的規範，同時也可避免各地的聖職被「狼與反基督者」取代，也就是被路德派信仰的人或傾向天主教信仰的人所盤據，只要「你仍在教會的領導圈內，許多事就有希望可被改革，儘管不是所有的事」。[130]他的態度可說充滿了「機會主義者」的傾向。

蘇黎世的布林格也是如此，他曾在自己的著作中表示，祭衣是「模仿自猶太信仰的殘餘」，自耶穌的使徒開始，即放棄了「以弗得」——亞倫的祭袍，只穿著平日合宜的服裝參與聖禮，現今也應如此，若政府規範這一類事便是剝奪了基督徒的自由。[131]他與馬泰爾兩人事實上都反對使用祭衣，卻都不願見到英格蘭的新教徒因祭衣問題，再次分裂或失去教會職位。

在此情況下，他們在伊莉莎白統治時期，不僅從「政治現實」的角度建議新教徒妥協，也進一步從「政治秩序」的需要來談，也就是呼應女王政府的主張，將祭衣規範視為「政治秩序」之必要，而不是信仰上的綑綁。1559年女王政府發布的〈宗教法令〉中提到，恢復愛德華時期祭衣的規範，並不是因為祭衣本身有「任何神聖性或獨特的價值」，而是因為聖保

---

130 “Peter Martyr to［Thomas Sampson］, Zurich, Nov. 4, 1559,” in *The Zurich Letters*, vol. 2, pp. 32-33; “Peter Martyr to［Thomas Sampson］, Zurich, Feb. 1, 1560,” in *The Zurich Letters*, vol. 2, pp. 38-39.

131 Henry Bullinger, “Decade quinta sermone none,” in *The Fortresse of Father*, sig. $D2_r$-3_r; *The Zurich Letters,* vol. 2, appendix, p. 357.

羅說：「凡事都要規規矩矩地按著次序行。」(〈哥林多前書〉14:40) [132] 所以在官方看來，祭衣的規範乃是出於「秩序」的考慮，且被納入政治秩序的一環，正如伊莉莎白政府煞費苦心頒布多次針對俗人的「服飾法」，試圖透過服裝的規範，建立穩定的政治秩序（詳見第四章）。因此，馬泰爾勸參普生：女王政府對祭衣的規定並未賦予「迷信」的色彩，而且「在這個王國，〔祭衣〕的使用有其政治因素」；布林格也勸另一位反抗祭衣的漢弗瑞：祭衣不但屬中性之事，也屬「世俗秩序」(civil order) 之事，女王有權力為了「外表的禮儀、端莊、尊貴與秩序」使用祭衣。[133]

布林格非常清楚從愛德華時代以來，祭衣之爭的核心是統治者的權威問題，君王是否有權為教會制定法律？神職人員是否必須服從這些法律？他急切的希望英格蘭新教徒不要挑起這一類議題，以免帶來更多的混亂，而他將祭衣的法律放在「世俗秩序」的範疇，似乎可為此問題解套。伊莉莎白時代官方與支持祭衣者也從相同角度詮釋祭衣的法規，如惠特吉夫特（John Whitgift, c. 1530-1604）向反對者質問：「法官、警官、議員、市民都可以由他們的服裝認出，為甚麼牧者不能這樣？難道他們不是被統治者嗎？難道他們不受世俗法律與規範（civil laws and ordinances）管轄嗎？他們在所有不違反上帝話語的事物上，不用服從他們的統治者嗎？」他主張世俗統治者

132 “The Elizabethan Injunctions, 1559,” p. 343.

133 “Peter Martyr to [Thomas Sampson], Zurich, Feb. 1, 1560,” p. 39; “Henry Bullinger to Laurence Humphrey and Thomas Sampson, Zurich, May 1, 1566,” *The Zurich Letters*, vol. 1, appendix, pp. 346-349.

有權為了「秩序與禮節」的緣故，為牧者指定某類服裝，不論「這類服裝是教宗時代用的，或不是。」[134]但反對祭衣者如參普生、漢弗瑞、卡特萊特（Thomas Cartwright, c. 1535-1603）等人，卻不認為祭衣的法律可歸於「世俗的法律」之下，而是在「教會自由」的範疇內。[135]

此項政治權威與教會自由（或個人自由）的爭議，在愛德華時代因霍普的妥協、克蘭默在1552年的調整而平息，但在伊莉莎白時代，卻從祭衣一事延燒到整個教會體制的問題，從而在1570年代分裂了「服從國教者」與「不服從國教者」，[136]這也許是當年的布瑟、馬泰爾或布林格所始料未及的，因為他們多認為祭衣是無足輕重的小事。

六、祭衣與教會的形象

對霍普、拉司考，或伊莉莎白時代反對祭衣的新教徒而言，祭衣絕非雞毛蒜皮的小事，不僅是因為在宗教義理上它並非中性之事，也不僅是因為他們堅持世俗權威不可干涉基督徒

134 John Whitgift, *The Works of John Whitgift, The Defence of the Answer to the Admonition against the Reply of Thomas Cartwright*, vol. 1, ed. John Ayre for the Parker Society (Cambridge: The University Press, 1851-1853), p. 70. 惠特格輔是伊莉莎白時期官方教會重要領導人物，自1583年起擔任坎特伯理大主教，至1604年他過世之時。

135 "Laurence Humphrey and Thomas Sampson to Henry Bullinger, July, 1566," in *The Zurich Letters*, vol. 1, pp. 157, 159; John Whitgift, *The Works of John Whitgift,* pp. 17-20.

136 John Primus, *The Vestments Controversy*, pp. 149-166.

的自由，更因為穿上祭衣與否，彰顯了教會的形象及宗教立場，可以區隔真正的基督徒與「反基督者」。這一點可明顯的在1566年漢弗瑞及參普生對布林格的提問中看出，當時漢弗瑞對布林格提了7個與祭衣有關的問題，參普生則提出12個問題，這些問題繁多而瑣碎，但其中大部分都與外在形象區隔有關，如教士應否在服裝形式、顏色上與一般俗人有所區隔？為了這種區隔而穿上舊有的祭衣，是否意味著新教教會接受天主教或猶太信仰？[137]因此，我們若不從視覺上、服飾文化上來了解祭衣之爭，其實無從掌握祭衣在英格蘭宗教改革過程中，何以成為辯論的焦點。

「視覺」從來都不僅是生理性的運作，它是文化的產品，也是宗教與政治制約下的產物，正如藝術史家布萊森（Norman Bryson）所說：「視覺是被社會化的（vision is socialized）」，我們對眼睛所見之物的體會或詮釋，深深受到整體文化情境與權力結構的影響。以宗教上的視覺經驗來說，從「中古教會」到「宗教改革」之間，人們就經歷了一段視覺信心裂解的過程，「所見」與「所知」之間的關聯性，從原本單一的切確

137 "Laurence Humphrey to Henry Bullinger, Oxford, Feb. 9, 1566," in *The Zurich Letters*, vol. 1, pp. 151-152; "Thomas Sampson to Henry Bullinger, London, Feb. 16, 1566," in *The Zurich Letters*, vol. 1, pp. 153-154. 布林格也覺得這些問題多而瑣碎，所以簡單歸納為兩個議題：一，傳福音的牧者是否可合法穿上祭衣，與一般人民有所區隔？二、牧者是否應當為了不穿祭衣而放棄聖職？前者與服裝區隔有關，後者與上節所談的政治問題有關，見"Henry Bullinger to Laurence Humphrey and Thomas Sampson, Zurich, May 1, 1566," p. 345.

感，走向多元歧異的懷疑主義或全然否定。[138]中古時代，宗教儀式與信仰涵化大量地倚賴視覺所見，以亞理斯多德視覺理論為基礎，教會深深相信人透過眼睛所見，以及腦部各神經及感官（*sensus*）的運作，將物體的影像投射在腦中，接著形成想像、感受、判斷與記憶，進而成為心靈中穩固的認知。[139]在此模式下，從肉體感官的運作到抽象知識的成形之間，有如一條沒有阻礙與扭曲的道路，有了最前端的具象物體，就可以形成末端長存的抽象知識；「肉眼」（the physical eye）成為「心靈之眼」（eye of the mind）可信賴的前導。

然而，此種對視覺的確信只是宗教經驗的理論基礎，真正引導中古宗教認知的，並非這條生理上的認知之路，而是教會透過教義與傳統所建立的「視覺論述」（visual discourse），也就是對「視覺」社會化的力量。以聖餐禮為例，據1215年

---

138 Norman Bryson, "The Gaze in the Expanded Field," in Hal Foster ed., *Vision and Visuality*（Seattle: Bay Press, 1988）, p. 91; Stuart Clark, *Vanities of the Eye: Vision in Early Modern European Culture*（Oxford: Oxford University Press, 2007）, pp. 2-7. 布萊森指出「視覺」會受種種文化建構（cultural construct）所社會化，而成為「視見」（visuality），後者乃在各類「視覺論述」（discourses on vision）交織下形成對眼目所見之物的詮釋，是一種「社會性的看」（to see socially）。Norman Bryson, "The Gaze in the Expanded Field," pp. 91-92.

139 中古時代的視覺理論，參見Michael Camille, "Before the Gaze: The Internal Senses and Late Medieval Practices of Seeing," in Robert S. Nelson ed., *Visuality Before and Beyond the Renaissance: Seeing as Others Saw*（Cambridge: Cambridge University Press, 2000）, pp. 197-223; Suzannah Biernoff, *Sight and Embodiment in the Middle Ages*（Basingstoke: Palgrave Macmillan, 2002）, pp. 85-107.

第四次拉特蘭大公會議（the Fourth Lateran Council）所決議的「化體論」，信徒在聖餐禮中被引導親眼見證宗教上的奇蹟：餅轉耶穌的身體、葡萄酒轉為耶穌的鮮血（即使它們外在的形貌都沒有改變）。整個聖餐禮中，視覺被賦予極大的重要性，信徒必須先直視餅與酒的存在，並在聖體高舉時，轉而觀見耶穌肉體與鮮血的存在，繼之在心靈中感知耶穌為世人犧牲，及其以死亡為世人贖罪的真理。換句話說，聖餐禮中「精神性的看見」（spiritual seeing）有賴於肉眼對真實「物質的看見」（physical seeing），餅將實體化的耶穌「肉體」呈現在信徒面前，內在靈魂才能由此掌握信仰的真理，聖餐禮由此成為中古宗教儀式中，最重要的「視覺饗宴」或「視覺奇蹟」。

到了文藝復興時期，透視法（linear perspective）運用在宗教繪畫上，又更進一步把聖體放在整個畫面的中心，如拉斐爾（Raphael, 1483-1520）在梵諦岡為教宗朱里烏斯二世（Pope Julius II, r. 1503-1513 ）所繪的「聖辯」（*Disputa*, 1509-1511）及「波西納的彌撒」（*Mass at Bolsena*, 1511-1514），皆是如此。在這兩幅作品中，觀者的視覺焦點被集中在聖體或聖體匣，而不是其上方或周邊的上帝、諸聖人、教宗或學者，彷彿一切對真理的認識都來自視覺上對「物體」（material object）的注視。[140]然而，「理性化」與計算性的透視法，也為歐洲知識

140 此兩幅圖的討論，參見Roger Jones and Nicholas Penny, *Raphael*（New Haven: Yale University Press, 1983）, p. 60; Ann Eljenhom Nichols, *Seeable Signs: The Iconography of the Seven Sacraments, 1350-1544*（Woodbridge: Boydell, 1994）, pp. 9-11.

分子帶來對視覺的新思考，因為透視法在畫布上所呈現的「真實感」，其實建立在對肉眼的誤導上；它實踐了繪畫如真如實的理想，但也指出了殘酷的事實：人眼所見可能產生錯覺和扭曲。[141]

這項新的體悟與羅馬天主教中早已存在的懷疑主義（以伊拉斯摩斯為代表）結合，促成了宗教改革運動中新教對中古視覺理論的批判，聖餐禮不再是一項「視覺奇蹟」，而是天主教會誤導的「視覺謊言」（visual lie），這個謊言（「化體論」）帶領肉眼看見了根本看不見的耶穌肉體與鮮血。對宗教改革者來說，特別是瑞士地區的茲文利派與克爾文派信徒，真理認知的路徑不再源自視覺，而是內在單純的「信」（faith）與精神上的領受，對外在眼目所見的詮釋，必須依賴內在對真理正確的認識。外在的圖像與禮儀有時反而對信仰造成阻礙，甚至是扭曲，此即「反聖像運動」（Iconoclasm）開展的起因之一。

英國文化史家克拉克（Stuart Clark）認為，中古到宗教改革時期視覺心態上的變化，是從「視覺中心主義」（ocularcentrism）轉向「視覺恐懼」（ocularphobia）的歷程。[142]宗教改革者不但不信賴中古教會所提供的視覺物（*species*）[143]，如餅、圖像、蠟燭、十字架、祭壇等，也認為必須重新引導信徒的觀看方式，以新的信仰義理建構視覺所見。以聖餐禮為例，茲文利與克爾

---

141 Ernest B. Gilman, *The Curious Perspective: Literary and Pictorial Wit in the Seventeenth Century* (New Haven: Yale University Press, 1978), pp. 31-33; Stuart Clark, *Vanities of the Eye*, pp. 83-90.

142 Stuart Clark, *Vanities of the Eye*, pp. 9-28.

143 *Species*的概念參見Michael Camille, "Before the Gaze," p. 209.

文都將焦點轉移到「聖言」（Word）上，費心解釋耶穌所說的：「這是我的身體」（*Hoc est enim Corpus meum*〔〈馬太福音〉26:26〕）。他們認為這句話當中的*est*不應譯為「是」，而是「象徵」或「指涉」（signify）的意義，[144]所以聖餐禮中的餅與酒都只是「可見的符號」，為的是要紀念那不再可見的耶穌，以及不可見的恩典。受茲文利影響的霍普就指出，聖餐禮中的餅與酒並沒有轉變為耶穌的肉體，改變的是它們的性質，成為「不可見恩典之可見的符號」（visible signs of invisible grace），為要確知「上帝屬天的恩賜」，而信徒之所以能在感官所見的物體上，得見不可見、不可觸的恩典，乃是出於內在「信仰」的教導。[145]

為了讓凡人的眼更加抽離可見的實體，霍普將聖餐禮與洗禮兩大聖禮，比喻為呈現給眼睛與各種感官之「可見的話語」（visible words），有如「話語的甜美音響獻給耳朵，聖靈停駐在心。」[146]「可見的話語」是矛盾的用句，因為話語並非可見，霍普之意在於提醒基督徒，在聖禮中善用「心靈之眼」與聽覺，因為「精神性的看見」遠較實質的物體更重要。此立場

144 Edward Muir, *Ritual in Early Modern Europe*, pp. 173-176.

145 John Hooper, "A Godly Confession and Protestation of the Christian Faith," in *Early Writings of Bishop Hooper*, p. 88; "John Hooper to Martin Bucer, Zurich, June 19, 1548," *The Original Letters*, vol. 1, pp. 47-48.

146 原文為："the sacraments be as visible words offered unto the eyes and other senses, as the sweet sound of the word to the ear, and the Holy Ghost to the heart." John Hooper, "An Oversight and Deliberation upon the Holy Prophet Jonas," in *Early Writings of Bishop Hooper*, p. 513.

同時意味著，瞎眼的人也可藉由聽道掌握精神上的看見，與明眼的人一樣在靈裡敬拜上帝，但耳聾的人卻無法掌握真理的言語。這樣看來，新教教會將焦點移轉到內在的信心與外在的聽覺上，但事實上，改革後的教會並未全然消滅視覺的重要性，而是以新的方式引導信徒的眼睛，甚至對視覺有更高的要求，信徒必須要有能力意識到外部所見與內在真實所存的差距，或者將視覺所見立即轉換為「符號」和「象徵」，並且對此符號所指涉的意涵有正確的掌握，否則所有的圖像或儀式，都只不過是「幻覺或欺瞞人的表演」。[147]

本章所談的祭衣之爭，一如聖餐禮或圖像，都是宗教改革時期視覺概念爭戰的場域，新舊教之間，甚至是新教陣營內部，都各有不同的立場，牽涉到他們如何理解視覺所見與信仰知識形成之間的關係，視覺接收到的色彩、形貌，甚至是「符號」，對真理的認識究竟是輔助還是障礙？[148]本章開頭所提卡爾斯達與路德之間的衝突，就是一場視覺上「認識論」的對抗：人能否，或是否需要透過外在具體的物質掌握對神的認

147 “Phantoms or delusive shows”為克爾文之語，引自Carlos M. N. Eire, *War against the Idols*, p. 226.

148 羅馬教會的主張可見於「特倫特大公會議」（Council of Trent, 1545-1563）所通過的信條，其第22條提出：人的靈魂若無外在的輔助（external helps），無法思想屬天的事，因此在彌撒等儀式中，必須使用蠟燭、燃香、祭衣等「信仰與虔誠可見的外在符號」（visible signs of religion and piety），激發信徒心靈的情感與思索能力，才能掌握祭禮背後所隱藏的真理。此信條確立了視覺的「注視」（gaze）與信仰認知之間的連結。*The Canons and Decrees of the Sacred and Oecumenical Council of Trent*, ed. and trans. J. Waterworth（London: Dolman, 1848）, p. 156.

識。[149]沿此相同脈絡而來的祭衣之爭，也是一場「觀看方式」的論戰，接受祭衣的英格蘭教會相信，祭衣有助於信仰的造就與理解，但反對祭衣者，則如同反對化體論的新教徒一樣，用「表演」（show）來形容祭衣的穿著。[150]例如，曾經反對祭衣的馬泰爾，談到祭衣的存廢時表示：

> 當符號（sings）被捍衛，且被如此頑固的心靈在缺乏上帝話語的保護下所持守，人們通常變得不再渴求符號所象徵的事物本身；在表演（shew）成為普遍之處，嚴肅之事就多被忽略了。[151]

直接挑起祭衣之爭的霍普則認為，祭衣是一種無用的「表演」，穿上祭衣的教士以為祭衣「可以宣告與展現〔美德〕」，可是那內在的美德可能真的存在，也可能不存在，「如果穿著它們的人確有美德，他何必向這世界展現；如果他並沒有美德，那麼他就是個上帝所憎恨的偽君子。」[152]霍普在此否定了視覺所見的外在與內在真實的連結性，也否定了外在視覺輔助

---

149 R. W. Scribner, *Religion and Culture in Germany (1400-1800)*, ed. Lyndal Roper (Leiden: Brill, 2001), pp. 119-120.

150 克拉克指出，反對化體論的新教徒，多用"shew"、"outward shews"、"shew without substance"等字句形容聖餐禮。Stuart Clark, *Vanities of the Eye*, p. 187.

151 John Strype, *Ecclesiastical Memorials*, vol. 2, part 1, p. 351. 馬泰爾的意見表達於他在1550年7月1日寫給數位不知名的朋友，當時英格蘭的祭衣之爭還未真正開始。

152 John Hooper, *Early Writings of Bishop Hooper*, p. 541.

的必要性。

支持霍普的拉司考，對視覺所見表達了更高度的懷疑，他指出祭衣在外表上展演神職人員的「美德」與「職責」，事實上卻包藏著「虛偽」、「迷亂」和「驕傲」；穿戴祭衣只會誤導信徒，以為沒有祭衣，牧師或聖禮的尊貴性就有缺損。拉司考更進一步指出，祭衣之害真正的根源來自人的雙眼，因為祭衣「欺瞞人們的肉眼」，使虔信之人「單純的心靈」轉向外在無益的事物。[153]他說：

> 某些人誇稱服裝可以裝飾、美化聖職，事實上〔聖職〕卻因此變得模糊而暗沉。因為服裝可以影響且占據人的眼睛，使他們的心靈停滯，無法理解聖禮中所傳達的精神事物，將他們導向感官的愉悅與享樂。[154]

在此，中古以來知識分子與藝術家所歌頌的「眼睛」，不再是領受美與神聖的高等感官，而是阻礙人們體會神聖的低階媒介。

視覺問題在祭衣之爭開啟後，繼續成為反對與支持兩方的視覺論述之爭，上文曾提到的馬泰爾，為了反駁霍普而改變了立場，他指出「觀看者的眼睛是否會因為祭衣的區別，而偏離了嚴肅之事的思索，」此事並不盡然，因為祭衣所彰顯的聖禮之美可以撼動人心，信徒從而更加專注於嚴肅之事，「聖禮

---

153 *The Fortresse of Fathers*, sig. $C7_{r-v}$, $C5_{v}$.

154 *The Fortresse of Fathers*, sig. $C8_{r}$.

的象徵（symbols of the sacraments）就為此目的而設，即由此種所見所感（sight and sense），我們可被帶領著去思想天上的事。」更進一步，馬泰爾也支持由白罩衫及白色聖禮袍所彰顯的教士形象，他說：「教會的牧者就是上帝的天使與信差，……而天使總是穿著白色的祭衣出現！」[155]

另一位試圖說服霍普的布瑟則認為，祭衣做為一種符號或象徵，它的價值與意義是伴隨所指涉事物的價值與意義而來，其本身並未含有其所指涉事物的本質，而且它所指涉的對象是可以轉換的，其象徵的意義與價值也因此改變。例如，過去教堂的鐘聲用來召集信徒參與彌撒，成為「反基督的標記」（mark of Antichristianity），但現在新的教會用鐘聲聚集人們聆聽基督的福音，它就變成了「基督信仰的象徵」（token of Christianity）。也就是說，鐘本身並不具備反基督或真信仰的本質，關鍵在於它被何種信仰的人所使用；「那麼，相同的服裝，曾被悖逆之人賦予邪惡意義的〔祭衣〕，為甚麼不能被虔敬之人用作真誠的敬拜呢？」布瑟也舉了其他許多例子，如聖餐中的麵包和酒、受洗用的水等，它們都曾是反基督者「不虔敬的標記」，但現在成了「基督王國的象徵」。[156]

對布瑟來說，鐘、餅、酒、水、衣服等，都是神所造的良善之物，它們可以有多面向的象徵意涵，皆可提示人們神的恩賜與工作，如果在任何儀式中，它們被賦予邪惡的反基督意

155 "Martyr to Bishop Hooper, Oxford, Nov. 4, 1550," pp. 194-195.

156 "Bucer to A Lasco, Concerning the Controversy about Wearing the Habits [20 Oct., 1550]," pp. 452-453.

涵，其邪惡並不在受造物本身、「不在任何服裝、任何形體、任何顏色，或任何神的工，而是在將神良善的創造物誤用為邪惡象徵之人的心靈與信仰中。」[157]換句話說，在視覺理論上，布瑟認為肉眼所見不應該主導我們對儀式或各項裝飾的詮釋，因其真實的意涵繫於執行儀式之人的內在信仰；新信仰下的基督徒必須以他們的心靈主導眼睛：

> 在看到祭衣時，要單純地想到屬天的純淨無瑕、美德的裝飾，這是教會神聖的牧職要傳遞及展現給所有信徒的，好使他們能為自己和牧者的純潔與裝飾禱告……以致最終這一切能閃耀在公正與拯救的服裝上（garments of righteousness and salvation）。[158]

布瑟所言，清楚顯示了新教徒未必貶抑視覺的作用，但視覺所見要能發揮正確的功能，必須要在新信仰的引導與「視覺控制」下。同樣的趨勢可見於伊莉莎白時期的祭衣之爭，當時歐陸宗教領袖布林格與馬泰爾等人，之所以支持官方的祭衣規範，其先決條件就在於教會或牧師本人，必須引導信徒在祭衣上不要看見不該看到的內容——祭衣可得到特殊的恩典與救贖。英格蘭內部支持祭衣的惠特格輔，也借用了當年布瑟的意見，反駁對手把祭衣視為「邪惡展演」（shew of evil）的看

---

157 "Martin Bucer to John Hoper, in Answer to the Foregoing Letter [Nov., 1550]," pp. 459-460.

158 "Bucer to Cranmer, Cambridge, Dec. 8, 1550," p. 217.

圖1.1　布列塔尼公爵查理的大布列夾衣（Pourpoint of Charles of Blois, c. 1364）。

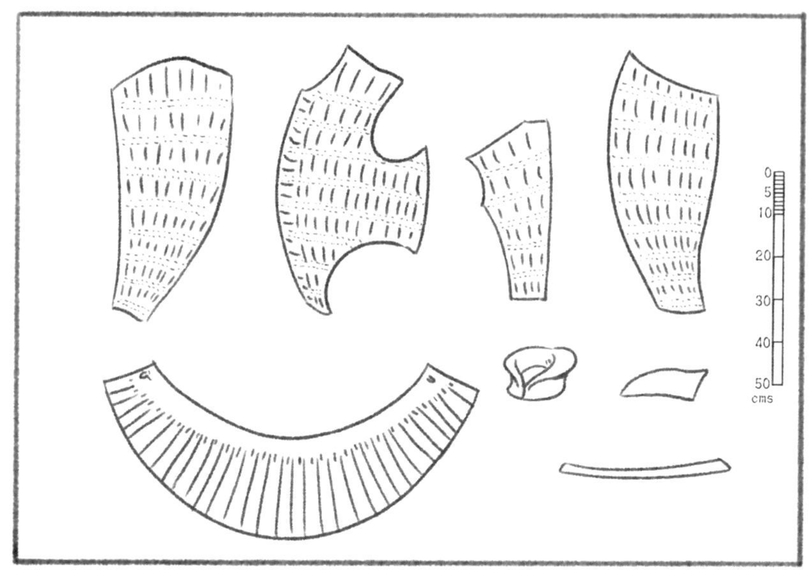

圖1.2　男子大布列夾衣樣版（Puffed and slashed doublet and short trunks）。

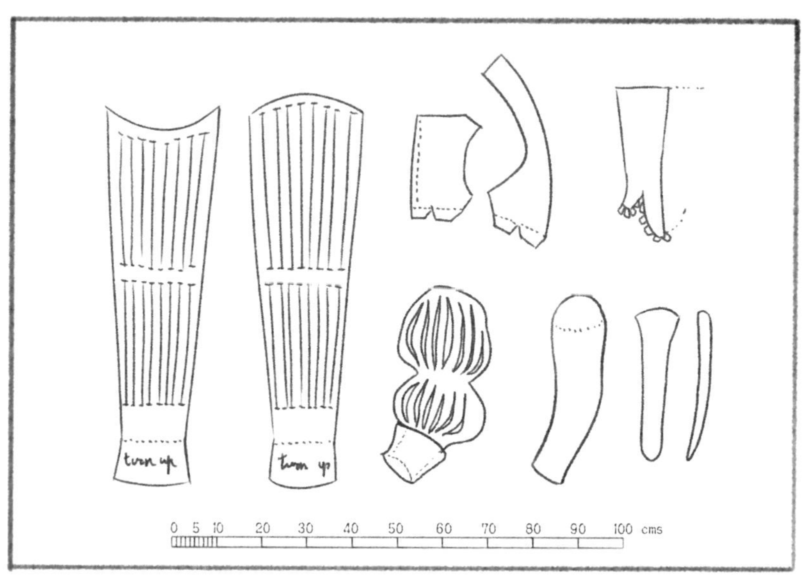

圖1.3　女子緊身馬甲與胸片樣版（Lady's bodice and stomacher）。

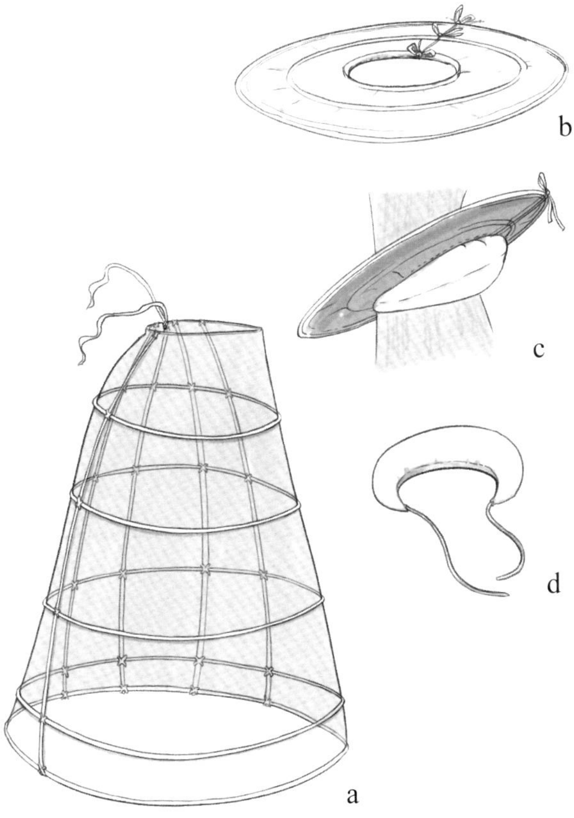

圖1.4　環裙：a為西班牙式鐘型裙狀（Spanish farthingales），bcd為法式輪型裙撐與臀墊（French farthingales and rolls）。

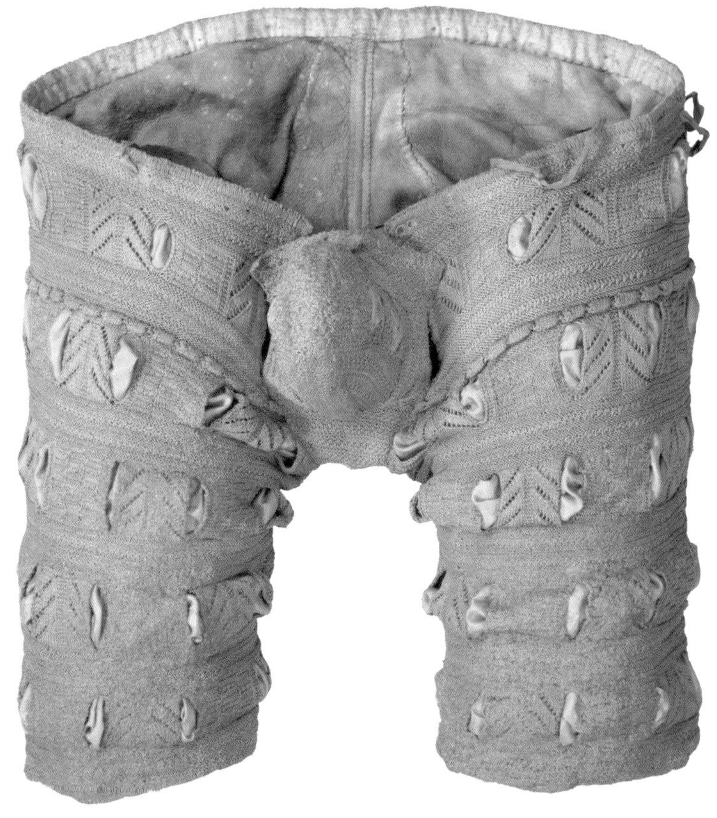

圖1.5　陰囊袋（Codpiece on the knitted silk breeches of the Elector Augustus of Saxony, c. 1552-1555）。

圖1.6　男子大布列夾衣與打褶短褲（doublet and trunk hose）。

圖1.7　蒙毛斯伯爵與其家人。此幅家庭畫像，五人各戴著不同款式的領子，由左至右分別是立領（standing collar）、全輪皺褶領（full ruff）、多層前開皺褶領（wide layered ruff）、垂狀皺褶領（falling ruff）、單層皺褶領（shallow layered ruff）。Attributed to Paul van Somer, *1st Earl of Monmouth and His Family*, c. 1617.

圖2.1　《愚人頌》插圖。

Desiderius Erasmus, *In Praise of Folly, Illustrated with Many Curios Cuts, Designed, Drawn, and Etched by Hans Holbein* (London: Reeves & Turner, 1876). 其網路版可見 http://www.gutenberg.org/files/30201/30201-h/30201-h.htm#linkimage-0008。

圖2.1.1　君王

圖2.1.2　教宗

圖2.1.3　主教

圖2.1.4　樞機主教

圖2.1.5　修士

圖2.1.6　學者

圖2.2　伊拉斯摩斯1517年的畫像（Quentin Massys, *Ritratto di Erasmo da Rotterdam,* 1517）。

圖2.3　伊拉斯摩斯1526年的畫像（Albrecht Dürer, *Erasmus of Rotterdam,* 1526）。

圖2.4　伊拉斯摩斯1523年的畫像（Hans Holbein the Younger, *Bildnis des schreibenden Erasmus von Rotterdam*, 1523）。

圖2.5　伊拉斯摩斯1523年的畫像（Hans Holbein the Younger, *Erasme écrivant*, 1523）。

圖2.6　伊拉斯摩斯1523年的畫像（Hans Holbein the Younger, *Portrait of Erasmus of Rotterdam with Renaissance Pilaster,* 1523）。

圖2.7　伊拉斯摩斯1530年的畫像（Hans Holbein the Younger, *Bildnis des Erasmus von Rotterdam*, c. 1530）。

圖3.1　霍普畫像。畫像中霍普穿著英格蘭教會所規定的祭衣，頭戴四方帽（square cap），內穿黑色禮袍，再穿上白色主教袍（rochet），主教袍之外又穿上黑色無袖袍（chimere），再披上如披巾大小的黑色禮帶（tippet）。Richard Houston, *John Hooper*, after unknown artist mezzotint, c. 1762-1775.

圖3.2　萊德利畫像。萊德利的穿著與圖3.1霍普的穿著相近。Unknown artist, *Nicholas Ridley*, 1555.

圖3.3 十四、十五世紀羅馬與英格蘭主教的穿著。三圖像中主教皆戴主教冠（mitre），手持權杖（crozier），外罩祭披（chasuble），手披腕帶（maniple）。內著的白色聖禮袍（alb）披有聖帶（stole），下部裝飾綴邊（apparels）。左邊兩位主教的祭披中間有繡飾帶（orphrey）。此外，三位主教各自的祭披邊緣、腕帶、聖帶、綴邊所裝飾的花樣一致。

A. W. N. Pugin, *A Glossary of Ecclesiastical Ornament and Costume* (London: Bernard Quaritch, 1868), p. 265（線條與文字為本文作者所增）。

圖4.1　德・希爾（Lucas de Heere, 1534-1584）在《英格蘭、蘇格蘭、愛爾蘭簡述》（*Corte Beschryvinghe van Engheland, Schotland, ende Irland*, 1573-1575）一書所附的插圖，描繪了英格蘭上層貴族至中下階層的服飾。此書現存於大英圖書館Add MS 28330。

圖4.1.1　兩位十六世紀英格蘭男爵，穿著淡紅色的禮袍，頭戴黑色方帽。

圖4.1.2　由左至右依序是：穿著鮮紅色禮袍的倫敦市長（Lord Mayor）、粉紅色禮袍的市府參事（Alderman），以及穿著灰黑色斗篷與連衣帽的倫敦同業公會成員（Liveryman）。

圖4.1.3　由左至右依序是：穿著鮮紅色斗篷的國會議員（Member of the Parliament）；穿著紅色長袍與斗篷，並配戴嘉德騎士勳章的騎士（Knight of the Order of the Garter）；穿著紅色上衣與打褶短褲，並配戴王家勳章的衛兵（guardsman）。他們三人都穿著各自職位特定的服裝。

圖4.1.4　四位伊莉莎白時代的英格蘭女性，由左至右分別是：倫敦市民之妻、倫敦富裕市民之妻、倫敦市民之女、農村女性。由她們的衣著可看出身份地位的差異，其中富裕市民之妻不但以天鵝絨裝飾衣領和衣邊，也以多條斜紋裝飾衣袖，且內穿錦緞底裙。她的穿著違反了文中史塔普所主張的理念，但這類女性並不在都鐸服飾法的規範之內。

圖4.2　十二至十八世紀歐洲與北美禁奢法數量統計（根據Alan Hunt, *Governance of the Consuming Passions*, p. 29所繪）。

地區／時間	12th c.	13th c.	14th c.	15th c.	16th c.	17th c.	18th c.
法國	1	4	5	6	13	19	1
英格蘭	1	0	5	4	20	1	—
義大利城邦（佛羅倫斯與威尼斯除外）	2	7	16	24	12	17	1
佛羅倫斯	—	2	13	10	7	21	—
威尼斯	—	1	8	11	17	28	2
西班牙	—	7	7	2	16	4	2
瑞士			3	0	3	3	2
德意志				3	7	7	2
蘇格蘭				7	12	12	1
北美						9	1

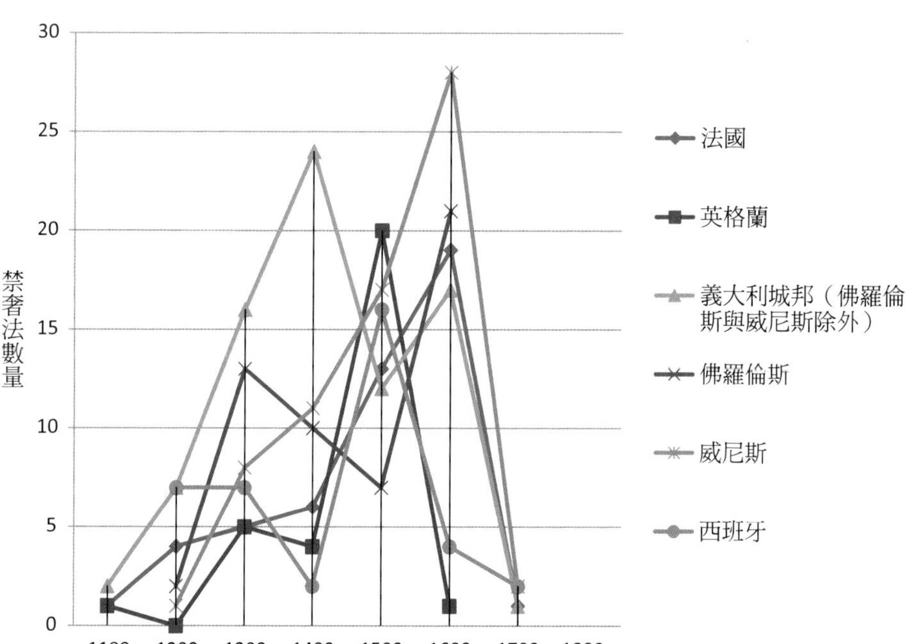

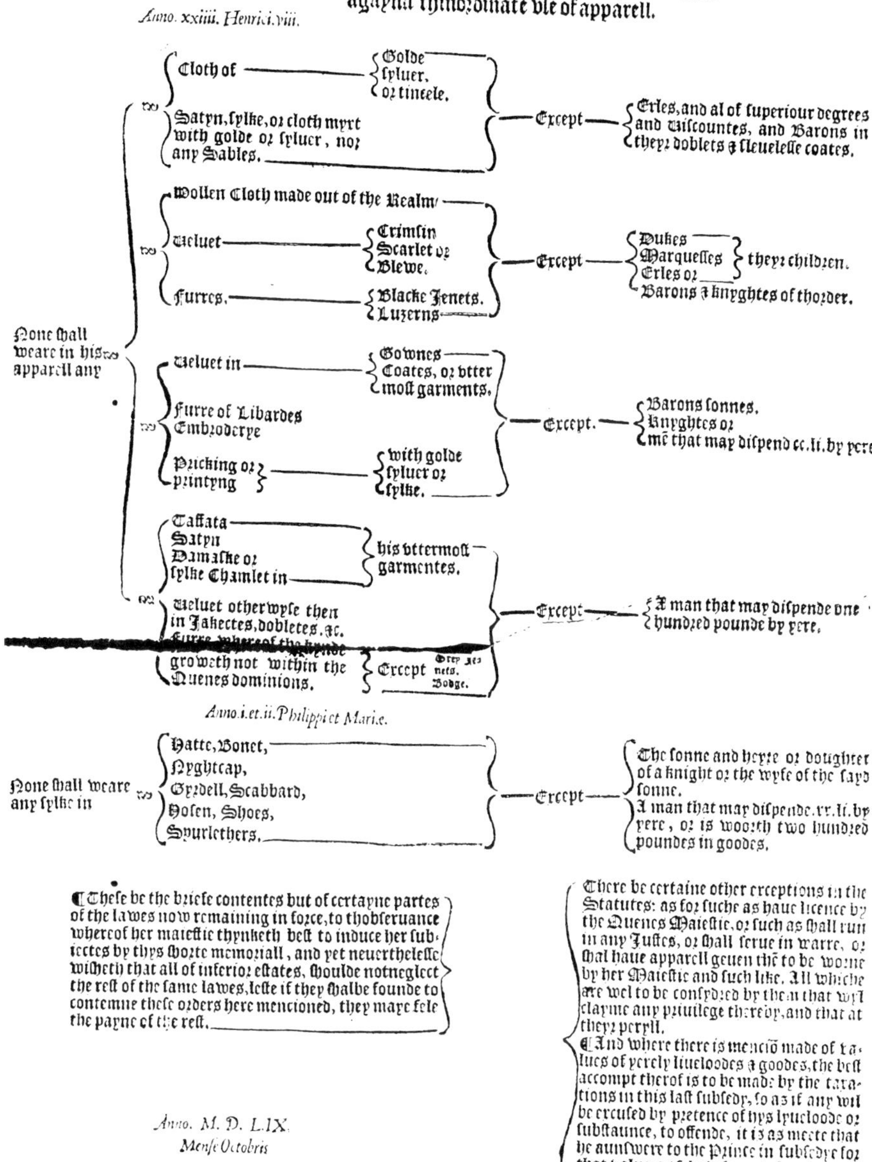

¶ The briefe content of certayne actes of Parliament agaynst thinordinate vse of apparell.

Anno. xxiiii. Henrici. viii.

None shall weare in his apparell any

- Cloth of — Golde, syluer, or tinsele.
- Satyn, sylke, or cloth myxt with golde or syluer, nor any Sables.
- Except — Erles, and al of superiour degrees and Viscountes, and Barons in theyr doblets & sleuelesse coates.

- Wollen Cloth made out of the Realm
- Veluet — Crimsin, Scarlet or Blewe.
- Furres. — Blacke Jenets. Luzerns
- Except — Dukes, Marquesses, Erles or theyr children. Barons & knyghtes of thorder.

- Veluet in — Gownes, Coates, or vttermost garments.
- Furre of Libardes, Embroderye
- Pricking or printyng — with golde syluer or sylke.
- Except. — Barons sonnes, knyghtes or mē that may dispend cc.li. by yere

- Taffata, Satyn, Damaske or sylke Chamlet in — his vttermost garmentes.
- Veluet otherwyse then in Jakectes, dobletes, &c.
- Furre whereof the kynde groweth not within the Quenes dominions. Except Grey Jenets. Bodge.
- Except — A man that may dispende one hundred pounde by yere.

Anno. i. et. ii. Philippi et Mariae.

None shall weare any sylke in

- Hatte, Bonet, Nyghtcap, Gyrdell, Scabbard, Hosen, Shoes, Spurlethers.
- Except — The sonne and heyre or doughter of a knight or the wyfe of the sayd sonne. A man that may dispende .xx.li. by yere, or is worth two hundred poundes in goodes.

¶ These be the briefe contentes but of certayne partes of the lawes now remaining in force, to thobseruance whereof her maiestie thynketh best to induce her subiectes by thys shorte memoriall, and yet neuerthelesse wisheth that all of inferior estates, shoulde not neglect the rest of the same lawes, leste if they shalbe founde to contemne these orders here mencioned, they maye fele the payne of the rest.

There be certaine other exceptions in the Statutes: as for suche as haue licence by the Quenes Maiestie, or such as shall run in any Justes, or shall serue in warre, or shal haue apparell geuen thē to be worne by her Maiestie and such like. All whiche are wel to be consydred by them that wyl clayme any priuilege thereby, and that at theyr peryll.

¶ And where there is mēciō made of values of yerely liuelodes & goodes, the best accompt therof is to be made by the taxations in this last subsedy, so as if any wil be excused by pretence of hys lyuelode or substaunce, to offende, it is as meete that he aunswere to the Prince in subsedye for that value, as seke defence to breake anye good lawe, wherof her maiestie geueth to all men admonition.

Anno. M. D. LIX. Mense Octobris

圖4.3　1559年服飾詔令中所附的法規簡表（*The Briefe Content of Certayne Actes of Parliament agaynst Thinordinate Vse of Apparel*, London: R. Juggo and John Cawood, 1559）。

圖4.4　薩理伯爵穿著1540年代英格蘭貴族流行的短褲，緊覆大腿，中間戴陰囊袋。
Unknown Italian artist, *Henry Howard, Earl of Surrey*, 1546.

圖4.5　萊斯特伯爵下身穿1570年以後流行的男子寬大打褶短褲，中戴陰囊袋。
Unknown artist, *Robert Dudley, 1st Earl of Leicester*, c. 1575.

圖4.6　英格蘭畫家希理亞（Nicholas Hilliard, c. 1547-1619），為伊莉莎白女王的宮廷，留下多幅小型人物肖像，可看出英格蘭從1570年至1590年皺褶領的變化。宮廷流行的皺褶領在1580年以後，明顯往寬大、散立的方向發展。

圖4.6.1　伊莉莎白女王（Nicholas Hilliard, *Queen Elizabeth I*, 1572）。

圖4.6.2　萊斯特伯爵（Nicholas Hilliard, *Robert Dudley, 1st Earl of Leicester*, 1576）。

圖4.6.3　雷利爵士（Nicholas Hilliard, *Sir Walter Raleigh*, c. 1585）。

圖4.6.4　潘布洛克女伯爵（Nicholas Hilliard, *Lady Mary Sidney, Countess of Pembroke*, c. 1590）。

圖4.7　羅利爵士身披黑色天鵝絨斗篷，上緣有反折的黑貂毛皮，斗篷上則繡有太陽光束的圖案，光束尾端各墜著三顆珍珠，與其銀色上衣相互輝映。在都鐸時期黑貂毛皮僅限伯爵爵位以上的貴族使用，但羅利並未因穿戴黑貂毛皮飾邊的斗篷而受罰，也許是得到女王特許。Unknown artist, *Sir Walter Raleigh*, 1588.

圖4.8　凱薩琳王后下身穿1550年代以前流行的圓錐形西班牙式環裙。

Attributed to Master John, *Queen Catherine Parr*, 1545.

圖4.9　伊莉莎白一世下身著1580年代中期以後流行的法式輪形環裙。

Marcus Gheeraerts the Younger, *The Ditchley Portrait of Elizabeth I*, c. 1592.

圖4.10　博爾納男爵的肖像。依據他所留下的財產清冊，他在此圖中所穿的長袍，可能是用黑貂毛皮飾邊，內著紅色錦緞所做的大布列夾衣，衣袖用金綿錦。使用黑貂毛皮違反了亨利八世1515年頒佈的服飾法，其僅限侯爵以上可使用黑貂毛皮。

Unknown artist, *John Bourchier, 2nd Baron Berners*, c. 1520-1526.

圖5.1　裸體英格蘭人（Andrew Boorde, *The Fyrst Boke of the Introduction of Knowledge*, 1555, sig. $A3_v$）。

圖5.2　威尼斯貴族的托加長袍，類同古羅馬男性所穿的長袍。
Cesare Vecellio, *The Clothing of the Renaissance World: Europe, Asia, Africa, the Americas: Cesare Vecellio's Habiti Antichi et Moderni*, eds. and trans. Margaret F. Rosenthal and Ann Rosalind Jones (London: Thames & Hudson, 2008), p.158.

圖5.3　法國貴族與一般仕女常見的心形頭飾。
Cesare Vecellio, *Cesare Vecellio's Habiti Antichi et Moderni*, p. 321.

圖5.4　英格蘭女貴族的黑色絲絨小帽與加上毛皮的外衣。
Cesare Vecellio, *Cesare Vecellio's Habiti Antichi et Moderni*, p. 418.

圖5.5　土耳其貴族男性碩大的頭巾帽。
Cesare Vecellio, *Cesare Vecellio's Habiti Antichi et Moderni*, p. 428.

圖 5.6　中國男貴族的穿著。
Cesare Vecellio, *Cesare Vecellio's Habiti Antichi et Moderni*, p. 527.

圖 5.7　美洲佛羅里達國王。
Cesare Vecellio, *Cesare Vecellio's Habiti Antichi et Moderni*, p. 563.

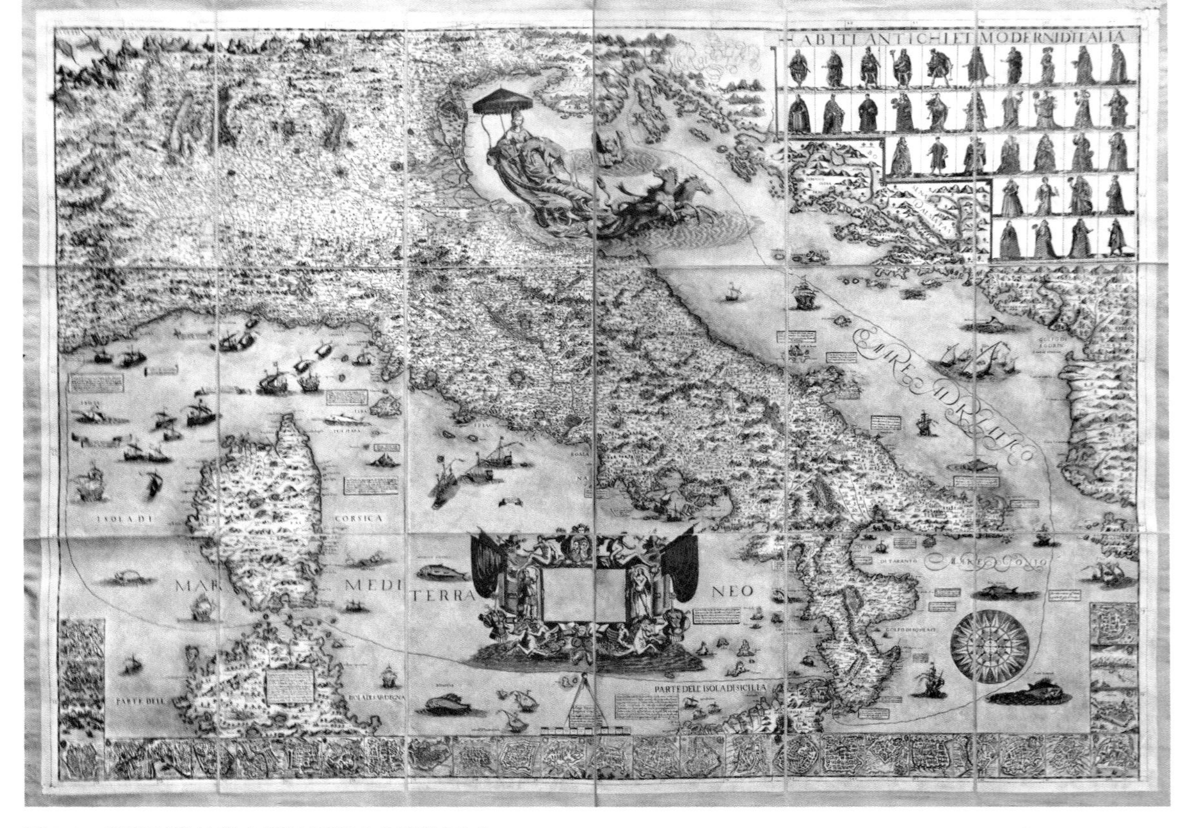

圖5.8　羅薩喬歐的義大利地圖與古今服飾圖（Giuseppe Rosaccio, *Abiti antichi et moderni d'Italia*, 1607）。

圖5.9　葛瑞兹的義大利地圖（Hessel Gerritsz, *Nova Descrittione D'Italia Di Gio. Anton. Magino*, 1617, from: J. B. Harley and David Woodward ed., *The History of Cartography*, v. 3, part 2, p. 1316）。

圖5.10 布勞的歐洲地圖（Willem Jansz Blaeu, *Map of Europe*, 1635）。

HABITVS
PRÆCIPVORVM POPV-
LORVM, TAM VIRORVM QVAM
fœminarum Singulari arte depicti.
Trachtenbuch:
Darin fast allerley vnd der für-
nembsten Nationen / die heutigs tags be-
kandt sein / Kleidungen / beyde wie es bey Manns
vnd Weibspersonen gebreuchlich / mit allem vleiß
abgerissen sein / sehr lustig vnd kurtz-
weilig zusehen.
Gedruckt zu Nürmberg / bey Hans
Weigel Formschneider.
Mit Röm. Kay. May. Freyheit / In x.
Jharn nicht nach zudrucken.
ASIA
AFRICA
EVROPA
AMERICA
ANNO M. D. LXXVII.

圖5.11　魏古爾《服飾書》書名頁（Hans Weigel, *Trachtenbuch*, Nuremberg: Hans Weigel, 1577, frontispiece）。

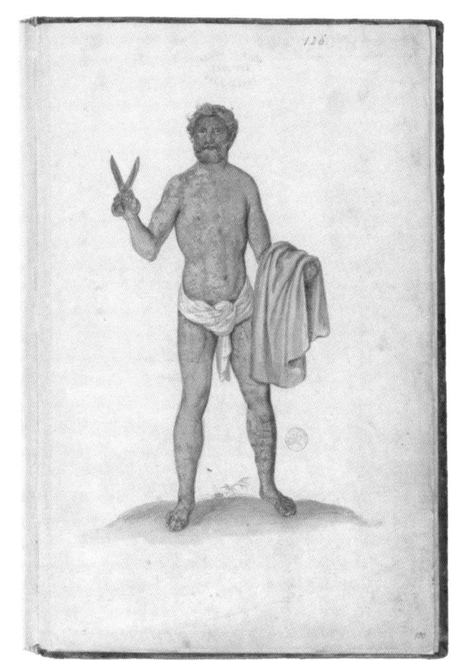

圖5.12　德・希爾服飾書《寰宇各族各國古今各類服飾劇場》的最後一頁（Lucas de Heere, *Théâtre de tous les peuples et nations de la terre avec leurs habits, et ornemens divers, tant anciens que moderns*, Ghent, 1576）。

圖5.13　皮琛《不列顛的米納瓦》中的猩猩（Henry Peacham, *Minerva Britanna*, 1612, London: By Wa: Dight, p. 168）。

A

QVIP FOR AN VP-
ſtart Courtier:

Or,

A quaint diſpute betvveen Veluet breeches
and Cloth-breeches.

*Wherein is plainely ſet downe the diſorders
in all Eſtates and Trades.*

LONDON

Imprinted by Iohn Wolfe, and are to bee ſold at his
ſhop at Poules chayne. 1592.

圖5.14　格林《獻給竄紅之廷臣的妙辭》一書的書名頁（Robert Greene, *A Qvip for an Vpstart Courtier: Or, A Quaint Dispute Between Veluet Breeches and Cloth-Breeches*, London: By Iohn Wolfe, 1592, frontispiece）。

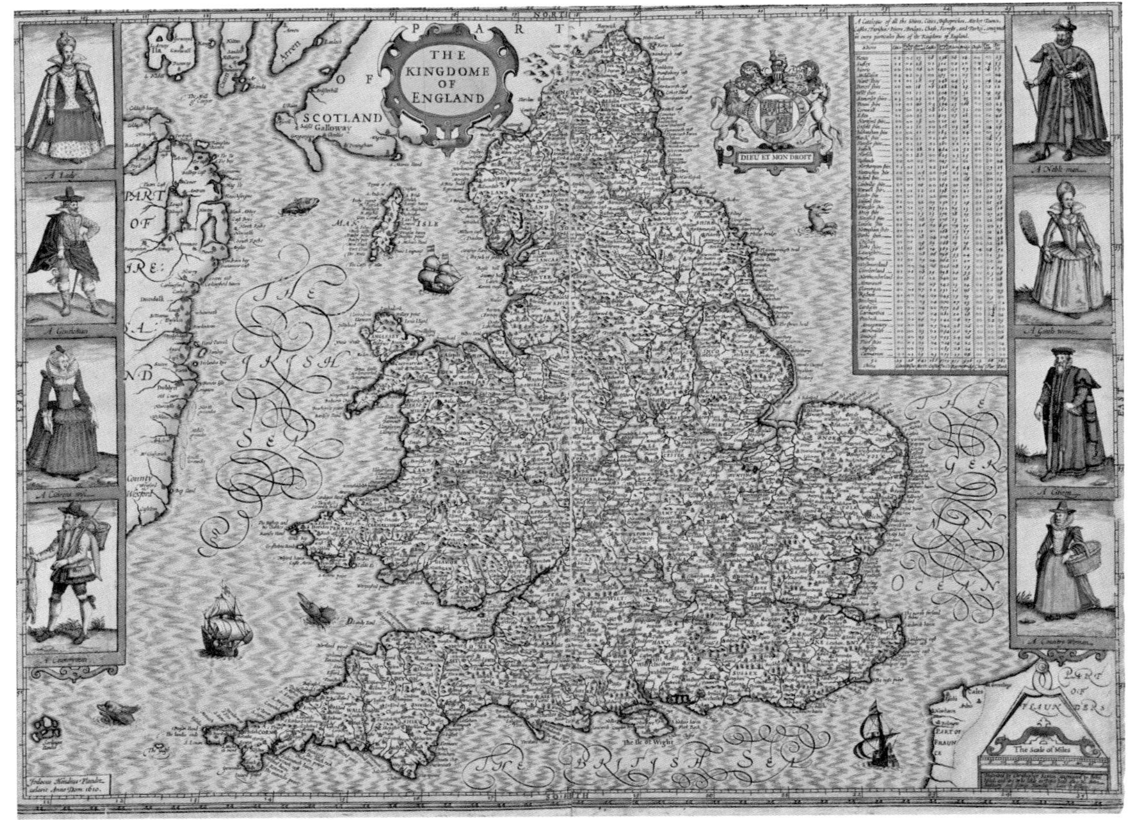

圖5.15　史必得的〈英格蘭王國地圖〉（John Speed, "Map of England," *The Theatre of the Empire of Great Britain*, 1611）。

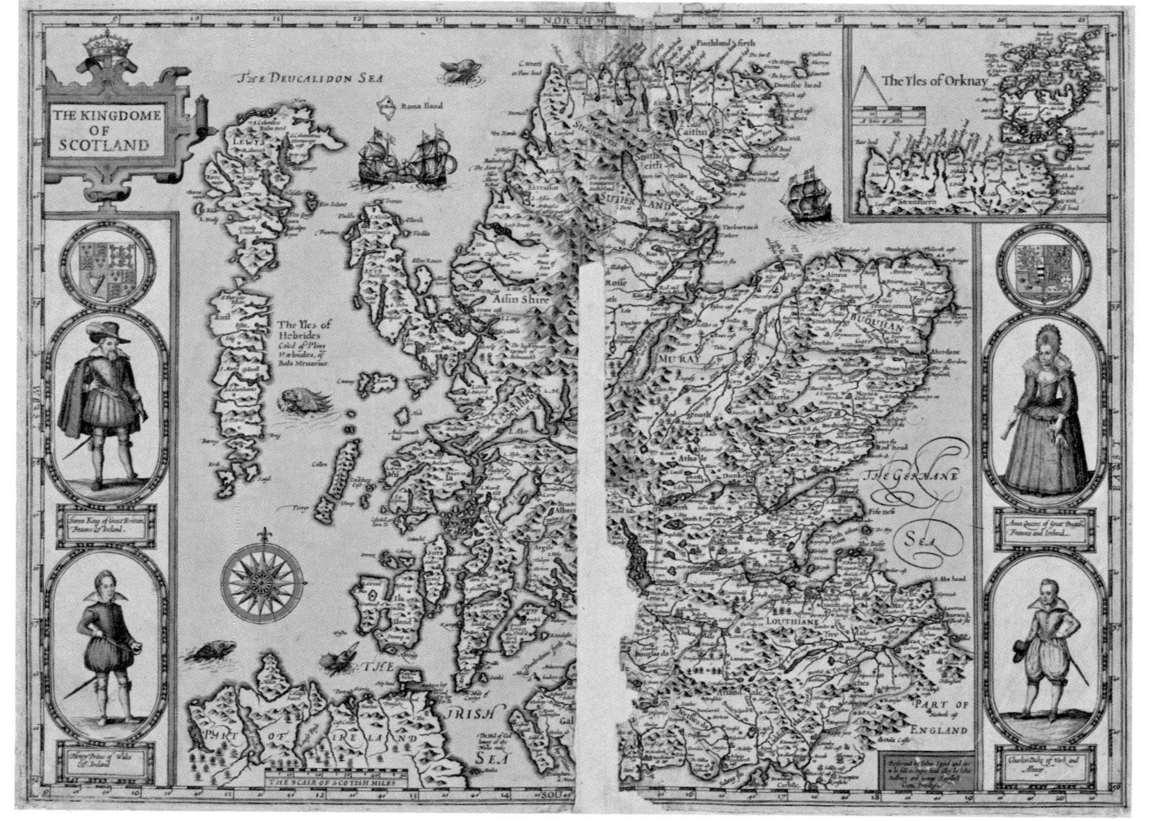

圖5.16　史必得的〈蘇格蘭王國地圖〉（John Speed, "Map of Scotland," *The Theatre of the Empire of Great Britain*, 1611）。
© Cambridge University Library

圖5.17　史必得的〈愛爾蘭王國地圖〉（John Speed, "Map of Ireland," *The Theatre of the Empire of Great Britain*, 1611）。

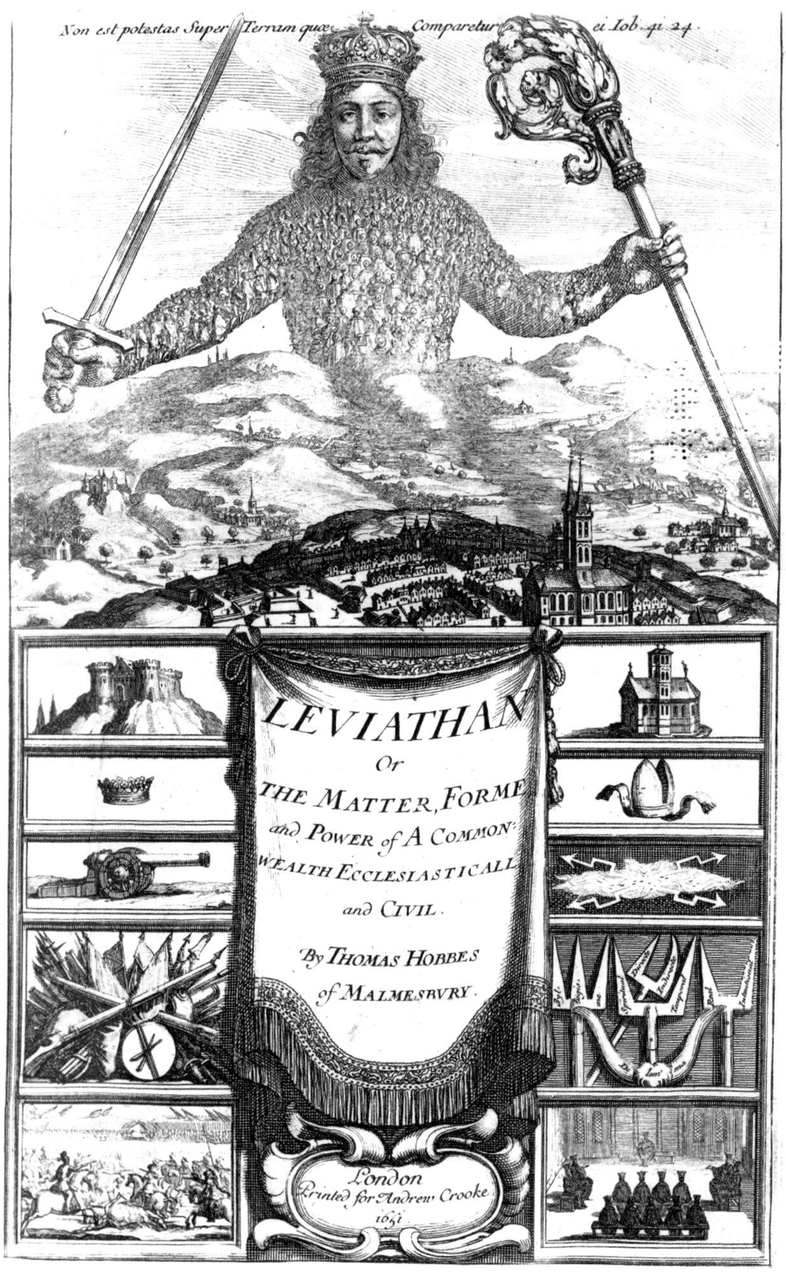

圖6.1　霍布斯《利維坦》一書的書名頁（Thomas Hobbes, *Leviathan*, 1651, frontispiece），Wikimedia Commons。

圖6.2　霍布斯於1651年獻給英王查理二世的《利維坦》手抄本書名頁，現存於大英圖書館 MSS Egerton 1910。

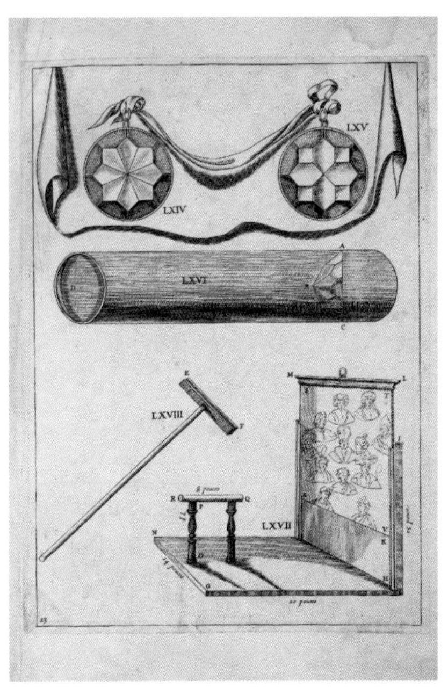

圖6.3 內裝透視鏡的長管（Composition and configuration of the perspective glass from: Jean-François Nicéron, *La Perspective Curieuse*, 1638）。

圖6.4 由十二位奧圖曼蘇丹組合成的法王路易十三圖像（Perspective glass and perspective picture from Jean-François Nicéron, *La Perspective Curieuse*, 1638）。

法。他認為同樣的事物，在不同的面向、不同的時間，可能是「良善的符號」，也可能是「邪惡的符號」，當教會努力避免祭衣成為「邪惡的展演」，並轉用為真理與信仰的造就時，它就成為「良善的展演」（shew of good）。惠特格輔不再將依憑肉眼視覺而來的shew當作負面用詞，似乎肯定了人類視覺的有效性，但他的信心其實來自於當下英格蘭的基督徒，已被引導不會如此「盲目無知」的以為祭衣還是「彌撒祭司的符號」（signs of a massing priest）。[159]換言之，支持祭衣者相信健康而良好的「心靈之眼」，可以引導肉眼得見正確的符號意涵，但反對祭衣者，依舊無法信賴人的肉眼，將視覺視為帶來邪惡與虛華的危險感官。

祭衣之爭除了成為視覺論述爭戰的場域之外，也由此延伸到服飾的議題，即祭衣的區隔功能。在祭衣之爭的辯論過程中，祭衣被提到的區隔功能主要有二。第一，祭衣區隔聖俗，即區隔教士階級特有的神聖地位與一般俗人的差異。1550年馬泰爾寫給布林格的信中，提到祭衣之爭中雙方的歧見在於：「主教們希望，教會的牧師在執行聖事時，可以特殊的服裝與其他人有所區隔。霍普則否定此種區隔的合法性。」[160]霍普的主張，如他寫給國王議會的信件所示，認為「人人皆祭司」的理念來自《聖經》明確的支持，反對教會違背上帝的話語，使用祭衣區隔聖俗。對立的萊德利則批評霍普對《聖經》或其他

159 John Whitgift, *The Works of John Whitgift*, vol. 1, p. 72; vol. 2, p. 67.

160 "Peter Martyr to Henry Bullinger, Oxford, Jan. 28, 1551," in *Original Letters*, vol. 2, p. 487.

權威意見的解釋，片面而迂腐。他質問霍普：《聖經》稱人人皆是「祭司」，也說人人都是「君王」，難道人人都只能穿著「祭司」或「君王」的服裝，而無從區別社會中不同的職業或地位嗎？萊德利又針對霍普所引教宗塞拉汀（Pope Celestine I, d. 432）的話：「牧師以其義理被人所識，而不是以其服裝」，指出這句話並不在否定祭衣，或其他任何「合宜的服裝」所具備的區別功能，而是點出祭衣本身並非被尊崇的事物，它們只是「區別的符號」（a note of difference）。[161] 對萊德利來說，這個符號就像其他各類中性之事，只要對宗教生活有益，又無迷信的危險，皆可使用。

祭衣做為區隔聖俗的符號，這個概念也得到布瑟的認同，雖然他主張改革後的教會最好不再使用祭衣，但他也表示：「我會讓教會的牧師穿上賢明的服裝（sage vesture），這樣可使他們和一般人有所分別。」[162] 論到英格蘭教會的祭衣，他指出這項「外在的象徵」（outward token），可以提醒人們神透過教會聖職所傳布的真理，更可以使牧師們注意到自己的職司，也能使信徒對牧師產生更多的崇敬。反之，取消了祭衣，很可能使信仰軟弱的弟兄對牧師心生輕蔑。布瑟也以世俗社會中代

161 Nicholas Ridley, "Reply of BP Ridley to BP Hooper on the Vestment Controversy, 1550," pp. 386, 384.

162 "Bucer to A Lasco, Concerning the Controversy about Wearing the Habits [20 Oct., 1550]," p. 445. 布瑟在寫給霍普的信中，也指出官吏可以高貴的服裝與一般平民有所區隔，並以此增進人民對統治者的敬意，職司宗教的牧師也可如此做，見"Martin Bucer to John Hoper, in Answer to the Foregoing Letter [Nov., 1550]," p. 463.

表公共權力的旌旗（ensignes）類比，旗幟可以幫助統治者維持或增進他們的權威，使人對他們產生由衷的敬意。布瑟明白「旌旗事實上只是符號」，而不是旌旗所象徵的才能與美德本身，「但他們能提醒與感動〔人的〕心靈」。所以只要能提升信仰、輔助聖職，又不沾染任何迷信，在布瑟看來使用祭衣無可厚非。[163]

第二，祭衣區隔新舊信仰，亦即區隔真信仰與反基督之間的差異。霍普和拉司考反對祭衣的重要原因之一，即在於祭衣是「亞倫與外邦人的衣服與祭袍」，是「褻瀆神的天主教祭司職之標記」。繼續使用這個標記，就等同繼續維持天主教，而且「耶穌的祭司職」也因此受到嚴重的污染，無從維護自己的潔淨。[164]拉司考在寫給國王愛德華六世的信件中，用了相當生動的形象來區隔不使用祭衣的新教會，和仍舊使用祭衣的天主教會，前者是「貞女」，後者則是「妓女」。他的信中請國王想像，如果一個在鄉里間頗有清譽的父親，他的女兒被老鴇所惑帶到妓院，給她穿上妓女的衣服；在這女兒真正墮落之前，父親找到了她，又把她贖回，這樣就能確保她女兒的貞潔嗎？不，拉司考指出，這位父親必得要他的女兒完全褪去在妓院時所穿的衣服和一切裝飾，即使有人勸這位父親，衣服不重要，只要家長心靈高貴、治家有方便可，這位父親也不當聽從。因

163 "Bucer to A Lasco, Concerning the Controversy About wearing the Habits〔20 Oct., 1550〕," pp. 445-446; "Bucer to Cranmer, Cambridge, Dec. 8, 1550," p. 217.

164 John Hooper, "An Oversight and Deliberation upon the Holy Prophet Jonas," p. 479; *The Fortresse of Fathers*, sig. $C6_v$.

為，唯有從他家中除去所有讓人可能產生懷疑的事物，才能取信於鄰里，才能使老鴇不因他的女兒仍穿著「妓院的標記」（whore-house marks），再帶走他的女兒。拉司考指出這位貞潔之名正受挑戰的女兒，就如英格蘭教會，而她的父親就是國王，那試圖拐騙女兒的老鴇便是天主教會。國王若要盡保護教會之責，不但要從天主教會手中救出英格蘭教會，也必得除去一切天主教的「符號或象徵」；讓它脫下所有舊有的衣裳，不讓它再被「看到」有任何東西是屬於「天主教妓院」的。[165]

以妓女的服裝比喻天主教的祭衣，在路德派及英格蘭的祭衣之爭中，重複的出現。如路德派的伊理瑞庫斯（Mathias Flacius Illyricu, 1520-1575）認為，雖然妓女的衣服本身是純淨無害的，但沒有一個誠實正直的人會願意穿上妓女的服裝，因為它已長久被錯誤使用，不再是「中性之事」；就像天主教的祭衣，信仰真誠的人絕不願再套上這樣的服裝，因為它「長久為教宗體制服務，滿布錯誤與邪惡。」[166]伊莉莎白時代祭衣之爭時期，海德堡（Heidelberg）的贊奇烏斯（Herome Zanchius, 1516-1590）寫給女王的信中也提到，由於祭衣早已被「羅馬淫妓（指天主教信仰）」玷污，用來勾引男人通姦、犯罪，穿上祭衣的新教教士，猶如一位潔身自愛的公主，被迫穿上妓女

---

165 John A Lasco, "Joannes A Lasco, &c. to the Renowned Edward the Sixth," in *Ecclesiastical Memorials*, vol. 2, part 2, pp. 34-36. 拉司考的比喻是以《聖經》〈啟示錄〉17章所提到的「巴比倫大淫婦」為典故。

166 "Matthias Flacius Illyricus above Named, in His Own Worke. *De Adiaphoris*," in *The Fortresse of Father*, sig. $B5_v$-6_r.

的衣服，並且公開示眾、任人唾棄。[167]

這類比喻傳達著：即使一位女子從未與人姦淫，一旦穿上妓女的服裝，也就被眾人視為妓女，再也無法以其形貌獲得他人的尊重。同理，改革的教會不論在真理與教訓上多麼純潔無瑕，一旦它的牧者穿上了祭衣，內在原有的純淨也就被掩蓋，並且與天主教會同流合污。然而，萊德利、布瑟與馬泰爾卻不贊同這種類比，因為祭衣乃是「中性之事」，它本身無善惡可言，況且保羅說：「在潔淨的人凡物都潔淨：在污穢不信的人，甚麼都不潔淨。」(〈提多書〉1:15)[168]祭衣好壞與否決定於穿著的人與其信仰。

除了以上所談的兩種區隔之外，在伊莉莎白時期，祭衣也被視為服從政治權威的表徵，分辨出服從與反抗既有政治秩序者，這就是坎特伯理大主教帕爾克持續推動祭衣規範的重要理由。他曾對國務大臣西塞爾（William Cecil, 1520-1598）表示：「大人您以為我在乎的是方帽、禮帶（tippet）、白罩衫，或聖餐禮中的餅，或任何這一類事嗎？其實〔我在乎的〕是我所崇敬的法律，〔剷除〕對法律與權威的蔑視，才是我執法的目的，而不是為別的。」[169]帕爾克所貫徹的正是英格蘭自亨利八世宗教改革以來，官方藉由統一宗教形式達成政治服從的

---

167 "Herome Zanchius to Queen Elizabeth, Dated at Heidelberg, Sept. 10, 1571," in *The Zurich Letters*, vol. 2, appendix, p. 345.

168 Nichoals Ridley, "Reply of BP Ridley to Hooper on the Vestment Controversy, 1550," p. 393.

169 "Archbishop Parker to Lord Burghley, 11 April, 1575," in *Correspondence of Matthew Parker*, pp. 478-479.

政策。而此立場的另外一方，因抗拒祭衣而受政治逼迫的漢弗瑞，也注意到祭衣已經成為外在服從的標記，政府以此做為宗教統一的手段，而不論內在信仰的真實與純潔，他說：

> 一個內在滿富神恩的人，因為沒有外在的表演（outward shews）而被懲罰；一個外表服從但沒有內在〔信仰〕裝備的人，卻逃過審判且高升了。……一個不願戴上四方帽的有識之士飽受折磨，但一個戴上方帽不學無術的人卻安然無恙。……這是不是就像一個杯子洗了外面，卻不管裡面的污穢？[170]

然而，也正因為祭衣是外面的事、公開的事，它無法被隱蔽或遮蓋為單純個人內在的事，每當一位牧師在主日站上教會的主壇，他的穿著就在眾目睽睽之下，揭露了個人的立場——服從或反對官方的規定、接受天主教會遺留下來的祭衣，或遵循歐陸教會的模式放棄祭衣。此種視覺上的公開性，使祭衣超越了純粹思想上的辯論，成為傳達宗教與政治立場的鮮明標記，也因此祭衣成為英格蘭宗教改革過程中，無可迴避的議題。

---

170 此言出處為1565年5月漢弗瑞寫給官方承辦祭衣規範相關業務的人，收於Richard Watson Dixon, *History of the Church of England from the Abolition of the Roman Jurisdiction*, vol. 6 (Oxford: the Clarendon Press, 1902), p. 62. 文中所提的「方帽」是伊莉莎白時期祭衣規範中的一項。

七、結語

> 中性之事，即有關中性之事的問題，是引發爭吵的金蘋果。[171]

伊莉莎白時代捲入祭衣之爭的新教徒如是說，因為祭衣在英格蘭新教教會建立之後，已兩度引發爭端，割裂了英格蘭新教徒內部的團結，也使歐陸各宗教領導人憂心不已。原以為是芝麻小事的祭衣，卻成為英格蘭政府堅持的權威標記，也成為反對者走向真信仰之路的絆腳石。特別是對反對者而言，祭衣不再是輕如鴻毛的小事，而是重如泰山、關乎信仰純正與否的「大事」（of great importance）。[172]

本章以祭衣為主體，說明了英格蘭教會從1549年至1559年之間，祭衣規範的變化，以及兩次祭衣之爭大概的過程，但祭衣或祭衣之爭都必須從更大的脈絡來理解它們的性質與意義。首先，祭衣是在「中性之事」的概念下被討論，此概念所涵蓋的特質、問題或爭議，也因此印刻在祭衣之上，所以祭衣的爭辯同時是一場有關中性之事的爭辯。不過，中性之事的範圍相當廣泛，何以在英格蘭的宗教改革過程中，不是別的物件，而是祭衣，成為爭議的焦點？這個問題將我們導向另外兩個脈絡，一者是英格蘭宗教改革中的政治傳統，即透過政治力

---

171 "Herome Zanchius to Queen Elizabeth, Dated at Heidelberg, Sept. 10, 1571," p. 349.

172 "Laurence Humphrey and Thomas Sampson to Henry Bullinger, July 1566," p. 163.

建立宗教秩序，而服飾是英格蘭政府不論在世俗社會，或在教會內建立秩序的主要手段之一。再者是視覺與服飾文化的脈絡，由於服飾的符號性，在視覺上的公開性，以及它所達成的身分區隔，使祭衣不像聖餐禮的爭議，可封閉在宗教理論家之間思想的辯論。當時新教徒非常清楚地意識到，祭衣乃是公開被所有參與教會的信徒所目睹，深切影響教會整體的形象，也傳達其宗教與政治立場。

在上述三個脈絡考慮下，本章以1550-1551年霍普所引發的第一次祭衣之爭為主，以這段期間參與此爭議的人物所撰寫的文章或書信為主要材料，分析英格蘭祭衣之爭的性質與意義。從宗教思想的脈絡來看，支持與反對祭衣的兩方，主要爭執點有二：祭衣是否為中性之事？可否以服裝區隔神職人員與一般俗人？霍普採取「《聖經》簡化主義」的立場，主張《聖經》沒有明確證據支持祭衣的使用，卻有許多證據反對以祭衣區隔教士階級，所以祭衣並非中性之事，也對教會毫無造就之功。萊德利及其他多數歐陸宗教意見領袖，則主張中性之事是「《聖經》未明確允許或禁止的事」，也是無關信仰與救贖之事，祭衣即屬此類，世間的教會可出於秩序及儀節的考慮，因時因地制宜，以此原則規範服裝的使用。

從政治權威的脈絡來看，反對祭衣的霍普認為，容或教會內對祭衣是否為中性之事有不同的意見，應該交由宗教會議決定，而不應由世俗政府干涉，此立場使他不僅違反英格蘭教會的規範，也挑戰了制定《公禱書》的政府權威。萊德利則站在政府的立場發言，主張祭衣這一類的中性之事，不應在個人或教會裁決的範圍內，而應列於世俗「秩序」與「法律」的範疇內，交由世俗統治者參酌教會領導人的意見，頒布一國內一致的規範，才能建立統一而良善的宗教秩序。涉入祭衣之爭的外國宗教意見領袖，如拉司考、布瑟、馬泰爾等人，則對此問題小心翼翼。如果不考慮政治現實問題，即英格蘭教會需要政府權威支持，他們皆主張不使用祭衣，但基於政治現實，他們又多主張接受君主對中性之事的干涉，也接受政府對祭衣的規範。

從視覺與服飾文化的脈絡來看，祭衣如同許多宗教事物，如鐘或水，是信仰的「符號」和「象徵」；祭衣也如同世間其他類型的服裝，可區隔出不同的身分、地位與形象。霍普和拉司考認為，祭衣是猶太祭司的遺留，也是反基督的標記，穿上祭衣的新教教士，猶如穿上妓女服裝的良善女子，等於認同了羅馬教會及其所代表的一切腐化與淫亂。萊德利與其他歐陸宗教領導人，為了說服霍普等反對者，則主張祭衣這類中性之事，本身並無良善或邪惡之別，它做為符號或標記，可以是「良善的象徵」，也可以是「邪惡的標記」，取決於使用者本身是否有真誠的信仰，也取決於於觀看者對這些物件是否有正確的詮釋，能以「心靈之眼」看見屬天的純潔與公義。

以上所談的宗教、政府權威、視覺形象，其實是彼此聯繫的三個面向，也是「中性之事」的概念中所包涵的三個問題：在宗教理論上的界定與使用的問題、可否由世俗權威介入並規範的問題、這類「外在可見之事」所被賦予的符號與形象問題。透過這三個面向可以發現，英格蘭的祭衣之爭，不論是在愛德華時代或伊莉莎白時代，它不僅是不同教派之間彼此角力或衝突的表現，也不僅是英格蘭「清教主義」發展的前身，而是要了解宗教改革運動本身時不可忽略的議題。因為，此問題的出現，源於宗教改革運動中對傳統禮儀與習俗的重新定位，也源於宗教改革運動與世俗政權密切的連結及合作，更牽涉到新教教會要如何建立一套新的「視覺論述」與服裝風格。祭衣之爭也不是一個發生在英格蘭的孤立事件，它是1540年代路德派「中性之事論戰」的延續，而且連結了英格蘭境內的新教徒與海外各教派人士。因此，我們可在祭衣相關的討論中，清楚看見宗教理論上「無關救贖」的事物，卻一再被拉進救贖之地的戰場中。

在這場有關祭衣的戰鬥中，英格蘭政府基本上是勝利的一方，不過同時間它也在面對另一場更加詭譎的爭戰，而且敵人從四面八方而來，包括傳統毛織產業危機、國家財富外流、社會治安敗壞、道德風俗腐化、舊有階級關係受到挑戰等等。英格蘭政府認為，這些問題的根源來自世俗世界服飾秩序的崩壞，統治者必須與國會（Parliament）合作，重建服飾階序，才能打贏這場社會秩序的戰爭。

第四章

秩序

一、穿錯衣服

伊莉莎白時代的廷臣哈靈頓（Sir John Harington, 1560-1612），因女王是他的教母，幼時經常出入宮中。他在女王過世之後，寫給友人的信件中，記錄了一件發生在女王與其侍女瑪麗・霍爾德（Lady Mary Howard, d. 1603）之間的故事。哈靈頓提到女王「很喜歡華麗的衣服，可是經常指責那些穿著過於高貴、不合於其身分地位的人。」她的侍女中有一位霍爾德女士，平常就愛打扮，時常吸引女王寵臣愛賽克斯伯爵（Robert Devereux, Earl of Essex, 1565-1601）的目光。某日，霍爾德穿了一件用天鵝絨製成，滿綴金線與珍珠的連身衣裙（a velvet suite），引起許多侍女的豔羨，卻也惹惱了女王，因為女王認為這件衣裙比她自己穿的還華麗。於是，她找人暗暗取來霍爾德的衣服，穿在自己身上，可是以女王的身高來說，這件衣服的裙子太短，很不合身。然後，女王刻意走進一群侍女聚集的房間中；她問在場每一位侍女，是否喜歡她所穿的新衣裳？她又轉頭問這套衣服原本的主人：「它是不是太短不合身？」困窘的霍爾德女士只好點頭稱是。女王接著教訓她：「如果因為它太短而不適合我，我想它也永遠不會適合妳，因為太高貴了。所以〔這件衣服〕都不適合〔我們兩個人〕。」這番話讓霍爾德聽得更加無地自容，此後她再也不敢穿上這件衣服，將它束之高閣，直到女王過世。[1]

---

1 John Harington, *Nugae Antiquae: A Miscellaneous Collection of Original Papers in Prose and in Verse*, vol. 2, ed. Henry Harington (London, 1792), pp. 139-140. 此封信乃於1606年由哈靈頓寫給馬侃（Robert Markam，生卒年不詳）。

此事件透露著女王對華麗衣裳的喜愛，又有幾分女人在外貌上、情愛上，對另一個女人的嫉妒。[2]但伊莉莎白女王用了這時代最普遍的服飾語言——「秩序」，迫使另一個女人放棄精緻美麗的服裝。所謂秩序的語言，在此指的是以身分和地位界定何謂合宜的服裝。在宮廷的政治秩序中，沒有侍女可以在服裝上超越女王的尊貴；或者說，宮廷中個人外表穿著的服裝，必須在視覺上體現宮廷的政治秩序。然而，宮廷中的秩序僅是此時代秩序觀的一環，或其縮影。比宮廷更大的是由所有人所組成的「政治體」（body politic）或「共同體」（the commonwealth）；比共同體更大的，則是自然宇宙的世界。歐洲中古至近代早期的秩序觀中，從個人、共同體到宇宙，都在神所定的法則下運作；從天界到塵世，也都體現神意所定的秩序。因此，一切受造物是一有機且互相聯合的整體。同時，各樣受造物在神的計畫下都有其命定的特質、功能和位置，個體的責任與價值，即在服從神所安排的計畫，加入宇宙整體的秩序中，以獲得最終的救贖與至善（*summum bonum*）。[3]

伊莉莎白時代的劇作家莎士比亞，在《特洛伊羅斯與克

2　在哈靈頓的書信集中，有另一處提到霍爾德女士，由芬頓（William Fenton，生卒年不詳）於1597年寫給哈靈頓，提到霍爾德時常怠忽職守，而且打扮豔麗勾引女王寵臣愛賽克斯伯爵，令女王非常不悅，甚至氣憤地說：「我讓她做我的僕人，她現在卻想讓自己做我的女主人。」（I have made her my servant, and she will now make herself my mistresse.）見John Harington, *Nugae Antiquae*, vol. 2, pp. 232-235.

3　Keith Thomas, *The Ends of Life: Roads to Fulfilment in Early Modern England* (Oxford: Oxford University Press, 2009), pp. 13-16.

瑞西達》（*Troilus and Cressida*, c. 1602）一劇中，藉尤里希斯（Ulysses）之口訴說了這樣的秩序：

> 天體本身、行星和這個地球
> 都遵循著等級、順序和位置（degree priority and place）、
> 運行的規律、軌道、比例、季節、形式、
> 職責和習慣，有條不紊（in all line of order）。
> 所以這燦爛的恆星太陽，
> 就在其他星辰的環拱之中，
> 端坐在輝煌的寶座上，……
> 並像國王的旨令通行無阻地
> 巡視著福星和禍星。……
> 啊，一旦廢除等級，
> 這一切宏圖的階梯（the ladder to all high designs）發生動搖，
> 事業就陷於停滯。若等級不分，
> 那麼社會上的團體、學校的班級，
> 城市的行會，五湖四海的通商，如何能維護他們的和平秩序？[4]

這幾句話是文學史上闡述秩序觀最有名的段落之一，相近

4 William Shakespeare, *Troilus and Cressida*, *The Arden Shakespeare*, ed. Kenneth Palmer（London: Methuen, 1982）, Act I, Scene III, 85-105. 中譯採用阮珅、方平譯，〈特洛伊羅斯與克瑞西達〉，《新莎士比亞全集》，第十卷（台北：貓頭鷹出版，2000）。

的概念與語句出現在許多同時期各類作品中，從人文學者艾列特（Thomas Elyot, c. 1490-1546）的《統治者之書》（*The Boke Named the Gouernour*, 1531）、1547年英格蘭教會頒布的《講道書》（*Homilies*）、虎克（Richard Hooker, 1554-1600）的《論教會體制》（*Of the Lawes of Ecclesiastical Politie*, 1594-1596），到彌爾頓（John Milton, 1608-1674）的史詩《失樂園》（*Paradise Lost*, 1664），處處都迴盪著神定秩序的聲響，秩序觀可說是文藝復興時代人們「集體思維的一部分」。[5]

在此思維架構下，神所造的人，居於各級天使和不同等級的生物之間，是整個宇宙「存在巨鍊」（the Great Chain of Being）中的一環，[6]而人的共同體中也有一條由上到下，由各種不同「等級與地位」（degrees and estates）的人所組成的鎖鍊，他們各有不同的智識能力與職分。[7]1547年英格蘭教會的《講道書》也指出：「有些人在高階，有些人在低位；有些人是

5　E. M. W. Tillyard, *The Elizabethan World Picture* (London: Chatto & Windus, 1950), p. 7. 文藝復興時期的秩序觀可參考W. H. Greenleaf, *Order, Empiricism and Politics: Two Traditions of English Political Thought 1500-1700* (Oxford: Oxford University Press, 1964); A. J. Fletcher and J. Stevenson eds., *Order and Disorder in Early Modern England* (Cambridge: Cambridge University Press, 1985); Susan D. Amussen, *An Ordered Society: Gender and Class in Early Modern England* (Oxford: Blackwell, 1988); Stephen L. Collins, *From Divine Cosmos to Sovereign State: An Intellectual History of Consciousness and the Idea of Order in Renaissance England* (Oxford: Oxford University Press, 1989).

6　「存在巨鍊」的概念參見Arthur O. Lovejoy, *The Great Chain of Being: A Study of the History of an Idea* (Cambridge, Mass.: Harvard University Press, 1970); E. M. W. Tillyard, *The Elizabethan World Picture*, chapter 4.

7　Thomas Elyot, *The Boke Named Gouernour* (London: J. M. Dent, 1937), p. 3.

君王，有些人是下屬」，還有「主人與僕人、父親與孩子、丈夫與妻子、富人與窮人」的區別，但每一個人在這樣的鎖鍊關係中，都需要他人的支持，這正是「上帝良善且值得歌頌讚美的秩序」。[8]

在「秩序」的思維中，包含著兩個重要的觀念，一是「對應觀」（idea of correspondence）；一是等級（ranks）或階序（hierarchies）。對應的關係可以存在於多種層面，例如星體中地位最高的太陽，可對應於人間最尊貴的國王（如上文所引莎士比亞的語句），也可對應於動物界的獅子、四種基本物質中的火，或是人的靈魂。對應也可以發生於宇宙和人世之間，地上與天界聲息相通，世間個人際遇波折、社會動盪或災禍、世道良善或澆薄皆與天體運行有關。對應當然也可以存在於人體的小宇宙（microcosm）和天體的大宇宙（macrocosm）之間。[9]至於等級或階序的概念，中古英文中order一字，即同時含有「秩序」和「等級」的意義，[10]後者對文藝復興時代的人來說，更界定了人與人之間的政治關係和社會關係。基本上人們認定整個社會都充滿在神定的秩序中，只要有秩序就存在等

---

8 “An Exhortation Concerning Good Order and Obedience to Rulers and Magistratrs (1547),” in *Certain Sermons or Homilies Appointed to Be Read in Churches in the Time of the Late Queen Elizabeth of Famous Memory: And Now Thought Fit to Be Reprinted by Authority from the King's Most Excellent Majesty. Anno 1623* (Oxford: Oxford University Press, 1844), p. 95.

9 「對應觀」可參見W. H. Greenleaf, *Order, Empiricism and Politics*, pp. 21-26.

10 可參考《牛津英文字典》（*Oxford English Dictionary*）對order的解釋：http://www.oed.com/view/Entry/132334, accessed 21 May, 2016.

級；或反過來說，「有等級的差異，就帶來秩序。」[11]十六世紀許多政治思想家和文人，就是以身分、等級和階序來理解社會的組成，如史密斯（Sir Thomas Smith, 1513-1577）和哈理森（William Harrison, 1534-1593）都指出：「在英格蘭，我們通常把人民分成四種（four sorts），即仕紳、市民或鎮民、自耕農，以及工匠（gentlemen, citizens or burgesses, yeomen, and artificers）。」這四種人不但在社會地位與財富上高低不同，也有不同的政治權力，前三者依次掌管中央、城市與地方鄉鎮的政治事務，最後一種人（包含勞工、佃農、各類工匠）則「在共同體中沒有聲音也無權威，是被統治的，而不是統治他人的。」[12]

這樣的等級秩序，有其物質性的表徵，即為衣著。如艾列特說：「每種地位和等級各有合適的服飾，〔穿得〕太奢華或太儉樸，都要招致批評。」在上統治的人，要穿出合宜的尊貴

11 Thomas Elyot, *The Boke Named Gouernour*, p. 3.

12 Thomas Smith, *De Republica Anglorum* (1583), ed. Mary Dewar (Cambridge: Cambridge University Press, 1982), p. 65, William Harrison, *The Description of England* (1587), ed. Georges Edelen (Washington and New York: The Folger Shakespeare Library and Dover Publications, 1994), pp. 94, 118. 有關當時的人如何區分社會等級，參見David Cressy, "Describing the Social Order of Elizabethan and Stuart England," *Literature and History*, 3 (1976), pp. 29-44; Keith Wrightson, "Estates, Degrees, and Sorts: Changing Perception of Society in Tudor and Stuart England," in Penelope J. Corfield ed., *Language, History and Class* (Oxford: Basil Blackwell, 1991), pp. 30-52; Keith Wrightson, "'Sorts of People' in Tudor and Stuart England," in *The Middling Sort of People: Culture, Society, and Politics in England, 1550-1800* (Basingstoke: Macmillan, 1994), pp. 28-51.

與榮耀，因為這是他們「威嚴（maiestie）的一部分」。[13]伊莉莎白時代的論冊作家史塔普也主張：只有「貴族、仕紳和統治者可以合法穿著華麗的衣服，以顯現他們的出身、尊貴和地位……才能在人民心中激起害怕和敬畏。」至於無官職的中下階級，則完全不可「穿上絲綢、天鵝絨、花綢、錦緞、金絲、銀線」等材料所做的衣服，因為「每一個人要根據他們的職分（calling）」來穿衣服，才能維護穩定有序的社會。[14]呈現在圖像上，從低地國移居至英格蘭的畫家德．希爾（Lucas de Heere, 1534-1584），在其《英格蘭、蘇格蘭、愛爾蘭簡述》（*Corte Beschryvinghe van Engheland, Schotland, ende Irland*, 1573-1575）一書所附的插圖中，呈現了不同階級與身分的服裝，有穿著禮袍的貴族、倫敦市長、市府參事、同業公會成員、衛兵，以及四類倫敦女子（圖4.1）。[15]

文藝復興時代的秩序觀中，也帶著強烈的不安感，和對

---

13 Thomas Elyot, *The Boke Named Gouernour*, p. 125.

14 Philip Stubbes, *The Anatomie of Abuses*（1583）, ed. Margaret Jane Kidnie（Arizona: Arizona Center for Medieval and Renaissance Studies, 2002）, pp. 70-71.

15 Lucas De Heere, *Corte Beschryvinghe van Engheland, Schotland, ende Irland*（1573-1575）, British Library, Add MS 28330. 德．希爾也是服飾書（costume books）的作者，著有《寰宇各族各國古今各類服飾劇場》（*Théâtre de tous les peuples et nations de la terre avec leurs habits, et ornemens divers, tant anciens que moderns …* , 1576）。文藝復興時代的服飾書多以階級次序介紹各類人物的穿著，詳見本書第五章。此外，此時代的「死亡之舞」（Dance of Death）相關畫作，也以階級次序排列，且以不同服裝表現不同的階級屬性，最著名者如霍爾拜因在1526年完成的系列畫作，其於1538年出版，見 *The Dance of Death from the Original Designs of Hans Holbein, Illustrated with Thirty-Three Plates*（London: J. Coxhead, 1816）.

「失序」的恐懼。就像莎士比亞透過尤里希斯之口所說的，當有人無視等級，「立意向上爬」，帶來無比的混亂，「將要擾亂、摧垮、分裂並毀壞邦國的統一和共同締造的和平」。這樣的混亂正是「由於等級受踐踏而發生的。」[16] 1547年英格蘭教會的《講道書》也說：若無上帝良善的秩序，「沒有家宅、城市、共同體可以堅固延續到永久。在沒有正確秩序的地方，所有敗壞、肉體的放縱、凶惡、罪孽和巴比倫的混亂（babylonical confusion）就要掌權。……繼之而來的必定是胡作非為，以及靈魂、身體、財貨和共同體徹底的破壞。」[17] 1570年頒布的《講道書》也繼續警告所有人民，不服從等級與在上的權威，「所有罪惡與悲慘，都將竄入且覆滅這個世界。」[18]事實上，都鐸時期的英格蘭（Tudor England），失序的現象正在發生，人口的增加、物價上漲、修道院的解散、圈地運動，以及國際貿易的發展，都讓原有的社會秩序處於劇烈的變動中。[19]

---

16 William Shakespeare, *Troilus and Cressida*, Act I, Scene III, 99-100, 125-128.

17 "An Exhortation Concerning Good Order and Obedience to Rulers and Magistratrs (1547)," in *Certain Sermons or Homilies*, p. 96.《講道書》在1547年首次出版，1562、1571年時又增補並再版。1559年時，伊莉莎白政府頒布詔令規定每週日及節日時，各教區教堂都必須宣讀一篇，這是英格蘭政府及教會推動宗教與道德改革的重要手段之一。見Proclamation 19 July 1559 (no. 461), in *Tudor Royal Proclamations*, vol. 2, eds. Paul L. Hughes and James F. Larkin (New Haven: Yale University Press, 1964-1969), pp. 132-133.

18 "An Homily against Disobedience and Wilful Rebeelion (1570)," in *Certain Sermons or Homilies*, p. 490.

19 Keith Wrightson, *English Society, 1580-1680* (London: Unwin Hyman, 1982), chapter 2.

現實社會已與理想的秩序世界，差距越來越大。表現於外，則是越來越多人像女王的侍女霍爾德一樣，穿錯衣服，不合於應有的階序（圖4.1.2）。史塔普指出：

> 現在的英格蘭，服裝上一團混亂（a confuse mingle mangle of apparell），僭越的情形非常嚴重。每個人都可以穿上他想穿的衣服，或用任何方法得到他想要的衣服來誇耀自己。所以要分辨出誰是貴族、誰是可尊敬的、誰是貴族仕紳、誰又不是，變得非常困難。有些人他們既不是貴族仕紳，也不是自耕農，在共同體中沒有權威和官職，卻每天穿著絲綢、天鵝絨、錦緞、塔夫綢這一類的衣服；可是他們出身低下、地位貧賤，做著勞役的工作。在我看來，這是基督教共和國中巨大的混亂與普遍的失序。[20]

面對這樣的混亂和變動，都鐸政府祭出了「服飾法」，以重新確立階級秩序。本章的主題即為都鐸時期的服飾法，此類法律在此時期英格蘭頒布的數量，超過過去所有的總和，強烈表達了政府管理人民生活秩序的統治思維，以及此時代社會文化對秩序的追求。此章的主題呼應著第二章所談有關「合宜」的服裝，也延續第三章有關英格蘭政府對神職人員服裝的規範，但與前兩章不同的是，本章將不以特定的思想家為對象，而以政府通過的法律、王室頒布的詔書、教會的《講道書》，以及民間文人的作品為主要材料，討論此時期人們如何在「秩

20 Philip Stubbes, *The Anatomie of Abuses*, p. 71.

序」的觀念下思考服飾。這些材料在一般思想史的研究中並不受重視，但它們反而更濃厚地體現了此時代普遍存在的思維模式與思考習慣。本章以下將依序討論服飾法頒布的原因、目標與意義，以及其所反映的社會變化與政治、文化思維。

二、都鐸服飾法頒布的原因

在解釋服飾法頒布的原因之前，必須先說明何為「服飾法」。服飾法通常都列在「禁奢法」之下討論。禁奢法有古老而漫長的歷史，而且出現在世界各地。以歐洲為例，從古羅馬時代到十八世紀，多數地區都曾頒布禁奢法管理人民的生活。西歐地區，禁奢法的數量在十六至十八世紀之間達到高峰（圖4.2），其中又以義大利數量最多，從1200年至1500年之間，超過40個城市訂立了共300次以上的禁奢法；而且在十五世紀之後呈現不斷增加的趨勢，直到1700年以後才開始減少。[21]英

---

21 Catherine Kovesi Killerby, *Sumptuary Law in Italy, 1200-1500*（Oxford: Clarendon Press, 2002）, p. 2; Diane Owen Hughes, "Sumptuary Law and Social Relations in Renaissance Italy," in John Bossy ed., *Disputes and Settlements, Law and Human Relations in the West*（Cambridge: Cambridge University Press, 1983）, p. 71. 義大利禁奢法的研究，也可參見Margaret M. Newett, "The Sumptuary Laws of Venice in the Fourteenth and Fifteenth Centuries," in T. F. Tout and J. Tait eds., *Historical Essays*（Manchester: Manchester University Press, 1907）, pp. 245-278. 歐洲其他地區的禁奢法可參見John Martin Vincent, *Costume and Conduct in the Laws of Basel, Bern, and Zurich, 1370-1800*（Baltimore: The Johns Hopkins Press, 1935）; Kent Roberts Greenfield, *Sumptuary Law in Nürnberg: A Study in Paternal Government*（Baltimore:

格蘭的禁奢法始於1336年愛德華三世時代，之後在中古時期又有4次立法。相較於歐洲其他各國，英格蘭禁奢法的數量並不多，開始時間也較晚，[22]到了都鐸時期數量才穩定地增加，並在十六世紀下半葉達到高峰，而後陡然直下，在1604年詹姆士一世（James I & VI, r. 1603-1625）即位不久，國會撤銷過去所有的禁奢法，結束了英格蘭禁奢法的歷史。英格蘭也成為歐洲各國中禁奢法最早消失的地區。[23]

---

the Johns Hopkins Press, 1918）; Frances Shaw, "Sumptuary Legislation in Scotland," *Juridical Review*, 24（1979）, pp. 81-115; Alan Hunt, *Governance of the Consuming Passions: A History of Sumptuary Law*（London: Macmillan, 1996）.

22 歐洲各國在十二世紀後期開始，禁奢法連續而穩定地出現於各地，如熱那亞（Genoa）始於1157年，法國始於1188年；至十三世紀則更為頻繁而普遍，如佛羅倫斯（Florence）從1250年開始頒布禁奢法，卡斯提爾（Castile）於1256年，威尼斯（Venice）於1297年，蘇黎世（Zurich）則在1304年。見Alan Hunt, *Governance of the Consuming Passions*, p. 26.

23 有關英格蘭禁奢法的研究，可參見Wilfred Hooper, "The Tudor Sumptuary Laws," *English Historical Review*, 30（1915）, pp. 433-449; Frances E. Baldwin, *Sumptuary Legislation and Personal Regulation in England*（Baltimore: the Johns Hopkins Press, 1926）; N. B. Harte, "State Control of Dress and Social Change in Pre-Industrial England," in D. C. Coleman and A. H. John eds., *Trade, Government and Economy in Pre-Industrial England*（London: Weidenfeld & Nicolson, 1976）, pp. 132-165; Claire Sponsler, "Narrating the Social Order: Medieval Clothing Laws," *Clio*, 21:3（1992）, pp. 265-283; Margaret Rose Jaster, "Breeding Dissoluteness and Disobedience: Clothing Laws as Tudor Colonialist Discourse," *Critical Survey* 13:3（2001）, pp. 61-77; Maria Hayward, *Rich Apparel: Clothing and the Law in Henry VIII's England*（Farnham: Ashgate, 2009）.

英格蘭第一部禁奢法（1336）主要限制項目為飲食，法條規定所有人不分身分與階層（“of what state or condition soever he be ...”），除了特殊節日（如聖誕節、復活節）之外，每一餐不得超過2道菜，而且每道菜不可包含2種以上的食物；如有使用佐料，不可超過2種，更不可使用昂貴的配方，以「抑制社會奢侈之風」。[24]這類規範延續了古羅馬時期對婚宴飲食的節制，但此後飲食的限制幾乎銷聲匿跡，代之而起的是對服飾細密的規範。如1337年的禁奢法，首次以服飾為主，延續1336年普遍施用的原則，規定所有男女不分階級（“no Man nor Woman great nor small,”但王室成員除外），皆不得使用英格蘭、愛爾蘭、蘇格蘭及威爾斯以外地區所生產的毛布（wool cloth）。對於毛皮，則只開放給王室成員、貴族、騎士及高級教士使用。[25]

1337年的法規不久就被階級性的法規所取代，1363年所訂立的「飲食與服飾法」（A Statute Concerning Diet and Apparel），將英格蘭人口分為七種不同的身分或階級，包括「僕傭」、「工匠與自耕農」（handicraftsmen and yeomen）、「鄉紳與紳士」（esquires and gentlemen）、「商人與市民」、「騎士」、「教士」，最後一類則是「馬夫、牧人、染工及各類工人」。此法規所限制的主要是騎士階級以下的中低階級人口。1363年以後，1463年與1483年又有2次立法，服飾不僅是其

---

24 10 Edward III（1336）, st. 3, *The Statutes of the Realm*, vol. 1（London: G. Eyre and A. Strahan, 1810-1828）, pp. 278-279.

25 11 Edward III（1337）, st. 3, *The Statutes of the Realm*, vol. 1, pp. 280-281.

主要規範項目，而且規範的對象逐漸由中下階級轉移到中上階級，依照不同身分訂立可用的服色、衣料與配件，到了十六世紀也是如此。

由以上所述可知，英格蘭的禁奢法以飲食與服飾之限制為主，但一般所言的禁奢法內容包羅萬象，涵蓋婚喪喜慶、日用器物、車輿房舍……不一而足。由於本章所談的主要是與服飾相關的禁令，因此將此類規範單獨列出，稱為「服飾法」。使用此名稱的原因，除了服飾規範只是禁奢法中的一部分之外，更重要的是十五、十六世紀英格蘭禁奢法極少使用sumptuary laws一詞，而多用Act of Apparel。[26]因此本章以下談到以服飾規範為主的禁奢法，即以「服飾法」稱之，以與一般所談的禁奢法有所區隔。

十六世紀之前，英格蘭共訂立了4次服飾法（1337、1363、1463、1483）。到了都鐸時期，亨利八世首開先聲，在1510年頒布「反華服法」（An Act against wearing of costly Apparell），並取消過去所有的服飾法規，以此新法取代。[27]之後，都鐸君主又頒布了6次服飾法，分別在1514、1515、1533、1554、1566

26 英格蘭禁奢法的名稱多用"Act for Regulating Apparel"（1463）、"Act of Apparel"（1483），或"Act for Reformation of Excess in Apparel"（1533）；伊莉莎白一世時代頒布多次的禁奢詔令，也未出現sumptuary的字眼，而是用"Statutes of Apparel"指稱過去所通過的相關法律。只有亨利八世在1517年頒布的詔令使用了Sumptuary Regulations，其內容並非處理服飾規範，而是單一而罕見的限制飲食的享用。此規範也充滿明顯的階級性，將全英人口分為十級。見Proclamation 31 May 1517 (no. 81), in *Tudor Royal Proclamations*, vol. 1, pp. 128-129.

27 1 Henry VIII（1510), c. 14, *The Statutes of the Realm*, vol. 3, p. 8.

及1571年。由時間上可見，都鐸時期的服飾法集中在亨利八世時期。愛德華六世時代的上議院曾提案1次，但未通過；[28]在瑪麗女王時代頒布了1次服飾法，伊莉莎白時代則有2次，但這2次規模都很小，只處理帽子的問題，不能視為完整的服飾法。所以1554年瑪麗女王所頒布的法規，可算是英格蘭最後一部正式的服飾法。

都鐸時期的服飾法不僅數量較多，君主也用國會立法以外的方式訂立規範，即王室詔令（royal proclamations）。詔令有別於國會所通過的法律（parliamentary statutcs），前者源自英格蘭國王的特權，在諮詢國王議會並獲得議會同意之後頒布，其法律效率幾乎等同於國會所通過的法律，只是時限僅及一君，或止於新詔令頒布之時。都鐸時期的君王，從亨利七世開始（Henry VII, r. 1458-1509），便充分利用詔令處理國內外各種事務，藉此降低召開國會的需要，或避開冗長的議程，都鐸諸君也藉此樹立統治權威。不過一般而言，詔令不應牴觸國會所通過的法律，它最主要的功能在進一步落實國會的法條、要求各級地方官員確實執法，或即時增補國會法條不足之處。[29]

---

28 *Journal of the House of Lords*, vol. 1（London: House of the Lords, 1802）, p. 439.

29「詔令」可簡潔定義如下：“a public ordinance issued by the king, in virtue of his royal prerogative, with the advice of his council, under the Great Seal, and by royal writ.”見“Introduction,” in *Tudor Royal Proclamations*, vol. 1, p. xxiii. 但詔令與國會法律之間的關係，在亨利八世時代已有爭論，直至1539年國會通過「詔令法」（Act of Proclamations），確認國王在必要的時候得頒布詔令，且其具有與國會通過之法律相等的效力，但不得損害人民生命自由與財產，也不得牴觸國會法律。法案名稱為“An Acte that Proclamacions made by the King shall be obeyed,” 31 Henry VIII（1539）, c. 8, *The Statutes of the*

值得注意的是，詔令比國會通過的法律具有更高的宣傳效果，因為詔令頒布之後，必須短期內在全國各地人民聚集之處（通常是市場與教堂），公開誦讀並張貼。詔令的內容除了說明規範、執行人員、處罰條例之外，也包括國王向人民解釋法規訂立原因的文字。因此它除了是一種法律，也是企圖說服人民的文書，常見以「國家的繁榮，……親愛子民的平和、安詳、寧靜」等字句，[30]來召喚人民心理的認同。

亨利八世時期，為了使國會通過的服飾法廣為人民所知，也為了進一步要求各地官員確實執法，並勸導人民遵從服飾法，政府共頒布了5次與服飾相關的詔令（1517、1533、1534、1534、1536）。瑪麗女王時代則頒布過1次（1555）；到了伊莉莎白時代，由於女王對服飾規範甚為關注，任內共頒布了12次相關詔令，其中較具規模的有9次（1559、1562、1566、1574、1577、1580、1588，及1597年的2次詔令）。伊莉莎白統治時期的詔令以1533年及1554年的服飾法為基礎，時常摘錄法規內容或以圖表陳述，以使兩法的規範更清楚易懂（圖4.3）。此外，它們也不斷隨著時尚的改變，增添新的規範項目，或訂立更嚴格的罰則。雖然女王的政府曾數度提出服飾法案至國會（1566、1576、1589、1598），要求訂立新的服飾法以取代亨利八世時期的法律，但無一有成。所以整個伊莉莎白統治時期，政府幾乎都是以詔令制約人民的穿著。

Realm, vol. 3, pp. 726-728. 關於此法案的緣由始末，可見G. R. Elton, “Henry VIII’s Act of Proclamations,” *The English Historical Review*, 75:295 (1960), pp. 208-222.

30 Proclamation 1533 (no. 138), in *Tudor Royal Proclamations*, vol. 1, p. 207.

上述所提到的立法與詔令，規模有大有小，合計約有25次，相較於中古時代的4次，都鐸時期服飾法的數量，以及政府對規範人民服裝的重視，遠超過中古時代。這種改變，一部分與主事者有關。在君主的部分，亨利八世並未清楚表達過個人對服飾法的興趣，但伊莉莎白女王則非常重視服裝必須與階級相應，她不但曾斥責宮廷侍女霍爾德的穿著，逾越身分，也曾針對倫敦地區服飾的亂象，親自召見倫敦市長及市府參事，要求他們「為了國家的利益，盡速且認真地讓這明顯的混亂與僭越獲得改善。」[31]在官僚的部分，1533年的服飾法及1530年代多次的服飾詔令，與亨利八世的重臣克倫威爾積極以法律進行社會改革有密切關係。他主張抑制外國織品進口，扶植本土產業，又十分強調以服飾法做為控制社會秩序的手段。[32]到了伊莉莎白女王時代，主政大臣西塞爾（William Cecil, Lord Burghley, 1520-1598）延續此一政策，並曾在1561年派出特使調查服飾法在全國各地施行的狀況；1562年之後多次的詔令也與西塞爾欲增強服飾法之執行有關。[33]

克倫威爾與西塞爾兩人，是亨利八世及伊莉莎白一世時期服飾法主要的謀畫者，他們得到君主的支持，也擁有國王／

31 Proclamation 13 February 1588 (no. 697), in *Tudor Royal Proclamations*, vol. 3, p. 4.

32 見G. R. Elton, *Reform and Renewal: Thomas Cromwell and the Common Weal*（Cambridge: Cambridge University Press, 1973）, pp. 121, 163-164.

33 Frederic A. Youngs, *The Proclamations of the Tudor Queens*（Cambridge: Cambridge University Press, 1976）, pp. 169-170; Wilfred Hooper, "The Tudor Sumptuary Laws," pp. 438-445.

女王議會（Queen's Council）的背書。至於國會的部分，由服飾法案通過的情形來看，亨利八世時代上下議院都支持此類立法，但到了伊莉莎白時期，下議院的意見越來越分歧。以1576年為例，女王要求國會通過新的服飾法，並且給予女王「隨時頒布詔令規範國內各階級人民衣著」的權力，但此案遭到下議院反對而擱置。

值得注意的是，1576年的法案在下議院討論過程中，下議院所爭執的焦點並不在於是否該立法規範人民的穿著，而是對約束的對象、執行的方式、處罰的輕重，無法與上議院取得共識。例如，下議院議員認為自己所屬的仕紳階級不該受到太多的約束；再者，按當時的提案，違法者除被沒收衣物之外，還需繳交違法期間每日10鎊罰金，罰則太重。部分議員主張以1533年的服飾法為原則，處以每日3先令4便士的罰金，但上議院卻認為這樣的處罰太輕，無法遏止罪惡。另外，下議院議員也擔憂君主以詔令的方式擴權，「君王的詔令一旦取得了法律的權威，這對未來可能是個危險的先例。」[34]這些分歧與憂慮延續到詹姆士一世登基都未能解決，但無人否認政府應當且必須管理人民的穿著。[35]由此可見，服飾法在國會中有其支持基礎，而上議院對此類法案顯然比下議院更積極。

34 T. E. Hartley ed., *Proceedings in the Parliaments of Elizabeth I* (Leicester: Leicester University Press, 1981), vol. 1, p. 454.

35 Joan R. Kent, "Attitudes of Members of the House of Commons to the Regulations of 'Personal Conduct' in Late Elizabethan and Early Stuart England," *Bulletin of the Institute of Historical Research*, 46 (1973), pp. 41-71.

不過，君主與大臣個人主觀的意願，或國會議員的支持，並不能完全說明服飾法大量出現的社會或文化基礎何在，也無法用以了解這些法律與時代變化的關聯性。若要理解英格蘭服飾法在十六世紀達到高峰的原因，更有效的方法是從各次法規與詔令中的序言（preambles）來看。在十三世紀中葉以後，歐洲的禁奢法除了具體法條之外，也在法條之前加上了「序言」，解釋法案訂立的原因與必要性，英格蘭中古與都鐸時期的立法或詔令都延續這項傳統，因此後人可從序言中得知政府訂立禁奢法的原因或動機。[36]此外，序言也是立法者針對法案所建立的論述，它們訴諸人民對社會安定美好的期待，以及人民對社會現況共有的體認。換言之，都鐸政府在這些論述中要表達的不僅是本身的立場與價值觀，還要回應社會的需要與人民的期待。

下表歸納了都鐸時期歷次法規在序言中所闡明的立法原因，並依此將政府頒布服飾法的原因分為五項：[37]

法規頒布的原因	**法規頒布的年代**	**次數**
1. 現有法規之不足或執行不力	A. 1533, P. 1533, P. 1559, P. 1566, P. 1580, P. 1597	6
2. 道德因素	A. 1533, P. 1574, P. 1597	3
3. 服飾時尚的問題	P. 1562, P. 1566	2

36 Catherine Kovesi Killerby, *Sumptuary Law in Italy*, p. 35.

37 A. 為國會通過之法案（Acts），P. 為王室詔令（Proclamations）。表格中1597年的詔令皆指1597年7月6日的詔令。

4. 經濟與財富問題	(1)服飾奢華致使人民財富流失、生活貧困	A. 1510, A. 1514, A. 1515, A. 1533, P. 1562, P. 1597	6
	(2)舶來品大量輸入，本土產業受到打擊	A. 1554, A. 1566, A. 1572, P. 1574, P. 1588	5
	(3)國家整體財富與經濟繁榮受到威脅	A. 1533, P. 1536, P. 1555, P. 1574, P. 1597	5
5. 社會秩序與治安問題	(1)卑下者逾越上層階級的服飾，導致階級混亂	A. 1533, P. 1517, P. 1566, P. 1588, P. 1597	5
	(2)追求奢華引發偷盜搶劫之事，或使家庭破產，危害社會安寧	A. 1510, A. 1514, P. 1515, P. 1533, P. 1555, P. 1562, P. 1574, P. 1597	8

就第一項原因來看，都鐸服飾法中有不少訴諸現有法規執行不足與成效不彰的問題，例如亨利八世1533年的服飾法開宗明義便說：在此之前，已有多條法律與規範，遏止人民穿戴奢華昂貴的服裝，但儘管如此，「這種過度的逾越卻不時在增加之中，而非減少。」[38]1533年的詔令又指出：過去那些立意良善的法律，由於各級主事官員怠忽職守，或因偏私、或因不情願，以致那些「普遍而公開的犯行」未受懲處，使得正義不彰，違法者日多。[39]這項原因也時常出現在中古時期的服飾法中，適足以證明從中古以來，英格蘭的服飾法缺乏實質效果，必須再三重申。不過，政府在法規中指明此問題，並非有意暴露短處，而是為了宣示政府改革弊端的決心，例如伊莉莎白政府在1588年的詔令中，對於歷次法規未能確實執行的情形感

38 24 Henry VIII (1533), c. 13, *The Statutes of the Realm*, vol. 3, p. 430.

39 Proclamation 1533 (no. 138), in *Tudor Royal Proclamations*, vol. 1, p. 206.

到不耐，迫切要求各地官員「不要拖延，盡速改革這巨大而無法容忍的敗壞」；1597年7月6日的詔令甚至認為，政府的「慈悲」使邪惡滋生，只有用嚴刑峻法才足以遏制服飾僭越的歪風。[40]

法規欠缺效用只呈現了實情，但還不足以說明都鐸政府頒布多次服飾法的社會、文化基礎。這點必須參考表格中所列的後四者：道德、時尚、經濟問題與社會變動。這四項因素時常共同出現在同一次詔令中，如1574年的詔令說：

> 近年來服飾的奢華與外國貨品的浮濫已到了極點，並導致明顯的衰敗，不但國家整體財富大量流失（因大批的絲綢、金綿錦、銀綿錦及其他眾多而昂貴的虛華之物，流入本國，為了支付這些奢華的物品，本國的金銀財寶每年都得大量的流出），而且也出現了一大群原本可為社會服務，現在卻浪擲金錢、生活敗落的年輕紳士（young gentlemen）；還有一些人受到服裝展現的虛華誘惑，汲汲於服裝的顯露以讓人尊為貴族仕紳（gentlemen）。他們不但耗盡自己所有、散盡父母留給他們的物品和土地，而且還欠下大筆債款，終會使得他們觸犯法紀並受法律懲處，也使得這些原本可為國家服務的人，毫無所用。[41]

---

40 Proclamation 13 February 1588 (no. 697), in *Tudor Royal Proclamations*, vol. 3, p. 3; Proclamation 6 July 1597 (no. 786), in *Tudor Royal Proclamations*, vol. 3, pp. 174-175.

41 Proclamation 15 June 1574 (no. 601), in *Tudor Royal Proclamations*, vol. 2, p. 381. 本章提及許多此時代不同社會階級的名稱，此處特加以說明：在十

這段文字含括了上述四項原因，但這四項對服飾法的影響並非均一。由上表可以看出經濟與社會變動是最重要的理由，但道德與時尚變化的因素也不可小覷。以下本章將佐以其他的史料，詳細討論這些個別的因素對服飾法所造成的影響幅度與範圍。

三、服飾與秩序

從都鐸時期歷次服飾法的序言來看，上文所提到的四項因素（道德、時尚、經濟問題與社會變動），其實彼此相繫，且都與都鐸政府追求「秩序」有關，以下分為四個部分加以說明：

（一）道德因素

服飾法的道德因素顯現於各次法律與詔令序言中所提到的「虛華」、「驕傲」之詞，以及年輕人懶散放縱的情況。如1533年的服飾法指出：服飾奢華導致「許多無能又輕浮的人走向驕

六、十七世紀的文獻中，最受重視的社會階級是土地階級，統稱為gentlemen、gentry或nobility，本為譯為「貴族仕紳階級」。但此階級內部的層級甚多，高階的爵位包括公爵（duke）、侯爵（marquis）、伯爵（earl）、子爵（viscount）、男爵（baron）等；低階的爵位有小男爵（baronet）、騎士（knight）、鄉紳（esquire）等。但是，此時期未擁有封號的貴族仕紳子弟，以及無封號卻擁有土地、社會聲望或專業學識（如醫生、律師）的人，也被列入貴族仕紳階級，稱為紳士（gentleman），某些文獻中或用mere gentleman、simple gentleman指稱。正文的引文中所提到的「年輕紳士」，即是指此類中較年輕的一輩。本章為區別土地階級中的高階與低階人士，將以「貴族」指稱高階者、以「仕紳」稱低階者。

傲——所有罪惡之母，使他們陷入貧困與毀敗之中。」另外，1597年的詔令則批評「低階人士在服裝上的驕傲，驅使他們為了維護門面在大道上行搶劫、偷取之事。」[42]

服飾法中道德性的訴求，與當時教會及民間作家對服飾與道德問題的關懷相呼應，如拉提墨（Hugh Latimer, 1485-1555）在1552年講道時指出：耶穌誕生時，聖母僅用粗布為襁褓；古時的人也滿足於簡單樸素的衣服，但現在的人卻在魔鬼的驅使下，花費無數心思設計奢華的服裝。[43]愛德華六世至伊莉莎白時代教會所頒布的《講道書》中，也有一講談「服飾的奢華」（"Excess of Apparel"）。此篇指出當時服飾奢華的現象已違背了上帝的教導，即使君主一再頒布禁令、重述罰則，也無法「遏止這種可憎的敗壞」。它規勸人們不要耽溺世俗之物和肉體，而要觀望天界與自己的靈魂；它也呼應政府的服飾規範，主張所有人要依照自己的身分等級穿著。[44]

伊莉莎白時代大量出版的道德小冊（moralistic pamphlets），也時常從道德面批評服飾亂象，[45]如史塔普所寫的《剖析世風之敗壞》（*The Anatomie of Abuses*, 1583）一書，遍數英格蘭社會中各種罪惡，其中最受撻伐的便是服裝上的驕奢多變。他將

42 Proclamation 6 July 1597 (no. 786), in *Tudor Royal Proclamations*, vol. 3, p. 175.

43 Hugh Latimer, *Fruitfull Sermons Preached by the Right Reuerend Father and Constant Martyre of Iesus Christ M. Hugh Latimer* (London: printed by Iohn Daye, 1584), pp. 280-281.

44 "The Sermon against Excess of Apparel," in *Certain Sermons or Homilies*, p. 279.

45 Sandra Clark, *The Elizabethan Pamphleteers: Popular Moralistic Pamphlets 1580-1640* (Rutherford: Fairleigh Dickinson University Press, 1983), pp. 191-193.

服裝的新奇怪異歸咎於英格蘭人的「驕傲」（sin of pride），指出這是七宗罪中最可恨的一項，也是人類從伊甸園中被逐出的主因。史塔普記述伊甸園中夏娃被蛇引誘之後，亞當與夏娃兩人吃下禁果，眼睛變為明亮，看見自己赤身露體，便拿無花果樹的葉子做衣裳；上帝繼而用毛皮做衣服給他們穿，並將他們趕出了伊甸園。所以史塔普指出：「罪」是人類有衣蔽體的起源；衣服「是用來遮蓋我們的羞恥，而不是用來滿足人淫蕩奢侈無盡的欲望」。[46]他也認為女人傳承了夏娃的罪孽，最易在服飾上犯驕傲之罪（pride of apparel），她們殫精竭慮發揚新奇的服裝，無異於「與魔鬼結盟」，變換出各種可憎的形貌。[47]

教會或民間作家的言論多將服飾與宗教上的「罪」（sin）相結合，然而從都鐸各次服飾法的序言來看，以虛華、驕傲之罪為訴求者並不多見。政府所在乎的不是個人的罪，而是個人之罪所引發的公共道德問題。如1574年詔令所關切的是年輕紳士受到奢華所惑，以致傾家蕩產，引發社會不安。此外，教會或民間作家所批判的對象多為女性，如《講道書》中談服飾奢華現象時，有一半以上的文字在批評女人，認為那些注重裝扮的女子「也許在浮華世界中看起來更美麗，可以取悅魔鬼的眼睛，卻不能取悅上帝。」[48]然而，都鐸時期對女性服飾的規範只在1574、1580、1597年3次詔令中出現（後詳）。由此可見，服飾法在道德因素上有明顯的社會導向與性別導向，前者

46 Philip Stubbes, *The Anatomie of Abuses*, pp. 64, 73-74.

47 Philip Stubbes, *The Anatomie of Abuses*, pp. 116-118.

48 "The Sermon against Excess of Apparel," in *Certain Sermons or Homilies*, p. 280.

重公共秩序與安寧；後者以男性為主。

（二）時尚問題

如果將上文所談的道德範圍擴大，都鐸政府更關心的是與道德有關的風尚問題，特別是服裝時尚的多變。英格蘭中古以來的服飾法不僅規範衣料與價格，也偶爾限制服裝樣式和風格的變化，如1463年的服飾法規定：自耕農及其之下的階級所穿的大布列夾衣，僅能在內加一襯布，不得填塞毛布或棉；騎士及其之下的階級不得穿著過短的外套或夾克，其長度必須遮到私處（privy members）及臀部；此外，這些人也不得穿尖頭鞋超過2英寸的鞋靴。這些法令所限制的樣式，都是當時新興而流行的時尚。[49]

都鐸時期時尚的變化更甚中古時期，不過要到伊莉莎白時代才開始受到政府注目。首先受到限制的是當時所流行的男用燈籠形短褲，其包裹臀部及大腿部位，且有越來越寬大的趨勢（圖4.4、4.5）。[50]伊莉莎白政府於1562年的詔令下令改革，

49 3 Edward IV（1463）, st. 1, *The Statutes of the Realm*, vol. 2, p. 401; 22 Edward IV（1483）, st. 1, c. 1, *The Statutes of the Realm*, vol. 2, p. 470. 英格蘭中古時期服飾變化見Iris Brooke, *English Costume of the Later Middle Ages: The Fourteenth and Fifteenth Centuries*（London: A. & C. Black, 1935）; Phillis Cunnington, *Your Book of Medieval and Tudor Costume*（London: Faber and Faber, 1968）. 上文提到的短上衣及尖頭鞋，見Phillis Cunnington, *Your Book of Medieval and Tudor Costume*, pp. 20-29.

50 男子緊身褲（hose）分為上下兩部分：短褲（breeches或upperstocks）與長襪（stockings或netherstocks），兩者通常縫在一起，但1570年以後流行兩者分開，當時主要的時尚變化呈現在上半部短褲的部分，hose一詞也逐漸

並在法條中規定：「裁縫師、緊身褲師傅（hosier）或任何人，不論他是誰，……都不得在短褲外部加用超過一碼半的毛布（cloth），或最多不得使用超過一又四分之三碼的粗呢（kersey）或其他布料……而且同一條短褲，如有需要，僅能用一種內襯緊貼腿部，不得使用寬鬆內襯或加襯墊……任何人在男爵以下，內襯皆不得用天鵝絨、緞，或其他任何價格高於薄綢及塔夫綢的布料。」為了嚴格執行此項規定，詔令還要求所有裁縫師必須在首長面前立約，並繳交40鎊保證金；又為了確保所有師傅遵守法令，各地官吏可派人每八天搜查這些裁縫師的作坊一次。[51]

接著，1566年的詔令再度針對男子短褲提出禁令，且更加嚴苛，要求「所有人」不得在短褲外部加用超過一又四分之一碼的毛布、粗呢或其他布料；內襯布料的階級限制也仍保留。[52]這2次的詔令都指出，限制男子短褲樣式的主要理由在

僅用於稱上半部。見C. Willett Cunnington and Phillis Cunnington, *Handbook of English Costume in the Sixteenth Century*（London: Faber and Faber, 1962）, pp. 114, 122. 都鐸時期英格蘭服飾的變化，參見Janet Arnold, *Patterns of Fashion: The Cut and Construction of Clothes for Men and Women c. 1560-1620*（London: MacMillan, 1985）; Jane Ashelford, *Dress in the Age of Elizabeth I*（London: B. T. Batsford, 1988）; Jane Ashelford, *The Art of Dress: The Clothes and Society, 1500-1914*（London: National Trust, 1996）; Iris Brooke, *A History of English Costume*（London: Eyre Methuen, 1979）; C. Willett Cunnington and Phillis Cunnington, *Handbook of English Costume*.

51 Proclamation 6 May 1562（no. 493）, in *Tudor Royal Proclamations*, vol. 2, pp. 189-190.

52 Proclamation 12 February 1566（no. 542）, in *Tudor Royal Proclamations*, vol. 2, p. 281.

於：許多人為了追求這種時髦，耗費金錢以致破產或犯法。所以，政府所在意的仍然是追逐時尚所帶來的秩序問題，不過法規中常見以「怪異的」（monstrous）和「無節制的」（outrageous）兩詞形容當時的短褲風格，又提到古風之純樸，都帶有道德批判的意味。此外，短褲的限制與其他服飾規範不同，並沒有明顯的階級色彩，1562年與1566年的規範除了內襯布料之外，都針對所有男子而定，可見這些限制也是為了積極抑制這股流行風潮。

除了短褲之外，另一個受到抑制的男子時尚是皺褶領。皺褶領一般縫在上衣領口上，像花朵般開散而挺立（圖4.6），又分為單層及雙層兩種，另有小型的皺褶領用於袖口。[53]1562年的服飾法規範：任何人在領口或袖口，都不得使用雙層皺褶領（double ruffs），「而要合宜適中地（due and mean）使用單層皺褶領」，一如「在近日誇大的雙層皺褶領出現之前，那樣合宜（orderly）而恰當（comely）地使用。」[54]到了1580年的詔令，雖然序言中未提到改革時尚的問題，但法條中再度提及皺褶領的規定，同時還增加了斗篷一項。斗篷（圖4.7）約流行於1545年之後，穿於男子大布列夾衣之外，為外出或保暖所用。伊莉莎白時代斗篷的長度日漸增加，從及腰的長度逐漸拉長至足踝。[55] 1580年的詔令說：

---

53 C. Willett Cunnington and Phillis Cunnington, *Handbook of English Costume*, pp. 110-114

54 Proclamation 6 May 1562 (no. 493), in *Tudor Royal Proclamations*, vol. 2, p. 190.

55 C. Willett Cunnington and Phillis Cunnington, *Handbook of English Costume*, p. 103.

> 任何人不得使用或穿著過長的斗篷，就一般標準看來，那十分怪異（monstrous），而且兩年以前未曾見於本國，最近才開始流行。任何人也不得在他們的頸部或其上方，使用兩年前未曾出現過的那種極大而誇張的皺褶領。所有人都應該穿著合宜而恰當（modest and comely）的衣服，丟棄那些偽裝又醜怪的（disguised and monstrous）服飾，它們既不便於工作，也不宜於穿戴。[56]

1580年前後似乎見證了時尚快速的變化，詔令中提到斗篷長度和皺褶領的寬度，都是兩年前所未見的。而這次詔令所提出的理由並不是經濟破產的疑慮，而是風俗厚薄的問題。新穎的時尚在此詔令中被視為淳美古風的敵人，它的危險不只在於逾越或奢華，更在於它違反自然與常規（如monstrous一字所示），故對社會良好秩序造成威脅。

以上這些對男子服飾時尚的抑制，反映了當時對新潮、時髦之物的負面看法。但都鐸時期不僅男子時尚變化繁多，女子時尚的改變也不遑多讓，如男子流行的皺褶領也為女子所用，且尺寸與樣式日益誇大，1570年以後有開散如扇形的皺褶領（fan-shaped ruff），也有連結如輪狀的（cartwheel ruff）。[57] 女性服飾中另一個引人注目的變化是環裙。環裙約在1545年之後由西班牙傳入，在襯裙內以木條、鐵絲或鯨魚骨做箍，形

56 Proclamation 12 February 1580 (no. 646), in *Tudor Royal Proclamations*, vol. 2, p. 462.

57 C. Willett Cunnington and Phillis Cunnington, *Handbook of English Costume*, pp. 167-168.

成一環一環上窄下寬的支架，再穿上外裙，有如鐘形。隨著時間演變，環裙越來越寬，到了1580年代中期，女性的環裙漸流行法國式的輪形環裙，較之前的幅度更大，寬度可達48英寸（圖4.8、4.9）。[58]女子服飾時尚的變化，較諸男子，更受到道德改革家的注意，如拉丁墨批評女人的環裙說：那是「驕傲的標記」、「顯露她們的淫蕩與愚蠢」。[59]史塔普在《剖析世風之敗壞》一書中，除了批評男性的皺褶領、斗篷、大布列夾衣、短褲……之外，花了更多篇幅批判女性從頭到腳各樣服飾潮流，他還特別指責女人模仿男人服式，將男子的大布列夾衣轉為女裝，這不但讓女人墮入淫蕩之流，還變成「半男半女的妖怪」。[60]然而，這些嚴厲的詞語並未影響到都鐸服飾法的內容，伊莉莎白時期對女子服飾的規範僅止於衣料與服色，而從未限制女子服裝樣式與尺寸大小。

（三）經濟動機

在經濟方面，上表將它細分為三，從個人的財產困境到國家整體經濟與產業的危害。經濟問題中的第一項，著眼於個人不顧財力、過度消費所帶來的惡。都鐸時期前三次的服飾法（1510、1514、1515）一開頭就指出：人民奢華的衣著已使他們「一貧如洗」，表達了政府對人民不能理性消費的擔憂。[61]

---

58 Jane Ashelford, *The Art of Dress*, pp. 33-35.

59 Hugh Latimer, *Fruitfull Sermons*, pp. 280-281.

60 Philip Stubbes, *The Anatomie of Abuses*, p. 118.

61 這三次法案起始的文字幾乎是相同的，1515年的文字是："Forasmoche as the grette & costeley array and apparel usid within this realme, contrarye to good

伊莉莎白時期則特別擔心那些經濟能力不足以維持高尚門面的「下等人」（the meaner sort, or the inferior persons），或浪擲金錢的「年輕紳士」，為了穿著如貴族一般華麗，不惜偷盜或散盡家產。[62]經濟問題中的後兩項，表達了政府對本土產業與勞工的關懷，以及外國奢侈品氾濫的憂慮，如1566年的法案說：「女王真誠的子民中，有大量的人從事製作毛帽（wollen caps）的行業，他們因〔其他人〕過度購買有邊帽與氈帽（hattes and feltes）而致貧困敗落；也有許多繁榮的城鎮因此走向衰敗。大量非必要的外國商品〔在本國〕售出，為這個國家帶來諸多不利。」[63]這段文字同1574年的詔令（見上節引文）一樣，展現國家總體經濟（national economy）的意識，也充滿保護主義（protectionism）的色彩。

保護主義在服飾法中通常以兩種形式出現：一是限制外國布料的使用；一是鼓勵本國產品的消費。前者較常見，後者只出現在1571年的「帽法」（Cap Act），此法指定凡年滿6歲者，除了貴族、騎士，及每年土地年收入達20馬克的紳士

---

statute therof made, hath ben the occasion of grette impoverysshying of dyvers of the Kyngs Subjects and provokyd dyvers of them to robbe & to do extorcyon and other unlaufull dedys to maynteyn theirby their costeley array ...”見7 Henry VIII（1515）, c. 6, *The Statutes of the Realm*, vol. 3, p. 179.

62 前者見於1562年及1597年的詔令，如1597年的序言指出：“... the meanest are as richly appareled as their betters, and the pride that such inferior persons take in their garments driving many for their maintenance to robbing and stealing by the highway,” Proclamation 6 July 1597（no. 786）, in *Tudor Royal Proclamations*, vol. 3, p. 175. 後者則見於1574年的詔令，見上節引文。

63 8 Elizabeth I（1566）, c. 11, *The Statutes of the Realm*, vol. 4, p. 494.

之外，在安息日及聖日都必須戴上英格蘭本土所產的針織帽（cappe of woll knytt）。[64]此法不僅要阻擋昂貴的外國氈（felt）進口，還要提高消費國貨的需求，是都鐸時期各服飾法中經濟因素最明顯的。

都鐸服飾法中的保護主義色彩，反映了當時主流的經濟概念。亨利八世時期，「共同體」一派的政治人物（the Commonwealth's Men）主張控制進口、限制原物料出口，以達致貿易平衡（balance of trade）的目的；也鼓勵本土手工業、增加就業機會，造就全體人民的安樂（此即commonwealth的本意）。此派重要的領導人之一是亨利八世的重臣克倫威爾，而他即是此時期推動服飾法的主力。此外，都鐸中期流行的「共同體文學」（Commonwealth Literature），如《論英格蘭共同體》（*A Discourse of the Commonweal of this Realm of England*, 1581）一書，其論述與服飾法所用的言詞非常相似，批評人民（尤其是中下層階級）追逐時尚與奢華生活、感嘆物品輸入大於出口、外國奢侈品侵蝕本國產業與財產等等；也主張限制外國衣物及飾品進口、鼓勵使用本國衣料（詳見第五章）。[65]

保護主義的概念其實從中古後期就出現在英格蘭的服飾法

---

64 13 Elizabeth I（1571）, c. 19, *The Statutes of the Realm*, vol. 4, p. 555.

65《論英格蘭共同體》一書約寫於1549年，出版於1581年。Whitney. R.D. Jones, *The Tudor Commonwealth, 1529-1559*（London: Athlone Press, 1970）, pp. 188-190; Thomas Smith, *A Discourse of the Commonweal of this Realm of England, Attributed to Sir Thomas Smith*, ed. Mary Dewar（Charlottesville: Published for the Folger Shakespeare Library by the University Press of Virginia, 1969）, pp. 63-64, 81-83, 122-123.

中（如1337、1463、1483年的法案），[66]因為毛紡織業從中古以來，就是英格蘭最重要的產業，毛織品也是英格蘭最主要的出口品，為了保護本土布匹產業與勞工，乃透過服飾法抑制外國織品的消費。毛紡織業到了都鐸時期重要性更加明顯，亨利八世時期毛織品已占總出口的五分之四，到了伊莉莎白時期比例雖有下滑，仍是出口最大宗。都鐸政府對相關經濟問題的處理，從國會法案通過的數量來看，遠比中古時期積極，[67]但值

66 杭特主張歐洲（包含英格蘭）禁奢法在理念上的演變趨勢，是從中古時期的道德論述，轉向十六、十七世紀的保護主義經濟論述，見Alan Hunt, *Governance of the Consuming Passions*, pp. 8, 34, 201, 393. 然而，英格蘭服飾法論述的變化，不是一條從道德到保護主義的單行道。杭特的說法並不適用於英格蘭。除了保護主義之外，有些研究禁奢法的學者用重商主義（mercantilism）一詞，來解釋禁奢法何以在十六世紀達到高峰，如Frances E. Baldwin, *Sumptuary Legislation and Personal Regulation in England*, p. 246; Susan Vincent, *Dressing the Elite: Clothes in Early Modern England*（Oxford: Berg, 2003), p. 120. 但重商主義純就國家經濟利益著眼，與服飾法的思維有明顯差距，不適用於解釋此時期服飾法的理論基礎。也有學者指出，都鐸政府並無重商主義的政策，見L. A. Clarkson, *The Pre-Industrial Economy in England 1500-1750*（London: B. T. Batsford, 1971), pp. 178-183.

67 都鐸時期國會通過與經濟有關的法案共約250項，重要者如1515、1549及1597年的「反圈地法」（Anti-Enclosure Acts）；1552、1566與1597年的「布法」（Cloth Acts）、1555年的「織工法」（Weavers Act）、1563年的「勞工法」（Statute of Artificers）及1597、1601年的「濟貧法」（Poor Law）。這些法案也帶有穩定社會秩序的目的。都鐸時期的經濟發展與政策，見L. A. Clarkson, *The Pre-Industrial Economy*, Chapter 6; D.C. Coleman, *The Economy of England 1450-1750*（Oxford: Oxford University Press, 1977), pp. 178-184; Sybil M. Jack, *Trade and Industry in Tudor and Stuart England*（London: Allen and Unwin, 1977), pp. 101-107; Peter Ramsey, *Tudor Economic Problems*（London: Victor Gollancz, 1968), pp. 48-91, 146-149.

得注意的是，都鐸政府在服飾法中所進行的經濟干預只限於降低需求（除了「帽法」是一特例），對於提升國內外貿易、勞力的充分使用、維持產品品質與價格等，都鐸政府都以其他法案處理。例如1552年至1555年之間，英格蘭布匹出口貿易大幅萎縮，致使國內紡織產業遭逢前所未有的危機，政府於是採取一連串的穩定措施，包括1551年重訂幣值，還有1552年的「布法」（Cloth Act），規範各類毛布的品質、標準長度、寬度，及其檢核機制。但這段期間服飾法的立法次數並未增加，只在1554年頒布一次服飾法。也就是說，都鐸政府面對各種經濟問題時，服飾法不是最重要的手段，但政府藉由服飾法以及其他相關法律，表達了對個人消費方式、對本土產業及勞工的關注，以穩定社會及經濟秩序。

（四）社會安寧

以上所討論的道德、時尚、經濟因素，都與秩序相關，最後一項社會因素更是如此。在社會問題部分上表區分為二：一是擔憂個人穿著以下僭上，致使階級尊卑不分；一是憂慮人民不顧財力追求奢華，而使家庭破產或有強取豪奪之事。如1597年的詔令，政府一方面擔心貴族階級耗費過多金錢於衣著之上，使得他們「周濟鄰里」（hospitality）的傳統美德不保，有礙地方穩定；另一方面，政府擔心中下階級模仿上層階級的奢華，混亂身分與階級，而且很可能為了求得華服不惜鋌而走險，搶奪或偷取他人財物，成為治安大患。[68]

---

68 Proclamation 6 July 1597 (no. 786), in *Tudor Royal Proclamations*, vol 3, p.

社會因素之所以成為都鐸服飾法頒布的重要原因，應與此時期社會關係與結構的變動有關。十六、十七世紀英格蘭出現了好幾位描繪現實社會情景的作家，包括史密斯、哈理森、史塔普、威爾森（Sir Thomas Wilson, 1560-1629）等人。他們都共同指出這是一個快速變動的時代。就社會結構而言，他們所見到的社會階層已轉化出四、五種不同的身分與階級，包括貴族仕紳、市民、自耕農、工匠與勞工，但貴族仕紳仍是最重要的身分區隔。這些階層類別不同於中古時代所認知的「三種身分」（three orders or three estates），[69]而且財產和收入被視為重要的區隔標準。[70]此外，這些作家都指出了「社會流動」的現象。如農村中的自耕農財富日益增加，有些年收入可達3、5百鎊以上，不但過著豐衣足食的生活，還能從貴族仕紳階級手中買到大片土地，或把他們的兒子送進大學和律師學院（Inns of Court）就讀。漸漸地，不少自耕農不需親手勞動，過得有如貴族仕紳一般。到了他們的兒子一輩，多不再用心管理土地，而急於「換上絨布短褲和絲質大布列夾衣」，到倫敦的律師學院就讀，讓人稱為「大人」（Master），此後就被視為貴族仕紳階級的一分子了。[71]

---

175. 關於Hospitality的概念見Lawrence Stone, *The Crisis of the Aristocracy, 1558-1641*（Oxford: Clarendon Press, 1965), pp. 547-558.

69 Georges Duby, *The Three Orders: Feudal Society Imagined*, trans. Arthur Goldhammer（Chicago: The University of Chicago Press, 1980).

70 如哈理森指出男爵的年收入不可少於1000英鎊；騎士不可少於40英鎊；能列為自耕農的人，則年收入必須在40先令以上。見William Harrison, *The Description of England*, pp. 100, 102-103, 117.

71 Thomas Wilson, "*The State of England, anno Dom. 1600*," in *Seventeenth*

在這些作家眼中，所謂的「貴族仕紳」階級包含廣泛，從高階貴族，到騎士、鄉紳，以及紳士都涵蓋在內。[72]貴族與騎士身分來自血統繼承或君主敕封，但騎士階級以下並未有清楚的資格認定標準，而是靠他們的財產以及在地方上長久累積的名聲，因此是當時最難定位的一群，也構成「貴族仕紳」與「自耕農」兩類別之間的模糊地帶。越來越多人在這之間升沉起伏，最終能決定一個人是不是貴族仕紳，往往是靠金錢、生活方式或外在形象。所以哈理森指出，只要一個人能不從事勞力工作、可擔任公職、擁有貴族仕紳的樣貌（countenance of a gentlemen）；又有錢向徽章院（College of Heralds）申請個家徽、勳章之類的東西，再假稱祖先光輝榮耀的事蹟，便可被視為貴族仕紳的一員。史密斯則更直截了當地指出外顯形象的重要性，他認為一位自耕農只要有能力表現得像貴族仕紳一樣，例如慷慨大方、勇敢無畏、教養良好，就可以博得貴族仕紳的名號。因此哈理森和史密斯都挖苦說：「要當貴族仕紳，真是容易。」（they be made good cheap）[73]

Century Economic Documents, eds. Joan Thirsk and J. P. Cooper（Oxford: Clarendon Press, 1972）, p. 752. 此時在英格蘭未擁有貴族爵位的仕紳多被稱呼為master，對一般平民則直呼其姓名，若要稱擁有爵位的貴族，除了普遍可使用的lord之外，多明確稱呼其爵位，如duke或earl。見Peter Laslett, *The World We Have Lost: England before the Industrial Age*（3rd edn., New York: Charles Scribner's Sons, 1984）, pp. 27, 38-39, 45.

72 史密斯把律師、醫生、大學畢業生、學者等統統列入最低階的貴族仕紳階級，並稱為simple gentlemen, 見Thomas Smith, *De Republica Anglorum*, pp. 65, 72.

73 William Harrison, *The Description of England*, p. 114; Thomas Smith, *De*

另一個社會流動的現象表現在商人階層。他們在十六世紀財富日益增加，如威爾森指出當時倫敦有許多商人年收入高達1萬英鎊，超過不少貴族的收入，但在倫敦「收入沒達到或接近5萬英鎊的，不被認為是有錢人。」[74]當時商人的數量與財富都在不斷擴張之中，不過他們仍然認為土地具有較高的價值，而且是貴族仕紳地位的表徵，因此在經商致富之後，多向鄉間的貴族仕紳購買土地而成為地主。同時，不少貴族仕紳子弟也轉往城市參與商業活動，因此商人與貴族仕紳之間的區分越來越不明顯，他們在財富、政治角色、生活方式各方面日益混同，甚至也有密切的家族姻親關係，所以哈理森指出商人與貴族仕紳之間：「彼此轉化」（mutual conversion of the one into the other）。[75]

貴族仕紳與自耕農以及貴族仕紳與商人之間界線的模糊，都被傳統社會視為不穩定的現象。對近代早期的英格蘭人來說，在階級秩序井然的情形下，人們可以透過一個人的生活方式看出他的身分地位，人們也以此界定彼此的上下關係。[76]貴族

Republica Anglorum, pp. 71, 73. 本章第一節提到的莎士比亞，他的家族由自耕農地位爬升到仕紳地位，並擁有家徽，就是當時最好的例子，其過程見Stephen Greenblatt, *Will in the World: How Shakespeare Became Shakespeare* (New York: W. W. Norton, 2004), pp. 76-86.

74 Thomas Wilson, "*The State of England, anno Dom. 1600*," p. 754.

75 William Harrison, *The Description of England*, p. 115. 城市商人與鄉村仕紳間緊密的關係與混同，可參見Keith Wrightson, *English Society*, pp. 27-30. Peter Laslett, *The World We Have Lost*, pp. 47-48.

76 Lawrence Stone, *The Crisis of the Aristocracy*, pp. 21-36, 50-51; Keith Wrightson, *English Society*, p. 25.

仕紳階級的表徵就建立在土地、宅邸、教養、儀態、飲食、穿著、娛樂，以及家僕的數量上。這當中最容易、最即時的方式是從服飾彰顯地位，因此當時因土地或商業致富的人，若想塑造新的階級形象，便可穿戴過去僅限於貴族仕紳所使用的衣料或顏色。一時之間，巨商大賈穿起綾羅綢緞；耕耘有成的農民用上金絲銀線，或是鮮豔的紅黃衣裳，如此誰還能輕易判別他們的出身與貴族有何差別？因此整個社會在視覺上「看起來」就處於失序的狀態。

回顧本節所談，在都鐸服飾法的序言中，處處表達了對「失序」的焦慮；反過來說，它們反映了十六世紀英格蘭政治思想與統治思維中對「秩序」的追求。這一點也可以從都鐸政府對服飾法的歸類得到確認。在都鐸政府的詔令中，時常會將同一類的法令透過同一份詔令傳布到各地，要求各級官員注意。一般而言，服飾法多與其他關乎整體秩序的法令列為一類。如1517年的詔令要求：「為了我們英格蘭良好的及政治的秩序、統治與管理（good and politic order, rule and governance）」，也「為了我們忠誠而真實的子民，以及為了我們對他們恆常的慈愛與關懷」，各級官員應戮力執行四法，分別是溫徹斯特法（Statute of Winchester）、服飾法（acts of apparel）、遊民法（acts of vagabonds）及勞工法（acts of laborers）。[77]1533年的詔令為了人民的「安詳、和諧與統一」，要求切實執行的法令則

77 Proclamation 19 February 1517（no. 80), in *Tudor Royal Proclamations*, vol 1, p. 127. 溫徹斯特法見13 Edward I（1285), c. 4, *The Statutes of the Realm*, vol. 1, p. 97. 內容是關於各城鎮城門關閉的時間，警官及夜巡人員盤查可疑人物等事。

包括：偵察製造或散布謠言並以此引發社會騷動或叛亂者、規範懶散之乞丐與遊民者、取締非法博弈與娛樂活動者、維續軍事訓練（槍砲與弓箭）者、改革服飾奢華者，以及規範織工者。1536年的詔令內容也相去不遠。[78]

以上這些被納為一類的法案，都是為了追求社會穩定、維護秩序與治安。所以，服飾法在都鐸政府眼中主要是一種社會控制的手段，用以追求社會安寧與秩序。而此秩序至少包含上文所談的道德秩序、風尚秩序、經濟秩序及社會秩序，也可以包含「政治的秩序」。都鐸政府將秩序的追求投射在服裝的管理上，藉著服裝的管理，來達成秩序的控制，但在服飾法中所謂的秩序究竟要如何落實呢？這就牽涉到下節所要討論的主題：制定服飾法的目標何在？

四、服飾與社會區隔

上節利用各次法規的序言，說明了政府頒布服飾法的原因，並藉此解釋服飾法與時代的關聯。然而，序言的內容不能完全說明服飾法所要達成的目標為何，因為它們主要是政府意願的表達、願景的展現，未必會如實地反映到法條上。研究歐洲其他地區禁奢法的學者也指出，立法者言明的動機與其真實的目標，未必相符。例如，1449年熱那亞的禁奢法在序言中指

---

78 Proclamation 1533 (no. 138), in *Tudor Royal Proclamations*, vol. 1, p. 206; Proclamation February 1536 (no. 163), in *Tudor Royal Proclamations*, vol. 1, p. 239.

出：「有大量的金錢被死寂地包裹在服飾與珠寶中，如果能投入貿易可帶來極大的收益。」乍看之下，此次法規訂立的主要目標在改善經濟問題，然而當時熱那亞政府真正的企圖是在維護公共道德。[79]都鐸服飾法的序言中，也可看出明顯的經濟動機，為要阻擋外國商品的進口與消費、保護本土產業，但透過具體法條的分析，我們才能判定這些意圖是否真正落實在各項規範中。

首先，我們可以1510年的服飾法為例，探查其法規內容。此法案規定：

> 除了國王、王后、王太后、國王的子女及國王的兄弟姊妹以外，任何人不論何種身分或階級，不得穿著紫色金綿錦與紫色絲綢所做的服飾，違者沒收其服並處以20鎊罰金。任何人在公爵位階以下，不得為自己或配駒穿戴金薄綢（clothe of gold of tyssue），違者沒收其服並處以20馬克罰金。任何人在伯爵位階以下，不得著黑貂毛皮（sables），違者沒收。任何人在男爵位階以下，不得為自己或配駒穿戴金綿錦、銀綿錦、緞（satten）、絲所製的衣服，或任何參有金銀線的衣物……。任何人在貴族及嘉德騎士（Knyght of the Garter）階級以下，不得使用在英格蘭、愛爾蘭、威爾斯……等地以外，所製的毛布（wollen cloth），違者沒收其服並處以10鎊罰金……。任何人在

79 引自Diane Owen Hughes, “Sumptuary Law and Social Relations in Renaissance Italy,” p. 77.

> 騎士階級以下，……除了土地與地租年收入達300馬克的鄉紳（esquyers）、貴族的兒子與繼承人、法官……及倫敦市長，不得使用或穿著天鵝絨（Velvett）所製的長袍（gowenes）或騎馬用的外套（Rydyng Cootes）……。任何人除了上述所列之外、除了貴族的兒子及土地與地租年收入達100鎊的紳士（gentilman）以外，不得著天鵝絨所製的大布列夾衣（dubletts），也不能著緞或花緞（damaske）所製的長袍或外套，……違者沒收其服並處以40先令罰金……。

接著，此法依序對「土地年收入達20鎊之外的人」、「土地年收入達10鎊之外的人」、「土地年收入達10鎊之外的人」、「紳士階級之外的人」、「擁有財貨價值達10鎊之外的農人、牧人、勞工」給予規範。[80]

在這一片細密與繁瑣的法規中，我們可以清楚看到，1510年服飾法最具體的目標在建立服裝的階級性；也就是透過不同布料或材質的貴賤，區別人與人之間的身分與階級。服裝除了材質之外，也有內外之別，法規對於可被外套遮住的大布列夾衣，標準較寬鬆；能在外套上使用昂貴布料被視為一種階級特權。此外，對於紳士階級以下的人，法規還以布匹的長度與價格區隔身分高低，例如除了擁有財貨價值達10鎊的人以外，

80 1 Henry VIII（1510）, c. 14, *The Statutes of the Realm*, vol. 3, pp. 8-9. 1鎊（pound sterling）約等於20先令（shilling），1馬克（mark）約等於13先令4便士（pence）。

不得使用一碼超過2先令的布。[81]再者，布料等級不僅適用於個人身體的穿著，也適用於其馬匹、騾或其他牲畜。

都鐸服飾法中，許多對服裝顏色的限制，也有明顯的階級色彩，如1514年的法條規定：「任何人在嘉德騎士階級以下，不得在自己的長袍及外套上，也不得為其配駒穿戴深紅色及藍色的天鵝絨。」1515年的法規又限制：「任何人除了每年土地及地租收入達200馬克的紳士……之外，不得著黑色天鵝絨大布列夾衣；不得在長袍、夾克及外套上，使用黑色、黃褐色、茶色花緞及羽緞。」[82]由此看來，都鐸服飾法中不但不同材質的衣料有高低之別，相同材質的衣料也有顏色貴賤之別。在各種顏色中，黑色被視為尊貴的顏色，代表穿著者沉靜、忠誠的美德，在都鐸時期多為貴族、廷臣所用，而且高品質的黑色布料價格不斐。至於其他顏色較鮮豔醒目的布料（特別是紅色），價格更高昂，因為它們的製染技術幾乎都掌握在義大利人手上，無法在英格蘭生產，只能靠進口。對這些鮮豔衣色的限制，雖然也帶有保護主義的意味，但更重要的是這些顏色在當時已是上層階級的表徵。[83]

---

81 1 Henry VIII（1510）, c. 14, *The Statutes of the Realm*, vol. 3, p. 9. 當時英格蘭的毛布販售時多以碼（yard=36 inches）為單位，此處提到的布料，一碼只要2先令，而當時等級最高的金綿錦（cloth of gold），一碼約要80先令。見Jane Ashelford, *The Art of Dress: Clothes and Society*, p. 47; Frances E. Baldwin, *Sumptuary Legislation and Personal Regulation in England*, p. 142.

82 6 Henry VIII（1514）, c. 1, *The Statutes of the Realm*, vol. 3, p. 121; 7 Henry VIII, c. 6（1515）, *The Statutes of the Realm*, vol. 3, p. 179.

83 Jane Schneider, "Peacocks and Penguins: The Political Economy of European Cloth and Colors," *American Ethnologist*, 5（1978）, pp. 413-438; Jane

在第三節分析都鐸服飾法的時尚與經濟因素時，曾引具體法條說明這兩項因素的重要性，但所有的服飾規範中，與時尚相關者數量不多，僅見於3次詔令；而與經濟相關的法條，主要以限制外國織品與毛皮的使用為主，這些限制雖然常見，卻從未完全去除階級的區隔。如上文所引「貴族及嘉德騎士以下」，才不得使用外地所產之毛布，又如1566年的服飾法為保護本土產業，規定：「騎士階級以下，不得配戴天鵝絨製的無邊帽或有邊帽（cap or hat of velvet）」，[84]但這項規定並不限制騎士及更高的階級。1571年的服飾法則不限制貴族、騎士，及每年土地年收入達20馬克的紳士。表面上看來，這些條例都是為了保護本土產業，但不在規範內的人卻是消費外國奢侈品的主力。這類法規所能達到的效果大概只有把富商排除，其他人即使沒有這樣的法規，消費力本身已阻擋了他們購買外國貨的能力。也就是說，都鐸政府在法條上只有部分地落實了經濟目標，而階級區隔才是更重要的考量；法條中對外國織品與布料顏色的各種限制，其實是將稀有、昂貴的進口衣料保留給上層階級。

都鐸服飾法不但以階級區隔為主要目標，在歷次法規中階級區隔的變化也最多。以1533年的服飾法為例，它是亨利八世時期對階級區隔最詳密的法案，劃分出大約13種不同的等級與身分，不但「子爵」（viscount）首度被列出，貴族階級也

Schneider, "Fantastical Colors in Foggy London," in Lena Cowen Orlin ed., *Material London, ca. 1600* (Philadelphia: University of Pennsylvania Press, 2000), pp. 109-127.

84 8 Elizabeth I (1566), c. 11, *The Statutes of the Realm*, vol. 4, p. 494.

與騎士階級完全區隔。[85]此外，騎士以下的階級被劃分出更多等級，「自耕農」與「佃農」（husbandmen）也首度被分開來處理。這部法規沿用至瑪麗女王及伊莉莎白女王時期，成為標準版本。瑪麗女王在1554年頒布的服飾法，只增添了一條：限制土地年收入20鎊以下或財貨價值不達200鎊的人，不得使用絲製的軟帽（bonnet）、腰帶、襪帶……等等。[86]

伊莉莎白女王的服飾詔令也是如此，它們以1533年及1554年的服飾法為基礎，但在階級區隔上有明顯的變化，有時精簡、有時細密。如1559年的詔令只重述1533年服飾法中土地年收入100鎊以上的人；1566年的詔令則把人民簡化為9級（而非1533年的13級），嘉德騎士以上的階級化為一類，其下以收入為標準，分為土地年收入200鎊、100鎊、40鎊、20鎊、5鎊及40先令者，接著是佃農、鄉村的農工（servants in husbandry）與城市手工業的日工（journeymen in handicrafts）。[87]1566年之後的詔令，階級區分仍有變化，上層階級的區隔又轉為複雜。

階級區隔的類別在服飾法中不斷變動的原因，也許是為

---

85 這13種包括王室成員、公爵與侯爵、伯爵、子爵與男爵、嘉德騎士、年收入達200鎊以上的人士、年收入達100鎊以上的人士、年收入達40鎊以上的人士、年收入達20鎊以上的人士、年收入達5鎊以上的人士、僕傭與自耕農（servants and yeomen）、佃農、佃農之僕傭與手工業日工（servants in husbandry and journeymen in handicrafts）。

86 1 & 2 Philip & Mary (1554), c. 2, *The Statutes of the Realm*, vol. 4, p. 239. 在1533年的法規中，這類人原本可著絲製的軟帽、腰帶、襪帶等。

87 Proclamation 21 October 1559 (no. 464), in *Tudor Royal Proclamations*, vol. 2, pp. 136-138; Proclamation12 February 1566 (no. 542), in *Tudor Royal Proclamations*, vol. 2, pp. 278-283.

了執法方便，也許是因為各時期執法重點有所不同，但更可能是出於當時社會經濟變化劇烈的現象。從這些變動中可以觀察到，歷次的法案與詔令都特別著重貴族與非貴族之間的區隔，以及中間到上層階級之間不同等級的劃分。如此，一方面保障了貴族服飾上的特權；另一方面對中上階級內部做出更清楚的分類。由其分類方式來看，都鐸政府對社會階級的認知並非單一，至少採取了3種不同標準來界定社會層級：地位（status）、官職（office）與收入（income）。它們混雜了惠格曼（Frank Whigham）所提出的2種不同標準，一是「身分屬性」（ascriptive rank）的標準，如伯爵、騎士、自耕農等；另一個是「成就屬性」（achieved property）的標準，如年收入200鎊者、40鎊者，或任職朝廷於或地方政府者。[88]有時都鐸服飾法還將這2種不同屬性標準下的人，歸於同一群組且享有相同的規範，如「男爵之子、騎士、具普通職位而服侍女王的紳士，或土地年收入達200鎊者」，在1580年的詔令中被歸於一類。[89]

在這些標準之外還有許多例外，如1514年的服飾法提到各城市的市長、市府參事、法院推事、郡長、副郡長、警官，及其他各城市官員，不受本法規限制。此外，外交官、傳令官、樂師、演員、國王賜與制服的家僕等等，也不在規範之內。[90]其

88 Frank Whigham, *The Ambition and Privilege: The Social Tropes of Elizabethan Courtesy Literature Theory* (Berkeley, CA: University of California Press, 1984), p. 163.

89 Proclamation 12 February 1580 (no. 646), in *Tudor Royal Proclamations*, vol. 2, p. 458.

90 6 Henry VIII (1514), c. 1, *The Statutes of the Realm*, vol. 3, p. 122.

他的服飾法也多列出相似的豁免團體，最常見的是服侍國王的內廷官員或家僕、律師、倫敦及各城鎮的市長、大學畢業生。在這些明確列出的人物之外，服飾法也給國王授與某些人穿著超過其身分等級服裝的特權，這是都鐸君主除了土地、專賣權、關稅之外，賞賜臣屬的另一種手段。

在階級的區隔之外，都鐸服飾法對衣物、配件的區隔也十分仔細，展現了當時社會對「物件」高低階序的認定。這些物件包括各類布匹、服裝樣式、隨身武器與各項配件，它們被納入與社會層級相配合的高低階序中，最精緻而獨特的衣料，其所受限制最大、使用人口最少，如金綿錦、天鵝絨、毛皮、絲綢等，都是受到特別限制的衣料；再加上顏色與種類的區隔，可劃分出更多的層級。但這些物件的排序，一如社會層級的排序，並非只有單一的標準。一方面它們的經濟價值決定了物件珍貴與否，如布料在市場上的價格、取得的難易程度等等；另一方面，物件所承載的文化價值也被考慮在內，例如紫色的布料自羅馬共和以來，便為皇帝、元老、高級將領及官吏所專用，至帝國時代則只有皇帝可穿紫色袍服。[91]傳承其帝國尊榮，紫色在中古時期成為歐洲王室專屬的布料顏色，尤其是紫色金綿錦在各類衣料中享有至高的地位。[92]簡言之，在閱讀都鐸服飾

91 M. Reinhold, "History of Purple as a Status Symbol in Antiquity," *Latomus*, 116 (1970), pp. 37-47; Shelley Stone, "The Toga: From National to Ceremonial Costume," in J. L. Sebesta and L. Bonfante eds., *The World of Roman Costume* (Wisconsin: University of Wisconsin Press, 2001), p. 13.

92 英格蘭在1483年的服飾法中，首度給予王室成員穿著紫色金綿錦與紫色絲綢（Cloth of Gold, or silk of Purple Colour）的特權，見22 Edward IV

法的規範時，能見到兩條由上而下平行的鎖鍊，一條是物件的（從金綿錦到粗呢）；另一條是社會層級的（從君王到勞工），這兩條都展現了此時代對高低階序的看重。

若與中古時期對照，都鐸時期服飾法的階級區隔有兩項特色：第一，都鐸時期規範的對象較重視中上階層。這種轉變應與十六世紀英格蘭經濟、社會的變動有關，當時城市商人與仕紳財富的壯大，驅使他們在服裝豪華程度上彼此競逐，也與貴族分庭抗禮。這種情形使得高階貴族給予政府更多壓力，以保障傳統的身分標記；也讓政府對社會上服飾競逐之風感到憂慮，不論是貴族傾家蕩產以致沒落，或小康之家以旁門左道維持華麗門面，都非政府所樂見。法國史家布勞岱曾說：「禁奢法是政府智慧的表現，更是上層階級的憤慨。」[93]此語正可說明當時的情形，也可說明為何都鐸服飾法多得到上議院的支持，卻在下議院遭受越來越大的阻力，下議院的仕紳日益排斥自身在服飾上（即形象創造的權力上）受到過多的束縛。

第二，中古時期的服飾法規範男人也規範女人，但亨利八世在1510年取消了對女性服飾的規範，直到伊莉莎白1574年的詔令才又恢復，這中間約有60年的空窗期，可能的原因在於中古服飾法限制的女性對象，以下層婦女為主，[94]但在都鐸

(1483), st. 1, c. 1, *The Statutes of the Realm*, vol. 2, p. 468.

93 Fernand Braudel, *The Structures of Everyday Life: The Limits of the Possible*, trans. Siân Reynolds (New York: Harper & Row, 1981), p. 311.

94 如1483年的服飾法規範僕人與勞工的妻子，不得穿著超過20便士的衣服。見22 Edward IV (1483), st. 1, c. 1, *The Statutes of the Realm*, vol. 2, pp. 468-470.

時期，中下層人口已不是服飾法規範的重點；而且從法規序言或條文中可以看到，政府最關切的是擁有公共權力與影響力的中上階級男性，而非女性。1574年女性服飾規範之所以再度出現，也與政治影響力的考慮有關。由於伊莉莎白女王長期維持獨身，不但宮廷中女貴族人數增加，其內宮（Privy Chamber）與寢宮（Bed Chamber）中服侍的人員，也以中上階級女性為主，且有專職如「內宮首席仕女」（Chief Gentlewoman of the Privy Chamber）、「衣袍女總管」（Mistress of the Robes）等等。即使這些女人無法擁有政府官職，在宮廷政治中卻扮演越來越重要的角色，影響力日益上升。[95]

伊莉莎白時期對女性服飾的規範，針對的就是這些生活在宮廷社會與上層階級世界中的女性，包括貴族夫人、騎士階級的妻女，以及服侍女王及貴族夫人的侍女（她們也多出身良好）。這些人依照丈夫的身分、收入而定服裝上的等級，不過在女王內宮與寢宮服侍的仕女（Gentlewomen of the Privy Chamber and Bed Chamber）、女王的侍女（Maids of Honour），可享有特殊待遇，他們的服裝等級僅次於公、侯、伯、子、男等爵位的夫人們，可使用深紅色和淡紅色的天鵝

95 參見Simon Adams, "Eliza Enthroned? The Court and its Politics," in Christopher Haigh ed., *The Reign of Elizabeth I*（Basingstoke, 1984）, pp. 72-74; Anne Somerset, "The Court of Elizabeth I," in *Ladies-in-Waiting: From the Tudors to the Present Day*（London: Weidenfeld and Nicolson, 1984）, pp. 65-69; Pam Wright, "A Change in Direction: The Ramifications of a Female Household, 1558-1603," in David Starkey ed., *The English Court: From the Wars of the Roses to the Civil War*（London: Longman, 1987）, pp. 147-172.

絨，以及黑麝貓、山貓（lucern）等珍貴毛皮。依序而下，服侍公爵、侯爵、伯爵夫人的侍女可等同於年收入100鎊者之妻的等級；服侍子爵及男爵夫人的侍女可等同於年收入40鎊者之妻的等級。[96]這些規範透過服飾的控制，確立宮廷中女性的尊卑上下，也藉此確立宮廷政治秩序。

以上這兩項特色再度說明了都鐸服飾法最重要的目標，在建立身分階級的區隔，所以服飾對都鐸政府而言，最重要的功能在達成「社會區隔」。服飾的區隔功能，在一般社會中除了身分階級之外，也可涵蓋年齡、性別、職業、聖俗的區隔，可是都鐸服飾法並不重視這些區別功能，它不處理不同職業（如教師、商人或鐵匠）的服裝規範，也不碰觸男女異裝（cross-dressing）的問題或教士階級的特殊服飾；歷次法規中也幾乎沒有以年齡限定可用的衣料、服色與樣式（只有1571年的法律允許6歲以下的孩童在教堂禮拜可不戴帽）。

上文對立法目標的探索，還可讓我們進一步追問服飾法或一般禁奢法的本質。從古羅馬以來，「禁奢法」（拉丁文為 *leges sumptuariae*）的原義是要節制「花費」（*sumptus*〔同英文expense〕），但歐洲各地的禁奢法並非純然處理消費問題。如古羅馬的禁奢法規定男性公民必須在25歲至60歲之間成婚、女性必須在20歲至50歲之間出嫁。[97]又如中古時期義大利許多城市的禁奢法（*leggi suntuarie*），禁止在喪禮上嚎啕大哭，或

96 Proclamation 15 June 1574 (no. 601), in *Tudor Royal Proclamations*, vol. 2, pp. 385-386.

97 *Lex Papia Poppaea nuptialis* (A. D. 9), 見Percy Corbett, *The Roman Law of Marriage* (Oxford: Clarendon Press, 1930), p. 120.

在喪家門前悲痛地擊門；有的還限制婚禮進行時樂音的大小，以及婚宴中不當的男女互動。[98]這些內容與浪擲金錢無關，而是要節制年齡上的或行為上的「逾越」（excess）。即使從飲食或服飾的相關規範來看，多數的禁奢法並非真的要禁止奢華，而是要讓奢華以不同的程度，展現在不同的群體或階級身上。它不是要禁絕人們使用昂貴的絲綢，而是只有特定的社會層級可以使用；它也不是要完全杜絕豪華的筵席，而是只有特定的家庭可以舉辦這樣的宴會。

貝理（Christopher J. Berry）在《奢侈的觀念》（*The Idea of Luxury*, 1994）一書中認為，禁奢法的出現和「儉約」的道德性訴求有關，也與視「奢侈」為罪惡有關。[99]這種說法並沒有錯誤，但禁止「逾越」才是禁奢法的本相。英格蘭的服飾法或許多其他地區的禁奢法，都不是禁止所有人使用某類物品，而是禁止人們「逾越」身分或階層去使用，在伊莉莎白的服飾詔令中，就經常使用excess of apparel一詞。換句話說，禁奢法的目的除了「抑制」之外，最重要的功能在「區別」，也就是每個社會以其對政治秩序、社會秩序的認知，透過儀式的舉行（通常是婚禮與喪禮）、飲食的享用、衣著服飾的打扮，讓奢華依循社會身分或層級有不同程度的展現，從而建立一套身分與表象可相應又可辨識的體系，其有如一套「社會識別」系統，讓一人與另一人應對時，心中立時可衡量該對此人如何示敬，

98 Diane Owen Hughes, "Sumptuary Law and Social Relations in Renaissance Italy," p. 74; Catherine Kovesi Killerby, *Sumptuary Law in Italy*, p. 66.

99 Christopher J. Berry, *The Idea of Luxury: A Conceptual and Historical Investigation* (Cambridge: Cambridge University Press, 1994), p. 78.

是脫帽、讓位、鞠躬、下跪，或是根本不須示敬。這種「社會識別」系統的維持，也是英格蘭服飾法頒布的重要目的。

五、服飾法的成效與意義

英格蘭的服飾法對於執行人員、處罰方式都有清楚的規範。主要執行人員是各地的治安法官（Justice of Peace）、市長、郡長（sheriff）、百戶長（bailiff），以及各郡及各教區的保安官（constable）暨相關人員，但法規也賦予各家家長管理妻子、子女、僕傭服飾的職責。主要的執行方式，在亨利八世時代多靠人民或官員告發，執法者再沒收違法衣物，並課以罰金。1533年以前，對於違法者以身分等級高低訂立罰金額度，階級越高者罰金越貴，但1533年開始採取每日定額制，違者在違法期間每日處以罰金3先令4便士，而且罰金的一半歸與王室，另一半歸與告發者。[100]這項機制沿用至瑪麗及伊莉莎白女王時期，但這兩朝又增添更嚴厲的處罰，如1554年的服飾法，對違法穿戴絲織品的人，處以10鎊罰金併三個月監禁；如有僕傭違規，而主人知情卻未予以解雇，可處100鎊罰金，這是都鐸服飾法中最嚴重的罰則。[101]

除了罰金與拘禁之外，1562年開始，伊莉莎白女王的政府採取幾項新的執行與處罰措施：一，保證金：1562年詔令要求

100 24 Henry VIII（1533）, c. 13, *The Statutes of the Realm*, vol. 3, p. 432.

101 1 & 2 Philip & Mary（1554）, c. 2, *The Statutes of the Realm*, vol. 4, p. 239. 在1533年的法規中，這類人原本可著絲製的軟帽、腰帶、襪帶等。

所有裁縫師繳交40英鎊，立約保證不違法。裁縫師以外，違法被捕者也必須繳交200馬克保證金，並立約宣誓不再犯錯。二，搜索違法衣物：法令給予相關執法者搜索權，他們可每八天搜查裁縫作坊一次，但這項措施並未延伸到個人家庭。三，監看制度：這項制度主要在宮廷及倫敦兩區域實施。前者在1562年設立監察人員，每日監看入宮人員的穿著，違者「立即逮捕並拘留，……直到依照法律付清罰款為止。」[102]後者從1559年開始，因樞密院的要求，在每一教區指派兩人為監察者（watchers），專門調查違法的情形。[103]但倫敦市政府配合的意願不高，因此在1562年的詔令，政府又要求市府在倫敦各區指派「殷實且良善」者四人，負責偵訊及逮捕違法者，並交付法庭審訊，定罪後這四人還可得罰金之一半。[104]至1566年，樞密院更進一步要求市政府指派「沉穩而謹慎者」四人在各城門口，每日從早上7點至11點、下午1點至7點，「持續的監看每一個進入倫敦城的人，或穿過及再次穿過同一個城門的人，」是否有違反法律穿著過大的緊身褲、絲綢與天鵝絨所製的服裝，或配戴不應配戴的武器。[105]監看的措施斷斷續續施行了15

102 Proclamation 21 October 1559 (no. 464), in *Tudor Royal Proclamations*, vol. 2, p. 136; Proclamation 6 May 1562 (no. 493), in *Tudor Royal Proclamations*, vol. 2, pp. 187-188.

103 "Letter of the Privy Council of this Date Read and Considered and Commons Exhorted to Observe the Same (8 November 1559)," 引自 Wilfred Hooper, "The Tudor Sumptuary Laws," p. 437.

104 Proclamation 6 May 1562 (no. 493), in *Tudor Royal Proclamations*, vol. 2, p. 188.

105 引自 Wilfred Hooper, "The Tudor Sumptuary Laws," p. 443.

年，不論社會位階高低都可能受盤查，一時之間被舉發而交付法庭的案例也明顯增加。[106]

然而，都鐸時期因違反服飾法而受懲的案例紀錄很少。[107]根據黑渥德（Maria Hayward）對亨利八世時代財產清冊（inventory）的研究，貴族與仕紳階層最可能不顧服飾法的規定，使用僭越階級的紫色絲綢、金綿錦、黑貂毛皮或深紅色天鵝絨等衣料，如白金漢公爵（Edward Stafford, Duke of Buckingham, 1478-1521）、薩理伯爵（Henry Howard, Earl of Surrey, 1516-1547，圖4.4）、博爾納男爵（John Bourchier, Baron Berners, 1467-1533，圖4.10）、喬治爵士（Sir Edmund Gorges, c. 1454-1511）等人的遺產中都有這類物品，但他們都沒有受到處罰或審訊。[108]伊莉莎白時代，其寵臣羅利爵士（Sir Walter Raleigh, c. 1554-1618）留有穿戴黑貂毛皮斗篷的圖像

106 Frederic A. Youngs, *The Proclamations of the Tudor Queens*, p. 165.

107 英格蘭服飾法自愛德華三世首次頒布以來，至亨利八世之間，幾乎沒有受罰的案例紀錄留下，只有在烏爾西（Thomas Wolsey, c. 1473-1530）主政時期，有一案例，見Frances E. Baldwin, *Sumptuary Legislation and Personal Regulation*, p. 167. 都鐸時期倫敦的案例可見Wilfred Hooper, "The Tudor Sumptuary Laws," pp. 440-411. 倫敦以外，有零星的案例出現在艾希特（Exeter）、諾威治（Norwich）、約克（York）等地，見Frederic A. Youngs, *The Proclamations of the Tudor Queens*, p. 165.

108 Maria Hayward, *Rich Apparel*, pp. 184, 188, 196, 205. 都鐸時期很難找到穿著違反服飾法衣物的圖像，因為貴族或仕紳即使擁有違反法規的衣物，也多避免留在他們的畫像上。少數的例外是博爾納男爵，依據他所留下的財產清冊，他在畫像中所穿的可能是以黑貂毛皮飾邊的黑色長袍，內著紅色錦緞所做的大布列夾衣，衣袖用金綿錦（圖4.10），其財產清冊見"Document 8.1" in *Rich Apparel*, pp. 361-362.

（圖4.7），但也未因此受罰，可能是得到女王特許。這一類特許或服飾法中給予的例外，也增加執行法規的困難。

1562年伊莉莎白政府變更處罰方式之後，案例雖有增加，但數量仍不多且多限於倫敦地區。例如1565年1月24日有一位威爾溫（Richard Walweyn），是一鄉紳的僕人，因穿著過大的緊身褲被倫敦市府官員逮捕。1570年又有一位布商兼裁縫師布雷蕭（Thomas Bradshaw），也因違反緊身褲的規範而受罰。[109] 1592年還有一案例是一名律師，因穿著過於奢華的服飾及過寬的皺褶領，在樞密院受審，最後被革除律師職務。[110] 在這些為數不多的案例中，受懲者多是中下階級，而且層級越低，越可能受到罰金以外的嘲弄與羞辱，如威爾溫的「罪服」被公開展示；布雷蕭誇大的緊身褲與內襯則被割裂拉出，並被迫繼續穿著破碎的褲子遊街示眾。而上層階級違法者一般多繳交罰金了事，甚至也有公開違抗禁令的例子，如1577年薩理伯爵（Philip Howard, Earl of Surrey, 1557-1595）的兄弟因穿戴違法的皺褶領，被倫敦城門的監看官攔阻，而他竟然拔劍相向，位階較低的監看官也莫可奈何。[111]

從這些有紀錄的案例看來，法規執行的成效不良，且與法規本身所著重的中上階級正好相反。再從1560年代以後仍一再頒布詔令的情形來看，各項新措施對抑制服飾僭越之風成效有限。其實服飾法的執行有本質上的困難。首先，服飾法對各

109 Wilfred Hooper, "The Tudor Sumptuary Laws," p. 441.

110 *Acts of the Privy Council*, vol. 22 ed. John Roche Dasent (London: Kraus-Thomason, 1974), p. 175.

111 Frederic A. Youngs, *The Proclamations of the Tudor Queens*, p. 169.

項配件、布料、毛皮、樣式、長度、價格的規範非常細瑣，執行者不但要詳記法規的內容，也必須熟知各類服裝或配件組成的原料，才有辦法切實執行法規，但都鐸政府並未設立專門的官員查核，而一般官員根本無法清楚掌握相關的知識。類似的情形也出現在身分等級的規範上，都鐸服飾法對何種階級、何種收入，可穿哪一類服裝，屢有變動，執行的官員除了跟隨變動的腳步之外，還必須能清楚分辨某人擁有爵位與否，年收入是多少。身分與爵位的問題，對小規模的社群而言（如家庭、教堂、大學、各機構或工作場所、小城鎮）較不困難，但對外來人口甚多的倫敦地區而言，就不易清楚分辨。而年收入的等級類別非常多，必須調閱繳稅紀錄（subsidy book）才能清楚判定誰是年收入200鎊者，誰又是年收入100鎊者。這些阻礙使執法者對立即舉發與否感到遲疑，有時還造成糾紛與衝突。[112] 1577年與1580年的詔令曾准許各地首長與治安法官，對有違法嫌疑者先予逮捕再審查，這項規定稍能解決上述的問題，但卻引起宮廷與民間極多的困擾和抱怨，最後並未能切實執行。[113]

其次，都鐸的服飾法多針對中上層階級，但多數執法官員的社會階級不高，由他們來舉發貴族仕紳，有違地方倫理，執行起來十分勉強，所以被舉發而受懲的多是中下階層。更重要

112 1576年國會討論服飾法時，下院就指出許多官員錯誤地舉發了有資格可穿某類服飾的人，而造成「嚴重的衝突和爭吵」（great contention and strife），見T. E. Hartley ed., *Proceedings in the Parliaments of Elizabeth I*, p. 455.

113 Frederic A. Youngs, *The Proclamations of the Tudor Queens*, p. 170.

的是，都鐸時期許多法律能否有效落實，關鍵不在中央政府或各地官員，而有賴地方仕紳的認同與配合，而且各地治安法官也多出身仕紳階級，對於哪些法律應切實執行，也有高度的選擇性，他們通常規避與本身階級利害相關的法律，卻對處理下層人民，如遊民、乞丐的問題十分用心。[114]一般而言，十六世紀地方仕紳對下層階級的改革共識較高；對於促進下層人民良善的秩序與生活習慣意見相近，因此都鐸時期的濟貧法（Poor Law）才能得到一些成效，[115]而缺乏地方仕紳配合的法律，如服飾法，只能得到有限的成果，且真正受到節制是中下層階級（如僕傭、裁縫師等）。

最後，英格蘭的服飾法，與其他歐洲地區的服飾法規一樣，通常造成反效果，使得有能力的階級更加追逐被禁的布料，或發展更新的織品。例如都鐸時期多次服飾法針對絲綢而訂，但英格蘭絲綢原料的進口卻是有增無減，且促成本土絲織產業的崛起。此外，市場上對質感更佳的布料需求日盛，促成了英格蘭十六世紀下半葉「新布」（New Draperies）紡織業的出現；貴族仕紳階級追求外國時尚的風潮，也促成了針織長襪（stocking knitting industry）產業的成形。相反的，1571年起強迫人民配戴的針織帽，卻漸漸成為人們最厭棄的配件。[116]服飾

---

114 G. R. Elton, *The Tudor Constitution* (2nd edn., Cambridge: Cambridge University Press, 1982), p. 463; Keith Wrightson, *English Society*, pp. 153-155, 166-167.

115 Paul Slack, "Poverty and Social Regulation in Elizabethan England," in *The Reign of Elizabeth I*, ed. Christopher Haigh (London: Macmillan, 1984), p. 225.

116 N. B. Harte ed., *The New Draperies in the Low Countries and England, 1300-*

規範有時也促使人們設計更新奇的服裝樣式，以規避法律的限制，不過這種現象多出現在義大利地區，英格蘭的例子幾乎沒有。[117] 簡言之，英格蘭或歐洲其他地區的服飾法，並不能主導人民購買布料與製作服裝的趨勢，有時反而成為促進新產業、新風尚的動力。

從上述可知，由成效面來看服飾法，意義十分有限。但服飾法在十六世紀大量出現，卻能清楚告訴我們這些法律與時代變動的關係，也能看到都鐸政府的統治思維：以控制服飾達成穩定秩序的目的，並以服飾的區隔建立社會身分區隔。這些意義在本章的第三、四節已有討論，此處還要說明的是服飾在近代早期英格蘭社會與文化中的重要性，如此才能解釋在英格蘭的禁奢法中何以服飾成為最主要的項目。此可從三方面來看：第一，毛紡織業在英格蘭的重要性。從中古後期以來，毛紡織

1800（Oxford: Oxford University Press, 1997）; Joan Thirsk, "The Fantastical Folly of Fashion: The English Stocking Knitting Industry, 1500-1700," in *The Rural Economy of England*（London: The Hambledon Press, 1984）, pp. 235-257; D. C. Coleman, "Textile Growth," in N. B. Harte and K. G. Ponting eds., *Textile History and Economic History*（Manchester: Manchester University Press, 1973）, pp. 1-21; N. B. Harte, "State Control of Dress and Social Change in Pre-Industrial England," pp. 153-154.

117 例如，佛羅倫斯十四世紀時曾禁止婦女使用鈕扣，婦女為了規避此法，開始流行使用無扣洞，也無扣環的飾鈕（stud），達到類似的裝飾效果，卻可逃避法律的限制。又如1443年威尼斯政府禁止一般婦女穿著金、銀布匹所製的連身外裙，當時的裁縫師就轉而以金、銀布為袖子的內襯，並在袖子表布上開切縫，透出內襯的金、銀布，造就了服裝新時尚。其他更多例子見Diane Owen Hughes, "Sumptuary Law and Social Relations in Renaissance Italy," pp. 69-70.

業是英格蘭最重要的產業，毛織品也是最大宗出口品。十六世紀時因人口與城鎮規模的增長，毛紡織業有更明顯的分工與擴張，關乎整體國力至深。都鐸服飾法可說是政府對這項產業之焦慮與關懷的投射，所以與毛紡織業直接相關的服飾，成為禁奢法的主體。

第二，十六世紀英格蘭人對服裝時尚熱切的追逐。在各項奢華的物品中，英格蘭人似乎對服飾有最普遍而明顯的喜好，英格蘭本土的作家即觀察到這個現象，如哈理森說：整個英格蘭「從廷臣到馬車夫」，每一個人都喜愛服飾上各式的妝點與變化，沒有一件衣服可以穿得長久，這是「我們國家荒誕的愚行」（the fantastical folly of our nation）。史塔普也說：「太陽底下所有的國家，不論它們認為自己的服飾多怪異、多新奇、多精緻，或多普通，若與英格蘭各形各樣的服飾相比，都顯得不如。」所以他認為，在各民族中英格蘭人對新奇時尚的追求最為熱中。[118]在英格蘭各地，追逐時尚的現象以倫敦最為明顯。[119]十六世紀的倫敦不僅是英格蘭政治、經濟的中心，也是時尚之都及舶來品的集散地，從鄉間到倫敦經商或求學的人口

118 William Harrison, *The Description of England*, p. 145; Philip Stubbes, *The Anatomie of Abuses*, p. 69.

119 Ian W. Archer, "Material Londoners?" in Lena Cowen Orlin ed., *Material London, ca. 1600,* pp. 174-192; F. J. Fisher, "The Development of London as Centre of Conspicuous Consumption in the Sixteenth and Seventeenth Centuries," in P. J. Corfield and N. B. Harte eds., *London and the English Economy 1500-1700* (London: Hambledon Press, 1990), pp. 105-118; Kerek Keene, "Material London in Time and Space," in Lena Cowen Orlin ed., *Material London, ca. 1600*, pp. 55-74.

不斷增加，貴族仕紳在倫敦停留的時間也越來越長，他們在河岸、街道、教堂、劇院各處展演著最時髦華麗的服裝，劇作家班・強森（Ben Jonson, 1572-1637）就指出：許多想要「跟得上時代的紳士」（a gentleman of the time），用四、五百英畝良田換得了兩、三箱衣服，把鄉間的土地拋諸腦後，到倫敦城與時髦人為伍。[120]

英格蘭是不是歐洲各國中最沉迷於時尚奢華的地區，難有定論，但許多到英格蘭旅遊或從商的外國人，時常注意到這個現象，如荷蘭商人凡・米特恩（Emanuel van Meteren, d. 1612）在訪英遊記中指出，英格蘭人不分男女都喜歡昂貴的服裝，但他們服裝的品味非常不定，喜好各種新奇的設計，因此「每年都在改變樣式」。[121]來自日耳曼的符騰堡公爵（John Frederick, Duke of Wirtemberg, 1582-1628）則記載，倫敦人（尤其是商人）穿著異常華麗而傲慢。他也注意到許多女人穿著極其精緻高價的服裝，昂然走在大街上，「但家中卻可能連一塊乾麵包也沒有。」外國旅客多對倫敦人的服裝美感評價極低，還有人用「怪異」（awkward）一詞來形容。這些評語或許是出於文化偏見，但都指出倫敦人好購買服飾與展示其華麗的現象。[122]

---

120 Ben Jonson, *Every Man Out of His Humour*, Act 1, Scene 2, in *Works of Jonson*, vol. 3, eds. C. H. Herford and P. Simpson (Oxford: Clarendon Press, 1925), p. 445.

121 William B. Rye ed., *England as Seen by Foreigners in the Days of Elizabeth and James the First* (London: John Russell Smith, 1865), p. 71.

122 William B. Rye ed., *England as Seen by Foreigners in the Days of Elizabeth and James the First*, pp. 7-8, 90. 其他提到倫敦物質生活與服飾的遊記，見

第三，服飾本身所具有的特性，即其與個人密切的連結性，以及較高的曝光度（visibility），使它特別受到政府的重視。本書第二章提到人文學者伊拉斯摩斯曾說：服裝是「身體的身體」，可由服裝「推斷一個人的性格」。[123]服裝在文藝復興時代也被認為是個人身分、地位與認同最直接的延伸，也是人們用以識別他人最直接的物質性指標（material signifier）。一個人穿戴的服飾就是他社會身分的印記，表露著他的自我認同與社會階級，也承載著一整套社會互動的模式。既然服飾與個人有如此密切的連結，服飾很自然成為政府管束人民的目標與工具。

在各樣奢華的形式中，服飾也具有較高的曝光度。不同於高樓華宇、不同於室內有限人數參與的豪華饗宴，也不同於貴族私人收藏的名畫、掛毯、金銀器皿或瓷器，服飾可以穿在人身上，時常而隨意的移動，不受遮蔽而公開地被所有人所觀賞，如伊莉莎白統治時期倫敦露天的環形劇院，就是各個階級「觀看」和「被觀看」（to see, and to bee seene）所著衣物的最佳場域。[124]公開而普遍的觀看或被觀看，使得服飾展演蒙上了

W. Robson-Scott, *German Travellers in England 1400-1800* (Oxford: Basil Blackwell, 1953), pp. 47-48; C. Barron, C. Coleman and C. Gobbi eds., "The London Journal of Alessandro Magno 1562," *The London Journal*, 9:2 (1983), pp. 136-152.

123 Desiderius Erasmus, *On Good Manners for Boys*, in *Collected Works of Erasmus*, vol. 25 (Toronto: Toronto University Press, 1985), p. 278.

124 班・強森之語，引自 Ann Rosalind Jones and Peter Stallybrass, *Renaissance Clothing and the Materials of Memory* (Cambridge: Cambridge University Press, 2000), p. 188.

危險的色彩。如史塔普討論驕傲之罪時，他指出驕傲有三種：「心之驕傲」、「口之驕傲」、「服飾之驕傲」。他認為服飾上的驕傲是罪中之罪，其危害遠甚於前兩者，因為前兩者「未置於眼前、未為人所睹」。個人內心的自滿，危害的是自己不是別人；個人口中的驕妄多隨風而逝，並不長久，但當一個人穿上遠優於自己身分與地位的服飾時，卻是在誘使他人做出錯誤的評價。[125]都鐸政府在處理愛爾蘭地區的服裝問題時，也曾指出人民大眾多是「受眼睛所矇騙」，為了要消弭英格蘭人與愛爾蘭人之間的差異，1537年的「愛爾蘭法」（Irish Act）試圖消除兩者在服裝上的差異，禁止愛爾蘭人穿著傳統服裝，尤其是各階層通用的愛爾蘭披風（Irish mantle），[126]希望藉由身上所穿、眼中所見，促進「英」「愛」之間政治的統合，也藉此迫使愛爾蘭人以服裝展現政治服從。

服裝與個人的密切性及其較高的曝光度，使得人們常藉此來判定對方身分的高低，以及彼此相對的社會關係，也就以此來分別他我，或互納為一相同的社群。這種特性讓政府可以服飾為工具建立社會秩序，也促使政府積極建立服裝等第，以維護外表形象與個人身分的一致。都鐸對內的服飾法，或對愛爾蘭服飾的禁令，都展現了這樣的統治思維。

---

125 Philip Stubbes, *The Anatomie of Abuses*, pp. 64-67.

126 28 Henry VIII（1537）, c. 15, *The Statutes at Large, Passed in the Parliaments Held in Ireland*（Dublin: Boulter Grierson, 1765）, vol. 1, p. 121. 伊莉莎白時代繼續此政策，在1565、1571、1584、1588年四度將愛爾蘭傳統服裝列為非法服飾。相關討論見Margaret Rose Jaster, "Breeding Dissoluteness and Disobedience," pp. 61-77.

六、結語

由前述各節可知，都鐸服飾法有三種屬性：一，它是一種道德規範，是對奢華與時尚的管理；二，它是一種經濟規範，偏重降低消費需求、保護本土經濟利益；三，它是一種社會規範，以服裝區隔階級與身分，維護社會秩序及安寧。這三種屬性中，又以社會規範的屬性最為重要。此外，都鐸服飾法也展現了三種特色：保守的、約制的、有限的。首先，它對社會關係的安排基本上是保守的，主張上下嚴明的尊卑差異，不鼓勵階級流動。其次，它規範的形式主要是約制所能使用的服裝材質或配件種類，而非鼓勵人們使用哪些物件。最後，雖說服裝表現的形式有千百種，但服飾法只能針對有限的項目予以規範。在約制的對象上也是如此，主要針對的是中、上階級的男性，對女性的規範直到後期才出現。

服飾在近代早期是政府統治的工具，也反映了當時統治的特色。就統治工具而言，接受政府指定的服飾被視為「服從」的表徵，服飾法即透過法律，要求人們在外表上「展現」接受社會秩序的意願，而且透過他人的「觀看」深化人民對秩序的服從。所以，都鐸政府對服飾的規範，也是秩序觀的一種實踐。而此秩序不僅涵蓋經濟上生產與消費的秩序、社會階級尊卑的秩序，而且也包括政治上的秩序。從都鐸服飾法中可以看到，政府希望能建立一套相應於政治職權的服飾秩序，因此傳統貴族的政治角色被充分的尊重，一如其服裝上的特權；擁有官職的廷臣、各市長與各級官吏，也具有服裝特權，而此特權非源於階級或財富，而是政治職位。明顯的政治性考慮，也可以解釋為何女性與小孩多被排除在服飾法之外，因為他們不具有正式參與政治的權利。1574年時伊莉莎白女王才開始針對上層階級婦女服飾予以規範，主要原因在於貴族仕紳婦女在宮廷政治中扮演越來越重要的角色，也在女王內廷中擔任專職，因此女王給予服侍她的女子服飾特權，但無法對政治產生影響的下層婦女及所有的孩童都在服飾法規範之外。所以，都鐸時期的服飾法也是一種政治規範。

就統治特性而言，服飾法說明了近代早期英格蘭政府的家長式統治心態（paternalism）。[127]在1750年以前，或在亞當・史密斯（Adam Smith, 1723-1790）的經濟理論盛行之前，一般認為政府介入人民的經濟生活是必要的，這不但是政府的權力，更是政府的責任。但政府的經濟干預並非只基於經濟繁榮的考量，如何促進人民的道德生活與社會安定，在立法上也扮演非常重要的角色。[128]上文曾提過政府頒布服飾法的幾項因素：

---

127 研究英格蘭及其他地區禁奢法的學者，也指出了這項統治特色，見Frances E. Baldwin, *Sumptuary Legislation and Personal Regulation in England*, p. 118; John Martin Vincent, *Costume and Conduct in the Laws of Basel, Bern, and Zurich, 1370-1800*, p. 1; Kent Roberts Greenfield, *Sumptuary Law in Nürnberg*, p. 133. 杭特則主張採用另一個名詞cameralism，但意義也相近，見Alan Hunt, *Governance of the Consuming Passions*, pp. 361-367。不過，修斯認為家父長統治心態不適用於解釋文藝復興時期義大利各城市所訂立的禁奢法，見其"Sumptuary Law and Social Relations in Renaissance Italy," p. 72.

128 L. A. Clarkson, *The Pre-Industrial Economy*, pp. 192-194; G. R. Elton, *The Parliament of England 1559-1581*（Cambridge: Cambridge University Press, 1986）, pp. 67-70.

道德、時尚、經濟與社會，本章雖然分項論述並分別其輕重，但對近代早期的政府而言，這四者並非分立；任何單一的因素都無法完全支持服飾法的成立。當時的君王統治一個國家，有如父親管理一個家庭，他不但要關懷個體的成長與幸福，還要思考整體的繁榮；個體的善與整體的善是無法分離的，反之亦是。所以當政府出手干預個人穿著的行為時，是為了創造社會整體道德的進步，以及生活的安定與繁榮；個人身體的裝扮如果能夠被管理，也就代表著政府能夠掌控整體的秩序。因此在現代視為個人選擇的服裝問題，從當時的統治者來看卻是嚴肅的政治、經濟、社會問題。

英格蘭服飾法在1604年劃下休止符，但並不代表英格蘭人在觀念上較為先進，或政府放棄了對人民服裝的管理，而是一個未預期的政治意外。1604年3月24日時政府提案至國會，主張撤銷過去所有的服飾法，並給予國王詹姆士一世以詔令方式規範服飾的權利。這項提案內容看來是伊莉莎白時代王室政策的延續，也許出自某位舊朝大臣的建議。議會討論的過程也再度出現了前朝已存在的爭議：君主詔令取代國會制定的法律是否會導致國王擴權、削弱國會的力量？此外，下議院的議員對於執行的方式、懲處的罰則、限制的對象，意見分歧而無共識。由於這些爭議，法案在下議院未能通過。[129]

之後，下議院與王室雙方你來我往，辯論延續至同年6月，最後通過的法案決定撤銷過去一切服飾法與詔令，卻未給

129 *Journal of the House of Commons*, vol. 1 (London: House of the Commons, 1803), p. 152.

予國王未來以詔令約制人民穿著的權利。[130]王室雖不滿意也只好暫時接受，後來又曾多次提案（如在1610、1614、1621、1626、1628年），但均未能通過。因此，服飾法在英格蘭的結束，主要源於憲政上的爭論，而非政治或經濟觀念的改變。[131]此後以法律規範服飾的思想與企圖並未銷聲匿跡，直到十八世紀亞當・史密斯的時代，制定服飾法的訴求才逐漸沉寂。政府介入人民的穿著、干預時尚與奢侈消費，不再被視為合理的事；服飾法也不再被認為有助於國家整體的繁榮與幸福，反而是政府「極致的傲慢與僭越」。[132]

回到十六世紀，以及十七中葉以前，傳統的秩序觀尚未受到挑戰的年代，[133]君王透過法律維護個人及共同體的秩序，乃至回應整體宇宙神定的秩序，皆被視為君王的義務和責任。在整個都鐸時期服飾法的變遷過程中，可以看到統治階層如何付出心力應付時代新的變化，雖然從後見之明看來，這樣的努力注定是失敗的，但從服飾文化史的角度看來，可以見證服飾在

---

130 1 James I, c. 25（1604）, *The Statutes of the Realm*, vol. 4, pp. 1051-1052.

131 N. B. Harte, "State Control of Dress and Social Change in Pre-Industrial England," pp. 148-153; Wilfred Hooper, "The Tudor Sumptuary Laws," pp. 448-449; Joan R. Kent, "Attitudes of Members of the House of Commons," pp. 48-57.

132 Adam Smith, *An Inquiry into the Nature and Causes of the Wealth of Nations*（1776）, ed. Edwin Cannan（New York: the Modern Library, 1937）, p. 329.

133 傳統秩序觀在英格蘭約自十七世紀中葉開始，受到挑戰，特別是在內戰時期，具有代表性的思想家包括帕克（Henry Parker, 1604-1652）及霍布斯（Thomas Hobbes, 1588-1679）等人。見Stephen L. Collins, *From Divine Cosmos to Sovereign State*, pp. 28-39.

規範與重建社會秩序上，曾經扮演多麼重要的角色；政府不厭其煩地時時回應各項因素的挑戰、階層的變動、官職的定位、收入標準的改變、各類織品、布料與顏色的分級等。同樣的，服飾在這個時代，也在界定國族認同上扮演不可或缺的角色，而這樣的角色已經不是我們的時代所能體會的。這將是下一章所要討論的主題。

第五章

國族

一、裸體的英格蘭人

柏得（Andrew Boorde, c. 1490-1549）是英王亨利八世時代，一位行腳各地的醫生，從1528年至1540年之間，足跡遍布英格蘭與歐洲各地，甚至遠達耶路撒冷及北非地區。1542年他將歷年旅遊所見以半韻文、半散文的方式，寫成了《知識入門第一卷》（*The Fyrst Boke of the Introduction of Knowledge*），並於同年五月題獻給當時的瑪麗公主（即未來的瑪麗女王）。此書後來在1555年及1562年印刷出版兩次，是英格蘭第一本海外旅遊手冊，記載各地風俗民情，也教導各地語言、錢幣等旅遊所需的知識。[1]此書從英格蘭開始，接著是威爾斯、愛爾蘭、蘇格蘭，再跨到歐陸的挪威、法蘭德斯（Flanders）、日耳曼、西班牙、法國，義大利等地區，最後到土耳其、埃及，按著區域或國家依次介紹。在每一個區域或國家的開頭，此書都附上一幅版畫，呈現各地人物的穿著打扮，而且在每一章文字的第一段落，介紹當地服裝時尚與風俗。[2]

1　此書全名為*The Fyrst Boke of the Introduction of Knowledge, the which dothe teache a man to speake parte of all maner of languages, and to know the usage and fashion of all maner of countreys* ...（London, 1555; London, 1562）. 有關柏得生平見Paul Wohlfarth, *Andrew Boorde—Monk, Physician and Traveller*（s.l.: s.n., 1968）; Elizabeth Lane Furdell, "Boorde, Andrew（c. 1490-1549）," *Oxford Dictionary of National Biography*（Oxford: Oxford University Press, 2004; online edition, Jan, 2008）, http://www.oxforddnb.com/view/article/2870, accessed 1 July, 2016.

2　此書除了那不勒斯以外，各章開頭皆附一幅版畫，其內容以服裝為主，有時是上層階級樣貌的人物，有時是勞動的平民。圖像中的人物以男性為然而，翻開第一章「英格蘭」，映入眼簾的卻是一位幾近裸體的英格蘭男人（圖5.1），頭上戴著飾有羽翎的圓帽，臀部前後以布包住；左手拿著一把大剪刀，右手披著一塊布料。圖片底下的詩文，也是開頭的六行文字，寫著：

我是個英格蘭人，裸身站在此處，
腦中盤旋著，什麼樣的衣服我該穿；
有時我想穿這件，有時我又想穿那件，
所以現在我不知道該穿哪件？
所有的新款式我都喜歡，
不管有錢沒錢，我統統想換。[3]

對照其後幾章各國、各區的圖像及文字，只有英格蘭人是裸體的，與此相對的是第22章的那不勒斯王國（Kingdom of

多，偶爾也會出現女性，不過有些圖像重複出現，並未完全準確呈現各地不同的服飾特色。

3 Andrew Boorde, *The Fyrst Boke of the Introduction of Knowledge*, in *Andrew Boorde's Introduction and Dyetary with Barnes in the Defence of the Berde*, ed., F. J. Furnivall (Early English Text Society, 1870; New York: Kraus Reprint, 1981), p. 116. 原文為：

"I am an English man, and naked I stand here,
Musying in my mynde what raiment I shal were;
For now I wyll were thys, and now I wyl were that;
Now I wyl were I cannot tel what.
All new fashions be plesaunt to me;
I wyl haue them whether I thryue or thee."

Naples），這是全書是唯一沒有附上圖像的地區。柏得指出此國服飾屬義大利式或羅馬式，其人民從不離棄舊有的服裝，「所有新的服裝時尚，我都留給英格蘭。」[4]此外，柏得對日耳曼（High Almayne）、熱那亞（Iene）、土耳其等地，也強調他們「從不改變父祖的服裝風尚」，[5]英格蘭人好改易服裝的形象，由此對比顯得更加鮮明。

裸體的英格蘭人，以及他在服裝上無所適從的樣子，也成為柏得同時代作家最常引述的意見與視覺象徵。如哈理森在《英格蘭記敘》（*The Description of England*, 1587）中，提到某位作家（未指出是柏得），為了要描繪英格蘭人的服飾，畫了許多張圖片，但都放棄了，因為他找不到一種在英格蘭常見而固定的服裝樣式，最後只好「畫了一張裸體男子的圖片，其中一隻手拿個大剪，另一手帶著一塊布，好讓他可以依據自己喜愛的樣式，裁剪自己的衣服，因為他找不到一種可以時常使他歡喜的服裝。」哈理森認為這張圖像反映了「我國荒誕的愚行」。[6]相近的描述也出現在1571年英格蘭教會所出版的《講道書》中，其中第六講〈反服飾之奢華〉提到：

> 某一個人想要畫出每一個國家人民慣用的服飾，當他畫好其他國家後，他畫了一個全裸的英格蘭人，並在他手臂上

4 Andrew Boorde, *The Fyrst Boke of the Introduction of Knowledge*, p. 177.

5 Andrew Boorde, *The Fyrst Boke of the Introduction of Knowledge*, pp. 159, 188.

6 William Harrison, *The Description of England* (1587), ed. Georges Edelen (Washington and New York: The Folger Shakespeare Library and Dover Publications, 1994), p. 145.

> 掛了一塊布，讓他自己做出他覺得最好的服裝，因為他太常改變自己的服裝，〔畫者〕不知道該如何為他做出〔想要的衣服〕。

《講道書》的作者接著指出：「因為這些荒誕的穿戴，我們使自己成為其他國家的笑柄。」[7]

柏得所提供的圖像，在十七世紀的文學作品與遊記中繼續出現，如戴可爾（Thomas Dekker, c. 1572-1632）在《倫敦的七大罪》（*Seven Deadly Sins of London*, 1606）中，用了和《講道書》十分相近的文字敘述，提到一位「機智的畫家」描畫各國服飾，卻無法捉摸英格蘭人的服裝，只好畫了個「裸體」男子，「手中持剪、臂上掛布」，因為「除了他自己，沒有人可以剪裁出他要的服裝。」[8]科雅特（Thomas Coryate, 1557?-1617）在1611年的《遊記》（*Coryat's Crudities*）中，比較威尼斯人與英格蘭人服飾的差異時，也提到：

> 在太陽底下，我們比任何國家都穿更多種荒誕怪異的服裝，僅除了法國人以外。這點讓威尼斯人及其他義大利人

7 "The Sermon against Excess of Apparel," in *Certain Sermons or Homilies Appointed to Be Read in Churches in the Time of the Late Queen Elizabeth of Famous Memory: And Now Thought Fit to Be Reprinted by Authority from the King's Most Excellent Majesty. Anno 1623* (Oxford: Oxford University Press, 1844), p. 278.

8 Thomas Dekker, *Seven Deadly Sins of London: Drawne in Seuen Seuerall Coaches, through the Seuen Seuerall Gates of the Citie, Bringing the Plauge with Them* (London: Printed by E. A. for Nathaniel Butter, 1606), p. 59.

> 找到機會，把英格蘭人貼上輕浮的標籤；把他畫成裸體，手上拿著大剪刀，以他那精神錯亂的腦袋想出的無用點子，而不是用合宜和禮節（comelinesse and decorum），來做自己的衣服。[9]

從十六世紀下半葉至十七世紀上半葉，柏得所提供的圖像重複出現在不同的著作，甚至是官方規定每週皆須在教堂傳講的《講道書》中，但引述柏得圖像的作者，皆未提及原作者的名字，我們亦無從確認柏得是否是英格蘭境內第一位做此發想的人，甚至到了科雅特的《遊記》中，繪此圖像的人變成威尼斯人或義大利人。[10]這個現象，一方面可歸因於這個時代不在乎著作權的問題，作家時常隨意引用他人文字或圖像。另一方面，這也顯示「裸體的英格蘭人」已成為許多人共享的詞語及圖像，它變成代表英格蘭的視覺符號，也是英格蘭國族的「自我再現」（self-representation），甚至在科雅特的作品中，轉變為外國人所再現的英格蘭人。[11]借用班納迪克・安德森（Benedict

---

9 Thomas Coryate, *Coryat's Crudities*, vol. 1（London, 1611; reprint Glasgow: James MacLehose and Sons, 1905）, p. 398.

10 另一位英格蘭作家藍京斯（William Rankins, d. 1609），在1588年的作品中也簡短提到「裸體英格蘭人」的形象，但繪圖者變成「日耳曼人」（the *Germaine*），見William Rankins, *The English Ape, the Italian Imitation, the Footesteppes of Fraunce*（London: Robert Robinson, 1588）, sig. $D1_r$.

11 本章所謂的「國族」，即英文的Nation。在近代以前，英文的Nation乃指擁有共同祖先、共居一地，或分享共同語言、文化、歷史的一群人，又特別是政治上組合為一體的人，其兼有中文的「民族」與「國家」之意，因此本章譯為「國族」。此詞在當時的定義，可以是政治上的，也可是文

Anderson）的話來說，這個圖像成為英格蘭人「想像」此「共同體」的載體。[12]

「裸體的英格蘭人」形象何以在這個時代出現？又何以成為上述這些作家對英格蘭共有的認識與焦慮？它與英格蘭人的國族認同有何關聯？誠如安德森所言，「印刷—資本主義」（print-capitalism）是帶起近現代國族想像與國族認同的主要推動力，它創造了一種在「神聖語言」之下，又在各種地方語之上的「民族印刷語言」，使得「愈來愈多的人得以用深刻的新方式對他們自身進行思考，並將他們自身與他人關聯起來。」[13] 柏得的《知識入門第一卷》，連同其他眾多在此時代以英文書寫並出版的印刷品，激發了那些能閱讀或聆聽英文的英格蘭人，思索何謂「英格蘭屬性」（Englishness），也就是能連結這一群英格蘭人共有的民族特質（national character）是什麼。但這樣的思索是如何進行的？安德森以深具啟發性的方式，用報紙和小說來談論國族想像的進程，但他也把我們的焦點局限在文字，以及抽象的思考方式上。然而，柏得「裸體英格蘭人」的例子提醒了我們，在「印刷—資本主義」浪潮下，文字與圖

化上的，所以尚未形成統一王國的義大利仍被視為一國族。參見 Angus Stevenson ed., *Shorter Oxford English Dictionary on Historical Principles*, vol. 2（6th edn., Oxford: Oxford University Press, 2007）, p. 1892.

12 班納迪克・安德森著，吳叡人譯，《想像的共同體：民族主義的起源與散布》（*Imagined Communities: Reflection on the Origin and Spread of Nationalism*）（新版，台北：時報文化，2010）。

13 班納迪克・安德森著，吳叡人譯，《想像的共同體》，頁 87、72、115。在歐洲的「神聖語言」指的是拉丁文，「民族的印刷語言」則指英文、法文、德文等，與各民族國家之形成密切相關的共通語文。

像同時藉著印刷的方式流傳，而且它們推動的不僅是抽象式的，也有視覺式的想像（visual imagination）。所謂視覺式的想像，可以是以具象方式表達的圖畫、地圖，也可以是透過文字所形成的視覺圖景。[14]柏得的「裸體英格蘭人」，也給我們在圖像之外的另一個聚焦點：服飾。在近代早期，歐洲的國族想像與服飾密不可分，而服飾透過印刷文字或圖像，構成一種視覺式的想像，並藉此發展安德森所謂的「民族歸屬」（nationality）或「民族屬性」（nation-ness）。[15]

本章希望能藉著安德森的啟發，也藉著他所未及之處，來回答上一段開頭所提出的三個問題，不過這三個問題其實導向一共同的議題：近代早期的英格蘭人，如何透過對服飾的思索，建立國族想像與國族認同。有關近代早期英格蘭國族認同的研究，過去有不少學者以新教主義（Protestantism）為中心，

---

14 安德森在《想像的共同體》一書中，簡短提到「共同體怎樣在視覺上被表現出來」，但他所談的是中古時期「神聖的共同體」，而不是印刷書大量流行後新的政治共同體。他也把中世紀神聖共同體的想像方式，與近現代想像的方式截然二分，他認為：中世紀「是一個幾乎完全以視覺和聽覺來表現現實想像的世界」。雖然他在此書的第十章談到「地圖」，但內容很少，見班納迪克·安德森著，吳叡人譯，《想像的共同體》頁59、239-246。基本上，安德森只重視印刷文字對近現代國族建構的影響，但視覺與聽覺的媒介其實也不可忽略。以視覺傳達的國家想像，除了本章所談的服飾外，還可包括紀念碑、慶典、國旗、電影等。在聽覺上，如聲光兼具的電影、廣播節目、國歌、民族歌謠與音樂等，也在國族認同上扮演重要的角色。可參考皮耶·諾哈等著，戴麗娟譯，《記憶所繫之處》（*Les lieux de memoire*）（台北：行人出版社，2012）。

15 原譯文用「民族的屬性」，見班納迪克·安德森著，吳叡人譯，《想像的共同體》，頁40。

討論英格蘭國族認同的建構。[16]近年在安德森與巴巴（Homi K. Bhabha）的影響下，[17]也有越來越多學者從文學「敘述」（narration）討論英格蘭近代早期的國族認同。[18]此外，又在赫格森的影響下，部分學者注意到地圖與國族建構的關係。[19]至於

16 參見F. Smith Fussner, *The Historical Revolution: English Historical Writing and Thought, 1580-1640*（London: Routledge, 1962）; William Haller, "The Elect Nation," in *Foxe's Book of Martyrs and the Elect Nation*（London: Jonathan Cape, 1963）, pp. 224-250; J. G. A. Pocock, "England," in Orest Ranum ed., *National Consciousness, History, and Political Culture in Early-Modern Europe*（Baltimore: The Johns Hopkins University Press, 1975）, pp. 98-117; John W. McKenna, "How God Became an Englishman," in Delloyd J. Guth and John W. Mckenna eds., *Tudor Rule and Revolution: Essays for G. R. Elton from the American Friends*（Cambridge: Cambridge University Press, 1982）, pp. 25-43; Patrick Collinson, *Godly People: Essays on English Protestantism and Puritanism*（London: Hambledon Press, 1983）; Tony Claydon and Ian McBride, *Protestantism and National Identity: Britain and Ireland, c. 1650-c. 1850*（Cambridge: Cambridge University Press, 1998）.

17 Homi K. Bhabha ed., *Nation and Narration*（London: Routledge, 1990）.

18 Richard Helgerson, *Forms of Nationhood: The Elizabethan Writing of England*（Chicago and London: The University of Chicago Press, 1992）; Claire Elizabeth McEachern, *The Poetics of English Nationhood, 1590-1612*（Cambridge: Cambridge University Press, 1996）; Susanne Scholz, *Body Narratives: Writing the Nation and Fashioning the Subject in Early Modern England*（London: Macmillan Press, 2000）; Herbert Grabes ed., *Writing the Early Modern English Nation: The Transformation of National Identity in Sixteenth and Seventeen-Century England*（Amsterdam; Atlanta, G. A.: Rodopi, 2001）; Anna Suranyi, *The Genius of the English Nation: Travel Writing and National Identity in Early Modern England*（Newark: University of Delware Press, 2008）.

19 Richard Helgerson, "The Land Speaks," in *Forms of Nationhood*, pp. 105-147; Andrew Gordon and Bernhard Klein eds., *Literature, Mapping, and the*

從服飾的角度討論此問題的，則相當少見，唯值得一提的是漢茲雪（Roze Hentschell）所著《英格蘭近代早期的毛布文化：國族認同的文本建構》（*The Culture of Cloth in Early Modern England: Textual Constructions of a National Identity*），她以1575年至1615年之間英格蘭各類文學作品為素材，以毛布及毛布產業（wool cloth industry）為中心，討論毛布與國族認同之間的關係。[20]漢茲雪的作品較著重產業問題在文學作品上的投射，而本章則希望從整體服飾問題，包括產業衝擊、異國時尚的追逐、身體、國體與服飾的連結等，討論十六、十七世紀英格蘭的國族想像。

本章首先將從較大的文化背景來了解服飾與國族的連結關係，觀察歐洲在經歷文藝復興運動、印刷術之普及，以及海外探險等歷史變化後，服飾如何成為定義國族差異的主要標誌。接著進入英格蘭本身的歷史情境中，探索英格蘭人如何從服飾問題出發，思考並建構自身的國族形象。由於此時期的國家概念，多以「身體」的意象表達，稱為「政治體」，[21]本章也將從身體的意象中，討論三種對國家之身體（簡稱「國體」）不

Politics of Space in Early Modern Britain (Cambridge: Cambridge University Press, 2001); Bernhard Klein, *Maps and the Writing of Space in Early Modern England and Ireland* (New York: Palgrave, 2001).

20 Roze Hentschell, *The Culture of Cloth in Early Modern England: Textual Constructions of a National Identity* (Aldershot: Ashgate, 2008).

21 十六、十七世紀英格蘭的國族論述中，「身體」的比喻時常出現，參見 Philip Wolf, "The Emergence of National Identity in Early Modern England: Causes and Ideological Representations," in Herbert Grabes ed., *Writing the Early Modern English Nation*, pp. 162-164.

同的想像，即「裸露的國體」、「混雜的國體」與「文雅的國體」，它們象徵著英格蘭國體三種不同的穿著方式，也是三種不同的國體形象，我們可由其中看到服飾與英格蘭國族認同的連結。

本章所使用的材料，即安德森所談的「印刷－資本主義」中產出的圖像與文字。這些作品主要為市場、為大眾而寫，表達了當時文人對國族抽象式或視覺式的想像，從而在精神上、概念上幫助英格蘭人掌握何謂「英格蘭屬性」。這些材料多為民間文人的作品，而非英格蘭官方的出版品或法令（雖然兩者也有相呼應之處）。這些民間文人如下野的政治家史密斯、遊記作家哈理森、製圖家史必得（John Speed, 1552-1629）等人。其中尤值得一提的是「論冊作家」（pamphleteers），如格林（Robert Greene, d. 1592）、史塔普、戴可爾、納許（Thomas Nashe, 1567-c. 1601）、藍京斯（William Rankins, d. 1609）等人，他們鬻文為生，寫作內容多即時反映時事、針砭社會風尚，或戲謔不羈，或諄諄教誨，吸引了眾多讀者，甚至不限於受教育階層。[22]更重要的是，他們所書寫的「論冊」一方面延

22　1560年至1600年之間，英格蘭的識字率因學校的增加，而有大幅成長，此時期出版品大量的增加，也支持了這個看法。依據克羅西（David Cressy）的統計，在1640年代鄉村地區約有30%的成年男性人口識字，倫敦地區則高達78%。但瓦特（Tessa Watt）認為，這些數字可能都還低估了可以閱讀的人口，以及那些未受過學校教育，透過口語傳述而知悉文本內容的人。綜合而言，十六、十七世紀英格蘭的確有相當廣大的可閱讀人口，而且這些人多數學識不高、學養，也未必富有，「論冊」或「歌謠」一類的出版品，其價格便宜、內容易於理解，正好符合他們的需求。參見David Cressy, *Literacy and the Social Order: Reading and Writing in Tudor and Stuart*

續中古道德傳統，另一方面以此道德傳統批判時事，其所用的語言和類比都具有高度的相似性，反映此時代共有的「思考習慣」與「思考方式」。[23]此種共有的思考習慣或方式，若與文藝復興時代普遍的文化思維相連結，我們將更能掌握，服飾在此時代是在何種思維與心態下被理解與反省。

二、服飾與國族區隔

文藝復興時代服飾與國族之間的連結，最具象的表徵為十六世紀下半葉印刷出版的「服飾書」。從1562年至1610年，歐洲至少出版了16種「服飾書」，其中半數都再版。[24]第一本印

England（Cambridge: Cambridge University Press, 2006）, p. 72; Tessa Watt, *Cheap Print and Popular Piety 1550-1640*（Cambridge: Cambridge University Press, 1991）, pp. 7-8.

23 Sandra Clark, *The Elizabethan Pamphleteers: Popular Moralistic Pamphlets 1580-1640*（Rutherford, N. J.: Fairleigh Dickinson University Press, 1983）, pp. 36, 211.「論冊」是16世紀中葉英格蘭新興的印刷品，尤流行於1580年至1640年之間，屬通俗性的大眾作品，裝訂簡單、價格便宜，而內容龐雜多樣、文體混雜，多報導當代奇聞軼事，也回應政經時事，主要讀者以中間階級為主，但下層階級也能透過論冊的插圖或他人口述，了解其內容。有關「論冊」的定義與出版情況見Marie-Hélène Davies, *Reflections of Renaissance England: Life, Thought and Religion Mirrored in Illustrated Pamphlets 1535-1640*（Pennsylvania: Pickwick Publications, 1986）, pp. 1-8; Sandra Clark, *The Elizabethan Pamphleteers*, pp. 11-33; Tessa Watt, *Cheap Print and Popular Piety*, pp. 264-265.

24 有關歐洲地區服飾書的出版目錄，可參見Jo Anne Olian, "Sixteenth-Century Costume Books," *Costume*, 3（1977）, pp. 20-21; S. Jackson Jowers, *Theatrical Costume, Masks, Make-Up and Wigs: A Bibliography and Iconography*（The

刷的服飾書，是迪瑟普（François Deserps）於1562年在巴黎出版的《當代歐洲、亞洲、非洲與蠻荒島嶼各式服飾集》（*Le recueil de la diversité des habits qui sont de present en usage dans les pays d'Europe, Asie, Affrique et Isles sauvages*），內有121幅以歐洲各城市服飾為主的版畫，此書於兩年後即再版。[25]十六世紀最完整也最有系統的服飾書，則是韋切利奧於1590年在威尼斯出版的《古今各地服飾》，包含428幅版畫，此書於1598再版並擴增到503幅版畫，名為《古今世界服飾》（*Habiti antichi, et moderni di tutto il mondo*）。[26]從迪瑟普到韋切利奧的「服飾書」，所涵蓋的服飾圖像越來越多樣，從十六世紀當代的服裝延伸到古代希臘、羅馬以來的服裝樣式，也從以歐洲各城市為主的服裝描畫，擴展到東方土耳其、中國，以及美洲、非洲的穿著。它們不僅呈現各地、各民族不同的服裝樣式，也展示服裝時尚的歷史變化，以及文明化的歐洲與其他未開化區域

Motley Bibliographies, vol. 4; London: Routledge, 2000), pp. 131-133.

25 有關此書的研究可見Isabelle Paresys, "Images de l'Autre vêtu à la Renaissance. Le recueil d'habits de François Desprez (1562-1567)," *Journal de la Renaissance*, 4 (2006), pp. 15-56; Ann Rosalind Jones, "Habits, Holdings, Heterologies: Populations in Print in a 1562 Costume Book," *Yale French Studies*, 110 (2006), pp. 92-121.

26 有關此書的研究可見Cesare Vecellio, "Introduction: Vecellio and His World," in *The Clothing of the Renaissance World: Europe, Asia, Africa, the Americas: Cesare Vecellio's Habiti Antichi et Moderni*, eds. and trans. Margaret F. Rosenthal and Ann Rosalind Jones (London: Thames & Hudson, 2008), pp. 8-48; Eugenia Paulicelli, "Mapping the World: The Political Geography of Dress in Cesare Vecellio's Costume Books," *The Italianist*, 28:3 (2008), pp. 24-53.

的差異。因此，服飾書可說是十六世紀歐洲對服飾的「歷史」紀錄，也是服飾的「地理」調查。

對當時的讀者來說，這些「服飾書」的用途，並非像現代讀者瀏覽服裝雜誌那樣，用來掌握最新流行趨勢，或做為購買及穿搭服裝的參考，而是另一種「遊記」，藉由旅行者親身記錄或口傳而描畫的服飾圖像，伴隨著其中人物所攜帶的工具及配件（如彎刀、長矛、弓箭、鋤頭、菜籃等），滿足了讀者對遙遠異地的好奇心，得以觀看各地風俗及生活樣態，也藉此想像並認知遠方的他者。[27]「服飾書」更是一種「民族圖譜」（ethno-iconography），[28]以某些具有地域特色的服飾，區隔出國族的界線或地域間的差異，如威尼斯男貴族的托加長袍、法國仕女的心形頭飾（attifet）、英格蘭女貴族以毛皮飾邊用來保暖的外衣、土耳其男性碩大的頭巾帽（turban）（圖5.2、5.3、5.4、5.5）。同時，服飾書也以服飾為基礎，將歐洲人所知越來

27「遊記」也是十六、十七世紀服飾書重要的參考資料，如韋切利奧的《古今世界服飾集》（1598）中，有關美洲服飾及生活習俗的部分，大量參考了哈理奧特（Thomas Harriot, c. 1560-1621）的《維吉尼亞新發現之地的真實簡報》（*A Briefe and True Report of the New Found Land of Virginia*, London, 1588）及德．布理（Theodor de Bry，1528-1598）的《大旅行》（*Les Grands Voyages*, Frankfurt, 1590）兩部遊記。此外，某些被歸類為「服飾書」的作品，本身也同時是遊記，如尼可雷（Nicolas de Nicolay,1517-1583）的《東遊旅記前四卷》（*Les quatres premiers livres de navigations et pérégrinations Orientales*, Lyon, 1567）。

28 Daniel Defert, "Un genre ethnographique profane au XVIe: les livres d'habits（essai d'ethno-iconographie)," in Britta Rupp-Eisenreich ed., *Histoires de l'anthropologie*（*XVIe-XIXe siécles*）(Paris: Klincksieck, 1984), pp. 25-41.

越廣的世界，納入歐洲人可理解的知識體系內，即由服裝管窺風俗民情。如韋切利奧提到，中國男貴族穿著和威尼斯貴族類似的托加長袍，但用更昂貴的絲或錦緞製成，而且袖子比手臂長度再長一半，足以遮住全手不被看到。相對於全身包裹的中國男人，美洲地區的男女裸露較多，且身上多處刺青、耳穿魚骨、身披獸皮與各色串珠（圖5.6、5.7）。中國或美洲的服飾圖像，皆可讓歐洲讀者一窺陌生的他者，又可對照出歐洲內部服飾與文化的相似性。

不過，十六、十七世紀的服飾書，也不能完全視為真實服飾的紀錄，許多服飾書作者所提供的圖像，並非來自一手親眼的觀察，如1562年出版的《當代歐洲、亞洲、非洲與蠻荒島嶼各式服飾集》、1563年的《當代各民族服飾》（*Omnium fere gentium nostrae aetatis habitus*）、1577年的《各民族服飾》（*Habitus praecipuorum populorum*），[29]都大量參考了義大利版畫家維科（Enea Vico, 1523-1567）在1540年至1560年間所繪的系列人物版畫，其包含各地男女圖像，每張版畫以單一人物呈現各地不同穿著，這種形式延續到後來所出版的各個服飾書，也多以單一男性或女性人物為基本格式。雖然也有一些服飾書來自旅遊者本人一手觀察，但這些作品又往往成為後繼者模仿的對象，如尼可雷（Nicolas de Nicolay, 1517-1583）的《東遊旅記前四卷》（*Les quatres premiers livres de navigations*

29 Ferdinando Bertelli, *Omnium fere gentium nostrae aetatis habitus, nunquam ante hac aediti* (Venice: F. Bertelli, 1563); Hans Weigel, *Habitus praecipuorum populorum, tam virorum quam foeminarum Singulari arte depicti. Trachtenbuch: Darin fast allerley ...* (Nuremberg: Hans Weigel, 1577).

et pérégrinations Orientales, 1567），是作者伴隨法國大使前往東方遊歷15年觀察所得。這本服飾書內含60幅圖片，描繪土耳其、希臘、北非等地男女各類服裝，它不但是十六世紀再版最多次的服飾書，也成為此後其他服飾書描繪東方服飾時的樣版，如韋切利奧的《古今各地服飾》（1590），其中歐洲以外的服飾圖像多處借用如尼可雷的版本（但並非完全忠實的借用）；而韋切利奧再版後的服飾書，又大量被德·格蘭（Jean de Glen）的《古今世界服飾、風俗、儀式與行為方式》（*Des Habits, moeurs,* cérémonies*, façons de faire anciennes & modernes du monde*, 1601）所抄襲。[30]

在各服飾書互相模仿借用的情形下，許多服飾書混雜了真實與想像。[31]因此，如果要以服飾書還原十六、十七世紀人民的穿著，必須非常謹慎，尤其是歐洲以外的地區。這一點也許減損了服飾書的史料價值，但如果我們將服飾書視為一個新時代的產物，即歐洲在更頻繁的跨國（或跨洲）旅遊、貿易及文化交流下，對民族與地域差異深刻的覺察、對自身與他者的省

30 各服飾書互相模仿的關係，見Jo Anne Olian, "Sixteenth-Century Costume Books," pp. 21-36; S. Jackson Jowers, *Theatrical Costume, Masks, Make-Up and Wigs*, pp. 131-133.

31 有關服飾書的特性，除了Jo Anne Olian的作品外，可參見O. Blanc, "Images du monde et portraits d'habits: les recueils de costumes á la Renaissance," *Bulletin du bibliophile*, 2（1955）, pp. 221-261; Ulrike Ilg, "The Cultural Significance of Costume Books in Sixteenth-Century Europe," in Catherine Richardson ed., *Clothing Culture, 1350-1650*（Aldershot: Ashgate, 2004）, pp. 29-47; Liz Horodowich, "Armchair Travelers and the Venetian Discovery of the New World," *The Sixteenth Century Journal*, 36:4（2005）, pp. 1039-1062.

思及再現，那麼服飾書仍具有非常重要的參考價值。一如史瓦茲（Stuart B. Schwartz）所指出的：「對另一個文化的描繪之所以重要，在於它們可告訴我們有關觀察者的事，而非被觀察者。」[32]所以，服飾書也許留給後人對美洲、非洲文明偏頗的認識，但卻可以告訴我們十六、十七世紀的歐洲人如何看待自己的文化，又如何理解他者。

在以服飾為主體，省思及理解多元文化的過程中，各個服飾書展現了明顯的共通性。首先，此共通性表現在服飾書的分類架構上，如前文所提，服飾書最大的分類架構是「國族」，以韋切利奧的《古今各地服飾》為例，作者希望在他的書中「談論各國各民族所穿的各類服裝」，[33]因此由近而遠，依國族依序介紹義大利各地、法蘭西、西班牙、日耳曼、英格蘭、土耳其、希臘、敘利亞、日本、中國、非洲、美洲等地的服飾與風俗。不過服飾書除了以國族為地域區隔之外，也混合著「城市」的分類方式，特別是針對還未形成統一國家的義大利地區，如韋切利奧將義大利地區以城市或王國為單位，細分為羅馬、威尼斯、塔斯坎尼（Tuscany）、那不勒斯王國等。又如《當代歐洲、亞洲、非洲與蠻荒島嶼各式服飾集》，從法國巴黎開始，再介紹羅馬、威尼斯等城市的衣著，但也同時依照國族介紹法蘭西、英格蘭、蘇格蘭、法藍德斯、土耳其、埃及、印度等地的服飾。

32 Stuart B. Schwartz ed., *Implicit Understandings: Observing, Reporting, and Reflecting on the Encounters between Europeans and Other Peoples in the Early Modern Era* (Cambridge: Cambridge University Press, 1994), pp. 1-2.

33 Cesare Vecellio, *Cesare Vecellio's Habiti Antichi et Moderni,* p. 54.

在以國族或城市為分類的大架構下，服飾書又依照「社會階層」及「性別」兩架構來安排圖片的次序與內容，如《當代歐洲、亞洲、非洲與蠻荒島嶼各式服飾集》所列的圖像，首先是具有貴族身分的「騎士」（*Le cheualier*），接著是「仕紳」（*Le gentilhomme*）、「女仕」（La damoyselle），依序往下又有「法官」（*Le president*）、「市民」（*Le bourgeois*）、「工匠」（L'artisan）、「勞工」（*Le laboureur*）等。在這些不同社會層級的人物中，作者穿插男女圖像，或一男一女前後接續呈現，如巴黎「女市民」（*La Bourgeoise*）與男市民、「葡萄牙男人」與「葡萄牙女人」（*Le portugais*, *La portugaise*）、「巴巴里女人」與「巴巴里男人」（*La barbare*, *Le barbare*）、「印度男人」和「印度女人」（*L'indien*, *L'indienne*），以顯示兩性不同的衣著。[34]從社會階層及男女的分類來看，服飾書在某種程度上也呼應了此時期歐洲各地頒布的「禁奢法」（或本書前一章所談的「服飾法」），以圖像方式呈現社會階序與男女差異，而且服飾書的作者也將這一套社會秩序觀，置於非歐洲地區的社會中。

在國族、城市、社會階層及性別的架構下，十六、十七世紀的服飾書將歐洲與世界其他各地的人民加以歸類與分別，放在可由視覺鑑別的圖譜中，其讀者則可藉此建立對一國一地，

34 François Deserps, *A Collection of the Various Styles of Clothing Which Are Presently Worn in Countries of Europe, Asia, Africa and the Savage Islands, All Realistically Depicted*, ed. and trans. Sara Shannon（Minneapolis: University of Minnestoa/James Ford Bell Library, 2001）, pp. 42-43, 118-119, 122-123, 128-129.

及特定社會身分的認知。相似的知識建構方式也可見於同時期流行的印刷地圖上。自1570年安特衛普（Antwerp）製圖家奧特柳斯（Abraham Ortelius, 1527-1598）出版歐洲首部「世界地圖集」——《寰宇劇場》（*Theatrum Orbis Terrarum*, or *Theatre of the World*）以來，各國、各地的土地形貌、海洋與陸地上的生物，躍然紙面，歐洲人藉此瀏覽寰宇萬象，也認知到各民族居住地的差異。服飾書與地圖看似為不同的視覺文獻，各以服飾和地理為主體，但兩者其實皆為近代早期歐洲人認識並定義各區域差異的工具，也均有縱覽世界百態的企圖，因此奧特柳斯和後來的荷蘭製圖家布勞（Willem Jansz Blaeu, 1571-1638），都以「寰宇劇場」為他們的世界地圖集命名，而同樣來自低地國地區（the Low Countries）的畫家德．希爾也以同樣的標題，稱他的服飾書為《寰宇各族各國古今各類服飾劇場》。

在分類的大架構上，地圖與服飾書一樣，都以國族和城市為主，透過展現「他者」，它們共同強化了歐洲人民的地域認同與國族認同。這兩者之間的相似性，在當時就已被製圖家所注意，如義大利的羅薩喬歐（Giuseppe Rosaccio, d. ca. 1620）在1607年所製的義大利地圖上（圖5.8），下方有30個義大利主要城市的輿勢圖（chorography），排成一列；地圖右上方則有35個方格，內繪各城市主要衣著形式，各由單一人物，或男或女呈現，名為「古今服飾」（*Abiti antichi et moderni d'Italia*）。[35]相近的形式更廣泛見於十七世紀低地國地區所製

35 Bronwen Wilson, *The World in Venice: Print, the City, and the Early Modern Identity* (Toronto: University of Toronto Press, 2005), p. 63.

作的地圖，如葛瑞茲（Hessel Gerritsz, c. 1581-1632）所繪的義大利地圖（*Nova Descrittione D'Italia Di Gio. Anton. Magino*, 1617，圖5.9），[36]以及同時期的布勞所繪之世界地圖——《寰宇劇場》（*Theatrum Orbis Terrarum*, 1635）。以布勞的「歐洲地圖」（*Europa recens descripta*，圖5.10）為例，這張圖和葛瑞茲的義大利地圖類似，在地圖的上方陳列主要城市輿勢圖（如阿姆斯特丹、倫敦、威尼斯、里斯本等），地圖兩側由上而下的方格，則以服飾書的形式表現各國或各城市的服裝樣貌（如英格蘭、比利時、西班牙、威尼斯、波蘭、希臘等），不過多數都以男女成對的方式呈現。布勞所繪的「亞洲地圖」、「美洲地圖」及「非洲地圖」也有相同的結構。[37]以上這些地圖等於把「地圖」和「服飾書」兩種圖像類型，放在同一張紙面上，服飾猶如山川輿勢，成為一地的縮影或微型，而整張畫面建構了「服飾」、「地域」與「認同」三者綿密的關係。[38]

---

36 J. B. Harley and David Woodward eds., *The History of Cartography*, vol. 3: *Cartography in the European Renaissance*, part 2 (Chicago: University of Chicago Press, 1987), pp. 1315-1316.

37 布勞的四大洲地圖完成於1608年，後收入其「世界地圖集」——《寰宇劇場》。有關布勞及低地國的地圖繪製，見Cornelis Koeman, Günter Schilder, Marco Van Egmond, and Peter Van Der Krogt, "Commerical Cartography and Map Production in the Low Countries, 1500-ca. 1672," in J. B. Harley and David Woodward eds., *The History of Cartography*, vol. 3, part 2, pp. 1296-1375, esp. pp. 1325-1330, 1351-1353. 此類地圖繪製形式也影響到十七、十八世紀日本與中國的世界圖像，見賴毓芝，〈圖像帝國：乾隆朝《職貢圖》的製作及帝都呈現〉，《中央研究院近代史研究所集刊》，75 (2012)，頁28-32。

38 有關地圖與服飾書的關聯，參見Kristen Ina Grimes, "Dressing the World: Costume Books and Ornamental Cartography in the Age of Explorations," in

不論是服飾書或地圖，它們的基本架構都顯示了服飾並不被視為個人的選擇，而是一種集體性和社會性的符號，可以代表一地的風貌，正如「服飾」一詞在近代早期歐洲的語文中，不論是拉丁文的*habitus*、義大利文的*habiti*（或*abiti*）、法文的*habit*、英文的habit，都寓含「傳統」與「習俗」之義，也可指稱特有的生活方式或行為準則。[39]所以，各個服飾書其實都不僅單純的介紹各地服裝形式，而是以服飾連結一地的風俗習慣與民族文化特色，這點也表現在服飾書的名稱或章節標題上，如韋切利奧的《古今各地服飾》分為兩卷，標題分別是：「歐洲全境的服飾、風俗與習慣」（*Degli habiti, costume et usanze di tutta L'Europa*）、「亞洲與非洲的服飾、風俗與生活方式」（*Degli habiti, costume et usanze dell'Asia, et dell'Africa*）。德・格蘭的服飾書則直接取名為《古今世界服飾、風俗、儀式與行為方式》。各個服飾書也的確或多或少，以所附詩文介紹一地的風俗、道德與文化，如韋切利奧介紹大馬士革（Damascus）的女子服飾時，提到此地女人可依自己的意願選擇丈夫，或與丈

Elizabeth Rodini and Elissa B. Weaver eds., *A Well-Fashioned Image: Clothing and Costume in European Art, 1500-1850*（Chicago: The David and Alfred Smart Museum of Art, The University of Chicago, 2002）, pp. 13-21.

39 Angus Stevenson ed., *Shorter Oxford English Dictionary on Historical Principles*, vol. 1, p. 1185; Bronwen Wilson, *The World in Venice*, p. 102; Ulrike Ilg, "The Cultural Significance of Costume Books in Sixteenth-Century Europe," in Catherine Richardson ed., *Clothing Culture, 1350-1650*, pp. 45-47. 此特性使服飾書可被視為「早期的人類學文獻」（documents of early anthropology），見Ann Rosalind Jones, "Habits, Holdings, Heterologies: Populations in Print in a 1562 Costume Book," *Yale French Studies*, 110（2006）, p. 93.

夫離異，男人則可多妻；他描述中國服飾時，則提到中國婦女纏腳，以及男人娶妻時給聘金的習俗。[40]

服飾與習俗及生活方式的連結，促成了十六、十七世紀服飾書另一重共通性，即以服飾省思社會風尚與道德表現，成為道德訓誨的文本；同時也以某些「具有美德」的服裝為範本，試圖規範合宜的舉止與外貌，使服飾書也具有「禮儀書」（book of manners）的屬性。十六世紀第一本印刷服飾書的作者迪瑟普就指出：

> 許多人因其為數眾多且奢華的服裝而受尊崇，但其美德與良善卻付之厥如……這樣的例子可以讓我們知道，應當丟棄使人驕奢的華服，因為一如我們皆由修士袍而認出修士、由小丑的帽子看出小丑、由武裝看出士兵，我們由不奢華的服裝見到智者。[41]

以此立場定調之後，迪瑟普在書中所提供的每一幅圖像下，都有四行韻文，其文字內容幾乎都是道德的反思。他稱讚巴黎女市民，由其衣著可看出「貞節」的性格與有禮的舉止；也稱讚巴黎男市民，其衣著顯露真誠的態度，其話語「含蓄而平和」。但另一方面，迪瑟普批評貴族的侍從注重穿著卻舉止輕浮，又時常為了花錢買衣而無力償債；迪瑟普也批評羅馬天主教會的修士，穿著華麗、吃喝具足，卻毫不在乎「美

40 Cesare Vecelli, *Cesare Vecellio's Habiti Antichi et Moderni,* pp. 507, 526-529.

41 François Deserps, *A Collection of the Various Styles of Clothing*, p. 30.

德」（*vertu*）。[42]更進一步，迪瑟普以眾多他者的服飾及其顯露之民族性格，批判法國風尚，如威尼斯男人的莊重、巴斯克（Basque）男人的儉樸，以及潘普洛納（Pamplona）、日耳曼、埃及等地男女，長久持守傳統服飾的堅定，在在凸顯了法國民族性格的「善變」，「像風一樣，隨時改變他的方向」；又像「月亮一樣」每天都不同。[43]

相近的論述也出現在許多其他服飾書中，透過他者的對照與道德省思，使服飾成為反照自身民族特質與道德風尚的鏡子，而服飾書作者通常也對本國服飾的多變與墮落，有較為嚴厲的批評。例如，韋切利奧在他的服飾書中雖然評論法國服飾多變，他們「從不維持或堅守一種服裝形式」、「現今，法國人穿著之奢華無與倫比，就像在全義大利所能看到的一樣。」[44]可是，身為義大利人的韋切利奧認為：義大利服飾的紛雜多樣更勝過法國，因為「我們的義大利常常落入外國人的股掌之間，處在命運的十字路口。」[45]來自低地國的德．格蘭，也在他的服飾書中批評自己的國家，說道：

---

42 François Deserps, *A Collection of the Various Styles of Clothing*, pp. 42-43, 49, 74-77. 瓊斯（Ann Rosalind Jones）認為迪瑟普此書主要目的在批判貴族與天主教會，並頌揚法國的「中間階層」（middle-ranking French people），見 Ann Rosalind Jones, "Habits, Holdings, Heterologies," p. 102.

43 François Deserps, *A Collection of the Various Styles of Clothing*, pp. 38, 92, 106, 108, 32-33. 巴斯克及潘普洛納都在西班牙北部地區。

44 Cesare Vecelli, *Cesare Vecellio's Habiti Antichi et Moderni,* p. 326, 328.

45 Cesare Vecelli, *Cesare Vecellio's Habiti Antichi et Moderni,* p. 59.

依據《聖經》，與外國人的親近及交流帶來了墮落與敗壞，……今日，若不是類似的與外人交雜，何以會導致正直與虔敬〔之德〕的衰頹？我們的國家，自其完熟以來持續擴張，使它就像海神普羅秋斯（Proteus）一樣，每天都在改變；它讓自己有多樣面貌，變換自己的服飾、習慣、語言和風俗。[46]

在韋切利奧與德・格蘭的論述中，他們都認為跨國或跨文化交流，以及他國的入侵，是導致一國失去其民族固有服飾、單純良善本性與道德的主因。韋切利奧還觀察到，那不勒斯王國由於西班牙人入主，而逐漸放棄自己原有的服飾風格，轉而採用西班牙式的穿著；位在日耳曼邊境的瑞士聯邦，也因為強勢日耳曼文化的影響，瑞士女子不再有其「端莊、儉樸」的衣著風格，她們與日耳曼女子的穿著已漸無區別。[47]韋切利奧的評論，在與服飾書相近的另外兩種文類上，也得到共鳴，一是禮儀書、一是遊記。[48]例如，同為義大利人的卡斯提理翁，在他極富盛名的禮儀書——《廷臣之書》中，批評義大利人的衣著有

46 Jean de Glen, "Preface," in *Des habits, moeurs, cérémonies, façons de faire anciennes & modernes du monde, traicté non moins utile, que delectable, plein de bonnes & sainctes instructions* (Liège: Jean de Glen, 1601), sig. 1_v.

47 Cesare Vecelli, *Cesare Vecellio's Habiti Antichi et Moderni,* pp. 303, 388.

48 包理切利（Eugenia Paulicelli）以韋切利奧的服飾書為例，指出服飾書與另外三種同時期流行的出版品，性質相近，分別是「行為指引」（conduct literature）、「地圖」及「遊記」。究其實，服飾書是一種「跨界」的文類（"a mixed literary genre, cross the boundaries of other texts"）。見Eugenia Paulicelli, "Mapping the World," pp. 25, 38.

「無盡的多樣性」，有人跟隨法國風格，有人偏好西班牙或日耳曼樣式，還有人穿著土耳其式的服裝，「義大利人是如此熱愛他族的服裝！」但是，這樣的義大利也令人憂心，因為它不再像過去一樣擁有自己特有的服飾風格，那是「自由的標記」（a sign of freedom），而新的服裝時尚則是「受奴役的徵兆」（an augury of servitude）。[49]

此番話語，挑起當時讀者對1494年義大利戰爭的記憶，從1494年到《廷臣之書》寫作的年代，正是義大利各地受法國、西班牙、神聖羅馬帝國入侵的時期，東邊鄂圖曼土耳其帝國的威脅也不斷擴大中。對卡斯提理翁來說：

> 改變我們義大利的服裝樣式，換上外國人的，意味著所有那些外國人，……終將征服我們。此點已不辯自明，因為現在沒有一個國家不將我們納入囊中，我們可被掠奪的已所剩無幾，但他們卻不停止捕獵。[50]

另一位義大利作家桑索維諾（Francesco Sansovino, 1521-1586）在他的遊記《尊貴之城威尼斯》（*Venetia città nobilissima*, 1581）中，也指出：

> 多數義大利人，忘了他們出生在義大利，追隨北方的服裝

49 Baldesar Castiglione, *The Book of the Courtier: A Norton Critical Edition*, trans. Charles S. Singleton, ed. Daniel Javitch (New York: Norton, 2002), p. 88.

50 Baldesar Castiglione, *The Book of the Courtier*, pp. 88-89.

> 時尚，讓別人以為他們看起來就像是法國人或西班牙人。事實上，這真是他們的損失、他們的恥辱，而且這正是他們缺乏穩固與定性的明證。那些不能在自己的事物上維持恆久穩固狀態的人，總要被世界上其他國家所征服。[51]

韋切利奧、卡斯提理翁與桑索維諾，在三種不同卻又相通的印刷作品中，同藉著服飾，追想過去義大利樸直又剛強自主的年代，進而批判當下的墮落與危機。他們的評述不但顯示此時期已有將義大利視為一完整國族的想法，也清楚表達了服飾與國族的連結關係：服飾是國族認同與國族區隔的標誌，缺乏自己獨有的國族服飾風格，意味著缺乏民族穩固性與自主性。由此，穿著於外、眼目可見的服飾，成為認識內在深層不可見之民族性與道德風尚的指標。

三、裸露的國體

柏得的《知識入門第一卷》，若放在歐洲出版文化的脈絡來看，有兩點值得注意。第一，雖然英格蘭在十六、十七世紀並未出版任何一本服飾書，但柏得的作品可視為服飾書的前身。它的圖像雖然簡單粗糙，各地區皆僅以一幅圖像表達其國族服裝，但此書以圖像為開端，接引之後的文字，敘述各地之

---

51 Francesco Sansovino, “Libro Decimo, Habiti,” in *Venetia città nobilissima et singolare, Descritta in XIIII. Libri*（Venetia: Appresso Iacomo Sansovino, 1581）, pp. 150_v-151. 引自 Bronwen Wilson, *The World in Venice*, p. 71.

衣著與風土民情，其形式與後來的服飾書非常相近。同時它也和服飾書一樣，都是十六世紀更頻密文化交流下，所帶動之國族認同與國族焦慮的產物。第二，它最為時人關注的「裸體」圖像與其論述，若與其他同時代的服飾書對照，並不是單一而獨特的現象。例如韋切利奧在1590年的服飾書中提到一則軼事：

> 曾經有一位畫家想「描繪所有地區的服飾，可是當他畫到義大利男人時，他把他畫成裸體，肩上披著一塊布。當他被問到為什麼不給這個男人畫上衣服，像其他他所畫的人一樣，他回答〔是因為〕他看到義大利人在服飾上如此喜好改換，又善變不定，所以讓這個人在肩上帶著自己的布去找裁縫師，按他自己的念頭剪裁出他想要的服裝。[52]

韋切利奧引述這段軼事的情境及寓意，幾乎和柏得一樣，藉由單一人物的形象再現整個民族的特質：左右擺盪、心思不定，缺乏民族服飾，亦缺乏國格。往前追溯，類似的圖像出現在格拉希（Bartolomei Grassi）於1585年出版的服飾書，畫了一個手上掛著布、拿著大剪的裸體義大利男人。[53]相同的圖式也出現在1570年代日耳曼地區，「裸體的日耳曼人」（naked German）也一樣喜好各國的服飾，不知道自己該穿什麼樣

52 Cesare Vecellio, *Cesare Vecellio's Habiti Antichi et Moderni,* p. 59.

53 Bartolomeo Grassi, *Dei veri ritratti degl'habiti: Di tutte le parti de mondo*［*On the True Portrait of the Habits of All the Parts of the World*］(Rome: Bartolomeo Grassi, 1585). 引自 Eugenia Paulicelli, "Mapping the World," p. 51.

的衣服，所以手上披著一塊大布，自己去找裁縫師。[54]更別具一格的是魏古爾（Hans Weigel）在1577年出版的《服飾書》（*Trachtenbuch*），其圖像由瑞士知名版畫家阿曼（Jost Amman, 1539-1591）所繪。此書書名頁下方以四個人物呈現世界四大洲的服飾圖像，由左至右依序是「EVROPA」、「ASIA」、「AMERICA」、「AFRICA」（圖5.11）。最左邊的歐洲人是裸體的，右手抱著一大捆布、左手拿著大剪，相對於另外三洲站定的人物，「裸體歐洲人」邁開步伐，看似匆忙而急切的要去找裁縫師。與此形象相對的是亞洲人與非洲人，他們穿戴傳統服裝，從頭上龐大的頭巾帽至腳上的靴子，整齊而肅穆。與歐洲看似相近的美洲人，赤足且幾近裸體，但畫家在此並非以美洲人表現另一個也無所適從而裸體的民族，他們之間的關係，比較接近服飾史家盧布理可（Ulinka Rublack）所說：「自然的裸體」（natural nudity）與「文化的裸體」（cultural nudity）對立的關係。[55]美洲人的裸體是蠻荒之地自然的現象，但歐洲人的

---

54 學者盧布理可發現一幅掛在萊比錫（Leipzig）市政廳的刺繡畫，製於1571年，其上繡了九個人物，包括摩爾人（the Moor）、匈牙利人、法國人、瑞士人、土耳其人等，最後畫面右方以一位裸體蓄鬍的日耳曼人做結。這位裸體男子左手上搭著幾塊布，其下的文字說明寫著他愛好各國服飾，要自己去找裁縫師。這樣的畫作與服飾書有相通之處，在展現世界各民族服飾圖像。見Ulinka Rublack, "Clothing and Cultural Exchange in Renaissance Germany," in Roodenburg, Herman ed., *Cultural Exchange in Early Modern Europe*（Cambridge: Cambridge University Press, 2007）, pp. 285-286；亦見其*Dressing Up: Cultural Identity in Renaissance Europe*（Oxford: Oxford University Press, 2010）, pp. 144-145.

55 Ulinka Rublack, *Dressing Up*, p. 144. 有關此圖像的討論可參考Ulinka

裸體卻是文化混雜與墮落之後的表現。與魏古爾相隔一年，低地國的德・希爾在他的服飾書最後一頁，以一張裸體男子的圖像為其書做結，圖像旁邊的文字寫道：「我一直希望像月亮一樣變來變去，這就是為什麼我大部分保持裸體的樣子。」（圖5.12）這幅圖在象徵意義上，概括了前面多幅服飾圖像所示的紛雜樣貌，終歸於一個等待變換的裸體男子，強列暗示了「虛空」。[56]

以上這些例子顯示，裸體圖示流傳於義大利、日耳曼、低地國等地，至於法國地區，雖然未見，但十六世紀初法國方濟會修士麥諾（Michel Menot, d. 1518）曾在講道中提到：威尼斯某個宮殿中，牆上掛著各國人的圖像，其中只有法國人被畫成裸體的樣子，手上拿著布匹和剪刀。[57]此段資料是十六世紀提

Rublack, "Clothing and Cultural Exchange in Renaissance Germany," pp. 282-285; Bronwen Wilson, *The World in Venice*, p. 82.

56 Lucas de Heere, *Théâtre de tous les peuples et nations de la terre avec leurs habits, et ornemens divers, tant anciens que moderns*（Ghent, 1576）, p. 125_v. 原文為："Fe veux tousiours changer ainsi comme la lune/ C'est pourguoy la pluspart demeure ainsi tout nu."此服飾書存於比利時根特大學（Ghent University）圖書館BHSL.HS.2466，已掃描為電子版，此圖見http://adore.ugent.be/OpenURL/app?id=archive.ugent.be:1EEACAD8-B1E8-11DF-966C-0D0679F64438&type=carousel&scrollto=126, accessed 5 July, 2016.

57 原文為："On dit qu'àù Venise il y a un palais où sonnet peints les homes de toutes les nations avec les vêtements de leur pays. Le Français est peint tout nu: il a trois aunes de draps sur les épaules et des ciseaux dans les mains."引自Isalbelle Paresys, "Paraitre et se vetir au XVIe siècle: morales vestimentaires," in *Paraître et se vêtir au XVIe siècle. Actes du XIIIe Colloque du Puy-en-Velay*, ed. Marie Viallon（Saint Etienne: Publications de L'Université de Saint-Etienne,

及此種圖示最早的資料，且早於柏得的作品，但柏得是否由法國得此概念，仍無法得知。[58]而引述柏得的英格蘭遊記作家科雅特，則非常巧合的和法國修士麥諾一樣，用威尼斯人的眼光來再現本國民族「裸體」的窘境。[59]

由以上各種案例可見，裸體男子已成為十六、十七世紀歐洲各國族「自我批判」時常用的圖像，但不見於對他者的批

2006), p. 15. 1578年時法國希臘語學者艾蒂安（Henri Estienne, 1528-1598）在其著作中也提到，某位畫家為義大利、西班牙、日耳曼等地的人畫出他們所屬的服裝，但由於法國人的服飾改變快速，這位畫家只好把法國人畫成裸體的，在手臂上帶著一塊布，另一隻手拿著剪刀。見Henri Estienne, *Deux dialogues du nouveau langage françois italianizé et autrement desguizé, princalement entre les courtesans de ce temps*, ed. Pauline Mary Smith（Geneva: Slatkine, 1980）, p. 205.

58 也許當時流行於西歐的民間故事「皇帝的新裝」（The Emperor's New Clothes或譯「國王的新衣」），給了這些作家或畫家「裸體」圖像的靈感。此故事源自十四世紀西班牙，後流行於歐洲其他地區，至十九世紀由安徒生改寫，並收入他的《講給孩子們聽的故事》（*Eventyr, fortalte for Børn*, Copenhagen: C. A. Reitzel, 1837）。參見Maria Tartar ed. *The Annotated Classic Fairy Tales*（New York, London: W. W. Norton & Company, 2002）, pp. 269-277; Elias Bredsdorff, *Hans Christian Andersen: The Story of His Life and Work 1805-75*（London: Phaidon Press, 1975）, pp. 312-313.

59 選擇以威尼斯人的眼光來看，可能是因為威尼斯在此時代一直具有穩固、沉靜的形象，在服裝上也是如此，如科雅特描述威尼斯人服裝多用黑色——「莊重有禮的顏色」（a colour of gravity and decency），且服裝形式古老而簡單，已沿用千年以上，「毫無新派奇想，也無那些英格蘭人所用誇張怪異的皺褶與其他輕浮的玩意。」另一個原因，可能是此時期威尼斯地處東西交通與貿易要地，各國人士在此活動，「各民族以其合適而獨特的服裝彼此區隔」，因此威尼斯人見多識廣，對各國服飾的了解更為敏銳。見Thomas Coryate, *Coryat's Crudities*, vol. 1, pp. 318, 398.

判中。此種自我批判，表面上是對所屬國族缺乏「國族服飾」（national costume）的嘲諷，事實上則是對國族特質的缺憾表達深層之憂慮，柏得及其引述者使用裸體圖式的出發點與用意，即是如此。他們一方面指出英格蘭人喜好改換服裝樣式、嘗試各類新奇怪異服飾的習性；另一方面指出英格蘭缺乏民族獨立性及穩定性的危機。他們不但刺激讀者去思考這些問題，也為英格蘭人提供了視覺上的國族想像。在這個裸體男子的圖像上，似可見整個裸露的英格蘭「國體」，沒有自己的衣物可為遮蔽、可供保護。

與柏得的《知識入門第一卷》同樣在1540年代寫成的《論英格蘭共同體》（1581年出版），即深刻表達了此種焦慮。根據德渥爾（Mary Dewar）的研究，此篇匿名的論文，作者是伊莉莎白女王時代著名的外交官與政治思想家史密斯。他最知名的作品是《英格蘭共和國》（*De Republica Anglorum*, 1583），寫於1562年至1565年之間，[60]當時他是英格蘭駐法使節，正值個人政治生涯的高峰，但1549年他撰寫《論英格蘭共同體》時，卻正因開罪他所依附的護國公希墨爾而引退，不久又隨著希墨爾倒台而離開政壇。在他引退期間（1549年6月至9月），史密斯持續關注當時英格蘭嚴峻的社會經濟問題，如貨幣貶值、物價上漲、貧富差距擴大、貿易失衡、產業空洞化、

60《英格蘭共和國》主要內容在討論英格蘭特殊的政體與法律，以及社會組成，見Thomas Smith, *De Republica Anglorum*（1583), ed. Mary Dewar（Cambridge: Cambridge University Press, 1982). 史密斯寫作《論英格蘭共同體》的經過及此書作者的問題，見Mary Dewar, *Sir Thomas Smith: A Tudor Intellectual in Office*（London: Athlone Press, 1964), pp. 50-55.

失業人口攀升，以及圈地等，寫成了《論英格蘭共同體》一書。書中藉著五個不同階層人物（騎士、商人、博士、農夫、帽商）的對話，商討英格蘭共同體的沉痾與解藥。這本書被視為都鐸時期「共同體文學」中思考最為透徹的一本著作，而史密斯不但是所謂的「共同體派」中最有遠見的作家，也是將其理念帶入伊莉莎白時代的重要人物之一。[61]

從經濟史的角度來看，史密斯的《論英格蘭共同體》反映了英格蘭逐步邁入「消費社會」（consumer society）的現象，也準確指出當時英格蘭物價上漲的元凶，是官方歷年來所實施的貨幣貶值政策，這使得英格蘭人購買力遠弱於西歐各國，導致貿易失衡。史密斯甚至極具遠見的主張：「自利」之心可以產生「公益」（common weal），以利益誘導的方式消除圈地、降低毛布出口、增加穀物產量。[62]以上這些特色，使《論英格蘭

---

61 Whitney R. D. Jones, *The Tudor Commonwealth, 1529-1559* (London: Athlone Press, 1970), pp. 32-33, 36-37. 都鐸時期所謂的「共同體」（Commonwealth），與十七世紀英格蘭革命時期所謂的「共和國」（the Commonwealth）不同，它可等同於「政治體」或「王國」（realm）二詞，但其義強調政治體成員共享的安樂與幸福、政府為促進人民安居樂業應負的責任，以及臣民間彼此互賴的關係。參見Whitney R. D. Jones, *The Tudor Commonwealth*, pp. 1-4, 14, 25. 相關討論見G. R. Elton, "Reform and the 'Commonwealth-men' of Edward VI's Reign," in *Studies in Tudor and Stuart Politics and Government*, vol. 3: *Papers and Reviews 1973-1981* (Cambridge: Cambridge University Press, 1983), pp. 234-253.

62 Thomas Smith, *A Discourse of the Commonweal of this Realm of England, Attributed to Sir Thomas Smith*, ed. Mary Dewar (Charlottesville: Published for the Folger Shakespeare Library by the University Press of Virginia, 1969), pp. 55-60, 118.

共同體》成為都鐸經濟史研究中最常被引述的作品，[63]但這部作品在探討社會與經濟危機之間，也展現了強烈的國族意識，外國人與異國物品被視為英格蘭經濟困境的加害者。

史密斯在書中指出，過去二十年外國奢侈品在英格蘭境內日益氾濫，如「各類玻璃製品、彩繪的布匹與紙張、柳橙、蘋果、櫻桃、香水手套等瑣碎小物（trifles）」，還有「小刀（knives）、短劍（dagger）、飾扣（owches）、胸針（brooches）、扣鍊（aglets）」等，品項繁多，而且價格高昂。為了支應這些費用，英格蘭本土各類物價隨之攀升。他認為這些外國人是把自己便宜的物品，以高價販售到英格蘭，此種情況「大大增進了他國的財富，卻使我們自己窮困」。[64]史密斯以「瑣碎小物」統稱外國進口的各類物品，它們僅是為了「滿足享樂」，然而英格蘭用以交換的卻是「毛布、皮革、獸脂、啤酒、奶油、乳酪、白鑞容器」等「必需品」。[65]更令人無法容忍的是，這些必

63 相關經濟史著作，參見J. D. Could, *The Great Debasement: Currency and the Economy in Mid-Tudor England*（Oxford: Clarendon Press, 1970）; P. H. Ramsey ed., *The Price Revolution in Sixteenth-Century England*（London: Methuen, 1971）; Joan Thirsk, *Economic Policy and Projects: The Development of a Consumer Society in Early Modern England*（Oxford: Clarendon Press, 1978）; Christopher E. Challis, *The Tudor Coinage*（Manchester: Manchester University Press, 1978）; R. B. Outhwaite, *Inflation in Tudor and Early Stuart England*（2nd edn., London: MacMillan, 1982）; Keith Wrightson, *Earthly Necessities: Economic Lives in Early Modern Britain*（New Haven: Yale University Press, 2000）, pp. 150-156.

64 Thomas Smith, *A Discourse of the Commonweal*, pp. 41, 45, 63

65 Thomas Smith, *A Discourse of the Commonweal*, p. 68.

要的原料輸出他國之後，幫助他國人民獲得工作、生產成品，再轉銷至英格蘭：「用我們的羊毛，他們製造布匹、帽子和粗呢；用我們的毛皮，他們做出西班牙皮革、手套和腰帶。用我們的錫、鹽做出湯匙和盤子；用我們的碎麻布和破布做出白紙與黃紙。」[66]在史密斯看來，英格蘭人買進的每一件外國成品，從原料、人工到關稅，都是英格蘭人支付的。據他統計，英格蘭人每年至少花費十萬英鎊購買外國舶來品，卻遭受雙重的損失：一則是以自己珍貴的物資換得了無用之物（things of no value）；一則是以自己的花費幫助他國人民就業、累積財富。[67]反觀英格蘭本國，產業荒廢、城鎮凋零，失業人口不斷增加。

對史密斯而言，外國貨品的入侵是一真實存在的恐懼。英格蘭經濟正處於被外人掏空的狀態，然而英格蘭人民卻好像柏得所繪的「裸體英格蘭人」一樣，開放自己裸露的身體，希冀以外國進口的各類布匹與飾品來妝點自己：

> 現在，除了法國與西班牙製的手套，沒有人可以滿足於其他種的。粗呢，一定要法蘭德斯染的（Flanders dye）；毛布，非要法國的或是起絨粗呢（frizado）；飾扣、胸針、扣鍊，也非要威尼斯或米蘭製的；短劍、劍（sword）、腰帶、小刀，非要西班牙製的或更遠的國家〔所生產的〕。[68]

66 Thomas Smith, *A Discourse of the Commonweal*, p. 64.

67 Thomas Smith, *A Discourse of the Commonweal*, p. 65.

68 Thomas Smith, *A Discourse of the Commonweal*, p. 64.

服飾與國家危機的連結，不僅展現在史密斯常以外國織品及配件為例，說明貿易失衡的狀況，也清楚表現在他談論「服飾奢華」（excess in apparel）的段落。他指出：「〔過去〕侍從（servingman）在夏天穿著一件肯朵地區所製的外套（Kendal coat）、在冬天穿著起絨粗呢所做的外套（frieze coat），配上一件合身素樸的白色緊身褲，就很滿足了」。但今日的侍從，穿著比王公貴族還要華麗，

> 在夏天他至少想要一件精緻毛布所做的外套，……和一件精細粗呢做的緊身褲，用的是外國染料，如法蘭德斯的染料或法國藍染（French puke）。他們的外套還要修邊、剪裁、縫合；他們的短褲也要以絲線接合，這些工錢遠超過材料的價格。[69]

可是這些侍從的主人非但沒有抑制這類行為，反而鼓勵侍從以華麗服飾展現主人的財富，其惡果是來年的貧困以及整體國力的衰退。

史密斯所謂國力的衰退，不僅是財富上的，也指伴隨著服飾奢華而喪失的傳統勇武精神。仕紳與侍從不再穿著簡單樸素、可配戴重劍與盾牌的服裝，也無法拿著長矛馳騁田野，反而像柔弱女子一樣在百般雕琢的衣服上配戴輕劍，或手持白杖（white rods）。此種「精緻」（delicacy）與「柔弱」（tenderness）

---

69 Thomas Smith, *A Discourse of the Commonweal*, pp. 81-82. 肯朵位於英格蘭西北部湖區，Kendal coat指的是肯朵地區以粗布製作的外套。

將使英格蘭不堪一擊。[70]換言之，外國貨品不僅銷蝕英格蘭的經濟力，也敗壞了英格蘭人的精神與身體。如果要解決眼前的困境，史密斯主張英格蘭人必須停止購買外國產品；其次要禁止未加工的原料出口，也就是把他國的利多，轉為自己的利多，留住原料讓本地工人可從事生產，然後再將成品輸出，讓外國人負擔所有原料、加工、關稅的費用，進而把財富留在本土。[71]在各類產業中，史密斯認為英格蘭「最優良且獲益最大的」是毛布業（clothing）；製作與販售毛布的工作（clothiers）是「我們最天然的職業」，而且他也相信此產業可以帶動帽子、手套、紙張、玻璃、金屬等各項生產活動。[72]

史密斯在書中，對布匹價格變動的掌握，以及對毛布產業的重視，與他個人家庭背景有密切的關係，他的父親與兄弟都是布商（drapers）。[73]但除了家庭因素之外，毛布業也確實是十六世紀英格蘭經濟的命脈。毛布是英格蘭最大輸出品，在十六世紀中期占所有出口品90%以上，並在歐洲大陸擁有良好的口碑與市場，其榮景在1550年達到高峰，但在1560年代以後，由於主要輸出地低地國地區的戰爭，再加上外國織品（如

---

70 Thomas Smith, *A Discourse of the Commonweal*, pp. 82-83.

71 Thomas Smith, *A Discourse of the Commonweal*, pp. 63-65, 122-123.

72 Thomas Smith, *A Discourse of the Commonweal*, p. 91. Clothier一詞，在近代早期英格蘭指的是販售布匹的商人，他同時也是布匹工人或製造商，其義同於下文將要提到的Draper，只是Draper較多用於倫敦地區的布商。見Thomas Girtin, *The Triple Crowns: A Narrative History of the Drapers' Company, 1364-1964* (London: Hutchinson, 1964), p. 22.

73 Thomas Smith, "Introduction," in *A Discourse of the Commonweal*, p. xxiii.

絲綢）的競爭，而遭受沉重打擊。[74]然而，毛布在英格蘭經濟與國家想像中，仍占據非常重要的地位，十六世紀末作家狄龍尼（Thomas Deloney, c. 1543-1600）依舊認為：「在本國所有手工藝中，沒有一個比最需要但又荒廢的毛布工藝（Art of Clothing），更加知名，或對此共同體（Commonwealth）更有貢獻。」[75]誠如漢茲雪所主張，毛布生產與貿易在十六、十七世

---

74 此處所指的毛布是「寬布」（Broadcloth）或「舊布」（Old Draperies），是以短於2英寸的優質羊毛纖維緊密編織而成，每一塊「寬布」寬約63英寸（160公分）、長約1080英寸（2743公分），重約90磅，未經染色與加工（unfinished cloth），其外銷量在1550年至1570年代逐步下降，直到1580年代才回穩，但寬布在十六世紀末、十七世紀上半葉，仍占英格蘭出口品一半以上。英格蘭毛織業在十六世紀下半葉也發展出新的產品，即受惠於低地國技術輸出而出現的「新布」，其以較長的羊毛纖維製成，質地較輕、價格較低，且已染色加工過（finished cloth），在國內外市場深受歡迎，成為英格蘭另一項重要收入來源。見G. D. Ramsay, *The English Woollen Industry, 1500-1750*（London: MacMillan, 1982), pp. 12-15; Maria Hayward, "Glossary," in *Rich Apparel: Clothing and the Law in Henry VIII's England*（Farnham: Ashgate, 2009), p. 380; Keith Wrightson, *Earthly Necessities*, pp. 166-167。其他有關毛布之生產與貿易的研究，見Peter J. Bowden, *The Wool Trade in Tudor and Stuart England*（London: MacMillan, 1962); N. B. Harte, *The New Draperies in the Low Countries and England, 1300-1800*（Oxford: Oxford University Press, 1997); Herman Van der Wee, "The Western European Woollen Industries, 1500-1750," in David Jenkins ed., *The Cambridge History of Western Textiles*, vol. 1（Cambridge: Cambridge University Press, 2003), pp. 397-472.

75 Thomas Deloney, *The Pleasant History of John Winchcomb in His Younger Years Called Jack of Newbery, the Famous Clothier of England*（London: W. Wilde, 1840), p. 3. 此書原出版於1597，以小說形式稱頌英格蘭織布業與工人，相關討論見Roze Hentschell, "Clothworkers and Social Protest: The Case of Thomas Deloney," *Comitatus*, 32（2001), pp. 43-67.

紀被視為國家性的產業（national enterprises），足以代表英格蘭傳統精神與文化，這使「毛布獲得遠超過生產品與交易之商品的地位。它也跨越社會與經濟戰線，成為聚合國族整體情感的場域。」[76]

毛布產業以及上文所提到的服飾奢華現象，即為史密斯提供了一個思索民族性與認同的場域。在他看來，是英格蘭民族性的衰頹，導致了經濟的低迷。此衰頹一方面表現在貪婪，尤其是對奢侈服飾的渴求，讓英格蘭人從仕紳到窮人，都不再像過去一樣滿足於本國所生產的帽子、腰帶及各類服裝，「必得要從倫敦運來的配備（gear），其中多數不是那裡做的，而是來自海外」。[77]另一方面是懶散（sloth, idleness），「我們英格蘭人的懶散恐怕超過其他國家」。[78]由此立場可見，雖然史密斯是「共同體文學」中最懂得以經濟理性分析現況的作家，但他也仍承襲中古道德家傳統，將生產與消費的經濟問題，連結於個體或整體民族的特質及風俗。史密斯之後，許多關心毛布產業或服飾問題的民間文人，也是如此，甚至更加強調與服飾相連的道德意涵，繼續在服飾上建構國族危機與國族認同的論述。

四、混雜的國體

若說柏得與史密斯在國族想像上，為英格蘭描繪的是一個

76 Roze Hentschell, *The Culture of Cloth in Early Modern England*, p. 1.

77 Thomas Smith, *A Discourse of the Commonweal*, p. 122.

78 Thomas Smith, *A Discourse of the Commonweal*, p. 66.

裸露的身體，沒有屬於自己的本土服飾和產業，而且暴露在異國文化與經濟入侵之下，那麼其他關心相同議題的文人所勾勒的則是一個「混雜」（composite）的國體，而此混雜的國體，正是裸體英格蘭人取用外國服飾後不可避免的轉化。如哈理森在其遊記《英格蘭記敘》中，先引了裸體英格蘭人的軼事，接著就指出，英格蘭各階層「從廷臣到車夫」，每天變換各種外國服飾：

> 今天，沒有一件東西比得上西班牙的服裝；明天，法國的玩意成了最精緻有趣的。過不久，所有服裝又跟隨日耳曼（High Almain［Germany］）的流行；再來，土耳其風格成了最普遍喜愛的，不然就是摩爾人的長袍（Morisco gowns）、巴巴里人的袖子（Barbarian sleeves）、側披的有袖斗篷（mandilion），還有法式短褲（short French breeches），變成了常見的衣著。除了穿著男人緊身上衣的狗以外（dog in a doublet），你不會看到任何比我的英格蘭同胞更會喬裝改扮（disguised）的。

這樣的「多變」（mutability），促成了英格蘭最「固定的」（constant）事情就是服裝的「不固定」（inconstancy）。[79]哈理森也認為，英格蘭人模仿周邊各國服飾，讓自己變得像「章魚」（*polypus*）或「變色龍」（chameleon），成為各國恥笑的對象。[80]

---

79 William Harrison, *The Description of England*, pp. 145-46.

80 William Harrison, *The Description of England*, p. 147.

章魚或變色龍都使人難以捉摸其本相，而「喬裝改扮」一詞，意味著英格蘭人改換自己的穿著，遮掩了原屬於自己的身分，換上西班牙人、法國人、土耳其人的面貌與身分，甚至混雜各異國服裝與身分於一身。[81]在其他十六世紀下半葉、十七世紀上半葉的英格蘭文學作品中，服飾也時常與國族認同連結，取用外國服飾，似乎就變成了外國人。如著名劇作家班・瓊森在1616年的諷刺短詩《英格蘭先生》（*On English Monsieur*）中寫道：

當你看到這位先生（monsieur），你就會認為，
他整個身體都應該說著法文，不是嗎？
滿戴著法國的圍巾、帽子、羽翎，
還有鞋子、領帶、襪帶走來，
……
他，從未旅行〔到法國〕，卻如此的法國，
一群法國人跟他在一起，反倒像荷蘭人。[82]

---

81 根據《牛津英文字典》（*Oxford English Dictionary*），disguised一詞在近代早期英文中，可有兩種解釋，一者是為了跟隨流行而改換服裝；一者是為了隱藏身分而改換。見http://www.oed.com/view/Entry/54412, accessed 5 July, 2016.

82 Ben Jonson, "On English Monsieur," in Ian Donaldson ed., *Ben Jonson: A Critical Edition of the Major Works* (Oxford: Oxford University Press, 1985), pp. 251-252. 詩作全文為：

Would you believe, when you this monsieur see,
That his whole body should speak French, not he?
That so much scarf of France, and hat, and feather,

瓊森用法文的「先生」(*Monsieur*)稱呼詩中所描述的這位英格蘭人，他矯揉造作的穿著，使他看起來比法國人更像法國人，雖然從未離開自己的國土，卻沒有一絲英格蘭氣息。他「每個月」都找法國裁縫師縫製新衣、「每天」繞去聖保羅大教堂(Paul's)的中廊，觀看別人的新衣，也展示自己的時裝。瓊森認為，正是這樣的人，助長了外國人的生意(help the trade)。[83]

十七世紀上半葉一首知名的民間歌謠(ballad)《荒唐年代》(*The Phantastick Age*)中，也批評英格蘭人穿著各國各類服飾，它唱道：

And shoe, and tie, and garter should come hether,
And land on one whose face durst never be
Toward the sea farther than Half-Way Tree?
That he, untraveled, should be French so much
As Frenchmen in is company should seem Dutch?
Or had his father, when he did him get,
The French disease, with which he labours yet?
Or hung some monsieur's picture on the wall,
By which his dam conceived him, clothes and all?
Or is it some French statue? No: 'T doth move,
And stoop, and cringe. O then, it needs must prove
The new Fench tailor's motion, monthly made,
Daily to turn in Paul's and help the trade.

83 早於瓊森的詩作，戴可爾在《倫敦的七大罪》(1603)中，也以*Monsieur*一詞總稱由「法國裁縫」(French Tayler)與「英格蘭宮廷裁縫」(English Court-Seamster)一起帶入的法國服飾，見Thomas Dekker, *Seven Deadly Sins of London*, p. 58.

現在的英格蘭男人或女人，
……
不知怎麼地，是用多片碎布組成的，
義大利、西班牙、法蘭西，還有荷蘭，
每一種他們都有一片。
啊，怪物，
天生的怪物，
離開這些模仿別人的玩意吧！[84]

此歌謠每一段的結尾都重複哀悼著：「啊，怪物，天生的怪物，離開這些模仿別人的玩意吧！」尖銳地指出穿戴各國不同

84 *The Phantastick Age: Or, The Anatomy of Englands Vanity, in Wearing the Fashions of Several Nations, with Good Exhortations, against Transmutations* (1633?), in *Satirical Songs and Poems on Costume: From the 13th to the 19th Century*, ed. Frederick W. Faiholt (London: Printed for the Percy Society, by Richards, 1848), p. 156. 亦可見*English Broadside Ballad Archive*, University of California, Santa Barbara: http://ebba.english.ucsb.edu/ballad/30318/image, accessed 6 July, 2016. 此段引文原文為：

An English man or woman now
Ile make excuse for neither,
Composed are I know not how,
Of many shreds together:
Italian, Spaniard, French, and *Dutch*,
Of each of these they have a touch.
O monsters,
Neutrall monsters,
Leave these apish toyes.

服裝已使英格蘭人「變質」（transmutation），轉化為「怪物」。

怪物的比喻在十六世紀下葉的論冊作品中，已時常出現，如史塔普在他的《剖析世風之敗壞》中，批評各國奇裝異服「使我們變形（deforme），而非裝飾我們；遮掩了我們，而非合適於我們。使我們變得像粗暴的野獸、野蠻的怪物，而非自制、冷靜又貞潔的基督徒。」[85] 約莫同時期的論冊作家瑞曲（Barnabe Rich, c. 1540-1617），也在其《女士們的鏡子》（*My Ladies Looking Glasse*, 1616）中，以怪物比擬英格蘭人穿戴各類異國服飾的現象，並且將怪物的出現歸因於「異種交雜」，即英格蘭與異國文化混和之後的結果：

> 據說，非洲每一年生出一頭新的怪物，原因是在那國度的沙漠裡，有各樣野蠻的獸類，彼此本性相異、物種分殊，卻相互交配。而在英格蘭，每個月都生出一頭怪物，每一週有一項新的罪惡、每一天有一種新的時尚。我們的怪物不像那些非洲的怪物一樣是在沙漠長出，而是在每個鄉鎮和城市。在那裡，牠們被歡喜地養育著、精緻地寵愛著，而且成百成千的繁殖增長。[86]

除了「怪物」的意象之外，取用各國服飾的英格蘭人也被比喻為裝模作樣的「猩猩」（ape），如名噪一時的論冊作

85 Philip Stubbes, *The Anatomie of Abuses* (1583), ed. Margaret Jane Kidnie (Arizona: Arizona Center for Medieval and Renaissance Studies, 2002), p. 67.

86 Barnabe Rich, *My Ladies Looking Glasse, Wherein May Be Discerned a Wise Man from Foole* (London: Printed for Thomas Adams, 1616), p. 15.

家納許，在其作《基督為耶路撒冷垂淚》（*Christ Teares over Jerusalem*, 1593）中說：「英格蘭，戲子〔展示〕亮麗服裝的舞台、〔模仿〕各國浮華的猩猩。」他認為，對外國服飾的迷戀已使英格蘭人看不見自己，在他們的眼中只能「看見其他國家的形貌，而不是他們自己的」，於是整個英格蘭變成了一隻只愛模仿他人、缺乏自主性的「猩猩」。[87]另一位伊莉莎白時期的論冊作家藍京斯，則將批判服飾亂象的作品直接取名為《英格蘭猩猩：義大利的仿效、法蘭西的後塵》（*The English Ape, the Italian Imitation, the Footesteppes of Fraunce*, 1588）。猩猩的形象在文字描述之外，也以圖像方式出現在皮琛（Henry Peacham, 1578-1644）的「寓意畫集」（emblem book）——《不列顛的米納瓦》（*Minerva Britanna*, 1612）中，圖中的猩猩象徵著英格蘭人，他用「我們英格蘭的羊毛」（Our English fleece），從國外換來了一堆無用的玩具，包括「珠子、木馬、紙盒、扇子、小風車、撥浪鼓、猩猩，和狐狸尾巴。」（圖5.13）[88]

---

87 Thomas Nashe, *Christ Teares over Ierusalem* (1593), in *The Works of Thomas Nashe*, vol. 2, ed. R. B. McKerrow, reprinted with corrections by F. P. Wilson (Oxford: Blackwell, 1958), p. 142.

88 Henry Peacham, *Minerva Britanna, or a Garden of Heroical Deuises, Furnished, and Adorned with Emblems and Impresa's of Sundry Natures* (London: Printed in Shoe-Lane, 1612), p. 168.「寓意畫集」與論冊一樣，皆屬大眾讀物，流行於十六、十七世紀，結合圖像與簡短的文字，內容以道德教化及批判時代文化為主。英格蘭的「寓意畫集」出版情形與影響，可見Rosemary Freeman, *English Emblem Books* (New York: Octagon Books, 1966); Michael Bath, *Speaking Pictures: English Emblem Books and Renaissance Culture*

「怪物」或「猩猩」的比喻，諷刺英格蘭人因取用外國服飾而變成誰也不像的混雜體，但對當時的文人而言，怪物或猩猩此等外在形貌上的改變，並不是最令人恐懼的。真正使人憂心之處在於取用外國樣貌的同時，也模仿了外國人的心靈與罪惡，並因此扭曲或轉變自己內在的本質。首先，他們相信英格蘭人穿戴異國服飾之時，各國的罪惡即湧入英格蘭國境，也往個人內在心靈滲透，如瑞曲指出，世界各個國家的弊病，就像雜牌軍一樣：

> 每天大批地輸入英格蘭。我們偷走了西班牙人的傲慢與野心、法國人的欺瞞與作假、義大利人的虛偽與狡詐、日耳曼人的嗜酒與好發誓。我們也奪取了猶太人的高利貸、野蠻西西里人的怒氣與殘忍、土耳其人和異教徒的不信神與不虔誠。[89]

英格蘭人取用異國服飾的界線不斷擴張之時，各國各族的罪惡即向英格蘭與其人民內心無邊的擴延，於是英格蘭人混雜各國罪惡於一體，這個國家也成為罪惡的淵藪，而且這些罪惡「全都歡喜滿意的住下來，不像外來的，倒像在這個國家土生土長似的。」[90]

(London: Longman, 1994).

89 Barnabe Rich, *My Ladies Looking Glasse,* p. 10.

90 Barnabe Rich, *My Ladies Looking Glasse,* p. 11. 此時期文學作品中，充滿了對外國服飾負面形象的描述，並以這些服飾代表道德墮落、怪物與疾病，參見Roze Hentschell, "Treasonous Textiles: Foreign Cloth and the Construction

接下來，隨著異國罪惡的蔓延，英格蘭天生而完美的風俗與禮儀（natural manners）轉趨衰敗，甚至被異國風俗「轉化」（transformed）。藍京斯認為這就是「模仿者」（imitators）的悲哀，英格蘭成為惡者中的翹楚，集各類罪惡於一身，而且懂得適時適地發揮：「若在克理特（Crete），他知道該怎麼說謊；若在義大利，他懂得奉承；若在法國，懂得誇耀；若在蘇格蘭，懂得隱藏叛亂的奸計。」就這樣，英格蘭人蒐羅了各國的詭計，而且掌握各種形式的狡詐，把自己帶向了「異教徒的風俗」、「不信神者的性情」（the manners of heathen men, the disposition of infidels）。換句話說，異國服飾不但改變了英格蘭人的面貌，也「潛入他的心靈」、「奪取了他自己靈魂的自由」。[91]

在藍京斯的作品中，英格蘭人服飾上的異國化，被明確指陳為一種國族危機，也是文化衰敗的警鐘。它代表英格蘭本土風俗的「異化」（alienation），英格蘭人對自己的風俗文化感到陌生而疏離（alienate the manners of our men），並將自己轉變為「比任何誕生在埃及的怪物更奇怪的形貌。」[92]藍京斯進一步認為，這個危機很可能是外國人的密謀（secret mischief），

of Englishness," *Journal of Medieval and Early Modern Studies,* 32:3 (2002), pp. 554-556. 此篇文章亦收於Roze Hentschell, *The Culture of Cloth in Early Modern England*, chapter 4; Roze Hentschell, "A Question of Nation: Foreign Clothes on the English Subject," in Catherine Richardson ed., *Clothing Culture, 1350-1650*, pp. 49-62.

91 William Rankins, *The English Ape*, sig. $A4_r$, $C1_r$.

92 William Rankins, *The English Ape*, sig. $A4_v$-$B1_r$.

特別是英格蘭最愛追隨的義大利與法蘭西兩地的伎倆、「馬基維利黨羽們」(*Machavillians*) 惡意的破壞。他提醒那些已被義大利與法國服飾妝點得幾近「失明的」英格蘭人，睜眼看看義大利本身，它雖有浮華的名聲，卻始終堅持固有文化，「不轉變自己的風俗，也不改變他們的舉止」;「他們外在的服裝持守一種形式，鄙視他人愚蠢的〔服裝〕，偏好自己從不墮落的〔衣著〕。」法國也是如此。[93]

對義大利與法國的疑心，一方面是由於當時義、法兩地之服飾與昂貴織品，強烈影響了英格蘭本地的服飾業及服裝時尚，但另一方面，也與宗教因素有密不可分的關係。[94]既然，在這些論冊作家的服飾論述中，穿戴外國服飾就可能變成外國人，外國的習性與罪惡也因此滲入內裡，那麼代表天主教勢力的義大利與法國，自然也能透過他們的服飾，將反基督的羅馬天主教信仰，帶入信仰新教的英格蘭人靈魂中。瑞曲論到由服飾湧入英格蘭的罪惡時，特別提及天主教信仰的總部——羅馬，「這罪惡的陰溝」:

我們從那裡帶來了他們的偶像崇拜、他們的迷信、他們的

---

93 William Rankins, *The English Ape*, sig. $A3_v$, $B1_r$.

94 十六世紀末至十七世紀初葉，義大利、法國、西班牙三地輸入英格蘭的昂貴織品，如絲、緞、絲絨等，數量超過此前任何一個時期。此三地成為英格蘭經濟上的對手，同時也都以羅馬天主教為主要信仰。參見Ralph Davis, *English Overseas Trade, 1500-1700* (London: Macmillan, 1973), p. 27; Peter J. Bowden, *The Wool Trade in Tudor and Stuart England* (London: Macmillan, 1962), p. 186.

> 教宗信仰、他們的異端；我們奪走了教宗本人和他的樞機主教團，連同他們的奢侈和他們的淫蕩，以及一整群修士（Monks）、托缽修士（Fryers）、主持彌撒的神父，還有他們下流猥褻的言語。[95]

因此，異國服飾所展現的不僅是經濟與道德危機，也同時是英格蘭正統信仰的危機。在此，十六世紀中葉以來與英格蘭國族意識密切連結的新教信仰，也與服飾問題結合，共同建構了英格蘭國族認同。

此種結合方式，也表現在此時期另一類流行於大眾之間的印刷品，即宗教性的「講道」（sermons）中，如卡農（Nathanaell Cannon）的《呼喊者》（*The Cryer*, 1613）與傑克森（William Jackson）的《屬天的農事，或靈魂的耕種》（*The Celestiall Husbandrie: Or, The Tillage of the Soule*, 1616）等。[96]這些講道作品著重於宗教道德的勸勉，尤其是對「驕傲」之罪的警告，而驕傲之罪最常連結的對象即英格蘭服飾奢華的問題。然而，他們並不忽略道德問題的根源之一在經濟問題，而經濟的敗壞、異國服飾的入侵、道德的沉淪，又同時指向國族身分

95 Barnabe Rich, *My Ladies Looking Glasse,* p. 10.

96 Nathanaell Cannon, *The Cryer: A Sermon Preached at Pauls Crosse the Fifth of Februarie* (London, 1613); William Jackson, *The Celestiall Husbandrie: Or, The Tillage of the Soule* (London, 1616). 兩作品原先都是發表於倫敦聖保羅大教堂的講道內容。值得注意的是，後者獻給倫敦的「服飾同業公會」（the Company of Clothworkers），傑克森本人亦受此同業公會的贊助。關於此點Roze Hentschell有較多討論，見其“Treasonous Textiles,” pp. 554-556.

的模糊化與異國化，以及宗教認同的異端化，甚至是魔鬼化。以傑克森為例，他在講道中如上節所提的史密斯一樣，討論了商人與圈地者對經濟所造成的傷害，特別是物價高昂的問題，也討論服飾上的奢華與貪婪，而其結果是：這些「驕傲之子：今天是英格蘭人，明天變成法國人、第三天成了西班牙人，然後是土耳其人，最後成了一個魔鬼。」[97]他所描述的是一向下沉淪的歷程，從原本信仰新教的英格蘭人，轉變為接受天主教的外國人，然後成了異教徒，最後一步成為全然與基督為敵的魔鬼。

十六、十七世紀英格蘭的論冊、講道書、遊記，或流行的歌謠、詩作等，從異國服飾的氾濫，推演了英格蘭人在外貌上的改變、心靈的污染，接著是自身文化、風俗與信仰的變質。最終，這混雜的身體與心靈，使英格蘭人成了自己國家的敵人和叛徒。論冊作家戴可爾在其《倫敦的七大罪》中，就用「叛國賊的身體」為比喻，描述英格蘭人穿戴異國服飾的景象與下場：

> 一套英格蘭人的服裝，就像一個叛國賊的身體，被吊死、挖出內臟，大卸四塊（hanged, drawne, and quartered），放到各個地方。他的陰囊袋（Cod-peece）在丹麥、大布列夾衣（Doublet）的領子及其肚圍（belly）在法國、墊肩和窄袖在義大利、短背心掛在烏特勒支（Vtrich）的荷蘭工匠鋪子上；他的大外套說著西班牙話，波蘭人給了他靴

97 William Jackson, *The Celestiall Husbandrie*, sig. $D2_r$.

子，他頭上的腦袋（blocke）轉得比做帽子給他的毛氈工人還快，所以我們被奚落為「笨蛋」（Blockheades）。就這樣，我們嘲笑每一個國家只有一種服裝，而從他們每一個當中偷了碎片來，拼成我們的驕傲。可如今〔我們〕卻變成他們的笑柄，因他們的〔服裝〕樣式下流地成就了我們。[98]

這段話也許是此時代各類大眾作品中，最叫人膽戰心驚的一段描述。它使人聯想到當時諸多被列為「叛國」（high treason）之人的下場，他們的屍身碎裂四散，頭顱被高懸在倫敦橋（London Bridge）上，其中不乏密謀叛亂的貴族，以及企圖重新建立羅馬信仰的天主教徒。[99]這些人否認了身為英格蘭子民應有的忠誠，也漠視英格蘭政治與文化獨立性，其對國家的反叛，可用以比擬英格蘭人在服裝上對自身所製服裝的背棄。此外，戴可爾和前文曾提到的瓊森一樣，在作品中既指陳了英格蘭在服裝上的異國交雜，也警告讀者異邦言語對英語的踐

---

98 Thomas Dekker, *Seven Deadly Sins of London*, pp. 59-60.

99 英格蘭的「反叛法」（Treason Act）成立於1352年，將意圖顛覆政府、謀害國王及其後裔者列為「叛國罪」，處以極刑，刑罰內容包含"hanged, drawn, and quartered"：犯罪者被綁在木樁上，由馬車拖到行刑處，吊死後（有時還未斷氣）被去勢、挖出內臟、砍頭，身體則大卸四塊分散於國境各處。但罪犯的頭顱通常展示在顯眼之處，如倫敦塔（Tower of London）或人來人往的倫敦橋。相關研究見John G. Bellamy, *The Law of Treason in England in the Later Middle Ages*（Cambridge: Cambridge University Press, 2004), chapter 4, 5; John G. Bellamy, *The Tudor Law of Treason: An Introduction*（London: Routledge, 2013).

踏，因為穿上異國服裝的人，似乎也說著異國的話語。在此，由服飾思考國族認同的文人，不但與新教支持者站在同一陣線上，也與捍衛英格蘭國族語言者，如史賓賽（Edmund Spenser, 1552-1599）、穆考斯特（Richard Mulcaster, c. 1531-1611）等人，連成一氣。[100]他們的恐懼皆來自交雜（hybridity）或混同，及其所產生的「不定性」（amorphousness）與失序。[101]

五、文雅的國體

不論是「裸露的國體」或是「混雜的國體」，十六、十七世紀英格蘭文人在思索服飾問題時，如同當時「服飾書」的作者一樣，藉著一地衣著的特色，思考其地的風俗時尚與民族性。在這些英格蘭作家的觀察中，英格蘭人善變、懶散、驕奢，又特別戀慕來自遠地新奇而昂貴的事物，所以史塔普說：「世界上沒有一個民族，比英格蘭民族對新奇之物（newfangles）更感興趣」；也沒有任何國家服飾的多樣性可比得上英格蘭。但英格蘭的勝出，卻恰恰彰顯了英格蘭人的「愚蠢」，成為他國恥笑的對象。[102]在此時代的遊記、講道或論冊

---

100 相關研究見Richard Helgerson, *Forms of Nationhood*, pp. 21-62.

101 服飾上的文化交雜問題，及其引發的道德焦慮，可參見Ulinka Rublack, "Clothing and Cultural Exchange in Renaissance Germany," pp. 273-282; A. R. Jones and P. Stallybrass, "Yellow Starch: Fabrications of the Jacobean Court," in *Renaissance Clothing and the Materials of Memory*（Cambridge: Cambridge University Press, 2000）, pp. 59-85.

102 Philip Stubbes, *The Anatomie of Abuses*, pp. 69, 134-135.

等諸多作品中，英格蘭的民族特質正可解釋「國家衰敗」的原因，不論是社會秩序混亂、貿易失衡、城鎮衰頹、周濟鄰里之德淡薄，均可歸結於民族性與道德文化的敗壞。[103]在相同的邏輯下，論者也主張國力的重建與國家認同的鞏固，同樣繫之於風俗、道德的改革，於是這條思索的路線，也帶領著英格蘭人去認識與探求什麼是「英格蘭屬性」。

上文所提到各種敗壞，並不是英格蘭民族的本性與國體的本貌。各作者在作品中雖然毫不留情地批判眼前腐化墮落的現狀，但當他們描述到各種罪惡的源頭時，卻全都來自外國人的污染：西班牙人的傲慢、法國人的荒淫、義大利人的奸詐、日耳曼人的貪食、土耳其人的瀆神……。這些罪惡如線、如紗，被編織在各國所產的布匹上，輸入英格蘭，而穿上異國服裝的英格蘭人，就此披戴上各種異國罪惡。如同伊莉莎白時期劇作家利利（John Lyly, 1553-1606），在其喜劇《米達斯》（*Midas*, 1592）的開場白所說：「交通與旅遊將所有國家的本性編織成我們的，使這塊土地變得像掛毯（arras），滿布機巧，〔可它原來〕像是一塊以〔真誠〕手藝織成的寬布（broad-cloth）。」[104]

在這句開場白中，織品被生動地賦予道德意義，來自法國地區的掛毯（Arras原為法國北部的地名），象徵著外國人的墮

103 當時對國家衰敗的各類批評，尤其是道德衰敗，可參見Sandra Clark, *The Elizabethan Pamphleteers*, pp. 202-211.

104 John Lyly, *Galatea: Midas*, eds. George K. Hunter and David Bevington（New York: Manchester University Press, 2000）, p. 153. 原文為："Traffic and travel hath woven the nature of all nations into ours, and made this land like arras, full of devise, which was broad-cloth full of workmanship."

落；英格蘭傳統的織品寬布，則被視為本土樸直勤懇精神的代表。這句話拉出了「過去」與「現在」的對立，一方面哀痛當前的腐敗；另一方面追悼逝去的美好年代。十六世紀英格蘭的國族意識即在此種追尋過往、重新認識本土特質的情懷中，更加清晰。最能代表此種古今對照、異國與本土對立的作品，是格林所寫一部戲謔性的論冊——《獻給竄紅之廷臣的妙辭：或，絲絨短褲與毛布短褲之間的趣味辯論》（1592，此書以下簡稱《妙辭》，其書名頁見圖5.14）。[105]本書從作者在山野間打盹時所做的一場夢開始，夢中出現兩條像人一樣會說話和行動的男子短褲，一條由外國絲絨製成（Velvet-breeches）；一條由本土所產的毛布製成（Cloth-breeches）。這兩條褲子爭論著彼此的優越性，都聲明自己最有資格居住在英格蘭，因而鬧得不可開交，於是作者自願擔任法官，並由他設立24人陪審團，裁決兩造間的糾紛。整部作品以對話方式寫成，社會各個階層的人物輪番出現在對話場景中，使得這部作品既是透過服飾思考英格蘭認同的佳作，也是記錄社會與經濟生活百態的重要文

105 Robert Greene, *A Qvip for an Vpstart Courtier: Or, a Quaint Dispute between Veluet Breeches and Cloth-Breeches*（1592）, in *Life and Complete Works in Prose and Verse of Robert Greene*, vol. 11, ed. Alexander B. Grosart（London: Aylesburty, 1881-1886）. 這部作品其實完全抄襲更早之前由賽恩（Francis Thynne, c. 1545-1608）所寫的《驕傲與卑微的辯論》（*The Debate between Pride and Lowliness*），只是格林將原先的詩體改寫為散文體，在1592年出版後，受到熱烈的歡迎。至於賽恩的原作寫成後（可能在1568年）並未出版，直到格林的抄襲之作出版後，才正式出版。Francis Thynn, “Introduction,” in *The Debate between Pride and Lowliness*（London: Printed for the Shakespeare Society, 1841）, pp. v-xvi.

獻。

在《妙辭》中，「絲絨短褲」從一出場就帶著負面的形象。格林描述他在夢中看一條「粗野無頭的東西從山丘上走來，每跨一大步就驕傲地停一下，好像是一個矯揉造作的自大狂，要用自己的步伐測量世界一樣。」格林猜測這個無頭卻會動的東西，是「在沙漠中長成的怪物」，但它全身上下卻是用昂貴的織品與飾品組成：它身上直條的布幅（panes）是用那不勒斯的毛呢所做，縫在西班牙的緞面上，而且整條短褲用金線縫編再飾以珍珠；長襪（Netherstocke）則是用格列那達（Granado）最純的絲製成，腰帶上還配著細長劍（Rapyer）與短劍。「絲絨短褲」自我介紹時，則說它誕生在義大利，是古代羅馬人的後代，「從我原生的家鄉（我在那裡頗負盛名）應邀到英格蘭，用我的行誼舉止，在英格蘭這裡增添你們國家與年輕仕紳的榮耀。」[106]「絲絨短褲」的形象，就是當時許多取用義大利服裝風尚之年輕仕紳的反照，它同時也代表著國外傳入的「驕傲」，以其「渴求的嫉妒污染宮廷，以緊握的貪婪〔污染〕城市，以輕蔑和鄙視〔污染〕鄉村。」整個國家由朝到野都因此受害。[107]

相對的，「毛布短褲」則是「英格蘭古老可敬之貴族與農民傳統」的代表。它出現在夢中時，作者看見它從另一座山丘「以較溫和的步伐，沉穩莊重地走來，好似不疾不徐，卻總

106 Robert Greene, *A Qvip for an Vpstart Courtier*, pp. 220, 221, 224.

107 Robert Greene, *A Qvip for an Vpstart Courtier*, p. 209. 此段批評「絲絨短褲」的話語出現在本書獻詞中。

是遵守承諾地出現在一個地方」。論到它的外貌，格林寫道：「一條樸素的毛布短褲，〔褲管〕沒有反折也沒有裝飾，直包住大腿，用白色粗呢（Kersie）製成，不用寬大〔多餘〕的布料，長襪也是這樣，〔與短褲〕縫合在膝蓋上方，用的是鄉村自產的藍布（country blewe）。」此外，「毛布短褲」身上還帶著英格蘭人傳統的武器：短棍（bat）和長矛（pike），這一切就像「我們祖先穿著的樣子，那時候友愛鄰舍、周濟鄰里之德將驕傲摒除在英格蘭之外。」[108]因此，無論就服飾的材質、剪裁、配件，或舉止風範來看，「毛布短褲」完全是英格蘭本土的化身，顯現真正且未受污染的英格蘭特質：樸實無華，不在乎外表的華麗，卻擁有內在真實的智慧與美德，而且舉止沉靜、態度從容。

「毛布短褲」在《妙辭》中也做為作者的喉舌，嚴厲指責「絲絨短褲」所帶來的污染：

> 我詛咒第一個把你帶來這裡的人，因你不是獨自來的，而是帶著一大群可憎的罪惡來。它們一無可誇，只有會感染人的敗壞、浮華、自愛、雞姦和奇怪的毒藥。藉著它們，你已經污染了這塊光榮的島嶼。……在你誕生之時的義大利，原本以武力和學問聞名於世，但此帝國卻因你而衰敗。……所以你是羅馬帝國的禍根，而如今不幸的，你又

108 Robert Greene, *A Qvip for an Vpstart Courtier*, pp. 209, 222. Kersie（即Kersey）與country blewe（即country blue）皆為英格蘭本土所產的織品，見Eric Kerridge, *Textile Manufactures in Early Modern England*（Manchester: Manchester University Press, 1985）, pp. 5, 17.

來到英格蘭，企圖行相同的顛覆之事。[109]

「毛布短褲」看見了國族的危機，因此疾言厲色地要求「絲絨短褲」離開英格蘭，但後者也同樣堅持自身的古老性與價值，有資格住在英格蘭。這兩條褲子為此爭論不休。作者接著為了組成陪審團，邀請在夢中路過的各階層人物，如騎士、醫生、律師、裁縫師、雜貨商、鐵匠、牧羊人、農民、船夫等加入這場辯論。文本的設計將整個英格蘭國族的人口都包含在內，共同來面對這個問題：哪一條褲子最有資格居住在英格蘭？也就是問：究竟哪些特質與榮耀是英格蘭土生土長，最值得留在本國的？文中對古風之美的懷念回答了這個問題：

> 在英格蘭，那是一段美善有福的時光。那時，史蒂芬王（King Stephen, r. 1135-1154）穿著高尚的毛布短褲，認為它們比昂貴的〔短褲〕更好。那時他的西敏宮（Westminster hal［Hall］）太小只能作飯廳；他的賑濟品不是乾骨頭，也不是碎肉，而是大塊的牛脊肉放到窮人的籃子中。宮廷裡，慈善之心滿溢，年輕的廷臣爭相在美德上一較高下，而不是在華麗的衣著上。他們騎乘時不會拿扇子遮臉擋風，而是戴著鎧甲抵擋戰斧的錘擊。那時，他們懂得教導一名戰士如何守備，更勝於懂得如何用情詩追求一名女士。
>
> 那時謙卑、友愛鄰舍、周濟鄰里之德存於英格蘭；……

109 Robert Greene, *A Qvip for an Vpstart Courtier*, p. 226.

> 那時侯爵、伯爵、官吏、仕紳與鄉紳（Gentleman and Esquire）注重美德，而不在乎華貴（pride），穿著自己家裡做的短褲。……〔這個國家〕在驕傲而新竄起的絲絨短褲出現之前，很少有訴訟提出，但它為了維持門面肇生出許多古怪的紛爭。自從它開始主宰英格蘭後，便將自大貪婪與侵占的性情引入每個人的腦袋裡，讓律師變成了這個共同體的主幹。[110]

這兩段追想將古與今對立，召喚著英格蘭人，尤其是受外國氣息污染最為嚴重的上層階級，揚棄服飾上的奢華與柔弱矯情的舉止，同時認清國族本貌，以尋回舊有的儉樸、強健與勇武。

上段引文所展現的二元對立，其實充滿在整部《妙辭》中：古之光榮對立於今之腐敗、本國自製織品對立於外國進口奢侈布匹、本土純樸剛強對立於異國奢華驕縱、腐化的宮廷與年輕仕紳對立於鄉間的傳統貴族和農民、強健的男性身體對立於柔弱化的「怪物」之體、真實的文雅（包含內在德行與外在舉止）對立於粗野無文。在這些多面的二元對立中，作者對傳統英格蘭的認同與驕傲感已展露無遺，於是陪審團最終裁決：「毛布短褲自布魯特（Brute）以來即居住在此島嶼，〔比絲絨短褲〕早幾百年之多，……他可以合法宣稱自由農（Frank tenement）的權利，因此我們指定它為永久居留者。」相對的，「絲絨短褲」則是來自義大利新竄起的居民，「是此共同

110 Robert Greene, *A Qvip for an Vpstart Courtier*, pp. 235, 251.

體的敵人」，理應盡速離開這個國家。[111]

《妙辭》中所傳達的本土之愛，對古風之美的追想，以及文化保護主義，在當時並非單一的現象。諸多批評服飾問題的作品中，也表達了對英格蘭的熱愛，如本章最初提到的柏得，他認為英格蘭固有的「禮儀與男子氣概」優於各國，而且土壤肥沃、富藏金、銀、鐵、錫等各類礦物，魚產也比他國豐富，是一個可完全自足的國家。[112]寫下《英格蘭記敘》的哈理森也認為，上帝賜給各國的物產中，以英格蘭最為豐盛，所以「各國都需要英格蘭〔的東西〕，而不是英格蘭需要別人的。」[113]論冊作家史塔普呼應哈理森的看法，視英格蘭為上帝眷顧之地，「舒適而有名的島嶼，海洋四面環繞，有如城牆；那裡空氣溫潤、土壤肥沃，蘊含各樣為人所需、為走獸所要的東西」；那裡的人「最為英勇無畏，……勇壯強健，富英雄氣質……其體魄無與倫比，其面貌出類拔萃，在所有人類中，不輸給太陽底下任何一族。」[114]另一位論冊作家藍金斯則以更簡潔的文字，

111 Robert Greene, *A Qvip for an Vpstart Courtier*, p. 294. 布魯特是傳說中肇建不列顛王國的首位君主，也是來自特洛伊（Troy）的羅馬人祖先伊尼亞斯（Aeneas）的後代。在十六世紀英格蘭流行的建國神話中，布魯特、亞瑟王（King Arthur）與都鐸君主亨利七世一脈相承，此神話也延續至十七世紀的詹姆士一世（James VI & I, r. 1602-1625）時代，參見Herbert Grabes, "'Elect Nation' The Foundation Myth of National Identity in Early Modern England," in Herbert Grabes ed., *Writing the Early Modern English Nation*, pp. 173-189.

112 Andrew Boorde, *The Fyrst Boke of the Introduction of Knowledge*, pp. 118-119.

113 William Harrison, *The Description of England*, pp. 357, 359.

114 Philip Stubbes, *The Anatomie of Abuses*, pp. 59-60.

推崇過去的英格蘭是「美德的起頭、智慧的泉源、一切神聖知識的根基。」所以它應當「浸淫在自己的奶水中、沉浸在自己甘甜的泉水裡」，而不接受任何外國浮華之物的污染與扭曲。[115]

將外國文化視為寇讎的心態，也同樣普遍地表現在十六、十七世紀眾多反對年輕仕紳出國旅遊的作品中，自亞順（Roger Asham, 1515-1568）以降至十七世紀的迪肯（John Deacon）等人，都擔憂心性不定、缺乏自信的年輕人，在國外旅遊期間沾染異國風俗與其人民腐化的特質，特別是許多年輕人所嚮往的義大利地區，其使英格蘭青年成為「義大利化的英格蘭人，魔鬼的化身」（*Englese Italienate, e vn diabola incarnate*）。[116]除了旅遊，這些作家也強烈反對外國商品輸入，如迪肯主張禁絕煙草與酒品輸入，因「我們心靈與身體（關乎宗教與禮儀）的污染，都歸因於毫不謹慎地與外國的腐敗及習俗交流接觸。」他認為唯有限制與他國往來、建立文化藩籬，才能保有「古老的習俗與禮儀，並且持守到底」。[117]

迪肯的看法在今日看來，不免有些保守且違反時代趨勢，但在當時卻是許多人的共識，並且成為建立國族認同的重要基

115 William Rankins, *The English Ape*, sig. $D1_r$.

116 參見Sara Warneke, "Educational Travelers: Popular Imagery and Public Criticism in Early Modern England," *The Journal of Popular Culture,* 28:3 (1994), pp. 71-94; Sara Warneke, *Images of the Educational Traveller in Early Modern England* (Leiden, New York: E. J. Brill, 1995), chapter 3, pp. 74-101, esp. p. 95.

117 John Deacon, *Tobbacco Tortvred or the Filthie Fvme of Tobacco Refined* (London: Printed by Richard Field, 1616), pp. 8, 3.

礎。對他們而言，當下英格蘭人必須做的，就是《妙辭》中所不斷傳達的：恢復本貌。此本貌表面上看來是回復中古時期的樣貌，事實上卻呼應著十六世紀「文雅」的觀念。此觀念一方面如本書第二章所談，其核心概念在藉由外在優雅而合宜的舉止，體現內在道德涵養；另一方面也用以指稱一地總體文化成就，以與「野蠻」的他者有所區隔，因此我們可將此類國族想像稱為「文雅的國體」。[118]這個文雅的國體，將如「毛布短褲」所主張的，是一個追求內在心靈之美，遠勝於外在服飾之華麗的國度，因為「真正的尊貴」（true Nobility）在於以美德固守的「心靈」，而不在於「財富」，「一件絲絨外套也不能使一個懶散的人成為紳士」。[119]所以英格蘭人應當先恢復「內在的尊貴與誠實」，再由心靈之美散發於外，表現出舉止有度、正直、儉樸等毛布短褲所代表的形象。如此，英格蘭人也才能重建身體的本貌，就如史塔普所懷念的景象：「過去，男人多麼強壯，他們活得多麼長壽、多麼健康」；「比我們現在強壯十倍，能夠承受任何憂傷與痛苦」。[120]在「文雅的國體」下，男人將能真實展現「心」與「體」相映之美，不再有那「裸露的國體」

---

118 林美香，〈十六、十七世紀歐洲的禮儀書及其研究〉，《臺大歷史學報》，49（2012），頁157-212；Anna Bryson, *From Courtesy to Civility: Changing Codes of Conduct in Early Modern England*（Oxford: Oxford University Press, 1998）, chapter 2.

119 Robert Greene, *A Qvip for an Vpstart Courtier*, pp. 225-226. 相反的，「絲絨短褲」主張，華服是社會工商業進步的動力，也是個人尊貴的標記，見Robert Greene, *A Qvip for an Vpstart Courtier*, p. 230.

120 Robert Greene, *A Qvip for an Vpstart Courtier*, p. 227; Philip Stubbes, *The Anatomie of Abuses*, pp. 95-96.

所表現出的焦躁不安；也不再有「混雜的國體」所帶來的柔弱與怪物化。

「文雅的國體」也將是一個階級秩序分明、上下融洽相處的國度。「毛布短褲」所代表的傳統仕紳階級與農民（gentility and yeomanry），應當成為社會的主幹，而「絲絨短褲」所代表的新興商人或紈褲子弟，「驕傲而無禮的一群人」不應當道。《妙辭》中又特別指責後者僭越其階級應有的服裝規範，妄想以華麗的服裝與貴族匹敵，嚴重破壞了傳統社會秩序與安寧，致使盜賊叢生、上下等級混亂。[121] 傳統階級秩序因服裝僭越所破壞，此點也正是史塔普在其《剖析世風之敗壞》中最為關切的問題，其不僅顯露了驕傲之罪，也代表對「文雅」的破壞，漠視下對上的儀節與敬畏，因此唯有恢復傳統英格蘭階級本貌，讓「貴族、仕紳與官吏可合法穿著昂貴的服裝」，以展現他們的「權威、財富、尊貴、富有與榮耀」，其他每一個人則「按其職分」穿著。[122] 這樣一個「文雅的國體」才能建立一個知足、安寧的社會，展現秩序之美，而非迷茫與混亂。

此秩序之美，除了是格林與史塔普等論冊作家所嚮往的，也透過另一種「印刷—資本主義」的產品，將此國族想像具象化，此即史必得在1611年所出版的《英格蘭王國地圖》（*The Kingdom of England*）（圖5.15），收入於他的地圖集——《大不列顛帝國劇場》（*The Theatre of the Empire of Great Britain*）。[123]

---

121 Robert Greene, *A Qvip for an Vpstart Courtier*, pp. 223, 232.

122 Philip Stubbes, *The Anatomie of Abuses*, pp. 70, 72.

123 史必得是首位出版大部頭地圖集的英格蘭人，他的《大不列顛帝國劇場》也是首部「不列顛」地圖集，包含英格蘭、蘇格蘭、愛爾蘭三王國，且史必得追隨荷蘭地圖家奧特柳斯《寰宇劇場》的地圖集名稱與格式，也沿襲低地國地圖製作的風潮，在英格蘭、蘇格蘭、愛爾蘭三王國的地圖兩側繪上穿著特定服飾的人物圖像，是英格蘭首部結合地圖與服飾書的作品（參見第二節）。在英格蘭（含威爾斯）的部分，兩側各有四個方格，每一格繪上一男或一女，依社會階層高低由上而下排列，依序是貴族、仕紳、市民、農民；且左右方格對應，呈現一夫一妻婚姻體制。[124]

有英格蘭與威爾斯各郡、各城鎮詳細的區域圖，出版後即受市場肯定，再版多次，至十八世紀中葉以前都被認為是最具公信力的地圖集。他的地圖集主要靠本人實地採勘，獲得各地區地景相關資料，但也仰賴薩克斯頓（Christopher Saxton, c. 1542-1611）於1579年所出版的《英格蘭地圖集》（*Atlas of the Counties of England and Wales*, London, c. 1579）。不過史必得未如薩克斯頓一樣，得到官方積極的贊助，他主要靠自己的資源及倫敦「服飾商同業公會」（the Merchant Taylors' Company）的支持，而且他的父親也是一名服飾商，這兩方面的關聯也許使他對服飾問題更加敏感。目前英國劍橋大學圖書館已將史必得的不列顛地圖集數位化，可見網站：http://www.lib.cam.ac.uk/collections/departments/maps/digital-maps/john-speed-proof-maps, accessed 25 May, 2016. 有關史必得與薩克斯頓的地圖集，及兩人的比較，參見Sarah Tyacke and John Huddy, *Christopher Saxton and Tudor Map-Making*（London: British Library, 1980）; Rodney W. Shirley, *Early Printed Maps of the British Isles, 1477-1650*（revised edn., East Grinstead, West Sussex: Antique Atlas Publication, 1991）; Richard Helgerson, "The Land Speaks," in *Forms of Nationhood*, pp. 105-147; Bernhard Klein, "Mapping the Nation," in *Maps and the Writing of Space*, pp. 97-111.

124 楚伯（Valerie Traub）認為史必得的英格蘭地圖，及其後於1627年出版的世界地圖集——《世界著名區域一覽》（*A Prospect of the Most Famous Parts of the World*），除呈現各地地形、地貌之外，也在表達一夫一妻的異性戀體制（domestic heterosexuality），見Valerie Traub, "Mapping the Global Body," in Peter Erickson and Clark Hulse eds., *Early Modern*

方格中各人物依其社會等級穿著，男貴族全身紫衣、紫袍，且戴著一條顯眼的圓狀金鍊，象徵王室的政治權威；女貴族紅白相間，以鮮豔的紅色絲絨做環裙，內搭白色緞面長裙，其所披戴的紅色斗篷以白色貂毛裝飾邊緣，脖子有扇形皺褶領（fan-shaped ruff）。以下由仕紳至農民階層，衣著繁複程度漸減、色彩越偏暗沉，加上人物所附配件（如杖、劍、竹籃等），可以判別出財富、尊貴與社會地位的區隔。[125]

英格蘭地圖兩側人物的穿著說不上簡單樸素，也未必是本國衣料所製，但地圖的畫面設計，使觀者不僅目睹英格蘭國家完整的身體面貌，即英格蘭的疆域地形，也見到英格蘭社會生活中每一個體按其階層穿著的樣貌。國家的身體與人的身體同時呈現在一畫面中，它不但展現了國族認同的空間範疇——領土，也以人物穿著展現這是一個有秩序而文雅的社會。但史必得並未將同樣的畫面設計，放在蘇格蘭與愛爾蘭身上。蘇格蘭地圖兩側（圖5.16），左上方是國王詹姆士六世暨一世，其

Visual Culture: Representation, Race, and Empire in Renaissance England (Philadephia: University of Pennsylvania Press, 2000), pp. 71-74.

125 以地圖兩側人物的服裝圖像表達社會階層的方式，也見於美利安（Matthäeus Merian the Elder, 1593-1650）所繪的《巴黎地圖》（*Le plan de la ville, cite, vniversite et favxbovrgs de Paris avec la description de son antiqvite et singvliarites*, 1615），此圖兩側繪有穿著特定階級服飾的法國男女，左方為男性，由國王下至農民；右方為女性，由王后至農婦，共四個階層。此圖後來被費希爾（Claes Jansz Visscher, 1587-1652）的《法國地圖》（*Gallia*, 1650）所仿製，且增列了律師階級。見David Woodward ed., *Art and Cartography: Six Historical Essays* (Chicago: University of Chicago Press, 1987), pp. 169-172.

下是亨利王子（Prince Henry, 1594-1612）；右上方是王后安妮（Anne of Denmark, 1574-1619），其下是查爾斯王子（Prince Charles, 1600-1649），他們的穿著與英格蘭上層階級並無太大差異。此外，兩側人物上方都有王室徽章，顯示這是一張由王室政治權威所定義的疆域，表彰國王所來自的土地。愛爾蘭地圖（圖5.17）的左側則有六個方格，描繪三對夫妻，由上往下依序是愛爾蘭仕紳與其妻子、「文雅的」（civil）愛爾蘭女人與男人、「粗野的」（wild）的愛爾蘭男人與女人。此六型人物都披著斗篷，是愛爾蘭最常見的服裝類型，最下方赤足散髮的女人，則代表愛爾蘭野蠻未開化的部分。此三層人物並不是社會階層的排序，不見有貴族居於最上層引導社會秩序與禮儀發展，「文雅」與「粗野」的用詞更加表達此地區仍需要中央政府文明化的力量移入。這個畫面其實是英格蘭應當進一步統治愛爾蘭的宣言。

以《大不列顛帝國劇場》的整體內容來看，史必得的不列顛認同，其實是以英格蘭國族認同為中心，不但英格蘭、蘇格蘭、愛爾蘭三地的全圖，有不同的呈現方式，伴隨這些地圖及城鎮區域圖同時出版的《大不列顛史》（*History of Great Britain*），也表達了以英格蘭為主幹的不列顛歷史。而且，史必得毫不隱藏地表達他對「我們土生土長之地」（our native land）的熱愛與讚賞，甚至請讀者原諒他對此土地的「感情超出了界線」。他認為英格蘭的「氣候、溫度、富足與歡樂，使它恰如歐洲的伊甸園（Eden of Europe）」：它所產的穀物冠於全歐，牛羊遍及各地；綿延的山脈蘊藏豐厚礦產，舉凡銅、鉛、鐵、煤、大理石、水晶，無一缺乏，海洋與河流也蓄滿魚產。這一切，使英格蘭「居民相信世界上沒有一處是天堂，除了他們自己居住的地方」。[126]這些對英格蘭土地的讚美，與前文所提到作家們對英格蘭本土的熱愛，如出一轍，不過史必得透過他的英格蘭地圖，讓國族認同與土地之間有更親密的連結；地圖上的服飾圖像也讓特定的服飾儀節與特定的土地，產生更清楚的伴隨關係。在文字與圖像交互閱讀的過程中，史必得的英格蘭地圖成功展現此國族過往的榮耀、現時的繁榮，以及有秩序而文雅的社會樣態。

六、結語

史必得在他的《大不列顛帝國劇場》正文第一頁寫道：每個王國有如一個「人體」，由理智的靈魂主宰，而他的地圖集即在顯現此「外在的身體」（outward Body）與輪廓（Lineaments）。他接著將地圖本身類比為身體，將自己比擬為一位解剖學家，先觀察英格蘭「整個身體」（the whole body）的樣貌，再解剖身體，展露其中的「肢幹、血管和關節（指的是各郡、河流、城市和村鎮）」，有如解剖學家觀察與繪製

126 John Speed, *The Theatre of the Empire of Great Britain: Presenting an Exact Geography of the Kingdoms of England, Scotland, Ireland, and the Iles Adioyning with the Shires, Hundreds, Cities and Shire-Towns* (London: Iohn Sudbury and George Humble, 1611), Dedication. 史必得的《大不列顛帝國劇場》內容包含兩冊，第一冊以地理為主（Chorographical Tome），共四卷；第二冊為歷史敘述（Hystoricall Tome），含五卷。史必得本人的說明見 *The Theatre of the Empire of Great Britain*, p. 1.

人體各部分。[127]史必得所言，正是在此時代將國家被比擬為身體，也將地圖類比為身體的例證，[128]但不論是國家或地圖的「身體」想像，服飾都是此想像中與此「身體」密切連結的部分，成為表達與製造國族認同的物體。

服飾之所以成為近代早期英格蘭國族想像中重要的部分，一方面根植於此時代既有的文化思維，表現在遊記、服飾書、地圖等印刷品中，以服飾定義國族差異，也透過服飾理解一地、一族的民俗風情。另一方面則在於毛紡織業是英格蘭最傳統而古老的產業，也是經濟的命脈；在文化的意義上，甚至可等同於英格蘭。[129]以上兩項因素，又因時逢宗教上一統教會與教義的解體，社會經濟發展上出現人口大增、物價飛漲，社會平行或垂直流動比以往劇烈的情形；再加上歐洲各國之間，以及跨洲之間更頻密的往來，商品、人員與觀念的交流，使英格蘭人有如進入一個「全球化」的時代。[130]無論在經濟、文化或宗教上，許多英格蘭人都感到自身處於動盪不安的危機之中。如前文曾提到的民間文人們，他們自覺處於危機的時刻，而此危機感成為激發他們建立國族論述的推動力；也因此，產業問題、文化焦慮與國族認同三者，在近代早期英格蘭的大眾作品

---

127 John Speed, *The Theatre of the Empire of Great Britain*, p. 1.

128 Caterina Albano, "Visible Bodies: Cartography and Anatomy," in Andrew Gordon and Bernhard Klein eds., *Literature, Mapping, and the Politics of Space in Early Modern Britain*, pp. 89-106.

129 Roze Hentschell, *The Culture of Cloth in Early Modern England*, p. 8.

130 Philipp Wolf, "The Emergence of National Identity in Early Modern England," pp. 152-160.

中，層層相扣。

這些文人在此國族危急存亡之秋，試圖喚醒民族的靈魂、找出威脅本族生存與繁榮的他者，也試圖建立新的國族形象。服飾及其與身體的關聯，非常自然又深具文化象徵意義地，成為此時代國族意識的隱喻。本章在各類文字或視覺性的作品中，尤其是為大眾而出版（非受官方贊助）的作品中，分析出三種不同形式的國族想像，並以三種不同的「國體」形象表達。它們可代表來自社會公眾的意見與思維，較諸官方的法令或宣傳品，更能體現在「社會」這一「公共領域」（public sphere）中所發出的聲音，其中有批判之聲，也有讚美之音，呈現了既自卑又自傲的正反交奏。

這三種不同的「國體」想像中，前兩者「裸露的國體」與「混雜的國體」，其實是同一問題（英格蘭人沒有屬於自己的服裝）所產生的兩種面貌，用以表達負面的批判，以及深刻的文化自省。柏得所描繪的那位「裸體英格蘭人」，因戀慕各國新潮款式、鄙視自己舊有的穿戴，反而不知道該穿上哪一件衣服，最後讓自己像《皇帝的新裝》（*The Emperor's New Clothes*）中那位皇帝，沒有一件衣服可蔽體，而成為眾人的笑柄。裸體的英格蘭也成了各國服飾與時尚入侵的疆域，一如史密斯在其《論英格蘭共同體》中所哀悼的，它失去了固有的本土產業，導致民生凋敝、城鎮衰敗、國家財政窮困，英格蘭「共同體」的體力與精神力都不及從前。民族精神與體力的弱化，在諸多十六、十七世紀英格蘭論冊作家、詩人或講道者看來，正是混雜各國布料、取用異國服飾的結果。史塔普、瑞曲、納許、藍京斯等人都認為，原本單純的英格蘭共同體，轉變為一片片由西班牙、法國、義大利、土耳其等碎布組成的「混雜體」（hodgepodge），[131]而且各國的罪惡也透過這一片片的碎布，深入英格蘭人的心靈。於是虛偽取代了真誠、誇耀取代了謙遜、奸詐取代了純樸、不信神取代了虔誠；英格蘭不再有一個正常的身體，而是一頭粗野的「怪物」，啃噬自己的國家與文化。

然而，「裸露的國體」與「混雜的國體」都被視為本貌的變異，而非英格蘭的本相，對此變異的省察，則成為英格蘭文人探求文化本源與真實民族性的著力點。他們將時間拉回未受外國服飾與文化污染之前的英格蘭，那時英格蘭人用「自己的毛布」（his own cloth），滿足於自家用「粗呢」所做的短褲、用「棕藍色或深藍色」布匹所做的外套和斗篷，加上一點「絲絨或毛皮」的裝飾；或穿著剪裁簡單，用「深褐色或黑色絲絨所做的緊身上衣」。[132]哈理森或史塔普等許多文人相信，英格蘭的祖先們長久以來穿著這樣簡單樸素的衣裳，身體卻比現時的英格蘭人強壯勇武，意志也更加剛強果決。[133]他們從過去英格蘭人的穿著上，找到了真正的「英格蘭屬性」：自足、簡單、純樸、剛強、真誠、樂善好施等諸多美好的德行。[134]因此，若

131 John Lyly, *Galatea: Midas*, p. 153.

132 William Harrison, *The Description of England*, p. 148.

133 Philip Stubbes, *The Anatomie of Abuses*, pp. 95-96.

134 此處所列出的「英格蘭屬性」，其實是此時期多數歐洲社會共享的基督教價值，也是歐洲中古以來所崇尚的道德，在此點上英格蘭與其他歐洲各國並無明顯的差異。換句話說，當時文人們所追求的國族特質，並不是建立有別於其他基督教社會的價值觀，而是重返過去的面貌、不受當下已腐化

要使英格蘭人成為真正的英格蘭人，就必須重建本土毛織產業，使用自製的毛布與服飾，同時尋回英格蘭舊有美好的民族特質，因為身體、衣著、心靈、意志都是一體並生的，一如格林所描繪的「毛布短褲」，既是自製生產的服飾，也是剛強體魄與古老美善精神的代表。

文人們在時間上回溯過往的同時，繪測地圖的史必得則在空間上為英格蘭創造了充滿一體感與秩序感的區域形象，並將英格蘭國族認同與這塊豐饒的土地——「歐洲的伊甸園」相連。「英格蘭」不同於僅以政治定義的「蘇格蘭」，也不同於還待進一步文明開化的「愛爾蘭」，它以各階層井然有序的衣著，界定自身的文雅與和諧，成為「道德地理學」（moral geography）上的中心，[135]鄰接著較為野蠻的區域，此種特殊位置賦予英格蘭更強烈的文化優越感。上述這些時間上或空間上的區隔，都在為英格蘭建造一個「文雅的國體」，擺脫變異所帶來的粗野。[136]在近代早期的英格蘭，此「文雅的國體」與前

的異國文化污染。今日，我們對英國特質的了解，多是十八世紀以後的發展所帶來的，例如「富而好禮」、「重理性、實用」等看法，與英國的啟蒙運動和工業革命都有密切的關係，但它們在近代早期還未成為主流的現象。參見Roy Porter, "Enlightenment in England," in Roy Porter and Mikuláš Teich eds., *The Enlightenment in National Context*（Cambridge: Cambridge University Press, 1981）, pp. 1-18; Paul Langford, *A Polite and Commercial People: England 1727-1783*（Oxford: Clarendon Press, 1989）.

135 有關「道德地理學」，參見Bronwen Wilson, *The World in Venice,* pp. 114-116; Eugenia Paulicelli, "Mapping the World," pp. 25-28.

136 十六、十七世紀英格蘭文雅化的努力，也表現在語言和宗教改革上，見Cathay Shrank, "Civil Tongues: Languages, Law and Reformation," in Jennifer

述「裸露的國體」、「混雜的國體」，有如三種不同顏色的毛線交互編織，製成一面國族認同的鮮明旗幟。

Richards ed., *Early Modern Civil Discourses*（New York: Palgrave Macmillan, 2003）, pp. 19-34.

第六章

時代變遷下的服飾思維

羅蘭・巴特說：「服飾關乎人的全部，整個身體、人與身體，以及身體與社會的一切關聯。」[1]因此，服飾可研究的面向與角度實在不可勝數，心理學、人類學、社會學、經濟學、哲學、文學、藝術……，各學科都能為我們分析服飾在個體生命與社會文化中的意義。然而，本書無法涵蓋「全部」與「一切」，它只是從歷史學的角度，觀察服飾在特定時代如何成為人們思考與想像的焦點，並藉此探問人與身體、身體與社會的關係。但史學研究的長處，在於將服飾這類「細微」、「日常」之事，放入時代變化的脈絡中，理解服飾及其相關概念變動的軌跡，從而掌握人類社會生活變遷之趨勢。本書前面各章已討論了從中古晚期至十七世紀，歐洲（尤其是英格蘭）服飾文化中至為相關的幾個觀念，它們在文藝復興、宗教改革運動，以及國際貿易的發展下，產生哪些變化；這些變化又如何使人們透過服飾重新思考自身形象的塑造、界定個人與教會、社會及國家的關係。整體來說，本書前面幾章所著重的是脈絡面，而本章則希望對歷史變化的趨勢，有更多說明。

本書之前的每一章，都從個體的服裝經驗出發，繼而討論相關議題。第一章是亞當與夏娃為人類所穿上的第一件衣裳，這個案例揭開了服裝做為人類墮落與救贖之標記的歷程；第二章是伊拉斯摩斯換下奧斯丁修會會服的事件，進而討論人文學者個人身分認同、職涯變動與形象塑造的問題；第三章是

1 Roland Barthes, "Fashion and the Social Sciences," in *Roland Barthes: The Language of Fashion*, trans. Andy Stafford, eds. Andy Stafford and Michael Carter (Oxford: Berg, 2006), p. 96.

卡爾斯達不穿天主教祭衣，改穿學院袍主持聖餐禮，以及霍普拒絕穿上英格蘭教會規定的祭衣，以討論宗教改革後儀式與服裝的問題；第四章是伊莉莎白女王的侍女霍爾德，因穿著過於華麗而被女王指責，由此分析服飾法與社會階層變動的關係；第五章則是一想像的個體——「裸體英格蘭人」，因被多樣的異國服飾誘惑，無所適從以致裸露身軀，以此形象為基礎再進一步討論服飾與英格蘭國族認同的關聯。這些個案或來自《聖經》，或是實例，又或出於想像，它們所共同揭露的是時代的「變動」。

亞當與夏娃所代表的，是上帝創世以來的巨變，此可歸屬於基督教神學的範疇，在此先擱下不談。其他幾個案例所訴說的，則是歐洲近代早期各類劇烈的變動，包括一統教會的解體、國家內部與國際間的戰爭、財富的流動、社會身分的變化、印刷品的流通，以及人口的地理移動，都使得此時代瀰漫著焦慮的氛圍。身處其中的人們，必須面對這些變動，進而安置變動。其中許多人，希望拖住變化的速度，將流動的事物固定下來，並重建穩固的身分認同和社會秩序。由於服飾傳統以來即與身分、社會秩序有不可分割的關係，並具備社會區隔的功能，很自然地成為維繫舊秩序的標竿。因此有些政府透過服飾法，企圖維護王室、貴族與官吏在服飾上的傳統特權，也保護本土織布業，但政府同時也試著在有限範圍內，順應社會經濟變化調整，納入財富（年收入）做為新的標準，訂定不同收入階層可擁有的服飾權力。

此時代許多文人呼應政府限制穿著的做法，在修辭上，將那些穿著逾越階級或身分的中下階層，或那些喜愛異國服裝的人民，視為「暴發戶」、「怪物」、「魔鬼」、「妓女」、「竊賊」或「強盜」。如本書第四章、第五章所提到的多位論冊作家和劇作家，他們呼籲穿著應合於社會身分，不可僭越；也在國族認同問題上，主張各國人民應回歸其傳統固有服飾，停止異國時尚傳入，以維持舊有之國族區隔。此類以服飾綑綁既定社會秩序與國族認同的主張，多建立在傳統階序觀與國族觀的論述架構下，而這樣的論述也從十六世紀持續至十七世紀，如查理二世（Charles II, r. 1660-1685）時代，劍橋大學教授巴洛（Isaac Barrow, 1630-1677）仍主張：「若上帝以農夫或工匠的職分揀選我們，我們若不勤奮追隨，就是不信神的。」[2]因為這是神定的身分秩序，不容人為後天的改變。同時代的艾佛林（John Evelyn, 1620-1706）則在獻給查理二世的短文中，請求國王頒布服飾法規，以遏止階級、身分的僭越；同時，他也力勸國王抑制法國服飾風尚對英格蘭的影響，因為「當一個國家有辦法對另一個國家的生活習慣，給予限制和法則時，⋯⋯就意味著它的征服即將降臨。」[3]

然而，這類官方或文人回應的方式，持續遭逢社會經濟變動的試煉，越來越多商人、律師、大學畢業生、自耕農，因財富的增加，或教育程度的提升，追求新地位與社會認可，此種個人的「自我實現」成為一股不可阻擋的趨勢。[4]

---

2 Isaac Barrow, *The Works of Isaac Barrow, D. D. with a Life of the Author*, vol. 1 (Edinburgh: Thomas Nelson, 1842), p. 498.

3 John Evelyn, *Tyrannus or the Mode: In a Discourse of Sumptuary Lawes* (London: Printed for G. Bedel, 1661), sig. $A2_v$.

4 有關近代早期個人自我實現的研究，可參見Keith Thomas, *The Ends of*

在此情形下，歐洲近代早期的人文學者，以另一種不同的方式回應了這些變化。人文學者在其所提倡的人文教育中，認定人可透過學習與訓練，提升自我、造就自我，成為「有德之人」（men of virtue）。同時，多數人文學者也否認出身或血緣可以決定人的尊貴，因為真正的尊貴在於美德。此主張從文藝復興初期的人文學者，如布拉喬里尼（Poggio Bracciolini, 1380-1459）與德・蒙泰馬尼奧（Buonaccorso Da Montemagno, c. 1391-1428），到十六世紀的伊拉斯摩斯、艾列特、十七世紀的皮琛等人，[5]越來越普遍流行於受教育階層之間。此類主張認可了平民階層透過教育向上流動的合法性，他們良好的修辭、文法、書寫技能、古典知識與品行，足以晉升至統治階層，因為「尊榮乃是美德與光榮行為的獎賞」。[6]人文學者所關切的「自我造就」，不僅包含實用的文字技能和內在品格，也包含形塑「獨特的個性、向世界展現的特質、認知與行為的固定模

Life: Roads to Fulfilment in Early Modern England（Oxford: Oxford University Press, 2009）. 此書從六個面向，討論時人自我實現的目標，包括武勳（military prowess）、工作、財富、名聲、個人關係（personal relationships）及死後生命。

5　布拉喬里尼與德・蒙泰馬尼奧都寫過《論尊貴》（*De nobilitate*），其他相關作品，以及文藝復興時代對「尊貴」之義的辯論，見Albert Rabil ed. and trans., *Knowledge, Goodness, and Power: The Debate over Nobility Among Renaissance Texts & Studies*（Binghamton, N. Y.: Medieval & Renaissance Texts & Studies, 1991）. 皮琛最著名的作品是1622年出版的《完美的紳士》（*The Complete Gentleman*）。

6　Henry Peacham, *The Complete Gentleman; The Truth of Our Times and the Art of Living in London*（1622）, ed. Virgil B. Heltzel（Ithaca, N. Y.: Printed for the Folger Shakespeare Library by Cornell University Press, 1962）, p. 12.

式。」[7]因此，如本書第二章所討論的「文雅」，優雅而合宜的舉止及穿著，成為受教育階層向外在世界展現獨特個性與內在涵養的途徑。他們不一定要繼續遵循舊有的服裝模式，可以像伊拉斯摩斯一樣，依照新的身分與認同，選擇具備高尚品味又合於時宜的服裝。

在伊拉斯摩斯對服裝的詮釋裡，它是「身體的身體」，但他所指的並不是中古制服或授職體系下的意義，即人們藉由服裝連結自己的身體與他人的身體，以從屬於某一個社會團體或擁有某一種社會身分。他所指的，是從服裝「可以推斷另一個人品格的狀態」。[8]因此，服裝超越原有的社會意義，成為陶塑個體性的工具。在伊拉斯摩斯「文雅」概念的主導之下，服裝似可暫時脫離國家、教會、修院或其他團體性的束縛；它也從團體性認同或歸屬的記號，轉為個人品格與內涵的表徵，「沒有任何〔事物〕比服裝更能透露心靈的莊重或輕浮」。[9]十六、十七世紀許多討論「文雅」的禮儀書，即以此立場為基礎，主張穿著、舉止、話語等外在行為，都是「個人內在文雅特質的顯現」，皆應「表達他內在個人特質之優異」，以合理化個人所取得的社會地位。[10]即使在以國族認同為焦點的服飾書中，如

---

7 Stephen Greenblatt, *Renaissance Self-Fashioning: From More to Shakespeare* (Chicago: The University of Chicago Press, 1980), p. 2.

8 Desiderius Erasmus, *On Good Manners for Boys*, *Collected Works of Erasmus*, vol. 25, trans. Brian McGregor (Toronto: University of Toronto Press, 1985), p. 278.

9 Henry Peacham, *The Complete Gentleman*, p. 198.

10 Anna Bryson, *From Courtesy to Civility: Changing Codes of Conduct in Early*

魏古爾在1577年出版的《服飾書》，作者也沿襲人文學者的主張，指出：「服飾總是〔個人〕內在隱藏之感受與思想的符號和顯現（sign and revelation）。透過它，每個人揭示了他們的心靈與本性，就如一隻鳥透過牠不同顏色的羽毛，顯現了牠的天性。」[11]

在這樣的理念下，十六、十七世紀的服飾越來越被視為「中性之事」，擁有個人自由與個人品味發揮的空間。此處所談的中性之事，是十六世紀許多人文學者或宗教改革者對服裝的基本定位，不但伊拉斯摩斯、蒙田或路德曾說過服裝是中性之事，蘇格蘭國王詹姆士六世（即後來的英格蘭國王詹姆士一世），在其暢銷著作《王家之禮》（*Basilicon Doron*, 1599）一書中，也將穿衣和飲食、睡眠、言語、寫作、舉止、娛樂等事，列為中性之事。他建議國家的統治者，在穿著上要「節制」、「恰當、乾淨、合宜、正直」，且要秉中道而行（a middle forme），不過於奢侈華麗，也不過於精緻雕琢，更不該粗鄙破爛，最好是「介於古羅馬法官（*Togatus*）的威嚴與士兵（*Paludatus*）的輕浮之間」。此外，他也建議穿衣要配合身材，依季節、年齡和場所的變化而調整衣著形式，有時華麗、有時簡單，並無固定的規則。更重要的是，要對服裝表現出一種「淡漠的」（careless）的態度，「如果你的心靈被這件事占

Modern England（Oxford: Clarendon Press, 1998）, p. 160.

11 引自Ulinka Rublack, "Clothing and Cultural Exchange in Renaissance Germany," in Roodenburg, Herman ed., *Cultural Exchange in Early Modern Europe*, vol. 4: *Forging European Identities*（Cambridge: Cambridge University Press, 2007）, p. 283.

據了，就會被認為是懶散的〔人〕」。[12]詹姆士國王的意見呼應了多位人文學者的看法，以中庸、節制的態度面對中性之事，不過於在乎，也不完全忽視，卻處處顯露個人特質，讓他人得以注目欣賞。[13]

詹姆士統治時代，英格蘭教會的神職人員也時常表示服裝是中性之事。如威廉斯（John Williams, Archbishop of York, 1582-1650）在1619年的講道中說，衣服「如同所有外在的事物……，它們的本質僅是……中性之事，在其本身無絲毫罪惡、過度或不足。」[14]傑克森在《屬天的農事，或靈魂的耕種》中也指出，服裝這類事物我們稱之為「中性之事」，也就是說：

> 這類事可用、可不用。用之中無美德可稱；不用也無罪惡可言。如白罩衫、洗禮中用的十字架、領聖餐時的跪拜、儀式與節日中所穿的白衣。這些事可做、可不做，視情況

12 King James VI and I, "Basilicon Doron: Or His Maiesties Instrvctions to His Dearest Sonne, Henry The Prince," in *King James VI and I Political Writings*, ed., Johann P. Sommerville (Cambridge: Cambridge University Press, 1994), pp. 51-52.

13 詹姆士國王在《王家之禮》第三卷談論中性之事，所著眼的即在於這些中性之事表露出統治者的外在形象，被人民所注目。他引當時常見之語說：「國王好似被擺在舞台上，他最細微的一舉一動，都被全體人民凝視。」King James VI and I, "Basilicon Doron," p. 49.

14 John Williams, *A Sermon of Apparell, Preached before the Kings Maiestie and the Prince His Highnesse at Theobalds, the 22 of February, 1619* (London: Printed by Robert Barker and John Bill, 1620), sig. $C3_v$-4_r.

> 而定。英格蘭教會不像羅馬教會那樣，把良心綑綁在遵從這些事與否上。不過，因為〔我們的〕國王和〔教會〕權威已規範了這些事，我想我們應當服從。[15]

正如此文所說，英格蘭教會與君主雖然都認為服裝是中性之事，教會中的禮儀和祭衣也是中性之事，但又同時主張世俗政府具備規範這類事物的權威，因此將教會內的中性之事轉為團體性的規範。

這項政策，嚴格而言，違背了中性之事的本質——個人在良心與自由中選擇中性之事，也因此引發霍普的反抗與十六世紀的「祭衣之爭」。進入十七世紀以後，許多英格蘭新教徒仍持續在「中性之事」的概念下，強調自由與寬容，反抗官方教會的權威。雖然在祭衣問題上，改革者並未成功革除英格蘭教會所用的白罩衫與聖禮袍，但在教會之外的世俗世界，新興的仕紳階級，已從1604年開始，在國會下議院內成功阻擋國王訂立服裝法規的權力，讓人民的服裝所昭告的不再是君王之權力。

在本書第一章曾提到，歐洲傳統社會，服裝昭告了君王、家長、丈夫等人的權力，也昭告了由上而下的秩序，但反對君王訂立服飾法的英格蘭仕紳階級，卻反其道而行。他們仍認同服裝應有合宜的規矩，但此規矩應出於個人審慎的判斷，而不該把服飾的規範權完全交在君王手中。更進一步，十七世

---

15 William Jackson, *The Celestiall Husbandrie: Or, The Tillage of the Soule* (London, 1616), sig. $E4_r$.

紀反對王室擴權的惠格派（the Whig）或鄉村派（the Country）仕紳、清教徒，以及共和派人士，否認司徒亞特王朝（Stuart monarchy）華麗的宮廷時尚，可做為引領人民道德與風尚的標竿。[16]雖然詹姆士國王在《王家之禮》中，強調服裝的中庸與節制，但他的宮廷，在王后安妮與寵臣白金漢公爵（George Villiers, Duke of Buckingham, 1592-1628）、薩莫塞特伯爵（Robert Carr, Earl of Somerset, c. 1587-1645）等人引領下，卻成為華麗時尚的聚集地。宮廷奢華的衣著與性別關係的錯亂，從1610年代就成為反對者攻擊的目標，此類批判在1650年代共和時期達到高峰，如奧斯伯恩（Francis Osborne, 1593-1659）在《詹姆士王朝舊錄》（*Traditional Memoyres on the Raigne of King James*, 1658）一書中，嚴厲指責宮廷同性戀關係及服飾上的「女性化」（effeminateness）。[17]

反司徒亞特宮廷服飾及宮廷文化的論述，以「文雅」與「中性之事」為基礎觀念，又特別強調「自由」與「節制」兩個核心定義，反對君王與貴族在服飾上的奢華尊貴，可表彰他

16 這類反司徒亞特宮廷服飾的論述，也用以推翻君主體制的合理性。參見 Anne Rosalind Jones and Peter Stallybrass, "Yellow Starch: Fabrications of the Jacobean Court," in *Renaissance Clothing and the Materials of Memory*（Cambridge: Cambridge University Press, 2000), pp. 59-85, esp. pp. 62, 76; David Kuchta, "The Seventeenth-Century Fashion Crisis," in *The Three-Piece Suit and Modern Masculinity: England, 1550-1850*（Berkeley: University of California Press, 2002), pp. 51-76.

17 Francis Osborne, *Traditional Memoyres on the Raigne of King James*（1658), in Robert Ashton ed., *James I by His Contemporaries*（London: Hutchinson, 1969), pp. 113-114.

們專制統治的合法性。他們認為占據社會頂層的貴族與廷臣，其華麗的服裝和多變的異國時尚，所顯露的並不是身分的尊貴，而是法國化、天主教化，女性化；其所訴說的並不是美善的德行，而是道德的腐化、身體的孱弱，與理性的晦暗。這也同時證明了舊貴族統治能力的薄弱，「那些使國家墮落與女性化的人，也許很討人喜歡，他們卻不能成為睿智、寬厚的領導者。」[18]另一方面，反對者也延續十六世紀下半葉至十七世紀上半葉，有關服飾與英格蘭國族認同的論述，將祖先們「簡單純樸（plain）」的服飾，對照於現今「在服飾上怪異的奢華（the monstrous prodigality）」；[19]並主張宮廷服飾文化已使「英格蘭的傳統美德淪喪」，失去了古老勇武的男子氣概，成為法國文化的俘虜。[20]

相對的，反對派人士則追求古老簡樸的穿著，以展現個人內在品格，包括不受奢華誘惑的自由與自制力，以及男性剛強特質，藉此宣稱自身的統治能力與應有的政治權力。此

---

18 Sir T. L., *Remarques on the Humours and Conversations of the Town*（London: Allen Banks, 1673）, p. 65.

19 Walter Cary, *The Present State of England, Expressed in This Paradox, Our Fathers Were Very Rich with Little, and We Poore with Much*（London: R. Young, 1626）, p. 3.

20 Sir T. L., *Remarques on the Humours and Conversations of the Town*, p. 66. 十六、十七世紀，不論是針對異國商品的消費，或對宮廷服飾文化的批判，都有一個想像中存在於過去的黃金時代，以勇武、純樸、良善為主要表徵。這個時代可能是《舊約聖經》的時代，也可能只是一世代之前，參見 Keith Thomas, *The Perception of the Past in Early Modern England*（London: University of London, 1984）, pp. 14-15.

一行動轉變了服裝與社會地位的傳統關係，原本服裝上從華麗到儉樸的光譜，對應著從統治者到被統治者的權力階序，但十七世紀英格蘭政治上的新興階級，卻以「高貴的簡樸」（noble simplicity）證成本身的優越地位與統治權。[21]因此庫其塔認為，十七世紀英格蘭的革命，不但是一場來自中間階級的政治革命，也是一場「符號革命」（semiotic revolution），挑戰「華麗」與「財富」的符號所代表之傳統意義。[22]換言之，十七世紀的革命，也是一場服裝論述的革命，向上流動的新興階層，以服裝做為「政治語言」，用以攻擊原先的統治階層。

從十六世紀的人文學者、宗教改革者，到十七世紀司徒亞特政權的反對者，以「文雅」與「中性」之事，這兩個取自古典時代的概念，動搖了華麗服飾與貴族身分的傳統連結關係，給予近代早期人們更大的自由，迎接新時代的變化。但他們只認可有限程度的變動與個人自我實現的方式。他們仍然批判下層階級不顧財力的消費，以及商人的奢華；只接納因知識與信仰而向上流動的人，同時也將服裝的表現，約制在「簡單樸實」與「優雅有度」的範圍內。然而，歐洲近代早期另一個思想上的發展，進一步打擊了衣著與身分，甚至服裝與個人內在特質的關聯性。此為視覺觀念的變化，而且這項變化亦與古代思想的重新發現有關。

如同前面各章已討論過的，服飾的社會意義主要來自視覺上的表現。視覺，在中古至近代早期的階序觀中，擁有最

---

21 David Kuchta, "The Seventeenth-Century Fashion Crisis," p. 64.

22 David Kuchta, *The Three-Piece Suit and Modern Masculinity*, p. 5.

高感官的地位，在知識與真理認知的能力上，優於聽覺、觸覺、味覺與嗅覺，猶如人類的靈魂高於身體與心智，而眼睛正是「靈魂之窗」，人們藉此掌握抽象真理與上帝的神聖。達文西（Leonardo Da Vinci, 1452-1519）在文藝復興時代熱烈的「藝術辯論」（*paragone*）中，即以視覺的優位性，論證繪畫高於雕刻、詩作等其他藝術形式。他認為「繪畫比詩透過更高貴的感官運作，且比詩人更加真實地傳遞自然造物的形貌」；畫家能在一眼之間（in a single glance）體現宇宙間的「本質」、「外表」或「想像」；觀者轉瞬一瞥（in an instant）即可感受畫作所呈現的風雲幻化。[23]所以在五種感官之中，人們寧願失去聽覺，也不願失去視覺，眼盲之人猶如被世界放逐，見不到自然之「美」，也無法由此生出對造物主之「愛」。[24]

中古宗教的基礎，即在透過視覺掌握神造宇宙之美，以及由此激發出對上帝的愛。中古神學家以奧古斯丁（Augustine of Hippo, 354-430）、培根（Roger Bacon, c. 1214-1294）、庫薩（Nicholas of Cusa, 1401-1464）等為代表，都主張可見的世界，是不可見世界的「象徵」或「符號」、是通往超自然知識的門徑，為要使人透過感官（以視覺為主）獲致神性的真實。視覺的真實性，在此有雙重的意義，一指外在物質界真實存在的符號（sings of reality），如日光、草木，可由肉眼探知；另一方面，指精神界由符號所象徵的真實（signifying reality），

23 Leonardo Da Vinci, *Leonardo Da Vinci's Paragone: A Critical Interpretation With A New Edition of the Text I the Codex Urbinas*, trans. Claire J. Farago (Leiden: E. J. Brill, 1992), pp. 197, 201.

24 Leonardo Da Vinci, *Leonardo Da Vinci's Paragone*, pp. 203-205.

如神造物的大能，可由心靈依靠肉眼所見而產生理解。最終，這兩重認識可引領個人從可見的物質世界脫離，向上追求不可見而神聖的奧秘。中古宗教的儀式也大量依靠史克理伯納（R. W. Scribner, 1941-1998）所謂「聖禮性的凝視」（sacramental gaze），藉由凝視聖餐禮中的聖體，或教堂的聖像或聖人遺物，觀者與耶穌、聖人之間，透過眼睛的注視，產生情感、靈魂之交流，進而認知上帝與神聖。[25]。

然而，宗教改革者打破了這條認知上帝的路徑，他們否認信徒能夠透過可見之物（如麵包、圖像、祭衣），獲致神聖真理的知識。他們對中古視覺觀念的挑戰，將十六世紀的宗教爭議帶入「認識論」的戰場，也使新舊教重新省思「觀看之道」。如本書第三章所論，這項視覺爭議，不僅限於天主教與新教之間，在新教內部也有分歧的意見，但整體而言，歐陸新教各派日趨以文字的視覺性取代圖像或禮儀的視覺性，就如霍普以「可見的話語」，指稱主流新教各派仍持守的兩大儀式——聖餐禮與洗禮。[26]即在講道、儀式、圖像，甚或服裝中，讓神的話語得見，彰顯宗教義理。此種模式，相對於「聖禮性的凝視」，可稱為「神學性的凝視」（theological gaze），[27]其所依賴的主要不是視覺，而是聽覺。

---

25 R. W. Scribner, *Religion and Culture in Germany 1400-1800*, ed. Lyndal Roper (Leiden: Brill, 2001), pp. 115-116, 131-132.

26 John Hooper, "An Oversight and Deliberation upon the Holy Prophet Jonas," in *Early Writings of Bishop Hooper*, ed. Charles Nervinson for the Parker Society (Cambridge: The University Press, 1843), p. 513.

27 R. W. Scribner, *Religion and Culture in Germany 1400-1800*, p. 123.

新教的改變，讓達文西高聲歌頌的「視覺」（繪畫表達的主要形式），以及列之其下的「聽覺」（詩作表達的主要形式），上下位階倒轉，也讓依賴視覺確認的天主教聖禮和祭衣之尊貴性被拆解。在教會以外的世界，批判視覺的號角也已響起。其實，達文西的作品中已不自覺地透露了視覺的欺瞞性，他在讚美畫家精湛的技藝能逼真描繪實物之時，提到曾見過狗對著畫像中的狗狂吠、猴子對著畫中的猴子做出各種瘋狂的舉動，牠們都被自己的眼睛所愚弄。[28]這些動物的視覺被矇騙，那麼人是否也會被欺瞞？古羅馬作家老普里尼（Pliny the Elder, 23-79）在《自然史》（*Naturalis Historia*）中，記載了兩位畫家祖克希斯（Zeuxis）和帕拉希烏斯（Parrhasius）競賽的故事。祖克希斯畫了葡萄，其逼真的程度竟使得一隻鳥飛向畫作，欲啣起葡萄。帕拉希烏斯則在畫板上畫了簾幕，志得意滿的祖克希斯誤以為這是遮蓋畫作的簾幕，想掀開簾幕一窺畫作之時，才發現這是帕拉希烏斯的傑作。[29]這個故事顯示帕拉希烏斯技高一籌，欺騙了另一位畫家的眼睛，同時也暗示了人類視覺的盲點。文藝復興時代後期，這兩位畫家的故事，被許多作品所重述，如英格蘭作家海克威爾（George Hakewill, 1578-1649）在《眼之虛空》（*The Vanitie of the Eye*, 1608）一書中，以此故事解釋了「人為的欺騙」（artificiall deceiving）如何誤導眼睛。[30]

---

28 Leonardo Da Vinci, *Leonardo Da Vinci's Paragone*, p. 199

29 Pliny the Elder, *Natural History*, vol. 9, trans. H. Rackham (London: William Heinemann, 1938-1963), pp. 309-311.

30 George Hakewill, *The Vanitie of the Eye. First Begun for the Comfort of a*

除了這類事例，文藝復興時期發明的透視技法、暗箱（*camera obscura*）、鏡子、眼鏡與多面透鏡（perspective glass）等，都具體證明有多種人為方式，可以誤導或控制眼睛所見的影像。[31]此外，近代早期人們也更加意識到魔鬼、巫術的干擾、自然光線的曲折、水的作用、遠近或溫度的問題、物體出現的頻率；又或人心的想像、害怕與恐懼，都可能使人無法由肉眼見到真實。[32]所以，海克威爾主張「聽覺比視覺更能理解事物真實的本質；在這點上，耳聞（eare-witnessse）比眼見（eye-witnesses）更有價值。」[33]

十六世紀下半葉起，古希臘「懷疑主義」（scepticism）復興，又進一步打擊了歐洲中古以來對視覺的信心。古希臘哲學家依皮瑞庫斯（Sextus Empiricus, c. 160-210）的《費羅主義綱要》（*Outlines of Pyrrhonism*），在1562年譯為拉丁文出版，不久即在法國天主教與知識界掀起懷疑主義的風潮，從蒙田、夏隆（Pierre Charron, 1541-1603）延續到迪卡爾（René Descartes, 1596-1650），也影響英格蘭學者霍布斯、休謨（David Hume,

Gentlemwoman Bereaved of Her Sight, and since Upon Occasion Inlarged and Published for the Common Good（4th edn., Oxford: William Turner, 1633）, pp. 89-90.

31 近代光學技術所創造的視覺奇景，可參見Barbara Maria Stafford and Frances Terpak, *Devices of Wonder: From the World in A Box to Images On A Screen*（Los Angeles: Getty Research Institute, 2001）.

32 Stuart Clark, *Vanities of the Eye: Vision in Early Modern European Culture*（Oxford: Oxford University Press, 2007）, pp. 3-4.

33 George Hakewill, *The Vanitie of the Eye*, p. 103.

1711-1776）等人。[34]十六、十七世紀的懷疑主義，全然否定感官能力與知識之間的聯繫，否認人能透過肉眼準確把握物體真實的本質，更遑論能從「所見」（seeing）得到「真知」（knowing），因為人眼所見一切不過是「表象」（seeming）而已。蒙田認為，人的理智根本不足以理解上帝的奧秘，在這世間「沒有比我們以〔自己〕的能力和才幹去度量事物，更顯得愚蠢的。」[35]人所看到的，往往只是「依憑自己的歡喜，想像出來的形貌」。事實上，我們感官所得到的只是物體賦予的「印象」（impression），而非物體本身；「認知」和「外在物體」之間並不存在真實的聯繫。例如，我們可以看到「雪」是白色的，卻無從證明它的「本質」與「真實」也是如此。[36]所以，蒙田說：

> 不可能有真實的知識停駐在我們之內。若有，也只是意外，而且經由相同的道路、相同的方式和過程，謬誤也進

34「費羅主義」即古希臘的懷疑主義，以哲學家費羅（Pyrrho of Elis, c. 360-275 B. C.）為名，在西元前一世紀左右形成，到了西元二、三世紀由依皮瑞庫斯所傳承。依皮瑞庫斯的作品在歐洲長期被忽略，直到1562年譯為拉丁文，才受到歐洲學者的注意與討論。Ricahrd H. Popkin, *The History of Scepticism from Erasmus to Descartes*（revised edn., Assen, Netherlands: Van Gorcum, 1964）, pp. 17-43.

35 Michel de Montainge, "It Is Folly to Measure the True and False by Our Own Capacity," in *Essays, in The Complete Works of Montaigne*, trans. Donald M. Frame（London: Everyman's Library, 2003）, p. 161.

36 Michel de Montainge, "Apology for Raymond Sebond," in *Essays*, pp. 431, 550-552.

> 入我們的靈魂。但我們卻無法分辨它們，或從錯誤當中選出正確的。[37]

十六、十七世紀，當視覺的可靠性被質疑，人們在服飾上也見到越來越多的欺瞞和誤導，服飾與視覺一同成為被批判的罪惡。本書第二章提到，伊拉斯摩斯已質疑眼見能否為憑？卡斯提理翁的《廷臣之書》中也提出類似的憂慮，服飾的表象可能使許多人「受騙上當」。而服飾之所以使人受騙，在於人們透過視覺判斷他人，也同時透過視覺用服裝欺瞞他人。如本書第四章提到，史塔普認為服飾的罪惡遠勝於「心」的罪惡和「口舌」之罪，因為人們用比自身地位更華麗的服裝，吸引他人注目與尊崇，且引誘更多人犯罪。另一位英格蘭清教徒格林翰（Richard Greenham, c. 1535-c. 1594），在批判華麗衣著時也說：當夏娃與亞當的「眼睛開了」，這就是人類得到的第一個懲罰；當他們「看見」，罪就生在心中了。他指出「眼」比「心」、比「舌」更危險，因為心中一切罪惡與口中一切惡言，都來自視覺，眼睛才是「萬惡之源」。[38]十七世紀的亞當斯（Thomas Adams, fl. 1612-1653）亦在講道中宣告：「裝扮越多的，越邪惡」；人們總有許多方式可以製造視覺上的「表象」，但除卻了內在真實美德的「榮耀」，最終都是「羞恥」。[39]

---

37 Michel de Montainge, “Apology for Raymond Sebond,” in *Essays,* p. 512.

38 Richard Greenham, “Of the Government of the Eyes,” in *Workes of the Reuerend and Faithfull Seruant of Iesus Christ M. Richard Greenham* (5th edn., London: William Welby, 1612), pp. 675-676.

39 Thomas Adams, *The Gallants Bvrden: A Sermon Preached at Paules Crosse*

以上這些作家，多從道德、宗教的角度批判視覺與服裝的欺瞞性，而海克威爾的《眼之虛空》一書，卻結合了《聖經》權威、十五世紀以來流行的魔鬼論（demonology）、十六世紀下半葉興起的懷疑主義，重新質疑視覺與服裝的可靠性。[40]如同前人，他認為眼睛要為人間各種罪惡負責，包括淫蕩、貪婪、嫉妒、偷竊、反叛、悖逆等，但他更強調視覺本身的無效性。海克威爾指出，人的眼睛既看不見眼睛本身，也看不見自己的臉，這項事實本身就已寓含了視覺存在的荒謬，而人卻要發明鏡子——「人工的驕傲之眼」（artificiall eyes of pride）來看自己，讓自己的眼睛變成「活體鏡」（living looking-glass），讓鏡子成了「死的眼睛」（dead eye）。[41]在鏡子與肉眼的對應、互喻中，海克威爾全然否定視覺能揭示真實。既無真實，那麼服飾與各類儀式、慶典、戲劇、雕像等取悅眼目的事物，都不過是表象的展演，滋生了「驕傲」之罪。[42]

對視覺的批判，以及懷疑論的發展，讓文雅或中性之事概念所重視的內在真實和外表形貌之間，有了更遙遠的距離，人們的衣著越來越被視為外在的展演和形象的操作。十六世紀下

(London: Thomas Snodham, 1614), p. 4.

40 海克威爾是傾向克爾文教派的英格蘭新教徒，但他在書中引用法國天主教知識分子與懷疑論者夏隆的作品——《論智慧》(*De la sagesse*, 1601)。此書約於1608年譯為英文，在倫敦出版。見Peter Charron, *Of Wisdom: Three Bookes Written in French by Peter Charron Doctr of Lawe in Paris*, trans. Samson Lennard (London: Edward Blount & Will: Aspley, 1608?).

41 George Hakewill, *The Vanitie of the Eye*, p. 21.

42 George Hakewill, *The Vanitie of the Eye*, pp. 19-20.

半葉、十七世紀的知識分子，對服飾也有不同於過去的思考。蒙田在懷疑主義的傾向下，主張人類理智不足以依靠，不如放下對世間各類事物的論斷，求取生活與靈魂的平靜。[43]他對服裝已不存有任何個人真實性或內在價值的期待。在〈論風俗〉（"Of Custom"）一文中，他說：

> 服裝這類中性之事，若有人想回歸它們真實的目的，那就是為了身體的保護與舒適，它們最原始的優雅與合宜就來自於此。在我看來……最醜怪的就是我們女子戴的方形帽，〔後面接著〕一條打褶的天鵝絨布，綴上各種花色的裝飾，從女人頭上長垂而下。然而這樣空虛而無用的〔服飾〕，……我們卻公開表現與展示。不過，這些想法不應該妨礙一個有見識的人跟隨常見的〔服裝〕樣式。對我而言，所有奇特、誇張的時尚都出自愚蠢與矯揉造作，而非真實的理性。有智慧的人〔固然〕應當遠離俗眾，向內省察他的靈魂，並保持靈魂的自由……，但對於外在之事，他就應該完全跟隨已被接受的時尚與形式。[44]

蒙田了解習俗（包含服裝）可笑的本質與多變性，多數習俗是一地偶然累積與變化出的行為模式，各地相異，沒有理性標準，也無高低可言。[45]但他不主張智者反流俗而行，反倒要

43 此態度可見於Michel de Montaigne, "Of Cripples," in *Essays*, pp. 954-964.

44 Michel de Montaigne, "Of Custom, and Not Easily Changing in Accepted Law," in *Essays*, pp. 103-104.

45 蒙田有多篇散文，討論習俗一事，除了上文所引的"Of Custom, and Not

跟隨所在之地的風尚。因為，他已將表象、「外在之事」與內在靈魂分離，不論我們所穿的衣服是儉樸或華麗，是簡單或矯飾，都不影響個人內在的價值。

當伊拉斯摩斯說服裝是「身體的身體」時，他所理解的服裝是個人身體不可分割的一部分，是個人社會身分與內在價值的延伸，但在蒙田的新思考中，「身體的身體」可以與人的肉體分離，不再具備決定個人身分和價值的力量。從伊拉斯摩斯與蒙田所處的十六世紀，進入十七世紀，我們可以看到，中古以來的舊思維繼續存在，企圖以服裝固定社會身分與國族認同的聲音，依然可聞，但服裝也越來越是「中性之事」，或「表面」的事。1651年出版的《利維坦》（*Leviathan*）一書，其書名頁圖像（圖6.1）或許為此新舊思維並呈的局面，以及新思考的昂揚，做了最佳注解。

霍布斯的「利維坦」是國家單一、至高而絕對的主權者，如書名頁圖片最上方的文字說：「世上沒有任何權力可與他比擬」（*Non est potestas Super Terram quae Comparetus ei*）。[46]他半身聳立在平野上，頭戴王冠、左手握主教牧杖、右手持刀劍，此三者均是傳統君王或教會權威的象徵。換言之，霍布斯依然藉著舊有的權力配飾，表彰主權者權威之至高與尊貴。但這位君王卻似乎沒有穿衣服，他是裸體的嗎？在霍布斯最初獻給查理二世的《利維坦》手抄本中，其書名頁圖片的利維坦，視覺

Easily Changing in Accepted Law"之外，還有"Of the Custom of Wearing Clothes"、"Of Ancient Customs"以及"Apology for Raymond Sebond"一文也部分論及，見*Essays*, pp. 201-204, 262-265; 532-539.

46 此語出自《舊約聖經》，〈約伯記〉，41:33。

上看起來更像是全裸的（圖6.2）。他的身上布滿一個個臉孔，都與主權者一樣面向著讀者。這幅圖像可能來自霍布斯原初的構想，但最後印刷問世的版本，使用了我們現在較熟悉的圖像。[47]在印刷版本的書名頁，主權者的軀幹從脖子到手臂，也沒有衣裳遮蔽，而是由數百個背對讀者的人物，組合成主權者巨大的身軀。不論是手抄本或印刷本的書名頁，都巧妙地以主權者的形貌，表達他是由全體人民之身體組合而成的單一政治身體——「人造的人」（Artificiall Man），[48]這也是「利維坦」最不同於其他君王圖像之處。

霍布斯在完成《利維坦》一書之前，長年旅居法國，且浸淫在巴黎懷疑主義與視覺問題論辯的知識氛圍中。[49]他與巴黎

47《利維坦》手抄本所用的圖像，現存於大英圖書館MSS Egerton 1910。有關此作品書名頁圖像的研究，可見Keith Brown, "The Artist of the *Leviathan* Title-Page," *British Library Journal*, 1（1978）, pp. 24-36; Noel Malcolm, "The Title Page of Leviathan, Seen in a Curious Perspective," in *Aspects of Hobbes*（Oxford: Clarendon Press, 2002）, pp. 200-233; Horst Bredekamp, "Thomas Hobbes's Visual Strategies," in Patricia Springborg ed., *The Cambridge Companion to Hobbes's Leviathan*（Cambridge: Cambridge University Press, 2007）, pp. 29-60; Carlo Ginzburg, *Fear Reverence Terror: Reading Hobbes Today*（Badia Fiesolana, Italy: European University Institute, Max Weber Lecture Series, 2008）. 但這些研究仍無法決斷是何人決定改用新的圖像。

48 Thomas Hobbes, *Leviathan*, ed. Richard Tuck（Cambridge: Cambridge University Press, 1996）, p. 9.

49 霍布斯的政治與倫理思想，源出於十七世紀法國知識圈的懷疑主義和視覺論辯。《利維坦》第一章即在討論感官經驗，他主張眼睛對外在物體所見、所感，不足以真實掌握此物體的本質，因為我們所見的「對象（object）是一回事」，而眼睛所得到的「形象或幻象（image or fancy）則是另一回事；因此，在一切情形下，感覺都只是原始的幻象」。他

雕版家博思（Abraham Bosse, c. 1602-1676）合作所設計的書名頁，靈感極可能來自尼西龍（Jean-François Nicéron）在1638年所述的視覺奇觀：透過一根內部裝置多面透鏡的長管觀看，可將原本分開的十二位奧圖曼蘇丹（Ottoman Sultans）頭像，合成法王路易十三（Louis XIII, r. 1610-1643）單一的人物圖形（圖6.3、6.4）。[50]這十二位與法王在信仰、國家利益上相對立的蘇丹，好似在透視鏡下隱沒，而成全了單獨一位基督教君主。霍布斯的圖像也可能襲自王室與貴族棺木上的塑像（effigies）傳統。根據布萊德坎（Horst Bredekamp）的研究，霍布斯對此傳統非常熟悉。[51]英格蘭自十四世紀以來，君王棺木的塑像常以兩層方式，表現「國王雙體」（king's two bodies）的政治概念：棺木中君王已死的身體，或棺木下層的君王塑像，是穿著壽衣、衰老而枯朽的王者之身，代表國王「自然的身體」

也認為：「當我們看見任何東西時，所能思考的都不是這東西本身。」Thomas Hobbes, *Leviathan*, pp. 14, 29. 相關研究參見Richard Tuck, "Optics and Sceptics: The Philosophical Foundation of Hobbes's Political Thought," in Edmund Leites ed., *Conscience and Casuistry in Early Modern Europe* (Cambridge: Cambridge University Press, 1988), pp. 235-263; Richard Tuck, "Hobbes and Descartes," in G. A. J. Rogers and Alan Ryan eds., *Perspectives on Thomas Hobbes* (Oxford: Clarendon Press, 1988), pp. 11-41; Jan Prins, "Hobbes on Light and Vision," in Tom Sorell ed., *The Cambridge Companion to Hobbes* (Cambridge: Cambridge University Press, 1996), pp. 129-156; Stuart Clark, "Signs: Vision and the New Philosophy," in *Vanities of the Eye*, pp. 328-364.

50 Barbara Maria Stafford and Frances Terpak, *Devices of Wonder*, pp. 186-188; Horst Bredekamp, "Thomas Hobbes's Visual Strategies," pp. 40-42.

51 Horst Bredekamp, "Thomas Hobbes's Visual Strategies," pp. 36-37.

（body natural）；上層則是穿戴全副王家禮袍、王冠、刀劍與其他配飾的君王塑像，代表國王永恆不朽的「政治身體」（body politic），以此表彰王權永續的政治神話。[52]霍布斯的「利維坦」畫像，所借用的就是國王政治身體的塑像傳統，創造其「人造的不朽性」（artificial eternity）。

然而，不論是路易十三的組合圖像，或英格蘭的君王塑像，統治者身上都穿著衣服。尤其是君王塑像上的服裝，是其「政治身體」不可分割的一部分，代表此不朽之身所承載的至高權威。但霍布斯的「利維坦」卻裂解了服裝與政治權威的連結、衣物與尊貴之間舊存的符號對應。服裝在這位主權者身上，不再有重要的意義，重要的是「身體」本身。無數如「原子」（atom）一般不可分割的小身體，與主權者的大身體之間，形成同樣不可分割的政治關係，即永續的服從與統治關係。雖然小身體會隨生命逝去而消亡，但大身體將是永恆存在的實體。[53]

利維坦「身體的身體」，指的不再是服裝，而是個別的「身體」。利維坦的圖像似乎意味著，中古以來服飾與本體的相應關係正瀕臨瓦解，但此圖像中留存了王冠、牧杖與刀劍，也

52 Ernst H. Kantorowicz, *The King's Two Bodies: A Study in Medieval Political Theology*（Princeton: Princeton University Press, 1957）, pp. 420-436.

53 此處論身體與衣服，或身體與身體不可分割的關係，得自兩學者的啟發，見Alan Ryan, "Hobbes and Individualism," in G. A. J. Rogers and Alan Ryan eds., *Perspectives on Thomas Hobbes*, pp. 81-105; Will Fisher, *Materializing Gender in Early Modern English Literature and Culture*（Cambridge: Cambridge University Press, 2006）, pp. 165-166.

沿用它們傳統表徵的意義；而且，印刷本書名頁圖像中的小身體，也仍穿著代表人物身分與性別的服裝，如男性戴著有邊的帽子，女性頭上綁著女帽、身披方巾。[54]因此，與其說舊有的體系被新模式所取代，不如說：新的思考與舊有的回應模式，同時並存，但新思維正在帶領人們進入另一個時代。待十八世紀之後，新興的經濟思想與政治論述，又會引導人們以不同的方式去回應服飾和時代變動的問題。

54 圖中人物包含士兵、平民百姓和孩童，而且有男有女。參見Nacy J. Hirschmann and Joanne H. Wright eds., *Feminist Interpretations of Thomas Hobbes*（Pennsylvania: The Pennsylvania State University Press, 2012）, p. 33.

參考書目

一、文獻

《聖經》，英皇欽定本／新標點和合本（King James Version/Chinese Union Version），台北：台灣聖經公會，1961。

Acts of the Privy Council of England, New Series. Vol. 3. Ed. John Roche Dasent. London: Printed for Her Majesty's Stationary Office, 1891.

Acts of the Privy Council. Vol. 22. Ed. John Roche Dasent. London: Kraus-Thomason, 1974.

Barron, C. C. Coleman and C. Gobbi eds. "The London Journal of Alessandro Magno 1562," *The London Journal*, 9:2（1983）, pp. 136-152.

Barrow, Isaac. *The Works of Isaac Barrow, D. D. with a Life of the Author*. Vol. 1. Edinburgh: Thomas Nelson, 1842.

Bertelli, Ferdinando. *Omnium fere gentium nostrae aetatis habitus, nunquam ante hac aediti.* Venice: F. Bertelli, 1563.

A Brief Examination for the Time, of a Certain Declaration, Lately Put in Print in the Name and Defence of Certain Ministers in London. London, 1566.

The Briefe Content of Certayne Actes of Parliament agaynst Thinordinate Vse of Apparel. London: R. Jugge and John Cawood, 1559.

Boccaccio, Giovanni. *The Decameron*. Trans. G. H. McWilliam. London: Penguin Books, 1995.

Boorde, Andrew. *The Fyrst Boke of the Introduction of Knowledge*（1555）. In *Andrew Boorde's Introduction and Dyetary with Barnes in the Defence of the Berde*. Ed. F. J. Furnivall. Early English Text Society, 1870; New York: Kraus Reprint, 1981.

Bry, Theodor de. *Les Grands Voyages*. Frankfurt, 1590.

Bray, Gerald ed. *Documents of the English Reformation*. Minneapolis: Fortress Press, 1994.

The Canons and Decrees of the Sacred and Oecumenical Council of Trent. Ed. and trans. J. Waterworth. London: Dolman, 1848.

Cary, Walter. *The Present State of England, Expressed in This Paradox, Our Fathers Were Very Rich with Little, and We Poore with Much*. London: R. Young, 1626.

Castiglione, Baldesar. *The Book of the Courtier: A Norton Critical Edition*. Trans. Charles S. Singleton, ed. Daniel Javitch. New York: Norton, 2002.

Certain Sermons or Homilies Appointed to Be Read in Churches in the Time of the Late Queen Elizabeth of Famous Memory: And Now Thought Fit to Be Reprinted by Authority from the King's Most Excellent Majesty. Anno 1623. Oxford: Oxford University Press, 1844.

Charron, Peter. *Of Wisdom: Three Bookes Written in French by Peter Charron Doctr of Lawe in Paris*. Trans. Samson Lennard. London: Edward Blount & Will: Aspley, 1608?.

Chemnitz, Martin. *Examination of the Council of Trent*, Part II. Trans. Fred Kramer. St. Louis, MO.: Concordia Pub. House, 1971-1986.

Coryate, Thomas. *Coryat's Crudities*. London, 1611; reprint Glasgow: James MacLehose and Sons, 1905.

Cummings, Brian ed. *The Book of Common Prayer: The Texts of 1549, 1559, 1662*. Oxford: Oxford University Press, 2011.

Deacon, John. *Tobbacco Tortvred or the Filthie Fvme of Tobacco Refined*. London: Printed by Richard Field, 1616.

Dekker, Thomas. *Seven Deadly Sins of London: Drawne in Seuen Seuerall Coaches, through the Seuen Seuerall Gates of the Citie, Bringing the Plauge with Them*. London: Printed by E. A. for Nathaniel Butter, 1606.

Deloney, Thomas. *The Pleasant History of John Winchcomb in His Younger Years Called Jack of Newbery, the Famous Clothier of England* (1597). London: W. Wilde, 1840.

Deserps, François. *A Collection of the Various Styles of Clothing Which Are Presently Worn in Countries of Europe, Asia, Africa and the Savage Islands, All Realistically Depicted* (1562). Ed. and trans. Sara Shannon. Minneapolis: University of Minnesota, 2001.

Dixon, Richard Watson. *History of the Church of England from the Abolition of the Roman Jurisdiction*. Vol. 6. Oxford: The Clarendon Press, 1902.

Elyot, Thomas. *The Boke Named Gouernour* (1531). London: J. M. Dent, 1937.

Erasmus, Desiderius. *Adages* (1500). *Collected Works of Erasmus*. Vol. 33. Trans. R. A. B. Mynors. Toronto: University of Toronto Press, 1991.

——. *Apophthegmata* (1531). Trans. Nicolas Udall. London, 1542.

——. *Colloquies* (1518-1533). *Collected Works of Erasmus*. Vols. 39-40. Trans. Craig R. Thompson. Toronto: University of Toronto Press, 1997.

——. *The Correspondence of Erasmus* (1484-1500). *Collected Works of Erasmus*. Vols. 1-12. Trans. R. A. B. Maynors and D. F. S. Thomason. Toronto: University of Toronto Press, 1974-2003.

——. *De civilitate morum puerilium. A Lytell Booke of Good Maners for Chyldren*. Trans. Robert Whittington. London, 1532.

——. *Desiderii Erasmi Roterodami opera omnia*. 10 vols. Ed. J. Leclerc. Leiden: P. Vander Aa, 1703-6.

——. *The Education of a Christian Prince* (1516). *Collected Works of Erasmus*. Vol. 27. Trans. Neil M. Cheshire and Michael J. Heath, ed. A. H. T. Levi. Toronto: University of Toronto Press, 1986.

——. *The Handbook of the Christian Soldier. Collected Works of Erasmus*. Vol. 66. Trans. Charles Fantazzi. Toronto: University of Toronto Press, 1988.

——. *On Good Manners for Boys* (1530). *Collected Works of Erasmus*. Vol. 25. Trans. Brian McGregor. Toronto: University of Toronto Press, 1985.

——. *Oration on the Pursuit of Virtue* (1503). *Collected Works of Erasmus*. Vol. 29. Trans. Brad Inwood, eds. Elaine Fantham and Erika Rummer. Toronto: University of Toronto Press, 1989.

——. *Opera omnia Desiderii Erasmi Roterodami.* Eds. Margaret Mann Phillips, Christopher Robinson, and M. L. van Poll-van de Lisdonk. Amsterdam: North-Holland, 1969-.

——. *Opus epistolarum Des. Erasmi Roterodami.* 12 vols. Eds. P. S. Allen, H. M. Allen, and H. W. Garrod, Oxford: Oxford University Press, 1906-1958.

——. *Praise of Folly* (1511). *Collected Works of Erasmus*. Vol. 27. Trans. Neil M. Cheshire and Michael J. Heath, ed. A. H. T. Levi. Toronto: University of Toronto Press, 1986.

Estienne, Henri. *Deux dialogues du nouveau langage françois italianizé et autrement desguizé, princalement entre les courtesans de ce temp* (1578). Ed. Pauline Mary Smith. Geneva: Slatkine, 1980.

Evelyn, John. *Tyrannus or the Mode: In a Discourse of Sumptuary Lawes.* London: Printed for G. Bedel, 1661.

Ficino, Marsilio. *Commentary on Plato's Symposium on Love* (1477). Trans. Sears Jayne. 2nd revised edn. Dalla, Tex.: Spring Publications, 1985.

The Fortresse of Fathers, Ernestlie Defending the Puritie of Religion, and Ceremonies. London, 1566.

Foxe, John. *The Acts and Monuments of John Foxe: A New and Complete Edition*. Ed. Stephen Reed Cattley. London: R. B. Seeley and W. Brunside, 1838.

Glen, Jean de. *Des habits, moeurs, cérémonies, façons de faire anciennes & modernes du monde, traicté non moins utile, que delectable, plein de bonnes & sainctes instructions*. Liège: Jean de Glen, 1601.

Gorham, George Cornelius ed. *Gleanings of a Few Scattered Ears, during the Period of the Reformation in England*. London: Bell and Daldy, 1857.

Grassi, Bartolomeo. *Dei veri ritratti degl'habiti: Di tutte le parti de mondo.*

Rome: Bartolomeo Grassi, 1585.

Greene, Robert. *A Qvip for an Vpstart Courtier: Or, a Quaint Dispute between Veluet Breeches and Cloth-Breeches* (1592), in *Life and Complete Works in Prose and Verse of Robert Greene*. Vol. 11. Ed. Alexander B. Grosart. London: Aylesburty, 1881-1886.

Guazzo, Stefano. *The Civile Conversation of M. Steeven Guazzo*. Trans. George Pettie and Bartholomew Young. London, 1586.

Hakewill, George. *The Vanitie of the Eye. First Begun for the Comfort of a Gentlemwoman Bereaved of Her Sight, and since Upon Occasion Inlarged and Published for the Common Good.* 4th edn. Oxford: William Turner, 1633.

Harington, John. *Nugae Antiquae: A Miscellaneous Collection of Original Papers in Prose and in Verse*. Vol. 2. Ed. Henry Harington. London, 1792.

Hartley, T. E. ed. *Proceedings in the Parliaments of Elizabeth I*. Vol. 1. Leicester: Leicester University Press, 1981.

Harriot, Thomas. *A Briefe and True Report of the New Found Land of Virginia*. London, 1588.

Harrison, William. *The Description of England* (1587). Ed. Georges Edelen. Washington and New York: The Folger Shakespeare Library and Dover Publications, 1994.

Hobbes, Thomas. *Leviathan*. Ed. Richard Tuck. Cambridge: Cambridge University Press, 1996.

Hooper, John. "Bishop Hooper's 'Notes' to the King's Council, 3 October 1550," *The Journal of Theological Studies*, XLIV (1943), pp. 194-199.

——. *Early Writings of Bishop Hooper*. Ed. Samuel Carr for the Parker Society. Cambridge: The University Press, 1843.

——. *Later Writings of Bishop Hooper: Together with His Letters and Other Pieces*. Ed. Charles Nervinson for the Parker Society. Cambridge: Printed at the University Press, 1852.

Hughes, Paul L. and James F. Larkin eds. *Tudor Royal Proclamations*. 2 vols.

New Haven: Yale University Press, 1964-1969.

Jackson, William. *The Celestiall Husbandrie: Or, The Tillage of the Soule*. London, 1616.

King James VI and I, "Basilicon Doron: Or His Maiesties Instrvctions to His Dearest Sonne, Henry The Prince (1599). " In *King James VI and I Political Writings*. Ed. Johann P. Sommerville. Cambridge: Cambridge University Press, 1994.

Jonson, Ben. *Ben Jonson: A Critical Edition of the Major Works*. Ed. Ian Donaldson. Oxford: Oxford University Press, 1985.

——. *Every Man Out of His Humour* (1599). In *Works of Jonson*. Vol. 3. Eds. C. H. Herford and P. Simpson. Oxford: Clarendon Press, 1925.

Journal of the House of Lords. Vol. 1. London: House of the Lords, 1802.

Journal of the House of Commons, Vol. 1. London: House of the Commons, 1803.

Ketley, Joseph ed. *The Two Liturgies, A.D. 1549 and A.D. 1552*. Cambridge: Cambridge University Press, 1864.

Latimer, Hugh. *Fruitfull Sermons Preached by the Right Reuerend Father and Constant Martyre of Iesus Christ M. Hugh Latimer.* London: printed by Iohn Daye, 1584.

Luther, Martin. *Confession Concerning Christ's Supper*. In *Word and Sacrament III*, *Luther's Works*. Vol. 37. Ed. Fischer, Robert H. Philadelphia: Fortress Press, 1961.

——. *Luther's Commentary on Genesis* (1513-1522). Trans. J. Theodore Mueller. Grand Rapids, Michigan: Zondervan, 1968.

——. *The Freedom of a Christian* (1520). In *Career of the Reformer I, Luther's Works*. Vol. 31. Ed. Harold J. Grimm. Philadelphia: Fortress Press, 1957.

——. *The Misuse of the Mass* (1522). In *Word and Sacrament II, Luther's Works*. Vol. 36. Ed. Abdel Ross Wentz. Philadelphia: Fortress Press, 1959.

——. *Treatise on the New Testament, That is, the Holy Mass* (1520). In *Word and Sacrament I, Luther's Works*. Vol. 35. Ed. E. Theodore Bachmann. Philadelphia: Fortress Press, 1959.

Lyly, John. *Galatea: Midas* (1592). Eds. George K. Hunter and David Bevington. New York: Manchester University Press, 2000.

Machiavelli, Niccolò. *The Prince* (1532). Trans. Harvey C. Mansfield. Chicago: University of Chicago Press, 1998.

Melanchthon, Philip. *Melanchthon on Christian Doctrine, Loci Communes* (1555). Ed. and trans. Clyde L. Manschreck. New York, Oxford: Oxford University Press, 1965.

Montainge, Michel de. *The Complete Works of Montaigne*. Trans. Donald M. Frame. London: Everyman's Library, 2003.

More, Thomas. *Utopia* (1516). Trans. Paul Turner. London: Penguin Books, 1965.

Nashe, Thomas. *Christ Teares over Ierusalem* (1593). In *The Works of Thomas Nashe*. Ed. R. B. McKerrow, reprinted with corrections by F. P. Wilson. Oxford: Blackwell, 1958.

Nicéron, Jean-François. *La perspective curieuse*. Paris: Chez Jean Du Puis, 1638.

Nicolay, Nicolas de. *Les quatres premiers livres de navigations et pérégrinations Orientales*. Lyon: Guillaume Rouille, 1567.

Osborne, Francis. *Traditional Memoyres on the Raigne of King James* (1658). In Robert Ashton ed., *James I by His Contemporaries*. London: Hutchinson, 1969.

Original Letters Relative to the English Reformation. 2 vols. Ed. H. Robinson for the Parker Society, Cambridge: Cambridge University Press, 1846.

The Oxford Dictionary of English Proverbs. 3rd edn. Oxford: Clarendon Press, 1984.

Parker, Matthew. *Correspondence of Matthew Parker: Comprising Letters Written by and to Him*. Ed. John Bruce for the Parker Society, Cambridge: The University Press, 1853.

Peacham, Henry. *Minerva Britanna, or a Garden of Heroical Deuises, Furnished, and Adorned with Emblems and Impresa's of Sundry Natures*. London: Printed in Shoe-Lane, 1612.

——. *The Complete Gentleman; The Truth of Our Times and the Art of Living in London*（1622）. Ed. Virgil B. Heltzel. Ithaca, N. Y.: Printed for the Folger Shakespeare Library by Cornell University Press, 1962.

The Phantastick Age: Or, The Anatomy of Englands Vanity, in Wearing the Fashions of Several Nations, with Good Exhortations, against Transmutations. In *Satirical Songs and Poems on Costume: From the 13th to the 19th Century*. Ed. Frederick W. Faiholt. London: Printed for the Percy Society, by Richards, 1848.

Rankins, William. *The English Ape, the Italian Imitation, the Footesteppes of Fraunce*. London: Robert Robinson, 1588.

The Resolution of D. Martin Bucer, and of D. Peter Martyr, on the Apparel of Ministers and Other Indifferent Things. London, 1566.

Rich, Barnabe. *My Ladies Looking Glasse, Wherein May Be Discerned a Wise Man from Foole*. London: Printed for Thomas Adams, 1616.

Rye, William B. ed. *England as Seen by Foreigners in the Days of Elizabeth and James the First.* London: John Russell Smith, 1865.

Sansovino, Francesco. *Venetia città nobilissima et singolare, Descritta in XIIII. Libri*. Venetia: Appresso Iacomo Sansovino, 1581.

Shakespeeare, William. *Hamlet: The Text of 1603 and 1623. The Arden Shakespeare*. Eds. Ann Thompson and Neil Taylor. London: Thomas Learning, 2006.

——. *King Henry IV Part II. The Arden Shakespeare*. Ed. A. R. Humphreys. London: Methuen, 1966.

——. *Troilus and Cressida*（c.1602）. *The Arden Shakespeare.* Ed. Kenneth Palmer. London: Methuen, 1982.

Smith, Adam. *An Inquiry into the Nature and Causes of the Wealth of Nations*（1776）. Ed. Edwin Cannan. New York: The Modern Library, 1937.

Smith, Thomas. *De Republica Anglorum* (1583). Ed. Mary Dewar. Cambridge: Cambridge University Press, 1982.

——. *A Discourse of the Commonweal of this Realm of England, Attributed to Sir Thomas Smith* (1581). Ed. Mary Dewar. Charlottesville: Published for the Folger Shakespeare Library by the University Press of Virginia, 1969.

Speed, John. *The Theatre of the Empire of Great Britain: Presenting an Exact Geography of the Kingdoms of England, Scotland, Ireland, and the Iles Adioyning with the Shires, Hundreds, Cities and Shire-Towns*. London: Iohn Sudbury and George Humble, 1611.

Starkey, Thomas. *Thomas Starkey's An Exhortation to the People Instructing Them to Unity and Obedience: A Critical Edition* (1540?). Ed. James M. Pictor. London: Garland Publishing, 1988.

The Statutes of the Realm. Vol. 1. London: G. Eyre and A. Strahan, 1810-1828.

Strype, John. *Memorials of Thomas Cranmer*. 2 vols. Oxford: Clarendon Press, 1812.

——. *The Life and Acts of Matthew Parker*. 3 vols. Oxford: the Clarendon Press, 1821.

——. *Annals of the Reformation and Establishment of Religion and Other Various Occurrences in the Church of England, during Queen Elizabeth's Happy Reign*. 4 vols. Oxford: Clarendon Press, 1824.

Stubbes, Philip. *The Anatomie of Abuses* (1583). Ed. Margaret Jane Kidnie. Arizona: Arizona Center for Medieval and Renaissance Studies, 2002.

L., Sir T. *Remarques on the Humours and Conversations of the Town*. London: Allen Banks, 1673.

Tartar, Maria ed. *The Annotated Classic Fairy Tales*. New York, London: W. W. Norton & Company, 2002.

Thynn, Francis. *The Debate between Pride and Lowliness* (1592). London: Printed for the Shakespeare Society, 1841.

Vecellio, Cesare. *The Clothing of the Renaissance World: Europe, Asia,*

Africa, the Americas: Cesare Vecellio's Habiti Antichi et Moderni. Eds. and trans. Margaret F. Rosenthal and Ann Rosalind Jones. London: Thames & Hudson, 2008.

Weigel, Hans. *Habitus praecipuorum populorum, tam virorum quam foeminarum Singulari arte depicti. Trachtenbuch: Darin fast allerley ...* Nuremberg: Hans Weigel, 1577.

Whether It Be Mortall Sinne to Transgresse Civil Laws, Which Be the Commaundementes of Civill Magistrates. London, 1566.

Williams, John. *A Sermon of Apparell, Preached before the Kings Maiestie and the Prince His Highnesse at Theobalds, the 22 of February, 1619*. London: Printed by Robert Barker and John Bill, 1620.

Wilson, Thomas. "*The State of England, anno Dom. 1600*." In *Seventeenth Century Economic Documents*. Eds. Joan Thirsk and J. P. Cooper. Oxford: Clarendon Press, 1972.

Whitgift, John. *The Works of John Whitgift, The Defence of the Answer to the Admonition against the Reply of Thomas Cartwright* (1573-). 3 vols. Ed. John Ayre for the Parker Society. Cambridge: The University Press, 1851-1853.

Youngs, Frederic A. *The Proclamations of the Tudor Queens*. Cambridge: Cambridge University Press, 1976.

The Zurich Letters: The Correspondence of Several English Bishops and Others. 2 vols. Ed. and trans. H. Robinson for the Parker Society. Cambridge: The University Press, 1842-1845.

二、近人論著

1. 專書

班納迪克・安德森著，吳叡人譯，《想像的共同體：民族主義的起源與散布》(*Imagined Communities: Reflection on the Origin and Spread of*

Nationalism)，台北：時報文化，2010。

皮耶．諾哈等著，戴麗娟譯，《記憶所繫之處I》(*Les lieux de memoire*)，台北：行人出版社，2012。

卜正民著，方駿、王秀麗、羅天佑合譯，《縱樂的困惑：明朝的商業與文化》(*Confusions of Pleasure: Commerce and Culture in Ming China*)，台北：聯經出版公司，2004。

王宇清，《國服史學鉤沉》，兩冊，台北：輔仁大學出版社，2000。

阮珅、方平譯，《新莎士比亞全集》，第十卷，台北：貓頭鷹出版，2000。

巫仁恕，《奢侈的女人：明清時期江南婦女的消費文化》，台北：三民，2005。

林淑瑛編、繪，《輔仁服飾辭典》，新北市：輔仁大學出版社，1999。

吳昊，《中國婦女服飾與身體革命(1911-1935)》，上海：東方出版中心，2008。

葉立誠，《中西服裝史》，台北：商鼎文化，2000。

葉立誠，《台灣服裝史》，台北：商鼎文化，2001。

華梅，《中國服飾》，台北：國家，2007。

張小虹，《時尚現代性》，台北：聯經出版公司，2016。

張競瓊，《西「服」東漸：20世紀中外服飾交流史》，合肥：安徽美術出版社，2001。

Abray, Lorna. *The People's Reformation: Magistrates, Clergy and Commons in Strasbourg, 1500-1598.* New York: Cornell University Press, 1985.

Amussen, Susan D. *An Ordered Society: Gender and Class in Early Modern England.* Oxford: Blackwell, 1988.

Arnold, Janet. *Patterns of Fashion: The Cut and Construction of Clothes for Men and Women c. 1560-1620.* London: MacMillan, 1985.

Ashelford, Jane. *The Art of Dress: The Clothes and Society, 1500-1914.* London: National Trust, 1996.

Augustijn, Cornelis. *Erasmus: His Life, Works and Influence.* Toronto: University of Toronto Press, 1991.

——. *Dress in the Age of Elizabeth I.* London: B. T. Batsford, 1988.

Bainton, Roland. *Studies on the Reformation*. London: Hodder and Stoughton, 1964.

——. *Here I Stand, Martin Luther*. Oxford: Lion Publishing, 1978.

Baldwin, Frances E. *Sumptuary Legislation and Personal Regulation in England.* Baltimore: the Johns Hopkins Press, 1926.

Baron, Hans. *The Crisis of the Early Italian Renaissance: Civic Humanism and Republican Liberty in an Age of Classicism and Tyranny.* 2nd edn. Princeton: Princeton University Press, 1966.

Bath, Michael. *Speaking Pictures: English Emblem Books and Renaissance Culture*. London: Longman, 1994.

Barbara, Maria Stafford, and Frances Terpak, *Devices of Wonder: From the World in a Box to Images on a Screen.* Los Angeles: Getty Research Institute, 2001.

Barthes, Roland. *The Fashion System*. Trans. Matthew Ward and Richard Howard. Berkeley: University of California Press, 1990.

——. *Roland Barthes: The Language of Fashion*. Trans. Andy Stafford, eds. Andy Stafford and Michael Carter. Oxford: Berg, 2006.

Bartrum, Giulia. *Albrecht Dürer and His Legacy: The Graphic Work of a Renaissance Artist.* Princeton: Princeton University Press, 2002.

Becker, Marvin B. *Civility and Society in Western Europe, 1300-1600.* Bloomington: Indiana University Press, 1988.

Bell, Quentin. *On Human Finery*. 2nd edn. London: Hogarth Press, 1976.

Bellamy, John G. *The Law of Treason in England in the Later Middle Ages*. Cambridge: Cambridge University Press, 2004.

——. *The Tudor Law of Treason: An Introduction*. London: Routledge, 2013.

Bernard, G. W. *The King's Reformation: Henry VIII and the Remaking of the English Church*. New Heaven: Yale University Press, 2005.

Berger, Arthur Asa. *Reading Matter: Multidisciplinary Perspectives on Material Culture*. New Jersey: New Brunswick, 2003.

Berger, Harry. *The Absence of Grace: Sprezzatura and Suspicion in Two Renaissance Courtesy Books*. Stanford: Stanford University Press, 2000.

Bhabha, Homi K. ed. *Nation and Narration*. London: Routledge, 1990.

Biernoff, Suzannah. *Sight and Embodiment in the Middle Ages*. Basingstoke: Palgrave Macmillan, 2002.

Bietenholz, Peter G. ed. *Contemporaries of Erasmus: A Biographical Register of the Renaissance and Reformation*. 3 vols. Toronto: the University of Toronto Press, 1985-1987.

Berry, Christopher J. *The Idea of Luxury: A Conceptual and Historical Investigation*. Cambridge: Cambridge University Press, 1994.

Bourdieu, Pierre. *Distinction: A Social Critique of the Judgement of Taste*. Trans. Richard Nice. Cambridge, Mass.: Harvard University Press, 1984.

Bowden, Peter J. *The Wool Trade in Tudor and Stuart England*. London: MacMillan, 1962.

Braudel, Ferdnand. *Civilization and Capitalism 15th—18th Century*. Vol. 1: *The Structures of Everyday Life: The Limits of the Possible*. Trans. and revised Siân Reynolds. New York: Harper & Row, 1981.

Bredsdorff, Elias. *Hans Christian Andersen: The Story of His Life and Work 1805-75*. London: Phaidon Press, 1975.

Breward, Christopher. *The Culture of Fashion: A New History of Fashionable Dress*. Manchester: Manchester University Press, 1995.

——, and Caroline Evans eds. *Fashion and Modernity*. Oxford: Berg, 2005.

Brooke, Iris. *English Costume of the Later Middle Ages: The Fourteenth and Fifteenth Centuries*. London: A. & C. Black, 1935.

——. *A History of English Costume*. London: Eyre Methuen, 1979.

Bryson, Anna. *From Courtesy to Civility: Changing Codes of Conduct in Early Modern England*. Oxford: Oxford University Press, 1998.

Buck, Stephanie and Sander Jochen eds. *Hans Holbein the Younger: Painters at the Court of Henry VIII*. London: Thames and Hudson, 2004.

Burke, Peter. *The Fortunes of the Courtier: the European Reception of*

Castiglione's Cortegiano. Pennsylvania: The Pennsylvania State University Press, 1995.

——. *The Historical Anthropology of Early Modern Italy: Essays on Perception and Communication*. Cambridge: Cambridge University Press, 1987.

Burnett, Amy Nelson. *Karlstadt and the Origins of the Eucharistic Controversy: A Study in the Circulation of Ideas*. Oxford: Oxford University Press, 2011.

Cameron, Euan. *The European Reformation*. Oxford: Clarendon Press, 1991.

Cassirer, Ernst, Paul Oskar Kristeller and John Herman Randall, Jr. eds. *The Renaissance Philosophy of Man*. Chicago: the University of Chicago Press, 1971.

Challis, Christopher E. *The Tudor Coinage*. Manchester: Manchester University Press, 1978.

Clark, Sandra. *The Elizabethan Pamphleteers: Popular Moralistic Pamphlets 1580-1640*. Rutherford, N. J.: Fairleigh Dickinson University Press, 1983.

Clark, Stuart. *Vanities of the Eye: Vision in Early Modern European Culture*. Oxford: Oxford University Press, 2007.

Clarkson, L. A. *The Pre-Industrial Economy in England 1500-1750*. London: B. T. Batsford, 1971.

Claydon, Tony and Ian McBride. *Protestantism and National Identity: Britain and Ireland, c. 1650-c. 1850*. Cambridge: Cambridge University Press, 1998.

Coleman, D. C. *The Economy of England 1450-1750*. Oxford: Oxford University Press, 1977.

Collins, Stephen L. *From Divine Cosmos to Sovereign State: An Intellectual History of Consciousness and the Idea of Order in Renaissance England*. Oxford: Oxford University Press, 1989.

Collinson, Patrick. *Godly People: Essays on English Protestantism and*

Puritanism. London: Hambledon Press, 1983.

——. *The Elizabethan Puritan Movement*. Oxford: Clarendon Press, 1967.

Corbett, Percy. *The Roman Law of Marriage*. Oxford: Clarendon Press, 1930.

Could, J. D. *The Great Debasement: Currency and the Economy in Mid-Tudor England*. Oxford: Clarendon Press, 1970.

Cressy, David. *Literacy and the Social Order. Reading and Writing in Tudor and Stuart England*. Cambridge: Cambridge University Press, 2006.

Cunnington, C. Willett, and Phillis Cunnington. *Handbook of English Costume in the Sixteenth Century*. London: Faber and Faber, 1962.

Cunnington, Phillis. *Your Book of Medieval and Tudor Costume*. London: Faber and Faber, 1968.

Davies, Marie-Hélène. *Reflections of Renaissance England: Life, Thought and Religion Mirrored in Illustrated Pamphlets 1535-1640*. Pennsylvania: Pickwick Publications, 1986.

Davis, Ralph. *English Overseas Trade, 1500-1700*. London: Macmillan, 1973.

Davies, Stevie. *Renaissance Views of Man*. New York: Barnes & Noble Books, 1979.

Dewar, Mary. *Sir Thomas Smith: A Tudor Intellectual in Office*. London: Athlone Press, 1964.

Duby, Georges. *The Three Orders: Feudal Society Imagined*. Trans. Arthur Goldhammer. Chicago: The University of Chicago Press, 1980.

Eire, Carlos M. N. *War Against the Idols: The Reformation of Worship from Erasmus to Calvin*. Cambridge: Cambridge University Press, 1986.

Elton, G. R. *The Parliament of England 1559-1581*. Cambridge: Cambridge University Press, 1986.

——. *Reform and Renewal: Thomas Cromwell and the Common Weal*. Cambridge: Cambridge University Press, 1973.

——. *The Tudor Constitution*. 2nd edn. Cambridge: Cambridge University Press, 1982.

Euler, Carrie. *Couriers of the Gospel: England and the Zurich, 1531-1558*.

Zurich: Theologischer Verlag Zürich, 2006.

Elias, Norbert. *The Civilizing Process*. Vol. 1: *The History of Manners*. Trans. Edmund Jephcott. New York: Pantheon Books, 1978.

Fisher, Will. *Materializing Gender in Early Modern English Literature and Culture*. Cambridge: Cambridge University Press, 2006.

Fletcher, A. J. and J. Stevenson eds. *Order and Disorder in Early Modern England.* Cambridge: Cambridge University Press, 1985.

Foucault, Michel. *The Order of Things: An Archaeology of Human Sciences*. New York: Vintage Books, 1970.

Franke, John R. *The Religious Thought of John Hooper*. Ph.D. Thesis. Oxford University, 1996.

Freeman, Rosemary. *English Emblem Books*. New York: Octagon Books, 1966.

Fussner, F. Smith. *The Historical Revolution: English Historical Writing and Thought, 1580-1640*. London: Routledge, 1962.

Gilman, Ernest B. *The Curious Perspective: Literary and Pictorial Wit in the Seventeenth Century*. New Haven: Yale University Press, 1978.

Ginzburg, Carlo. *Fear Reverence Terror: Reading Hobbes Today.* Badia Fiesolana, Italy: European University Institute, Max Weber Lecture Series, 2008.

Girtin, Thomas. *The Triple Crowns: A Narrative History of the Drapers' Company, 1364-1964*. London: Hutchinson, 1964.

Greenblatt, Stephen. *Will in the World: How Shakespeare Became Shakespeare.* New York: W. W. Norton, 2004.

——. *Renaissance Self-Fashioning: From More to Shakespeare*. Chicago: The University of Chicago Press, 1980.

Greenfield, Kent Roberts. *Sumptuary Law in Nürnberg: A Study in Paternal Government*. Baltimore: the Johns Hopkins Press, 1918.

Greenleaf, W. H. *Order, Empiricism and Politics: Two Traditions of English Political Thought 1500-1700.* Oxford: Oxford University Press, 1964.

Goodman, Anthony and Angus Mackay eds. *The Impact of Humanism on Western Europe.* London: Longman, 1990.

Haller, William. *Foxe's Book of Martyrs and the Elect Nation.* London: Jonathan Cape, 1963.

Harley, J. B. and David Woodward eds. *The History of Cartography.* Vol. 3: *Cartography in the European Renaissance*, part 2. Chicago: University of Chicago Press, 1987.

Hanning, Robert W. and David Rosand eds. *Castiglione: the Ideal and the Real in Renaissance Culture.* New Haven: Yale University Press, 1983.

Harte, N. B. ed. *The New Draperies in the Low Countries and England, 1300-1800*. Oxford: Oxford University Press, 1997.

Harvey, John. *Men in Black*. London: Reaktion Books, 1995.

Hayward, Maria ed. *Dress at the Court of Henry VIII*. Leeds: Maney, 2007.

——. *Rich Apparel: Clothing and the Law in Henry VIII's England*. Farnham: Ashgate, 2009.

——, and Frances Lennard. *Tapestry Conservation: Principles and Practice*. Amsterdam: Elsevier Butterworth-Heinemann, 2005.

Helgerson, Richard. *Forms of Nationhood: The Elizabethan Writing of England*. Chicago and London: The University of Chicago Press, 1992.

Hentschell, Roze. *The Culture of Cloth in Early Modern England: Textual Constructions of a National Identity*. Aldershot: Ashgate, 2008.

Herbert, William. *The History of the Twelve Great Livery Companies of London*. 2 vols. Newton Abbot: David & Charles, 1968.

Hirschmann, Nacy J. and Joanne H. Wright eds., *Feminist Interpretations of Thomas Hobbes*. Pennsylvania: The Pennsylvania State University Press, 2012.

Hsia, Ronnie Po-Chia. *Social Discipline in the Reformation: Central Europe, 1550-1750.* London and New York: Routledge, 1992.

Huizinga, Johan. *Erasmus and the Age of Reformation with a Selection of Letters of Erasmus.* London: Phoenix, 2002.

Hunt, Alan. *Governance of the Consuming Passions: A History of Sumptuary Law.* London: Macmillan, 1996.

Hunt, E. W. *The Life and Times of John Hooper (c. 1500-1555) Bishop of Gloucester*. Lampeter: The Edwin Mellen Press, 1992.

Jack, Sybil M. *Trade and Industry in Tudor and Stuart England.* London: Allen and Unwin, 1977.

Jardine, Lisa. *Erasmus, Man of Letters: the Construction of Charisma in Print.* Princeton: Princeton University Press, 1993.

——. *Worldly Goods*. London: Macmillan, 1996.

Johnstone, Pauline. *High Fashion in the Church: The Place of Church Vestments in the History of Art from the Ninth to the Nineteenth Century*. Leeds: Maney, 2002.

Jones, Ann Rosalind, and Peter Stallybrass. *Renaissance Clothing and the Materials of Memory*. Cambridge: Cambridge University Press, 2000.

Jones, Roger and Nicholas Penny. *Raphael*. New Haven: Yale University Press, 1983.

Jones, Whitney. R. D. *The Tudor Commonwealth, 1529-1559.* London: Athlone Press, 1970.

Jowers, S. Jackson. *Theatrical Costume, Masks, Make-Up and Wigs: A Bibliography and Iconography.* (The Motley Bibliographies. Vol. 4) London: Routledge, 2000.

Kantorowicz, Ernst H. *The King's Two Bodies: A Study in Medieval Political Theology.* Princeton: Princeton University Press, 1957.

Kekewich, Lucille. *The Impact of Humanism*. New Haven: Yale University Press, 2000.

——. ed. *The Renaissance in Europe: A Cultural Enquiry, the Impact of Humanism.* New Haven: Yale University Press, 2000.

Kelly, Francis M. and Randolph Schwabe. *European Costume and Fashion 1490-1790*. Mineola; New York: Dover Publications, 2002.

Kerridge, Eric. *Textile Manufactures in Early Modern England.* Manchester:

Manchester University Press, 1985.

Killerby, Catherine Kovesi. *Sumptuary Law in Italy, 1200-1500.* Oxford: Clarendon Press, 2002.

Klapisch-Zuber, Christiane. *Women, Family and Ritual in Renaissance Italy.* Chicago: Chicago University Press, 1985.

Klein, Bernhard. *Maps and the Writing of Space in Early Modern England and Ireland.* New York: Palgrave, 2001.

Knappen, M. M. *Tudor Puritanism: A Chapter in the History of Idealism.* Chicago: The University of Chicago Press, 1965, c1939.

Koerner, J. L. *The Reformation of the Image.* London: Reaktion Books, 2004.

Kristeller, Paul O. *Philisophy of Marsilio Ficino.* Trans. Virginia Conant. Gloucester, Mass.: Peter Smith, 1964.

——. *Renaissance Thought: The Classic, Scholastic, and Humanist Strains.* New York: Harper & Bros., 1961.

Kuchta, David. *The Three-Piece Suit and Modern Masculinity: England, 1550-1850.* Berkeley: University of California Press, 2002.

Langford, Paul. *A Polite and Commercial People: England 1727-1783.* Oxford: Clarendon Press, 1989.

Laslett, Peter. *The World We Have Lost: England before the Industrial Age.* 3rd edn. New York: Charles Scribner's Sons, 1984.

Lemire, Beverly. *Dress, Culture and Commerce: The English Clothing Trade before the Factory, 1660-1800.* Basingstoke: Macmillan, 1997.

——. *Fashion's Favourite: The Cotton Trade and the Consumer in Britain, 1660-1800.* Oxford: Pasold Research Fund in association with Oxford University Press, 1991.

——. *The Force of Fashion in Politics and Society: Global Perspectives from Early Modern to Contemporary Times.* Farnham: Ashgate, 2010.

Lipovetsky, Gilles. *The Empire of Fashion: Dressing Modern Democracy.* Trans. Catherine Porter. Princeton N. J.: Princeton University Press, 1994.

Lovejoy, Arthur O. *The Great Chain of Being: A Study of the History of an*

Idea. Cambridge, Mass.: Harvard University Press, 1970.

Lurie, Alison. *The Language of Clothes*. New York: Henry Holt, 2000.

MacCulloch, Diarmaid. *The Later Reformation, 1547-1603*. Hampshire: MacMillan Education, 1990.

——. *Thomas Cranmer: A Life*. New Haven: Yale University Press, 1996.

——. *Tudor Church Militant: Edward VI and the Protestant Reformation*. London: Allen Lane, The Penguin Press, 1999.

Mason, John E. *Gentlefolk in the Making: Studies in the History of English Courtesy Literature and Related Topics from 1531 to 1774*. Philadelphia: University of Pennsylvania Press, 1935.

Mayo, Janet. *A History of Ecclesiastical Dress*. New York: Holmes & Meier Publishers, 1984.

McEachern, Claire Elizabeth. *The Poetics of English Nationhood, 1590-1612*. Cambridge: Cambridge University Press, 1996.

Mikhaila, Ninya and Jane Malcolm-Davies. *The Tudor Tailor: Reconstructing Sixteenth-Century Dress*. London: Batsford, 2006.

Milward, Peter. *Religious Controversies of the Elizabethan Age: A Survey of Printed Sources*. London: University of Nebraska Press, 1977.

Mirabella, Bella ed. *Ornamentalism: The Art of Renaissance* Accessories. Ann Arbor: University of Michigan, 2011.

Monnas, Lisa. *Merchants, Princes, and Painters: Silk Fabrics in Italian and Northern Paintings, 1300-1550*. New Haven: Yale University Press, 2009.

Mout, M. E. H. N. Smolinsky and J. Trapman eds. *Erasmianism: Idea and Reality*. Amsterdam: Koninklijke Nederlandse Akademie van Wetenschappen, 1997.

Muir, Edward. *Ritual in Early Modern Europe*. Cambridge: Cambridge University Press, 1997.

Müller, Christian ed. *Hans Holbein the Younger: The Basel Years, 1515-1532*. Munich: Prestel, 2006.

Nauert, Charles G. *Humanism and the Culture of Renaissance Europe*. 2nd edn. Cambridge: Cambridge University Press, 2006.

Newcombe, D. G. *John Hooper: Tudor Bishop and Martyr* (*c. 1495-1555*). Oxford: The Davenant Press, 2009.

Newton, Stella Mary. *Fashion in the Age of the Black Prince: A Study of the Years 1340-1365*. Woodbridge: The Boydell Press, 1980.

Nichols, Ann Eljenhom. *Seeable Signs: The Iconography of the Seven Sacraments, 1350-1544*. Woodbridge: Boydell, 1994.

Nicholls, J. W. *The Matter of Courtesy: A Study of Medieval Courtesy Books and the Gawain Poet*. Woodbridge: D. S. Brewer, 1985.

O'Malley, Michelle and Evelyn Welch eds. *The Material Renaissance*. Manchester: Manchester University Press, 2007.

Outhwaite, R. B. *Inflation in Tudor and Early Stuart England*. 2nd edn. London: MacMillan, 1982.

Panofsky, Erwin. *The Life and Art of Albrecht Dürer.* Princeton: Princeton University Press, 1995.

Parker, T. M. *The English Prayer Book 1549-1662*. London: SPCK, 1963.

Paulicelli, Eugenia. *Writing Fashion in Early Modern Italy: From Sprezzatura to Satire*. Farnham: Ashgate, 2014.

——, and Hazel Clark eds. *The Fabric of Cultures: Fashion, Identity, and Globalization*. London: Routledge: 2009.

Perrot, Philippe. *Fashioning the Bourgeoisie: A History of Clothing in the Nineteenth Century*. Trans. Richard Bienvenu. Princeton, New Jersey: Princeton University Press, 1994.

Pocknee, Cryil E. *Liturgical Vesture, Its Origins and Development*. London: A. R. Mowbray, 1960.

Popkin, Ricahrd H. *The History of Scepticism from Erasmus to Descartes*. Revised edn. Assen, Netherlands: Van Gorcum, 1964.

Porter, Martin. *Windows of the Soul: The Art of Physiognomy in European Culture 1470-1780*. Oxford: Oxford University Press, 2005.

Price, David Hotchkiss. *Albrecht Dürer's Renaissance: Humanism, Reformation, and the Art of Faith.* Ann Arbor: The University of Michigan Press, 2003.

Primus, John Henry. *The Vestments Controversy: An Historical Study of the Earliest Tensions within the Church of England in the Reigns of Edward VI and Elizabeth.* Kampen: J. H. Kok, 1960.

Pugin, A. W. N. *A Glossary of Ecclesiastical Ornament and Costume.* London: Bernard Quaritch, 1868.

Racaut, Luc and Alec Ryrie eds. *Moderate Voices in the European Reformation.* Aldershot: Ashgate, 2005.

Rabil, Albert. ed. and trans. *Knowledge, Goodness, and Power: The Debate over Nobility Among Renaissance Texts & Studies.* Binghamton, N. Y.: Medieval & Renaissance Texts & Studies, 1991.

Ramsay, G. D. *The English Woollen Industry, 1500-1750.* London: MacMillan, 1982.

Ramsey, Peter ed. *The Price Revolution in Sixteenth-Century England.* London: Methuen, 1971.

——. *Tudor Economic Problems.* London: Victor Gollancz, 1968.

Rappaport, Steve. *Worlds within Worlds: Structures of Life in Sixteenth-Century London.* Cambridge: Cambridge University Press, 1989.

Rex, Richard. *Henry VIII and the English Reformation.* Basingstoke: Palgrave Macmillan, 2006.

Ribeiro, Aileen. *Dress and Morality.* Oxford: Berg, 2003.

Richards, Jennifer. *Rhetoric and Courtliness in Early Modern Literature.* Cambridge: Cambridge University, 2003.

Richardson, Catherine ed. *Clothing Culture, 13350-1650.* Aldershot: Ashgate, 2004.

Riello, Giorgio. *Cotton: The Fabric that Made the Modern World.* Cambridge: Cambridge University Press, 2015.

——. *A Foot in the Past: Consumers, Producers and Footwear in the Long Eighteenth Century.* Oxford: Oxford University Press, 2006.

——, and Peter McNeil eds. *Shoes: A History from Sandals to Sneakers*. London: Berg Publishers, 2011.

Robson-Scott, W. *German Travellers in England 1400-1800*. Oxford: Basil Blackwell, 1953.

Roche, Daniel. *The Culture of Clothing: Dress and Fashion in the Ancient Régime*. Trans. Jean Birrell. Cambridge: Cambridge University Press, 1994.

——. *A History of Everyday Things: The Birth of Consumption in France, 1600-1800*. Trans. Brian Pearce. Cambridge: Cambridge University Press, 2000.

Roskill, Mark and John Oliver Hand eds. *Hans Holbein: Paintings, Prints, and Reception*. New Haven: Yale University Press, 2001.

Rublack, Ulinka. *Dressing Up: Cultural Identity in Renaissance Europe*. Oxford: Oxford University Press, 2010.

Russell, J. G. *The Field of Cloth of Gold: Men and Manners in 1520*. London: Routledge and K. Paul, 1969.

Ryrie, Alec. *The Age of Reformation: The Tudor and Stewart Realms 1485-1603*. Harlow: Longman, 2009.

Schoeck, Richard J. *Erasmus of Europe: The Making of a Humanist 1467-1500*. Edinburgh: Edinburgh University Press, 1990.

——. *Erasmus of Europe: The Prince of Humanists 1501-1536*. Edinburgh: Edinburgh University Press, 1993.

Schofield, John. *Philip Melanchthon and the English Reformation*. Aldershot: Ashgate, 2006.

Scholz, Susanne. *Body Narratives: Writing the Nation and Fashioning the Subject in Early Modern England*. London: Macmillan Press, 2000.

Schwartz, Stuart B. ed. *Implicit Understandings: Observing, Reporting, and Reflecting on the Encounters between Europeans and Other Peoples in the Early Modern Era*. Cambridge: Cambridge University Press, 1994.

Scribner, R. W. *Religion and Culture in Germany* (*1400-1800*). Ed. Roper,

Lyndal. Leiden: Brill, 2001.

Sears, Jane. *John Colet and Marsilio Ficino*. Oxford: Oxford University Press, 1963.

Senior, Donald ed. *The Catholic Study Bible*. Oxford: Oxford University Press, 1990.

Shagan, Ethan H. *The Rule of Moderation: Violence, Religion and the Politics of Restraint in Early Modern England*. Cambridge: Cambridge University Press, 2011.

Shirley, Rodney W. *Early Printed Maps of the British Isles, 1477-1650*. Revised edn. East Grinstead, West Sussex: Antique Atlas Publication, 1991.

Skinner, Quentin. *The Foundations of Modern Political Thought*. Vol. 1: *The Renaissance*. Cambridge: Cambridge University Press, 1978.

Smith, Bruce R. *The Key of Green: Passion and Perception in Renaissance Culture*. Chicago: University of Chicago Press, 2009.

Smith, Preserved. *Erasmus: A Study of His Life, Ideals and Place in History*. New York: Dover, 1962.

Solt, Leo F. *Church and State in Early Modern England, 1509-1640*. Oxford: Oxford University Press, 1990.

Stevenson, Angus ed. *The Shorter Oxford English Dictionary on Historical Principles*. 2 vols. 6th edn. Oxford: Clarendon Press, 2007.

Stone, Lawrence. *The Crisis of the Aristocracy, 1558-1641*. Oxford: Clarendon Press, 1965.

Street, Thomas Watson. *John Calvin on Adiaphora: An Exposition and Appraisal of His Theory and Practice*. Ph.D. Thesis. Austin Presbyterian Seminary, Austin, Texas, 1955.

Suranyi, Anna. *The Genius of the English Nation: Travel Writing and National Identity in Early Modern England*. Newark: University of Delware Press, 2008.

Taylor, Lou. *The Study of Dress History*. Manchester: Manchester University

Press, 2002.

Tillyard, E. M. W. *The Elizabethan World Picture*. London: Chatto & Windus, 1950.

Thirsk, Joan. *Economic Policy and Projects: The Development of a Consumer Society in Early Modern England*. Oxford: Clarendon Press, 1978.

Thomas, Keith. *The Ends of Life: Roads to Fulfilment in Early Modern England*. Oxford: Oxford University Press, 2009.

Tracy, James D. *Erasmus of the Low Countries*. Berkeley: University of California Press, 1996.

Trueman, Carl R. *Luther's Legacy: Salvation and the English Reformers 1525-1556*. Oxford: Clarendon, 1994.

Tyacke, Sarah and John Huddy. *Christopher Saxton and Tudor Map-Making*. London: British Library, 1980.

Verkamp, Bernard J. *The Indifferent Mean: Adiaphorism in the English Reformation to 1554*. Ohio: Ohio University Press, 1977.

Vincent, John Martin. *Costume and Conduct in the Laws of Basel, Bern, and Zurich, 1370-1800*. Batimore: The Johns Hopkins Press, 1935.

Vincent, Susan. *Dressing the Elite: Clothes in Early Modern England*. New York: Berg, 2003.

Waddell, James Alan. *The Struggle to Reclaim the Liturgy in the Lutheran Church*. Lewiston: The Edwin Mellen Press, 2005.

Wandel, Lee Parmer. *Voracious Idols and Violent Hands: Iconoclasm in Reformation Zurich, Strasbourg, and Basel*. Cambridge: Cambridge University Press, 1994.

Warneke, Sara. *The Eucharist in the Reformation: Incarnation and Liturgy*. Cambridge: Cambridge University Press, 2006.

——. *Images of the Educational Traveller in Early Modern England*. Leiden, New York: E. J. Brill, 1995.

Warr, Cordelia. *Dressing for Heaven: Religious Clothing in Italy, 1215-1545*. Manchester: Manchester University Press, 2010.

Watt, Tessa. *Cheap Print and Popular Piety 1550-1640*. Cambridge: Cambridge University Press, 1991.

Wilson, Elizabeth. *Adorned in Dreams: Fashion and Modernity*. London: I. B. Tauris, 2003.

Wilson, Bronwen. *The World in Venice: Print, the City, and the Early Modern Identity*. Toronto: University of Toronto Press, 2005.

Whigham, Frank. *The Ambition and Privilege: The Social Tropes of Elizabethan Courtesy Literature Theory.* Berkeley, CA: University of California Press, 1984.

Wohlfarth, Paul. *Andrew Boorde—Monk, Physician and Traveller*. s.l.: s.n., 1968.

Woodward, David ed. *Art and Cartography: Six Historical Essays*. Chicago: University of Chicago Press, 1987.

Woodward, William Harrison. *Studies in Education during the Age of the Renaissance*. New York, Russell & Russell, 1965.

Wrightson, Keith. *Earthly Necessities: Economic Lives in Early Modern Britain.* New Haven: Yale University Press, 2000.

——. *English Society, 1580-1680.* London: Unwin Hyman, 1982.

Yates, Frances. *Giordano Bruno and the Hermetic Tradition*. London: Routledge, 1999.

2. 期刊與專書論文

花亦芬，〈宗教圖像爭議與路德教派文化政策——以紐倫堡接受宗教改革過程為中心的考察〉，《臺大文史哲學報》，70（2009），頁179-229。

林美香，〈十六、十七世紀歐洲的禮儀書及其研究〉，《臺大歷史學報》，49（2012），頁157-212。

賴毓芝，〈圖像帝國：乾隆朝《職貢圖》的製作及帝都呈現〉，《中央研究院近代史研究所集刊》，75（2012），頁1-76。

黎志剛，〈想像與營造國族：近代中國的髮型問題〉，《思與言》，36:1

（1998），頁98-118。

黃金麟，〈醜怪的裝扮：新生活運動的政略分析〉，《台灣社會研究季刊》，30（1998），頁163-230。

洪郁如，〈旗袍・洋裝・モンペ（燈籠褲）：戰爭時期台灣女性的服裝〉，《近代中國婦女史研究》，17（2009），頁31-64。

林麗月，〈衣裳與風教：晚明的服飾風尚與服妖議論〉，《新史學》，10:3（1999），頁111-157。

——.〈大雅將還：從「蘇樣」服飾看晚明的消費文化〉，《明史研究論叢》，6（2004），頁194-208。

吳奇浩，〈喜新戀舊——從日記材料看日治前期臺灣仕紳之服裝文化〉，《臺灣史研究》，19:3（2012），頁201-231。

吳奇浩，〈洋服、和服、台灣服——日治時期台灣多元的服裝文化〉，《新史學》，26:3（2015），頁77-144。

巫仁恕，〈流行時尚的形成——以服飾文化為例〉，收於《品味奢華：晚明的消費社會與士大夫》，台北：聯經出版公司，2007，頁119-176。

Adams, Simon. "Eliza Enthroned? The Court and its Politics," in Christopher Haigh ed., *The Reign of Elizabeth I*. Basingstoke, 1984, pp. 55-77.

Albano, Caterina. "Visible Bodies: Cartography and Anatomy," in Andrew Gordon and Bernhard Klein eds., *Literature, Mapping, and the Politics of Space in Early Modern Britain*. Cambridge: Cambridge University Press, 2001, pp. 89-106.

Allerston, Patricia. "Clothing and Early Modern Venetian Society," *Continuity and Change*, 15:3 (2000), pp. 367-390.

Archer, Ian W. "Material Londoners?" in Lena Cowen Orlin ed., *Material London, ca. 1600*. Philadelphia: University of Pennsylvania Press, 2000, pp. 174-192.

Baskins, Cristelle L. "Griselda, or the Renaissance Bride Stripped Bare by Her Bachelor in Tuscan *Cassone Painting*," *Stanford Italian Review*, 10:2 (1991), pp. 153-175.

Bierlaire, Franz. "Erasmus at School: The *De civilitate morum puerilium libellus*," in Richard. L. DeMolen ed., *Essays on the Works of Erasmus*. New Haven: Yale University Press, 1978, pp. 239-251.

Blanc, Odile. "From Battlefield to Court: The Invention of Fashion in the Fourteenth Century," in Désirée G. Koslin and Janet Snyder eds., *Encountering Medieval Textiles*, New York and Basingstoke: Palgrave Macmillan, 2002, pp. 157-172.

——. "Images du monde et portraits d'habits: les recueils de costumes á la Renaissance," *Bulletin du bibliophile*, 2（1955）, pp. 221-261.

Blumer, Herbert. "Fashion: From Class Differentiation to Collective Selection," *Sociological Quarterly*, 10（1969）, pp. 275-291.

Bredekamp, Horst. "Thomas Hobbes's Visual Strategies," in Patricia Springborg ed., *The Cambridge Companion to Hobbes's Leviathan*. Cambridge: Cambridge University Press, 2007, pp. 29-60

Breward, Christopher. "Between the Museum and the Academy: Fashion Research and Its Constituencies," *Fashion Theory*, 12:1（2008）, pp. 83-93.

——. "Cultures, Identities, Histories: Fashioning a Cultural Approach to Dress," *Fashion Theory*, 2:4（1998）, pp. 301-313.

Brock, Sebastian P. "The Clothing Metaphor," in Margot Schmidt, and Carl-Friedrich Geyer eds., *Typus, Symbol, Allegoriebeit den oestlichen Vaetern un ihren Parallelenim Mittelalter*. Regensburg: Friedrich Puster, 1982, pp. 11-40.

Brown, Keith. "The Artist of the Leviathan Title-Page," *British Library Journal*, 1（1978）, pp. 24-36.

Bryson, Norman. "The Gaze in the Expanded Field," in Hal Foster ed., *Vision and Visuality*. Seattle: Bay Press, 1988, pp. 87-108.

Burke, Peter. "The Language of Gesture in Early Modern Italy," in *Varieties of Culture History*. Ithaca: Cornell University Press, 1997, pp. 60-76.

——. "A Civil Tongue: Language and Politeness in Early Modern Europe," in Peter Burke, Brian Harrison and Paul Slack eds., *Civil Histories:*

Essays Presented to Sir Keith Thomas. Oxford: Oxford University Press, 2000, pp. 31-48.

Camille, Michael. "Before the Gaze: The Internal Senses and Late Medieval Practices of Seeing," in Robert S. Nelson *ed., Visuality before and beyond the Renaissance: Seeing as Others Saw*. Cambridge: Cambridge University Press, 2000, pp. 197-223.

Chartier, Roger. "From Texts to Manners, a Concept and Its Books: *Civilité* between Aristocratic Distinction and Popular Appropriation," in Lydia G. Cochrane trans., *The Cultural Uses of Print in Early Modern France*. Princeton: Princeton University Press, 1987, pp. 71-109.

Coleman, D. C. "Textile Growth," in N. B. Harte and K. G. Ponting ed. *Textile History and Economic History*. Manchester: Manchester University Press, 1973, pp. 1-21.

College, Cratz. "The Imagery of Clothing, Covering, and Overpowering," *Journal of the Ancient Near Eastern Society*, 19 (1989), pp. 161-170.

Constable, Giles. "The Ceremonies and Symbolism of Entering the Religious Life and Taking the Monastic Habit, from the Fourth to the Twelfth Century," *Segni e riti nella chiesa altomedievale occidentale*. Vol. 2 (1987), pp. 771-834.

Cressy, David. "Describing the Social Order of Elizabethan and Stuart England," *Literature and History*, 3 (1976), pp. 29-44.

Currie, Elizabeth. "Prescribing Fashion: Dress, Politics and Gender in Sixteenth-Century Conduct Literature," *Fashion Theory*, 4:2 (2000), pp. 157-178.

Defert, Daniel. "Un genre ethnographique profane au XVIe: les livres d'habits (essai d'ethno-iconographie)," in Rupp-Eisenreich, Britta ed., *Histoires de l'anthropologie (XVIe-XIXe siécles)*. Paris: Klincksieck, 1984, pp. 25-41.

Dingel, Irene. "The Culture of Conflict in the Controversies Leading to the Formula of Concord (1548-1580)," in Robert Kolb ed., *Lutheran*

Ecclesiastical Culture, 1550-1675. Leiden; Boston: Brill, 2008, pp. 15-64.

Eire, Carlos M. N. "Erasmus as Critic of Late Medieval Piety," in *War Against the Idols: The Reformation of Worship from Erasmus to Calvin*. Cambridge: Cambridge University Press, 1986, pp. 28-53.

Elton, G. R. "Reform and the 'Commonwealth-men' of Edward VI's Reign," in Elton, G. R. ed., *Studies in Tudor and Stuart Politics and Government*. Vol. 3: *Papers and Reviews 1973-1981*. Cambridge: Cambridge University Press, 1983, pp. 234-253.

——. "Henry VIII's Act of Proclamations," *The English Historical Review*, 75:295 (1960), pp. 208-222.

Fisher, F. J. "The Development of London as Centre of Conspicuous Consumption in the Sixteenth and Seventeenth Centuries," in P. J. Corfield and N. B. Harte eds., *London and the English Economy 1500-1700*. London: Hambledon Press, 1990, pp. 105-118.

Geanakoplos, Deno J. "Italian Humanism and the Byzantine Émigré Scholars," in Albert Rabil ed., *Renaissance Humanism: Foundation, Forms, and Legacy*. Vol. 1. Philadelphia: University of Pennsylvania Press, 1991, pp. 350-381.

Gordon, Stewart. "A World of Investiture," in Stewart Gordon ed., *Robes and Honor: The Medieval World of Investiture*. New York: Palgrave, 2001, pp. 1-19.

Grabes, Herbert. "'Elect Nation' The Foundation Myth of National Identity in Early Modern England," in Herbert Grabes ed., *Writing the Early Modern English Nation: The Transformation of National Identity in Sixteenth and Seventeen-Century England*. Amsterdam; Atlanta, G. A.: Rodopi, 2001, pp. 173-189.

Grimes, Kristen Ina. "Dressing the World: Costume Books and Ornamental Cartography in the Age of Explorations," in Elizabeth Rodini and Elissa B. Weaver eds., *A Well-Fashioned Image: Clothing and Costume in European Art, 1500-1850*. Chicago: The David and Alfred Smart

Museum of Art, The University of Chicago, 2002, pp. 13-21.

Hale, John. "Civility," in *The Civilization of Europe in the Renaissance.* New York: Touchstone, 1993, pp. 355-419.

Harrison, Matthew C. "Martin Chemnitz and FC X," in Paul T. McCain and John R. Fort Wayne Stephenson eds., *Mysteria Dei: Essays in Honor to Kurt Marquart.* Indiana: Concordia Theological Seminary Press, 1999, pp. 55-65.

Harte, N. B. "State Control of Dress and Social Change in Pre-Industrial England," in D. C. Coleman and A. H. John eds., *Trade, Government and Economy in Pre-Industrial England.* London: Weidenfeld & Nicolson, 1976, pp. 132-165.

Hentschell, Roze. "Clothworkers and Social Protest: The Case of Thomas Deloney," *Comitatus: A Journal of Medieval and Renaissance Studies*, 32 (2001), pp. 43-67.

——. "A Question of Nation: Foreign Clothes on the English Subject," in Catherine Richardson ed., *Clothing Culture, 1350-1650.* Aldershot: Ashgate, 2004, pp. 49-62.

——. "Treasonous Textiles: Foreign Cloth and the Construction of Englishness," *Journal of Medieval and Early Modern Studies,* 32:3 (2002), pp. 543-570.

Hooper, Wilfred. "The Tudor Sumptuary Laws," *English Historical Review*, 30 (1915), pp. 433-449.

Horodowich, Liz. "Armchair Travelers and the Venetian Discovery of the New World," *The Sixteenth Century Journal*, 36:4 (2005), pp. 1039-1062.

Hughes, Diane Owen. "Sumptuary Law and Social Relations in Renaissance Italy," in John Bossy ed., *Disputes and Settlements, Law and Human Relations in the West.* Cambridge: Cambridge University Press, 1983, pp. 69-99.

Hunt, Hannah. "'Clothed in the Body' as a Metaphor of Incarnation," in

Clothed in the Body: Asceticism, the Body and the Spiritual in Late Antique Era. Farnham: Ashgate, 2012, pp. 137-157.

Ilg, Ulrike. "The Cultural Significance of Costume Books in Sixteenth-Century Europe," in Catherine Richardson ed., *Clothing Culture, 1350-1650*. Aldershot: Ashgate, 2004, pp. 29-47.

Jaster, Margaret Rose. "Breeding Dissoluteness and Disobedience: Clothing Laws as Tudor Colonialist Discourse," *Critical Survey*, 13:3 (2001), pp. 61-77.

Jones, Ann Rosalind. "Habits, Holdings, Heterologies: Populations in Print in a 1562 Costume Book," *Yale French Studies*, 110 (2006), pp. 92-121.

——, and Peter Stallybrass, "Yellow Starch: Fabrications of the Jacobean Court," in *Renaissance Clothing and the Materials of Memory*. Cambridge: Cambridge University Press, 2000, pp. 59-85.

——, and Peter Stallybrass, "(In)alienable Possessions: Griselda, Clothing, and the Exchange of Women," in *Renaissance Clothing and the Materials of Memory*. Cambridge: Cambridge University Press, 2000, pp. 220-244.

Kent, Joan R. "Attitudes of Members of the House of Commons to the Regulations of 'Personal Conduct' in Late Elizabethan and Early Stuart England," *Bulletin of the Institute of Historical Research*, 46 (1973), pp. 41-71.

Keene, Kerck. "Material London in Time and Space," in Lena Cowen Orlin ed., *Material London, ca.* 1600. Philadelphia: University of Pennsylvania Press, 2000, pp. 55-74.

Knox, Dilwyn. "Civility, Courtesy and Women in the Italian Renaissanc," in Letizia Panizza ed., *Women in Italian Renaissance Culture and Society*. London: Modern Humanities Research Association and Maney Publishing, 2000, pp. 2-17.

——. "Ideas on Gesture and Universal Language c. 1550-1650," in John Henry and Sarah Hutton eds., *New Perspectives on Renaissance*

Thought: Essay in the History of Science, Education and Philosophy in Memory of Charles B. Schmitt. London: Gerald Duckworth, 1990, pp. 101-136.

——. "*Disciplina*: The Monastic and Clerical Origins of European Civility," in John Monfasani and Ronald G. Musto eds., *Renaissance Society and Culture: Essays in Honor of Eugene F. Rice, Jr.* New York: Italica Press, 1991, pp. 107-135.

——. "Erasmus' *De Civilitate* and the Religious Origins of Civility in Protestant Europe," *Archiv für Reformations geschichte*, 86 (1995), pp. 7-55.

——. "Gesture and Comportment: Diversity and Uniformity," in Herman Roodenburg ed., *Cultural Exchange in Early Modern Europe*. Vol. 4: *Forging European Identities*. Cambridge: Cambridge University Press, 2007, pp. 289-307.

Koeman, Cornelis, Günter Schilder, Marco Van Egmond, and Peter Van Der Krogt. "Commerical Cartography and Map Production in the Low Countries, 1500-ca. 1672," in J. B. Harley and David Woodward eds., *The History of Cartography*. Vol. 3, part 2. Chicago: University of Chicago Press, 1987, pp. 1296-1375.

Lovejoy, Arthur O. "Reflections on the History of Ideas," *Journal of the History of Ideas*, 1 (1940), pp. 3-23.

Malcolm, Noel. "The Title Page of Leviathan, Seen in a Curious Perspective," in *Aspects of Hobbes*. Oxford: Clarendon Press, 2002, pp. 200-233.

Martin, John. "Inventing Sincerity, Refashioning Prudence: The Discovery of the Individual in Renaissance Europe," *American Historical Review*, 102:5 (1997), pp. 1309-1342.

Marsh, David. "Erasmus on the Antithesis of Body and Soul," *Journal of the History of Ideas*, 37:4 (1976), pp. 673-688.

McKenna, John W. "How God Became an Englishman," in Delloyd J. Guth and John W. Mckenna eds., *Tudor Rule and Revolution: Essays for G.*

R. Elton from the American Friends. Cambridge: Cambridge University Press, 1982, pp. 25-43.

Moore, Michael. "The King's New Clothes: Royal and Episcopal Regalia in the Frankish Empire," in Stewart Gordon ed., *Robes and Honor: The Medieval World of Investiture*. New York: Palgrave, 2001, pp. 95-135.

Murdock, Graema. "Dressed to Repress?: Protestant Clerical Dress and the Regulation of Morality in Early Modern Europe," *Fashion Theory*, 4:2 (2000), pp. 179-200.

Newett, Margaret M. "The Sumptuary Laws of Venice in the Fourteenth and Fifteenth Centuries," in T. F. Tout and J. Tait eds., *Historical Essays*. Manchester: Manchester University Press, 1907, pp. 245-278.

Olian, Jo Anne. "Sixteenth-Century Costume Books," *Dress*, 3 (1977), pp. 20-48.

Overell, M. A. "Peter Martyr in England 1547-1553: An Alternative View," *The Sixteenth Century Journal*, 15:1 (1984), pp. 87-104.

Paresys, Isabelle. "The Dressed Body: The Moulding of Identities in Sixteenth-century France," in Herman Roodenburg ed., *Cultural Exchange in Early Modern Europe*. Vol. 4: *Forging European Identities*. Cambridge: Cambridge University Press, 2007, pp. 227-257.

——. "Images de l'Autre vêtu à la Renaissance. Le recueil d'habits de François Desprez (1562-1567)," *Journal de la Renaissance*, 4 (2006), pp. 25-55.

——. "Paraitre et se vetir au XVIe siècle: morales vestimentaires," in Viallon, Marie ed., *Paraître et se vêtir au XVIe siècle. Actes du XIIIe Colloque du Puy-en-Velay*. Saint Etienne: Publications de L'Université de Saint-Etienne, 2006, pp. 11-36.

Paulicelli, Eugenia. "Mapping the World: The Political Geography of Dress in Cesare Vecellio's Costume Books," *The Italianist*, 28:3 (2008), pp. 24-53.

Peltonen, Markku. "'Civilized with Death': Civility, Duelling and Honour in Elizabethan England," in Jennifer Richards ed., *Early Modern Civil Discourses*. Basingstoke: Palgrave Macmillan, 2003, pp. 51-67.

Pocock, J. G. A. "England," in Ores Ranum ed., *National Consciousness, History, and Political Culture in Early-Modern Europe*. Baltimore: The Johns Hopkins University Press, 1975, pp. 98-117.

Porter, Roy. "Enlightenment in England," in Roy Porter and Mikuláš Teich eds., *The Enlightenment in National Context*. Cambridge: Cambridge University Press, 1981, pp. 1-18.

Prins, Jan. "Hobbes on Light and Vision," in Tom Sorell ed., *The Cambridge Companion to Hobbes*. Cambridge: Cambridge University Press, 1996, pp. 129-156.

Reinhold, M. "History of Purple as a Status Symbol in Antiquity," *Latomus*, 116 (1970), pp. 37-47.

Richter, Melvin. "Conceptual History (*Begriffsgeschichte*) and Political History," *Political Theory*, 14:4 (1986), pp. 604-637.

——. "*Begriffsgeschichte* and the History of Ideas," *Journal of the History of Ideas*, 48:2 (1987), pp. 247-263.

Rosenthal, Margaret F. and Ann Rosalind Jones. "Introduction, Vecellio and His World," in Margaret F. Rosenthal and Ann Rosalind Jones eds. and trans., *The Clothing of the Renaissance World: Europe, Asia, Africa, the Americas: Cesare Vecellio's Habiti Antichi et Moderni*. London: Thames & Hudson, 2008, pp. 8-48.

Roach, Mary and Joanne Eichler. "The Language of Personal Adornment," in Justine Cordwell and Ronald Schwarz eds., *The Fabrics of Culture: The Anthropology of Clothing and Adornment*. The Hague: Mouton, 1979, pp. 7-21.

Rublack, Ulinka. "Clothing and Cultural Exchange in Renaissance Germany," in Herman Roodenburg ed., *Cultural Exchange in Early Modern Europe*. Vol. 4: *Forging European Identities*. Cambridge: Cambridge University Press, 2007, pp. 258-288.

Ryan, Alan. "Hobbes and Individualism," in G. A. J. Rogers and Alan Ryan eds., *Perspectives on Thomas Hobbes*. Oxford: Clarendon Press, 1988, pp. 81-105.

S, M. A. "Peter Martyr in England 1547-1553: An Alternative View," *The Sixteenth Century Journal*, 15:1 (1984), pp. 87-104.

Saccone, Eduardo. "*Grazia*, *Sprezzatura*, *Affettazione* in the *Courtier*," in Robert W. Hanning and David Rosand eds., *Castiglione: The Ideal and the Real in Renaissance Culture*. New Haven: Yale University Press, 1983, pp. 45-67.

Sander, Jochen. "Erasmus of Rotterdam Writing," in Christian Müller ed., *Hans Holbein the Younger: The Basel Years, 1515-1532*. Munich: Prestel, 2006, pp. 292-294.

Schneider, Jane. "Peacocks and Penguins: The Political Economy of European Cloth and Colors," *American Ethnologist*, 5 (1978), pp. 413-438.

——. "Fantastical Colors in Foggy London," in Lena Cowen Orlin ed., *Material London, ca. 1600*. Philadelphia: University of Pennsylvania Press, 2000, pp. 109-127.

Simmel, Georg. "Fashion," *International Quarterly*, 10 (1904), pp. 130-135.

Shagan, Ethan. "Beyond Good and Evil: Thinking with Moderates in Early Modern England," *Journal of British Studies*, 49:3 (2010), pp. 488-513.

——. "Protector Somerset and the 1549 Rebellions: New Sources and New Perspectives," *English Historical Review*, 114 (1999), pp.34 63.

Shaw, Frances. "Sumptuary Legislation in Scotland," *Juridical Review*, 24 (1979), pp. 81-115.

Shrank, Cathay. "Civil Tongues: Languages, Law and Reformation," in Jennifer Richards ed., *Early Modern Civil Discourses*. New York: Palgrave Macmillan, 2003, pp. 19-34.

Slack, Paul. "Poverty and Social Regulation in Elizabethan England," in Christopher Haigh ed., *The Reign of Elizabeth I*. London: Macmillan, 1984, pp. 221-240.

Somerset, Anne. "The Court of Elizabeth I," in *Ladies-in-Waiting: From the Tudors to the Present Day.* London: Weidenfeld and Nicolson, 1984, pp. 65-69.

Sponsler, Claire. "Narrating the Social Order: Medieval Clothing Laws," *Clio*, 21:3 (1992), pp. 265-283.

Stallybrass, Peter. "Worn Worlds: Clothes and Identity on the Renaissance Stage," in Margreta De Grazia, Maureen Quilligan and Peter Stallybrass eds., *Subject and Object in Renaissance Culture.* Cambridge: Cambridge University Press, 1996, pp. 289-320.

Stone, Shelley. "The Toga: From National to Ceremonial Costume," in J. L. Sebesta and L. Bonfante eds., *The World of Roman Costume*. Wisconsin: University of Wisconsin Press, 2001, pp.13-45.

Thirsk, Joan. "The Fantastical Folly of Fashion: The English Stocking Knitting Industry, 1500-1700," in *The Rural Economy of England.* London: The Hambledon Press, 1984, pp. 235-257.

Traub, Valerie. "Mapping the Global Body," in Peter Erickson and Clark Hulse eds., *Early Modern Visual Culture: Representation, Race, and Empire in Renaissance England.* Philadephia: University of Pennsylvania Press, 2000, pp. 44-97.

Tuck, Richard. "Optics and Sceptics: The Philosophical Foundation of Hobbes's Political Thought," in Edmund Leites ed., *Conscience and Casuistry in Early Modern Europe.* Cambridge: Cambridge University Press, 1988, pp. 235-263.

——. "Hobbes and Descartes," in G. A. J. Rogers and Alan Ryan eds., *Perspectives on Thomas Hobbes.* Oxford: Clarendon Press, 1988, pp. 11-41.

Verkamp, Bernard J. "The Limits upon Adiaphoristic Freedom: Luther and Melanchthon," *Theological Studies*, 36:1 (1975), pp. 52-76.

——. "The Zwinglians and Adiaphorism," *Church History*, 42:4 (1973), pp. 486-504.

Warneke, Sara. "Educational Travelers: Popular Imagery and Public Criticism in Early Modern England," *The Journal of Popular Culture*, 28:3 (1994): 71-94.

Wee, Herman van der. "The Western European Woollen Industries, 1500-1750," in David Jenkins ed., *The Cambridge History of Western Textiles*. Vol. 1. Cambridge: Cambridge University Press, 2003, pp. 397-472.

Welch, Evelyn. "Art on the Edge: Hair and Hands in Renaissance Italy," *Renaissance Studies*, 23:3 (2009), pp. 241-268.

——. "New, Old and Second-Hand Culture: The Case of the Renaissance Sleeve," in Gabriele Neher and Rupert Shepherd eds., *Revaluing Renaissance Art*. Aldershot: Ashgate Press, 2000, pp. 101-120.

——. "Scented Buttons and Perfumed Gloves: Smelling Things in Renaissance Italy," in Bella Mirabella ed., *Ornamentalism: The Art of Renaissance Accessories*. Ann Arbor: University of Michigan, 2011, pp. 13-39.

Wesseling, Ari. "Dutch Proverbs and Ancient Sources in Erasmus's *Praise of Folly*," *Renaissance Quarterly*, 47:2 (1994), pp. 351-378.

Wiesner, Merry E. "Paternalism in Practice: The Control of Servants and Prostitutes in Early Modern German Cities," in Phillip N. Bebb and Sherrin Marshall eds., *The Process of Change in Early Modem Europe: Essays in Honor of Miriam Usher Chrisman*. Athens: Ohio University Press, 1988, pp. 179-200.

Winner, Matthias. "The Terminus as a Rebus in Holbein's Portraits of Erasmus," in Christian Müller ed., *Hans Holbein the Younger: The Basel Years, 1515-1532*. Munich: Prestel, 2006, pp. 97-109.

——. "Holbein's Portrait of Erasmus with a Renaissance Pilaster," in Mark Roskill and John Oliver Hand eds., *Hans Holbein: Paintings, Prints, and Reception*. New Haven: Yale University Press, 2001, pp. 155-171.

Wolf, Philipp. "The Emergence of National Identity in Early Modern England: Causes and Ideological Representations," in Herbert Grabes ed., *Writing the Early Modern English Nation: The Transformation of National Identity in Sixteenth and Seventeen-Century England*. Amsterdam; Atlanta, G. A.: Rodopi, 2001, pp. 149-172.

Wright, Pam. "A Change in Direction: The Ramifications of a Female Household, 1558-1603," in David Starkey ed., *The English Court: From the Wars of the Roses to the Civil War*. London: Longman, 1987, pp. 147-172.

Wrightson, Keith. "Estates, Degrees, and Sorts: Changing Perception of Society in Tudor and Stuart England," in Penelope J. Corfield ed., *Language, History and Class*. Oxford: Basil Blackwell, 1991, pp. 30-52.

——. "'Sorts of People' in Tudor and Stuart England," in *The Middling Sort of People: Culture, Society, and Politics in England, 1550-1800*. Basingstoke: Macmillan, 1994, pp. 28-51.

三、網路資源

84th Anglo-American Conference of Historians, 2-3 July, 2015, London.
http://anglo-american.history.ac.uk/files/2015/06/AACH15-Conference-Programme-web.pdf, accessed 6 July, 2016.

Berg Fashion Library
http://www.bergfashionlibrary.com/, accessed 6 July, 2016.

Blaeu, Willem Jansz. *Map of Europe* (1635).
http://www.raremaps.com/gallery/detail/27736/Europa_recens_descripta/Blaeu.html, accessed 25 May, 2016.

English Broadside Ballad Archive, University of California, Santa Barbara
http://ebba.english.ucsb.edu/ballad/30318/image, accessed 6 July, 2016.

Erasmus, Desiderius. *In Praise of Folly, Illustrated with Many Curios Cuts, Designed, Drawn, and Etched by Hans Holbein*. London: Reeves & Turner, 1876.
http://www.gutenberg.org/files/30201/30201-h/30201-h.htm#linkimage-

0008, accessed 24 May, 2016.

Heere, Lucas de. *Théâtre de tous les peuples et nations de la terre avec leurs habits, et ornemens divers, tant anciens que moderns*. Ghent, 1576. http://adore.ugent.be/OpenURL/app?id=archive.ugent.be:1EEACAD8-B1E8-11DF-966C-0D0679F64438&type=carousel&scrollto=126, accessed by 25 May, 2016.

——. *Corte Beschryvinghe van Engheland, Schotland, ende Irland* (1573-1575). http://www.bl.uk/manuscripts/Viewer.aspx?ref=add_ms_28330_f029r, http://www.bl.uk/manuscripts/Viewer.aspx?ref=add_ms_28330_f030r, http://www.bl.uk/manuscripts/Viewer.aspx?ref=add_ms_28330_f031r, http://www.bl.uk/manuscripts/Viewer.aspx?ref=add_ms_28330_f033r, accessed 23 May, 2016.

National Portrait Gallery
http://www.npg.org.uk/

Oxford Dictionary of National Biography. Oxford: Oxford University Press, 2004; online edition, January, 2008:
http://www.oxforddnb.com/view/article/2870

Oxford English Dictionary:
http://www.oed.com.

Speed, John. *The Theatre of the Empire of Great Britain.* London, 1611:
http://www.lib.cam.ac.uk/collections/departments/maps/digital-maps/john-speed-proof-maps, accessed 25 May, 2016.
https://www.raremaps.com/gallery/detail/34866/The_Kingdome_of_Irland_Devided_into_severall_Provinces_and_the_againe/Speed.html, accessed 1 July, 2016.

Image of Cope from Wikipedia:
https://en.wikipedia.org/wiki/Cope, accessed by 23 May, 2016.

本書接受補助案及已發表章節出處一覽

一、科技部專題研究計畫補助案

九十七年度，〈英格蘭近代早期的服飾風尚、社會秩序與政治文化（1509-1603）〉，計畫編號97-2410-004-043-MY3。

一〇〇年度，〈歐洲近代早期的服飾觀：人文學者與宗教改革者〉，計畫編號100-2628-H-004-134-MY2。

一〇二年度，〈服飾與國族：十六世紀英格蘭對本土及愛爾蘭服飾的思考〉，計畫編號102-2410-H-004-037。

一〇三年度，〈服飾的思考：近代早期歐洲服飾上的政治、宗教、與文化〉，計畫編號103-2410-H-004 -070 -MY3。

二、部分已發表章節出處

〈十六世紀英格蘭的服飾法〉，《新史學》，21:1（2010），頁91-148。

〈「身體的身體」：伊拉斯摩斯與人文學者的服飾觀〉，《臺大文史哲學報》，77（2012），頁237-288。

〈「無關救贖」的辯論——十六世紀英格蘭的祭衣之爭〉，《臺灣師範大學歷史學報》，51（2014），頁129-208。

〈十六、十七世紀英格蘭的服飾論述與國族認同〉，《新史學》，26:2（2015），頁51-130。

「身體的身體」：歐洲近代早期服飾觀念史

2017年1月初版
2020年1月初版第三刷

定價：新臺幣650元

著　　者　林　美　香
叢書主編　梅　心　怡
校　　對　吳　淑　芳
封面設計　陳　文　德
編輯主任　陳　逸　華

出 版 者　聯經出版事業股份有限公司
地　　址　新北市汐止區大同路一段369號1樓
編輯部地址　新北市汐止區大同路一段369號1樓
叢書主編電話　(02)86925588轉5322
台北聯經書房　台北市新生南路三段94號
電　　話　(02)23620308
台中分公司　台中市北區崇德路一段198號
暨門市電話　(04)22312023
郵政劃撥帳戶第0100559-3號
郵撥電話　(02)23620308
印 刷 者　世和印製企業有限公司
總 經 銷　聯合發行股份有限公司
發 行 所　新北市新店區寶橋路235巷6弄6號2F
電　　話　(02)29178022

總 編 輯　胡　金　倫
總 經 理　陳　芝　宇
社　　長　羅　國　俊
發 行 人　林　載　爵

行政院新聞局出版事業登記證局版臺業字第0130號

本書如有缺頁，破損，倒裝請寄回台北聯經書房更換。　ISBN 978-957-08-4862-5 (精裝)
聯經網址 http://www.linkingbooks.com.tw
電子信箱 e-mail:linking@udngroup.com

國家圖書館出版品預行編目資料

「身體的身體」：歐洲近代早期服飾觀念史/
林美香著．初版．新北市．聯經．2017年1月（民106年）．
448面．14.8×21公分
ISBN 978-957-08-4862-5（精裝）
[2020年1月初版第三刷]

1.服飾習俗　2.文化史　3.歐洲

538.184　105024220